Stephan Alexander
Wu

rdtwein

Subsidia Diplomatica Ad Selecta Iuris Ecclesiastici Germaniae

Stephan Alexander
Wu
..
rdtwein

Subsidia Diplomatica Ad Selecta Iuris Ecclesiastici Germaniae

ISBN/EAN: 9783742869685

Manufactured in Europe, USA, Canada, Australia, Japa

Cover: Foto ©Andreas Hilbeck / pixelio.de

Manufactured and distributed by brebook publishing software
(www.brebook.com)

Stephan Alexander
Wu

rdtwein

Subsidia Diplomatica Ad Selecta Iuris Ecclesiastici Germaniae

SUBSIDIA DIPLOMATICA

AD

SELECTA JURIS

ECCLESIASTICI
GERMANIAE

ET

HISTORIARUM CAPITA ELUCIDANDA

EX

ORIGINALIBUS ALIISQUE

AUTHENTICIS DOCUMENTIS

CONGESTA, NOTIS ILLUSTRATA ET EDITA

à

STEPHANO ALEXANDRO WÜRDTWEIN.

Eminentiſſ. ac Celſiſſ. Archi-Epiſcopi Princ. Elect. Moguntini Con-
ſiliario Eccleſ. Officiale &c. Inſignis Eccleſiæ Colleg. B. M. V.
ad Gradus Decano.

TOMUS PRIMUS.

W. Tauber ſc. in.

HEIDELBERGÆ,

SVMPTIBUS TOBIAE GOEBHARDT,
BIBLIOPOLAE VNIVERSITATIS BAMBERGENSIS
MDCCLXXII.

BENEVOLO LECTORI S.

Historiam & jurisprudentiam Germaniæ sacram diplomatibus aliisque genuinis destitutam documentis, bene dixeris computum fine quitanciis, * corpus fine animâ. Sterile chronicon, prioris ævi laborem cum historia quadam diplomatica confonis scriptorum coævorum elogiis illustrata & antiquati juris Canonici interpretes conferantur, fi libet, cum unico juris publici ecclefiastici capite Conciliorum Germaniæ canonibus, scriptoribus facris, ecclefiarum statutis atque obfervantiis ftabilito, & meæ mox fententiæ fubfcribetur ab æquis rerum Cenforibus. Exemplo utamur: Nemo unus materiam valdè illuftrem de præbendis & dignitatibus condigne explanare poterit, nifi origines ecclefiarum, capitulorum ftatus primæ-

)(2   vos

---

* Liceat hac voce barbara exprimere animi noftri fenfa; cum enim in medio ævo verfemur, eam haud incongruè aliis ejusdem valoris affociari rati fumus.

vos traĉtu temporis immutatos, beneficiorum, dignitatumque fundationes, collationes per liberam eleĉtionem, per preces ab
Imperatoribus, & Archiepiſcopis &c. conceſſas, per varios turnos, reſervationes, indulta &c. &c. è fontibus hauſerit & intimius
noverit. Sed, cum multas ob rationes pau-
cis ſolummodo contingat adire Corinthum;
ferenda ſunt aliis aliunde ſubſidia. Confera-
mus ſymbolas & monumentis litterariis haĉtenus ineditis jus Germaniæ ſacrum illuſtre-
mus. Ordines ducam primus, ea è.penu mea
litteraria ante omnia depromendo, quæ maximè cenſui utilia ad materiam beneficiorum &c. ſupra fatam ritè exponendam; Hinc
eſt, quod ſtatuta celeberrimæ cujusdam eccleſiæ antiquiſſima in capite hujus Tomi primi appareant. Volupe erit in iisdem diſpi-
cere ſaluberrima Collegiorum inſtituta, perſonarum Deo ſacrarum dignitates & officia,
diurni pariter ac noĉturni cultus Divini ordinationem ſanĉtiſſimam &c. Præpoſitorum,
Decanorum &c. eleĉtiones aliorumque Præla-
torum inſtitutiones, ecclefiæ traĉtatus celebra ·
tos &c. Hiſce ſubiicientur longâ ſerie docu-
menta, quæ ad eundem ſcopum nobis præ-
fixum collimant, neque ſua deerunt hiſtoriæ
ſubſidia prout ſequens edocet

ELEN-

ELENCHUS CHARTARUM.

I.

Statuta antiqua Ecclesiæ Francofordensis.

II.

Modus Regem Romanorum electum Francofordie introducendi, exaltandi &c.

III.

Gerbardus Archiep. Mog. confert Præposituram B. M. V. ad Gradus Moguntiæ.

IV.

Appellatio Capituli B. M. V. ad Gradus ob collationem modo dictam.

V.

Sententia Definitiva in causa Præposituræ.

VI.

Nominatus ab Archiep. G. Præpositus renuntiat liti supra memoratæ.

X 3   VII.

XVII.

Conſtitutio Alexandri IV. PP. contra pluralita-
tem denominationis Canonicorum, inhibens,
ne plures quam quatuor denominentur.

XVIII.

Reſervatio IIII[or] præbendarum per Archi - Epi-
ſcopum Mog. facta.

XIX.

Litteræ Petri Archiep. Mog. ſuper privatione
quatuor præbendarum.

XX.

Solvenda Eccleſiæ Cellenſi a neo - Canonicis &
vicariis &c.

XXI.

Præbendarum Cellenſium numerus reductus con-
firmatur.

XXII.

Beneficium ſacerdotale in eccleſia Cellenſi funda-
tur.

XXIII.

Turnus major ultra ſæculum concordata tran-
ſcendens.

XXIV.

Turnus minor de anno MCCCXXXV.

XXV.

Innovatio ſtatuti Capitularis Eccleſiæ ſ. Bartho-
lomæi Francofordienſis de vicariis & aliis
beneficiis per turnum conferendis.

XXVI.

X 5

XLVI.

Statutum Ecclefiæ S. Petri extra muros Mogunt. quoad manufideles eorumque obligationem.

XLVII.

Statutum priori vix non fimile à capitulo B. M. V. ad Gradus erectum.

XLVIII.

Ferto Archi Epifcopo Mog. à clerico teftamentum faciente dari folitus.

XLIX.

Chartæ refiduæ ad gefta fub Petro Archiep. Mog.

L.

Bulla retentionis beneficiorum Petro Præpofito Trevirenfi concefla.

LI.

Bulla retentionis à Petro Epifcopo Bafileenfi obtenta.

LII.

Difpenfatio Petro Bafil. Ep. fuper pluralitate beneficiorum fub certo modo concefla.

LIII.

Excommunicatio lata in detentorem proventuum Præpofituræ Bingenfis Petro Præpofito Bafileenfium Epifcopo debitorum.

LIV.

Executoriales bullæ antedictæ nro LII.

LV.

LV.

Petro Baſil. Epiſcopo a Wilhelmitis offeruntur litteræ affiliationis.

LVI.

Petrus Ep. Baſil. ad ſedem Archi - Epiſcopalem Mogunt. evehitur.

LVII.

Facultas reconciliandi eccleſias per alios Petro Archiep. Mog. conceſſa.

LVIII.

Indultum viſitationis Petro A. M. conceſſum.

LIX.

F. Imp. advocatiam in Biſchoffsheim Petro A. M. reſignat.

LX.

Jura Cameræ Apoſtolicæ ob promotionem Petri A. M. poſt terminum ſoluta.

LXI.

Petro A. M. Auguſtiniani offerunt affiliationem.

LXII.

Petrus A. M. abſolvitur ab irregularitate ob retardatam quandam ſolutionem.

LXIII.

Brachium ſæculare contra excommunicatum imploratur.

LXIV.

LXIV.

*Petrus A. M. procuratores ad Concilium Vien-
nenſe in cauſa Templariorum ut ableget,
jubetur.*

LXV.

*Mandatum cum libera Petro A. M. ab Hen-
rico R. R. conceſſum in negotio cum Bo-
hemis tractando.*

LXVI.

*Aliud mandatum intuitu ſervitii militaris a Wern-
hero de Randecke præſtandi.*

LXVII.

*Henricus R. R. oppidum Gredingen Epiſcopo
Eyſtetenſi reſtituit.*

LXVIII.

*Fridericus Dux Auſtriæ Petro A. M. appro-
mittit ob injurias eidem illatas ſatisfa-
ctionem.*

LXIX.

*Henricus R. R. Petro A. M. filii ſui negotia
commendat.*

LXX.

*Petrus A. M. ob damna perpeſſa indemniſari
jubetur.*

LXXI.

*Wigandus Caſtrenſis ſupplicat Petro A. M.
pro concedendis bonis feudalibus.*

LXXII.

*Petri A. M. monitio ad viſitatores Eccleſia-
rum ut officio ſuo faciant ſatis.*

LXXIII.

LXXIII.

Aliud mandatum a Petro A. M. datum pro perficiendo modo dictæ visitationis negotio.

LXXIV.

Visitatores à Petro A. M. nominati dilinquentes citant.

LXXV.

Petrus A. M. Visitatores Ecclesiarum officii sui admonet.

LXXVI.

Petrus A. M. Wetzelino de Rengederode & Hermanno Ryme castrum Horburg sub certo modo tradit.

LXXVII.

Fratres de Ulner acquiruntur Castrenses hæreditarii in Beckelnheim.

LXXVIII.

Ludovicus R. R. monasterium S. Claræ in suam protectionem recipit.

LXXIX.

Ad Petrum Archiep. Mog. Consules & Cives Erfordienses deferunt querelas.

LXXX.

Mandatum Petri A. M. pro assignanda Præposito Francoford. præbenda.

LXXXI.

Ludovicus Comes Pal. Rheni potestatem elargitur Petro A. M. pro conquirendo servitio militari.

LXXXII.

LXXXII.

Varia Castra & oppida **Petro A.** *M. oppignorantur.*

LXXXIII.

*Bona quædam Ecclesiæ Mog. resignantur &
in feudum reassumuntur.*

LXXXIV.

*Confœderatio inter Archiepp. Trevirensem &
Moguntinum.*

LXXXV.

*Petrus A. M. recognoscit W. de Rengeldero-
de &c. expensas in castro Horburg &c.
factas esse refundendas.*

LXXXVI.

*In causa reformationis monasterii in monte S.
Jacobi. Visitatio instituta & charta visi-
tatoria.*

LXXXVII.

*Annatæ a Diœcesi & Provincia exiguntur pro
camera apostolica.*

LXXXVIII.

*Otto de Bolandia eximit bona monasterii S.
Jacobi in Ebersheim cum consensu Abbatis & conventus S. Albani.*

LXXXIX.

*Oppidum & Castrum Altzey jubetur homagium
præstare Archiepiscopo Mog.*

XC.

XC.

Ludovicus R. R. Petro A. M. expensas in castrum & oppidum Altzey faciendas se refusurum spondet.

XCI.

Petrus A. M. de administratione monasterii S. Albani ob contractum æs alienum sollicitus.

XCII.

Albertus & Conradus fratres de Hirschhorn a Petro A. M. in servitores conquiruntur.

XCIII.

Instrumentum confirmationis monasterii Dalheim.

XCIV.

Petrus de Bertolsheim Burggravius in Starckenberg officio suo fideliter esse functurum appromittit.

XCV.

Confirmantur ea, quæ Ludovicus R. R. supra nro XC. appromisit.

XCVI.

Qualiter Petrus A. M. Petro de Beychtolfesheim Burggraviatum in Starckenberg contulerit.

XCVII.

Henricus de Duna electus Wormatiensis Episcopus petit a Petro Metropolitano suo confirmationem & consecrationem.

XCVIII.

XCVIII.

Conservatores privilegiorum Fratrum de monte Carmelo constituuntur.

XCIX.

Juramentum Friderici Electi & confirmati Augustensis præstitum Ecclesiæ Moguntinæ.

Quodsi Amice Lector! chartis hisce diligenter utaris eas intimius perscrutando, me hercle invenies subsidia juri nostro ecclesiastico & historiæ valde oportuna. Vale , & Tomum alterum futuro anno Deo largiente dandum , expecta. Dabam è Musæo Moguntiæ 21. Aprilis MDCCLXXII.

STA-

I.

STATUTA ANTIQUA
ECCLESIÆ FRANCOFOR-
DENSIS.

In Nomine sancte & individue Trinitatis Amen.   Subscribuntur statuta (*a*)
& ordinationes ac consuetudines Ecclesie *Sancti Bartholomei* (*b*) Franco-
furtensis Maguntinensis Dioces. ab antiquissimis
&

(*a*) Discernenda sunt Statuta Ecclesiarum antiqua à no-
vioribus post inita Concordata Germaniæ concinna-
tis.   Ad illorum classem pertinent Statuta Ecclesiæ
Cathedralis Swerinensis apud *de Westphalen in monumentis ineditis rer. Germ. T. II. pag. 1970.* &
Statuta Ecclesiæ Cathedralis Lubecensis *loc. cit. p.
2422.* Item Cathedralis Mindensis apud *Lünig Spicil. Eccl.* 3ten Theil Fortſetzung *Cont. III. p. 57.*
nec non Statuta Ecclesiæ Cathedralis Frisingensis
anno MCLVIII. condita, quæ vide apud *Lünig Spicil.
Eccles. Part. II. p. 233.* Statuta Ecclesiæ Collegiatæ

Tom. I.   A   Ein-

& a longis temporibus laudabiliter pro conferva-
tione ejusdem Ecclefie ac Capituli prelatorum Canonicorum Vicariorum & fingularium perfonarum
ipfius facta ordinata & introducta que quilibet in
fuo ftatu perfona ad ipfam Ecclefiam admittenda in
forma juramenti fibi deputati ante omnia jurabit
fideliter obfervare. Modus autem in hijs procedendi videbitur primo a prepofito incipiendo &
fubfequenter de aliis prelatis officiatis perfonis &
membris

Einbeccenfis extant in *Ludewigii Reliquiis MSS.*
Tom. X. p. 101. in quibus tamen varia menda le-
guntur, aliqua etiam Statuta Ecclefiæ Flonheimen-
fis anno 1454. edita refert *Diæcefis Moguntina in*
Archidiaconatus diftincta Tom. I. p. 111. &c. quæ
à fupra fatis multùm differunt. Defideramus interim quàm avidiffime Codicem Statutorum omnium
Ecclefiarum Cathedralium & Collegiatarum Germaniæ, quem non nifi illi retardabunt, qui faluber-
rimas Ord nationes hactenus neglectas & deinceps
parumper funt curaturi. Quantum lucis juri Ecclefiaftico et hiftoriæ medii ævi Codex ifte affundere
poterit! Infigne eiusmodi opus Ecclefiis Cathedralibus & Collegiatis æquè parùm præjudicabit ac monafteriis Codex regularum à *Luca Holftenio* Vati-
canæ Bafilicæ Canonico & Bibliothecæ Præfecto in
fex Tomos divifus.

(b) Capella hæc Regia ab antiquitate aliisque præroga-
tivis celeberrima primitus in honorem *S. Salvato-*
ris & B. Mariæ V. confecrata infimul, æculo XII.
S. Bartholomæum tanquam fpecialem patronum venerari cœpit. Confer. *Diæcefis Moguntinæ in Ar-*
chidiaconatus diftincta Commentatio feptima: de
Archidiaconatu Ecclefiæ Collegiatæ ad S. Barthol.
Francofurti p. 409. & feq.

membris Ecclefie fupradicte. Prepofitus primus
eft Prelatus cujus officium eft vicariatum fui epifcopi tenere c) ipfo celebrante Ewangelium legere
Subdiaconibus & Levitis imperare parochias ordinare ad facros ordines & beneficia promovendos
examinare femel in anno fuam prepofituram vifi-
tare jurgia fingulorum audire; ejus jurisdictioni
Decanumque fubeffe. Prepofitura Franckenf. a fola
Ecclefia Sancti Bartholomei ibidem dependet, (d)
cujus ipfe prepofitus membrum eft ubi etiam Decanum confirmat Scholaftriam Cantoriam Cuftoriam & unam prebendam ejusdem Chori tituli Sancti Thathei, (e) parochiam Ecclefie Sancti Bartholomei predicte (f) & in Sweinheym (g) confert,

A 2   officia-

(c) Exercendo fcilicet jurisdictionem Archidiaconalem,
    de qua vide modò citatam *Commentationem fepti-
    mam*, præfertim *à pag.* 475.

(d) Præpofitus à Capitulo femper eligitur & ab Archi-
    epifcopo Mog. confirmatur.

(e) Manus junior margini Statutorum libri annotavit:
    *Quam commendam Dominus Baldemarus hujus Ec-
    clefie verus Rector deinde quidam Johannes Wolf-
    richsbufen modo D. Syfridus de Wartenberg Ca-
    nonicus Ecclefie Moguntine obtinuerunt. Obtinet
    de Anno Dni. MCCCXCII.*

(f) An. MCCCXLII. XII. Kal. Aprilis Jus patronatus
    Ecclefiæ *Francoford.* translatum eft ad Capitulum,
    quod ab hoc tempore elegit parochum. *vid. Com-
    ment. VII. p.* 492.

(g) An. MCCCLXXXVII. V. Idus Augufti *Nicolaus de
    Lapide* Præpofitus ceffit Capitulo Jus patronatus in
    Sweinheim. Comment. VII. p. 493.

4

officialem ponit & deponit(*h*)Stallum habet in finiftro Choro remociorem ab altari pilio utitur vario,
in proceffionibus. ultimus primus ad offerendum,
omnia Collegia opidi, & ipfum opidum fuburbia
curie circumjacentes parochia Vechenheym Curia
Rydern Curia & Capella leproforum ibidem jurisdictioni fue funt fubjecta, fynodum celebrat omnes
menfuras examinat excedentes in eisdem corrigit
in opido prenotato (*i*) jurabit Ecclefie prefate,
quod confuetudines & ftatuta ejusdem non infringat fed obfervet etiam perfonas & bona eorundem
defendat pro poffe atque noffe bona prepofiture non
alienet, fine Capitularium omnium confenfu atque voluntate amminiftrationem faciendam faciat
absque impedimento quolibet ac rancore, officiatos per capitulum electos feu eligendos non repro-
bet nec impediat in amminiftrando quovis modo.
Scholaftriam Cantoriam Cuftoriam, fi fuo tempore vacare contigit conferat canonico capitulari in
Ecclefia predicta refedenti, officialitatem canonico feu vicario dicte Ecclefie committat, Infra
emunitatem ejusdem exercendam (*k*) capitulum
fue Ecclefie, etiam fi capitularis fuerat non intrabit,

(*h*) Commifforium Officialis lege in *Comment. VII. pag.*
477.

(*i*) Confer. *Corpus Juris Germ. medii ævi* è Bibliothe-
ca Senckenbergiana publicæ luci datum. *Tom. I.
Part. 2. fol. 15. &c.*

(*k*) In ambitu Ecclefiæ Præpofitus aut ejus Officialis pro
tribunali fedebat.

bit, Item dabit cappam dignitati & perſone ſue decentem.

Ego N. juro quod ſtatuta ordinationes & conſuetudines Eccleſie Sancti Bartholomei Franckenfordenſis ſcripta & non ſcripta facta & facienda non infringam, ſed ea fideliter obſervem, & quam ipſam Eccleſiam ac bona & perſonas ipſius Eccleſie omnes & ſingulos manuteneam & defendam, Itemque bona ad ipſam prepoſituram dicte Eccleſie pertinentia non alienem ſine conſenſu & expreſſa voluntate omnium capitularium & in capitulo dicte Eccleſie exiſtentium ipſamque bona & redditus cum nominibus dancium diſtinctim ſingulis annis capitulo inſcriptis tradam & aſſignem, Item quod debitam aminiſtrationem per me Canonicis & membris ejusdem Eccleſie faciendam, ſine omni ratione & impedimento faciam vel etiam miniſtrem, Item quod Curiam & Domum prepoſiture, in debita ſervem ſtructura. Item quod officialitatem (*I*) nulli alteri comittam, niſi canonico capitulari reſidenti & in ſtatu exiſtenti aut vicario in dicta Eccleſia Canonico hujusmodi renuente qui exercebit

A 3   officium

(*I*) *Nota marg.: Nunquam eſt viſum nec auditum in Ecclesia iſta, quod aliquis non reſidens eſſet Officialis ſicut de anno Dni. MCCCXCV. die XXIII. Menſis Martii fuit factum, quod D. Nicolaus de Lapide tunc Prepoſitus hujus Eccleſie conſtituit Officialem quendam Dnum Syfridum de Wartenberg Moguntine & hujus Eccleſie Canonicum Capitularem non reſidentem, quod utique revocetur in priſtinum, ne de cetero contingat.*

officium fuum infra emunitatem Ecclefie prenotate.
Item quod officia Scolaftrie cantorie ac cuftodie
nulli conferam nifi actu Canonico capitulari Ecclefie Sancti Bartholomei fupradicte refidenti. Sic
me Deus adjuvet & hec Sancta Dei Evangelia.

Decanus prelatus eft fecundus hujus officium
eft fubeffe prepofito, divinis officiis omnibus Ecclefie fue intereffe, Baptifmum benedicere preci-
puis feftivitatibus epifcopo abfente celebrare vel
alteri committere, officium inchoare, benedictiones lectionum in matutinis dare, curam animarum
fuper fuos fubditos gerere & ordinariam poteftatem Jn Ecclefia Sancti Bartholomei Franckf. capitulum in fuo Collegio feu extra Decanum eligit,
fed prepofitus ibidem hunc confirmat (m) Stallum
habet in dextro choro remotiorem ab altari pilio
utitur vario in proceffionibus ante prepofitum poft
ad offerendum, In feftis principalibus a primis
Vefperis ad fecundum complet. inclufive hijs in
Choro in divinis officiat Miffamque cantat, Et funt
hec fefta in Ecclefia Sancti Bartholomei prefata
Nativitatis Chrifti, Epiphanie, Natalis beati Karoli Magni, purificationis Marie ubi etiam cereos
benedicit Annuntiationis Marie pafche Afcenfionis
penthecoftes Trinitatis Corporis Chrifti Nativitatis
Johannis Baptifte Natalis Petri & Pauli, dedicationis, Affumptionis Marie. Natalis Bartholomei

Nati-

(m) Decanus femper eligitur à Capitulo, confirmatnr à
Præpofito. Jn aliis collegiatis, ut infra nro XIII. ex-
emplo docuimus, Decani à Capitularibus electi, ab
Archi-Epifcopo confirmantur.

Nativitatis Marie omnium fanctorum Natalis Martini Conceptionis Marie. Diebus autem fubfcriptis folas miffas & confecrationes celebrabit die cinerum ubi cineres dat palmarum ubi ramos benedicit Cene Domini ubi in utroque mandato (*n*) appofita benedicit & tam pauperum quam canonicorum pedes lavat, parafceve ubi omnes actus circa crucem exercendos facit vigiliis autem pafche & penthecoftes Baptismum confecrat cereumque, Baptizat, die animarum miffam cantat poft vigilias & miffam ibidem alba indutus in proceffione fepulchra afpergit aqua benedicta. In feftis predictis oblationum medietatem recipit in fummo altari oblatarum duplam femper cottidianarum diftributionum & funeralium unius membri Ecclefie percipit porcionem, Incipi ab eo debet in quibuslibet beneficijs (*o*) membris Ecclefie porrigendis; Officiandi nec imponendi ebdomadam non tenebit, eo chorum intrante tranfeunte feu exeunte, omnes affurgant capita difcooperientes, (*p*)

A 4   Ingre-

(*n*) *Nota marg.*: *Mandato pauperum de mane & Dominorum poft prandium.*

(*o*) *Nota marg.*: *id eft redditibus, fructibus, obventionibus, oblationibus, cottidianis diftributionibus, elemofynis & alijs quibuscunque diftribuendis.*

(*p*) *Nota marg.*: Item quia ex antiqua & introducta laudabili confuetudine hucufque fervata Decanus quotidie ultimam lectionem in Matutinis & in vigiliis tam novem quam trium lectionum per fe legit, itidem faciet amodo & dum abfens, legitime occupatus

Ingredientes membra facti, ipfe recipit, fibi obedientiam faciunt, jurantibus ibidem format juramenta, Canonicos ad capitulum receptos, inftal-
lat in choro & vicarios poft primam ipforum miffam, Perfonas, non Prelatos horas canonicas negligentes in prefentiis fufpendit, & reftituit, & in-
carcerat pro delictis & capitulum fuum quando neceffe eft poteft convocare, totumque clerum Fran-
ckenfordenfem feculares & religiofos, negotio ar-
duo, hoc petente. In capitulo fuo majorem non
habet vocem, virtute decanatus, & ordinarie cognofcere poteft de caufis fuorum fubditorum & corrigere exceffus eorundem. Tantum ad quatuordecim dies ter id eft trina vice membro cuilibet
Ecclefie terminum dare poteft abeffendi, Et Prelati
& officiati collegiorum negligentias circa eorum
officia commiffas per fe non corrigant, fed Decano accufent corrigenda, & fufpenfionem Decani,
ipfo abfente Major prelatus poft eum fi autem abfens canonicus relaxabit.

Forma

patus vel infirmus fuerit, fuis expenfis per alium
procurabit & hoc in feftivitatibus Decani per Prelatum vel Canonicum fequentem, fi faltem habere
poterit aliquem, quem fi habere non poterit, per
honeftum Vicarium difponet. Aliis vero diebus fi
Prelati vel Canonici nequiverint facere, iterum per
honeftum Vicarium ordinabit; & fi Decanum contigerit abeffe, quod minime fieri debet per longum
vel breve tempus, ex tunc Capitulum prefentem ordinationem difponet expenfis & redditibus Decanatus, attento quod beneficium datur propter Officium.

Forma Juramenti Decani.

Ego N. Decanus Ecclefie hujus Juro quod fim fidelis Ecclefie Sancti Bartholomei Francken-furdenfis quodque obfervem ftatuta ordinationes confuetudines ejusdem Ecclefie & quod celabo fe-creta Capituli dicte Ecclefie quodque regam offi-cium dicti mei Decanatus legittime fecundum quod Deus permiferit ac pro meo poffe, quodque ob-fervem Jura libertates proventus, bona dicti De-canatus nec quidquam alienabo perpetue, de eis-dem fine confenfu capituli prenotati, predictaque omnia & fingula obfervem, in licitis & honeftis Sic me Deus adjuvet & *Sanctorum Ewangeliorum Conditores* hec fancta Dei Ewangelia.

Hoc predeceffores noftri addiderunt, quod fequitur; Item quod non petam nec exigam ab Ec-clefia ratione Decanatus mei plus nec ultra quam quondam Johannes de alta rota, Wigandus Welder & Henricus de Wullenftat & alii Decani pro tem-pore dicte Ecclefie mei predeceffores de dicto De-canatu habuerunt & perceperunt, preter quam fi que poft eorum obitum, ad hunc donata effent, vel legata aut donarentur vel legarentur in futu-rum; Item quod compellam pro poffe plebanum pro tempore Franckf. & focios fuos quociens reno-vantur feu mutantur ad faciendum michi tanquam Decano Ecclefie Sancti Bartholomei obedientiam debitam & folitam ut tenentur in forma Juramenti per eos preftandi infrafcripti. (*q*)

.Scho-

(*q*) *Vlterius addiderunt*: Item quod perfonalem in hu-jus Ecclefie Decanatu faciam refidentiam & conti-
                                        nuam

Scholafticus tertius eft Prelatus cujus officium eft membra Ecclefie petentia, in Scolafticis fcientiis & maxime in Gramatica fideliter informare. In Choro ftans fagaciter mores fingulorum & diligenter confiderare quoslibet, ut temporibus oportunis fimul ftent fedeant inclinent genuflectant furgant moderate atque ordinate, a confabulationibus quoque inutilibus & non neceffariis vifionibus vagabundis omnimode abftineant, monere ac artare. Corrupte in choro legentes corrigere, rectum Judicare Jn choro latere ftat Decani, fub eo tamen, pilio utitur vario Jn proceffionibus ante Decanum poft ad offerendum, prefentias non percipit nec aliquid ultra corpus ecclefie nifi fit membrum, Rectorem Scolarium dabit & deponit In Ecclefia Sancti Bartholomei Franckf., Collatio Ecclefie Vechenheym, (r) Capelle Sancte Catherine

in

nuam veramque & non fictam, nec adherebo alicui confpirationi contra Capitulum aut Canonicos feu beneficiatos hujus Ecclefie. Item fiquam habuero actionem contra aliquem vel aliquas perfonas Ecclefie hujus, in ifta diffinitioni & terminationi Capituli ftabo. Item quod curiam Decanatus domum & alia ad ipfam pertinentia in debita fervem ftructura. Item quod non permutabo cum aliquo nec refignabo alicui nec quocunque modo aliter alienabo Decanatum nifi cum confenfu Capituli & tunc etiam Capitulum & Ecclefiam ab omni onere occafione illius dimiffionis imminente indempnes tenebo. Sic me Deus adjuvet &c.

(r) Qualiter Capella in *Vechenheim* pro erigendis Scholafteriæ & Cantoriæ officiis deftinata fuerit? vid. *in Comment. VII. pag. 481.* ibidem horum Officiorum collatio refervata fuit Præpofito.

in Ryedern fpectant ad Scolafticum & Cantorem. Jurabit capitulo & confuetudinibus ftatutis ordinationibus Ecclefie, & alijs ut in juramento obfervandis Sed Capitulum nifi fit Canonicus non intrabit in caufis Ecclefie litigiofis, advocatus erit feu patronus, vel hunc dabit Scolaftici Cantoris Cuftodis Juramenta ut fupra Decani praeter tertium articulum; videlicet celare fecreta capituli cum nullus capitulum intret eorundem nec quicquam juris in capitulo habeant.

Forma Juramenti Scolaſtici.

Ego N. juro quod fim fidelis Ecclefie Sancti Bartholomei Franckof. obediens fuperioribus & prelatis meis hujus Ecclefie in licitis & honeftis, & quod fervem ftatuta ordinationes & confuetudines ipfius Ecclefie fcripta & non fcripta, facta & facienda, quodque confervem redditus & jura Scolaftrie mee, ac curiam domum & pertinentia Scolaftrie in bona ftructura, reficienda reficiam in eisdem nec quicquam de eis fine confenfu Decani & capituli alienabo nec ipfam permutabo fimiliter fine confenfu eorundem & quod perfonaliter refpiciam onera Scolaftrie, fic me Deus adjuvet & hec Sancta Dei Ewangelia.

Nota. Ex ordinatione, cuiusdam Emerchonis prepofiti hujus Ecclefie facta, inter cetera: fi Decanus Scolafticus Cantor, vel cuftos in officiis fuis negligentes fuerint, vel remiffi, per capitulum ipfius Ecclefie Sancti Bartholomei Franckf. corrigantur.

Cantor

Cantor tertius eſt prelatus hujus officium eſt perſonas Eccleſie requirentes diligenter ac fideliter in cantando inſtruere Jn choro ſtans facies ſingulorum intueri, quoslibet ut pſalmos & alia legenda, devote attente moroſe diſtinĉte pauſa moderata in medio & fine verſuum intercepta legant, verba non ſincopando, ſed integre proferendo Cantum non alte neĉ depreſſe ſed medium tenendo proferant, nullus gloriando alios precurrat, nec torpendo ſequatur, nullus deſidendo potens taceat, nec precipitando vocem enormem emittat, nullus arrogando diſcantet, niſi expertus, omnes pariter inchoent & terminent ſimul, legendo ſeu cantando. Pilio utitur vario in choro in latere ſtat prepoſiti, ſub eo tamen Jn proceſſionibus ante Scolaſticum poſt ad offerendum, preſentias non percipit, nec aliquid ultra corpus, Eccleſie ni ſit membrum, ſuccentorem dabit & deponit, Jurabit capitulo de Eccleſie conſuetudinibus & aliis ut in ipſius juramento obſervandis, Cantor feſtis principalibus Decano, ad officiandum ſupra de officio Decani determinatis, in primis & ſecundis Veſperis ac Matutinis pſalmos atque hymnum in Miſſa Introitum, pſalmum, *Gloria Patri, Kyrie, & in terra*, ad *gloria in excelſis*, Graduale & ejus verſum, *Alleluja* ſecundum & ejus verſum ſi duo ſunt cantanda, ſequentiam, *Patrem omnipotentem*, ad *credo*. Offertorium, Sanĉtus, Benedictus, Agnus Dei tria, Communionem in ſede ſua medio chori locata ſtans & in ſtationibus generalibus & Dominica Palmarum imponenda imponat in latere habens Succentorem ſive Succentores.

Item

Item ſedem ſuam aliquando exeat, Chorum
perambulet, ſingulos ut prefata diligenter fiant am-
monendo, legenda usque ad perfectum ſenſum
Grammatice & primum finalem Muſice cantanda
usque ad tonum perfectum, ſeu ultimum ejus finalem ſemper imponantur & Cantor niſi ſit canonicus, capitulum non intrabit.

Forma juramenti Cantoris.

Ego N. juro quod ſim fidelis Eccleſie Sancti
Bartholomei Franckfurdenſis ac ſingulari-
bus perſonis ejusdem obediens ſuperioribus & meis
prelatis hujus Eccleſie in licitis & honeſtis & quod
obſervem ſtatuta & ordinationes ac conſuetudines
ipſius Eccleſie, ſcripta & non ſcripta, facta & facienda quod conſervem fideliter redditus &
jura cantorie mee nec quicquam de eis ſine conſenſu & ſpeciali licentia Decani & Capituli alienabo
nec ipſam permutem ſimiliter ſine conſenſu & licentia eorundem Et quod perſonaliter in feſtis
Decani & alijs principalibus, Jn aliis vero anni temporibus per ſuccentorem reſpiciam onera fideliter
hujusmodi Cantorie, ſic me Deus adjuvet & hec
Sancta Dei Ewangelia.

Cuſtos in Eccleſia Franckenfordenſi officiatus
ſimplex eſt, non prelatus cujus officium eſt vaſa &
utenſilia Eccleſie ſollicite conſervare, Theſauros,
incenſum, panem & vinum ſacrificii ſalutaris, Et
oblaciones dividere, ſigna pulſare, Luminaria in-
cendere & extinquere, ne ultra vel minus luceant,
providere, ſollicitare de omni ornamento Eccleſie.

Hic

Hic fi membrum Ecclefie inftando, offerendo, proceffionibus locum ingreffus, & pilium beneficio fuis capiat competentes fin autem loco fui ingreffus
inter vicarios & pilio omnino nigro hic utatur, prefencias non percipit, nec aliquid ultra corpus, nifi
fit membrum, de campanario Ecclefie providebit,
& vicariam ipfius confert campanariatum, Jurabit
capitulo de fidelitate, & Ecclefie confuetudinibus obfervandis, & ut res Ecclefie fibi commiffas fideliter
cuftodiat, atque diligenter, & cetera faciat ut in
ipfius juramento continetur. Item ut frequenter
& diligentius, res prefatas cuftodiat, etiam fi
membrum Ecclefie exemptus eft a choro, Sepulchra nova, ubi non dum aliqui funt fepulti non
fiant, & jam facta, fuisque poffefforibus deficientibus, ad Ecclefiam devoluta, nulli fibi ufur-
pent, fine cuftodis licentia fpeciali. Oblationes
ad crucem infra officium die parafceve factas, folum habet. Item cereos magnos, pafcalem & penthecoftes, & cuilibet Canonico duodecim Canonicorum in ftatu exiftenti candelam de una libra cere,
& cuilibet duodecim vicaricorum feniorum in ftatu exiftenti candelam de dimidia libra cere Et
cuilibet fcolari Ecclefie lumen cereum longitudinis
dimidie ulne die purificationis beate Marie annue
& perpetue procurabit fuis laboribus & expenfis
Item lumina de purificationibus mulierum poft partum oblata, recipiet & de hijs cuilibet Antiphona-
rio Chori In matutinis lumen de eisdem fufficiens
miniftrabit. Cereus pafchalis, ab hora incenfionis
fue in confecratione, vigilia pafche & nocte fequen-
te die pafche ufque ad complementum fumme miffe

se continue, deinde omnibus diebus Dominicis &
festivis die ascensionis, & per dies sequentes usque
ad feriam quintam proximam inclusive die Penthe-
costis & per octavam & in octav. In primis Vesperis, Matutinis, Missa, Secundis Vesperis incendantur, sed feria quinta prefata, Vesperis Dominicis deponatur, feria sexta immediate sequente
renovetur, vigilia Penthecostes sine consecratione
denuo baptizetur & ibidem in Missa accendatur
Octava Penthecostes post secundas Vesperas dissol-
vatur. (*s*)

Forma Juramenti Custodis.

Ego N. juro, quod sim fidelis Ecclesie Sancti Bartholomei Franckenfordensis ac singularibus
personis ejusdem, obediens superioribus & prelatis meis hujus Ecclesie in licitis & honestis & quod
observem statuta ordinationes & consuetudines
ipsius Ecclesie scripta & non scripta facienda &
facta, quodque fideliter conservem redditus & jura Custodie mee, nec quicquam de eis sine consensu & speciali licentia Decani & Capituli alienabo,
nec ipsam permutem similiter sine consensu, & licentia eorundem & quod fideliter Cereum pascha-
lem, & alia onera dicto officio meo incumbentia
procurabo, sic me Deus adjuvet, & hec Sancta
Dei Ewangelia.

Officia-

(*s*) *Additio marg.*: Item habet jura Cimiterii & Claustri Ecclesie quoad Census quos dant mercatores ibidem de mercimoniis suis tam in nundinis quam cu-
riis quam aliis temporibus.

Officialis officiatus eſt prepoſiture noſtre Eccleſie & eſt temporalis, hunc prepoſitus ponit &
deponit, Officialis Franckenfordenſis in ambitu ſeu
emunitate Eccleſie Sanſti Bartholomei ibidem debet preſidere, de cauſis matrimonialibus. Inju-
riarum, uſurarum hereſium ſoſtilegiorum perju-
riorum & plurimarum aliarum in jure expreſſa-
rum pecuniarum marcam argenti non tranſcen-
dentium cognoſcat, vacante prepoſitura capitulum Eccleſie Sanſti Bartholomei reget officiala-
tum uſque ad eleſtionem prepoſiti & eius intro-
nizationem incluſive & tunc ei ſigillum tradet,
ut de Eleſt. in cap. *ut præterita.* jurabit prepoſito
& non capitulo. Officialis debet eſſe Canonicus
prebendatus, vel Vicarius in ſtatu Eccleſie Sanſti
Bartholomei & non extra. Item inſtituit ordinarie
ad beneficia de jure patronatus & aliorum quorumcunque. *(t)*

Forma Juramenti Officialis.

Ego N. juro, quod ſim fidelis vobis Domino prepoſito in licitis' & honeſtis jurisdiſtionique hujus Eccleſie prepoſiture fideliter & legaliter in ſingulis Aſtis & caſibus ipſam concernentibus exerceam, & juſticiam unicuique petenti & etiam ex
officio contra delinquentes deliſtis, fori hujus ſpi-
ritualis pertinentis procedam, debitum juris ordinem in procedendo obſervem de cauſisque matrimonialibus beneficialibus uſurarum Symoniarum &
alia-

(t) Vide *commentationem VII. de Archidiaconatu Francoford.*

aliarum fuperius & in jure expreffarum fpiritualium
duntaxat & pecuniaria marcam argenti non trans-
cendente cognofcam decidam & debito fine deter-
minem, juxta intelligentiam & rationem a Deo
mihi datam & aliter de confilio jurisperitorum,
odio amore fubordinatione & dolo remotis quibuscunque, folum deum præ oculis habendo, in pronuntiando. Sic me Deus adjuvet & hec Sanéta
Dei Ewangelia.

Plebanus Franckenfurdenfis minifter nudus eft
vulgi, feu vicarius plebanatus, Capitulum Ecclefie Sanéti Bartholomei ibidem, verum jus parro-
chiale,. & ejusdem dotem habet. Parochia omni
die duas miffas, unam fub nota de die, alteram
fine nota pro defunétis continue fe confequentes
procurabit Minifter feu vicarius prefatus, facramenta Ecclefiaftica porrigit fanis egris & infirmis
funera fepeliet, folo fcolari cum aqua benedíéta
comite cum cruce & thuribulo, per Ecclefiam non
allata, fepulchra mortuorum vifitet omni die de
mane poft decantationem fue miffe defunétorum.
De Vefpere poft Magnificat in choro per collegium incepto, cum folo fcolari, tantum aquam be-
nedíétam fine incenfu miniftrante omni die dominico fermotiem faciet ad populum, & intimet in-
timanda, prepofitus Franckenfurdenfis de hac Vicaria providebit ipfe & focij fui qui ad minus tres
fint in piima receptione fua, ad parochiam fidelitatem jurabunt capitulo Ecclefie Sanéti Bartholomei prenotate, præfentias fbcij non percipiunt,
nec aliquid de Ecclefia nec plebanus Ecclefie, nifi
fit membrum totum opidum Franckef. & fuburbia,

B   Capella

Capella leproforum ville Rode fuperior, & inferior Bürnheim Bockenheim fub cura funt parochie
prenotate redditus preter oblationes, nullas habet.
Jn dicta Parochia tempore interdicti, ftationario
prefente cum litteris relaxationis ejusdem appro-
batis eo die ab inceptione miffe parochialis dicte
inclufive, usque ad completorium exclufive, per
omnes Ecclefias parochie prenotate divina relaxan-
tur ad confeffionem a feria fecunda proxima poft
invocavit ad fabbatum proximum ante palmas inclufive omnibus diebus præter Dominicas poft
prandium, ftatim cum tertia campana Ecclefie ter
paufa brevi per campanarium eft pulfanda funeralium focij plebani, omnes, unius vicarii habent
porcionem. Jtem plebanus inftitutus Decano &
capitulo Ecclefie Franckf. prefentatus per Prepofitum ipfis promittet debitam obedientiam & honorem, & jurabit ut Ecclefie Decano & fingulis
canonicis ac capitulo Ecclefie Franckf. publice &
occulte verbo & opere fit fidelis fic focij plebani
ante executionem officij fui jurabunt, ut infra in
eorum juramento continetur, plebanus officio divino chori interfit omnibus horis, nifi negotiis parochie fit prepeditus Quibufcunque non canonicis
antefertur, tamquam canonicus habeatur. Legata tranfcendentia ϝϝϝ. & Lij. Denar. Decano &
capitulo prefentabit, fed nihil percipiet, redditus
fi fint ftantes de funeralibus fi non eft membrum
Ecclefie, Si autem eft focii fui unius membrorum
percipient portionem ut fupra, Nomina defunctorum Kalendis capituli, & non aliorum nifi infra
triginta dies proximos defunctorum ac quorum an-

niver-

niverſaria ſunt ebdomada in preſenti diebus dominicis in ambone pronunciabit. Jndumenta miſſe
chori, communia capitulo ſunt & plebano Plebanus diebus purificationis Marie palmarum para-
ſceve, vigilijs paſche & penthecoſtes in parochia
non celebrabit, & poſt oblationes chori, commu-
nicabit hijs diebus oblationes communicantium diebus cene & paſche, ad altare parochie, & collateralia ſunt plebani. Die vero paraſceves, & vigilia paſche Decani & ſuorum miniſtrorum chori
ad altare, ad altare autem parochie ſunt plebani,
ad altaria quoque collateralia, pars media Decani
& ſuorum miniſtrorum, alia media pars plebani
plebanus in feſtis patroni & dedicationis altarium
Eccleſie Sancti Bartholomei. Cuſtodi medietatem,
capitulo proceſſionem . . . viſitanti medium quartale vini boni propinabit plebanus miſſam ſuam
cantet tempeſtive diebus nativitatis Chriſti, paſche
miniſtrorum oblationes commode tollat ſuas, capituli nomine curiam inhabitet plebanatus cenſum
dans capitulo debitum ex antiquo in recognitionem
juris ejusdem, ſi non eſt canonicus prebendatus,
Die paſche octo ſolidos den. nomine cenſus dabit,
ex Ordinatione Wernheri Archiepiſcopi Maguntinenſis quondam plebano die purificationis Marie,
ſicut canonico danda eſt candela plebanus nihil
conſtruat, vel deſtruat in Eccleſia vel cimiterio,
niſi de conſenſu capituli prenotati plebanus pecuniam pro licentia violationis feſtorum receptam &
recipiendam, Magiſtro fabrice dicte Eccleſie mini-
ſtrabit, ordinatio alia Magiſtri Hermanni canonici
Aſchaffenburgenſis vaſa argentea & utenſilia ſacri-

ſtie Eccleſie Sancti Bartholomei Franckf. ſunt pro‑
prietate capituli ejusdem Eccleſie plebani Miniſtri
vulgi, ſeu vicarii plebanatus ad uſum duntaxat,
dicti capituli ex commiſſo. (*u*)

Forma Juramenti plebani &c.

Ego N. juro quod ab hac hora in antea ſim fidelis
publice & occulte verbo & opere Eccleſie San‑
cti Bartholomei Franckenfurdenſis ſingularibusque
perſonis ipſius ac obediens Decano Canonicis & Ca‑
pitulo ejusdem in licitis & honeſtis omniaque & ſin‑
gula ad miniſterium plebanatus hujus Eccleſie per
tinentia fideliter & diligenter exerceam, & reſpici‑
am, procuremque adimpleri. Item quod obſervem
ſtatuta & ordinationes, ac conſuetudines hujus Ec‑
cleſie, ſcripta & non ſcripta, facta & facienda quan‑
tum me concernunt, ceteraque capituli, quantum
ad me pervenerint, in dampnum ſeu periculum
ipſius Capituli, ac perſonarum Eccleſie predicte
non revelem ſeu manifeſtem, Jtem quod fideliter
conſervem jura redditus fructus & proventus ple‑
banatus mei, nec quicquam de eis alienabo ſive
vendam quovis modo, Jtem, quod conſervem cu‑
riam dotis dicti plebanatus, & alia ad ipſam per‑
tinentia in bona & notabili ſtructura ſine fraude
Jtem quod ipſum plebanatum non permutabo, ſine
conſenſu & licentia ſpeciali dominorum Decani &
capituli, hujus Eccleſie ſupradicte Jtem quod per‑
ſonaliter reſideam, & continue in eodem plebana‑
tu

(*u*) Plura parochiam Francofurdenſem concernentia vid.
in modo cit. *comment. à pag.* 480.

tu Jtem quod interfim officio divino chori Ecclefie
prefate omnibus horis, nifi negotiis parochie fuero
prepeditus Jtem quod omnia & fingula jura, legata feu leganda, cenfus & redditus Dominis, Decano & capitulo ac Canonicis prefatis occafione curie dotis plebanatus fepedicti, vel alias quantumque de caufa, per plebanum pro tempore, data &
miniftrata danda & miniftranda-de jure vel confuetudine, dabo temporibus debitis & miniftrabo, fine
contradictione, Jtem quod redditus feu cenfus Ka-
lendarum Dominis meis Canonicis & capitulo in
Opido Franckf. vel alibi debitos, fuis temporibus,
ipfis dandos & folvendos in ambone pronuntiabo
& intimabo, fideliter diebus Dominicis, fingulis &
feftivis, Jtem quod miffas in dicta Ecclefia michi
incumbentes quantumque cantandas vel legendas,
tempeftive, juxta ordinationes & ftatuta hujus Ec
clefie decantari feu legi, divina chori Ecclefie predicte, minime impediendo procurabo, Jtem quod
nihil conftruam, vel deftruam in Ecclefia vel cimiterio, Ecclefie fupradicte nifi de confenfu & licentia fpeciali capituli prenotati, Jtem quod non ad-
mittam aliquos focios meos presbyteros per me recipiendos ad executionem officij feu minifterij plebanatus hujus, in dicta Ecclefia vel extra nifi prius folitum Dominis Decano & capitulo predictis
preftiterint juramentum. Jtem quod non impetrabo, quicquam contra Decanum & capitulum, five
Canonicos, vel fingulares perfonas dicte Ecclefie
non utar impetratis contra eosdem, Sic me Deus
adjuvet & hec Sancta Dei Ewangelia.

B 3 *Forma*

Forma Juramenti Sociorum Plebani.

Ego N. juro quod ab hac hora in antea fim fidelis publice & occulte verbo & opere Ecclefie
S. Bartholomei Franckf. fingularibusque perfonis
ipfius ac obediens Decano Canonicis & capitulo
ejusdem in licitis & honeftis & quod omnia & fingula officio feu minifterio plebanatus hujus Ecclefie incumbentia quantum michi committentur exerceam & refpiciam fideliter & diligenter aliasque
ftatuta & ordinaciones ipfius Ecclefie quantum valeo obfervabo ac negocia Ecclefie & capituli hujus
& perfonarum fingularium ipfius juxta poffe promovebo fic me Deus adjuvet & hec fancta Dei Evangelia.

Rector Scolarium eft temporalis, hujus officium eft, in fcolis, fcolares fideliter docere. Jn
choro autem ut difciplinate, ftent fedeant genuflectent, inclinent clamores murmurationes infolentias hinc inde vel extra difcurfiones obmittant, intrent & exeant altari fe inclinantes coarctare. Hunc
Scolafticus ponit & deponit, modo quo fupra in
verbo fcolafticus dicitur. Capitulo de fidelitate &
aliis ut in juramento, jurabit prefentias non percipit, nec aliquid de Ecclefia ejusdem, ni fit membrum, vel nifi aliquid ut percipiat fpecialiter fit
inftitutum olim propter honorem Ecclefie confuevit effe graduatus.

Forma

Forma Juramenti Rectoris Scolarium.

Ego N. juro quod fim fidelis & obediens Decano
& Capitulo ac fingularibus prelatis, & canonicis Ecclefie Sancti Bartholomei in licitis & honeftis, & scolas hujus Ecclefie & fcolares ejusdem
etiam obedientes, fideliter doceam in ftudiis trivii
aut quadrivii, id eft in feptem artibus liberalibus,
fecundum uniuscujusque habilitatem & meum poffe, infolencie, per eos ne fiant, provideam ipfos
ultra meritum quantum poffum non ledam & alia
fingula officio meo incumbentia honorabilia pro
poffe adimplebo. Sic me Deus adjuvet, & hec
fancta Dei Ewangelia.

Succentor. eft officiatus temporalis hujus officium eft, fcolares in fcolis docere cantum, eos in
choro, adverfus, lectiones verfum graduales verfus feu alleluja ordinare, Et ut fine defidia legant,
cantent ammonere, errores & diffonantias facientes
corripere, eosdem ad fonum priftinum revocare,
primarius effe debet & ultimus officijs in divinis
hinc cantor dabit & deponit, hic fi membrum Ecclefie in ftando offerendo locum proceffionibus locum ingreffum & pilium beneficio fuis capiat com-
gruentes, fin autem fedibus inferioribus, & pilio
omnino nigro hic utatur prefencias non percipit,
nec aliquid de Ecclefia, ejusdem ni fit membrum.
Omnibus diebus Dominicis & feftivis in miffa fi
autem prime vefpere eorundem . . . feu antipho-
nes proprias hunc fuper pfalmos in primis & fecun-

dis vesperis, Matutinis & missa cappa serica indutus, solus loco stans cantoris, sed ad vigilias defunctorum, majores Missasque earundem sine cappa serica, loco suo stans consueto imponat ea, &
taliter ut supra de officio cantoris clarius est expressum, lauda tonorum, antiph. nocturni vltime
Laudum quinte seu sole, Benedictus, prime tertie
sexte None preter vigiliarum vesperorum quinte,
Magnificat. Completorium ferialiter cantatis præter à circumcisione Domini ad purificationis Marie,
& a cena Domini ad octavam corporis Christi &
vigilia Nativitatis Christi præter de tempore & de
sanctis anectetur. Si feria de dominica suffragatur
hoc post primam sit collocatum. Omelia & Missa
dominicalis, præter Dominicis pasche eadem die
observentur, Nona vigiliarum Dominica seu die
festivo cadens Dominicaliter decantetur, Ewangeliorum antiphonarum prima ad Bened. seu post
primum versum, omelia lecta, alie si sufficiunt ad
Magnif. & Bened. si non ad Magnif. tantum dicen-
tur atque iterentur ad Bened. feriale subrogentur.
Historiarum Dominicalium Antiph. una sabbato
quolibet ad Magnif. seu post primum Bened. super-
fiue alijs diebus ejusdem ad Magnif. tantum, Evan-
geliorum autem non pretermissis que ad Bened.
ut hec compleantur, proferantur. Si G. Dominicalis littera Annivers. Dominica quarta adventus
& vigilia nativitatis Christi peragentur. Jtem capitulo de fidelitate & aliis ut infra jurabit.

Forma

Forma Juramenti Succentoris quod preſtabit Capitulo.

Ego N. juro quod ſim fidelis & obediens Decano & capitulo ſingularibusque perſonis Eccleſie Sancti Bartholomei Franckenf. in licitis & honeſtis & quod officium Succentorie, hujus Eccleſie fideliter exerceam atque regam in omnibus & per omnia, juxta poſſe meum, Onera eidem officio incumbentia ſuperius expreſſa & in aliis ſi que eſſent, & eidem incumberent ſuperius etiam non expreſſa & maxime diſſonantias cantus & tonorum precanendo Sic me Deus adjuvet & hec Sancta Dei Ewangelia.

Sacriſta ſeu Collector funeralium eſt officiatus temporalis cujus officium eſt pecuniam per viſitationem & apportationem funerum colligere, & hanc preciſe preſentibus partiri. pallas caſulas albas humeralia oraria. id eſt ſtolas, & alia ornamenta altaris ſummi videlicet chori diebus ſolempnibus feſtivis feriatis deputata, caute & fideliter conſervare, munde cuſtodire hec ut tempeſtive laventur corrupta reformentur vetuſta innoventur ordinare quolibet ſuo tempore exponere, & officio peracto ſuo loco reponere diligenter. defectus in libris chori adimplere, diruta reparare ſtatim in eisdem, hunc, capitulum facit, & deponit de fidelitate & alijs ut infra in eius juramento continetur; huic quoque jurabit, Membrum Eccleſie hic exiſtat, in funeralibus unius membri, Eccleſie cujus hec .. debentur, duplam recipit portionem, funeralia non recipiet nec funera viſitet, ſe tenens pro infirmo, Jtem quolibet anno ſacriſta duas libras cere pro in-

corpo-

corporatione parochiarum de officio fuo, Ecclefie
Maguntinenfi in festo natalis beati Martini episcopi prefentabit, diebus folempnibus due candele
in altari, due ante altare, due retro polpitem le-
&tionum, Die octava festorum folempnium Sabbatis commemorationis, nativitatis Domini ad integram feptimanam due in altari due in polpite, diebus Dominicis & festivis due in altare, diebus fe-
riàtis una in medio anterioris partis altaris in primis & fecundis vesperis completorio & Missa, fed
ad vigilias defunctorum majores, quatuor in medio chori, minores, una ut fupra ferialiter habe-
antur. Tamen ad omnes miffas, due candele in
altari incendantur. Candele in missa ad posteriora
aliis autem horis, ad anteriora altaris cornua situ-
entur diebus folempnibus due candele torte fint in
elevatione facramenti, alijs autem diebus una tantum. Velum templi in die cinerum in matutinis
choro fit appensum & feria quarta proxima post
Dominicam palmarum in missa lectis hijs dictioni-
bus. *Et velum Templi scissum est* statim deponatur
diebus Dominicis & novem lectionum, a primis
vesperis, ad fecundum Complet. inclufive hijs fit
abstractum Die Cene Domini parasceve Vigilia
pafch. in matutinis quolibet post lectionem una ij
candelarum statim extinquatur fed ijtia cantico &
ps. *Laudate Domini de celis* completis, incensa ad
armarium feu ardens portetur & sic fervetur & lumina denuo ab eadem, incendantur. Item in die
purificationis beate Marie fingulis annis perpetue,
dabit infra miffarum folempnia cuilibet Vicario Ecclefie prefenti & in statu exiftenti unam candelam,
de

de dimidia libra cere factam, exceptis vicariis illis
quibus Custos Ecclesie dare tenetur, ut supra in
verbo: *Custos.* (w)

Forma Juramenti Sacriste.

Ego N. juro, quod sim fidelis Ecclesie, Decanoque & Capitulo, Sancti Bartholomei Franckenfurdensis, ac singularibus personis ipsius Ecclesie
- in licitis & honestis obediens, Et quod officium Sa-
cristie hujus Ecclesie mihi per vos commissum fideliter exerceam atque regam, & respiciam in omnibus & per omnia juxta posse meum secundum onera, eidem officio incumbentia superius expressa, &
in alijs, si que essent, ei incumbentia, etiam superius non expressa, sed imposterum exprimenda
Jtem quod de clenodijs & aliis quibuscunque ad officium hujusmodi spectantibus, michi commissis per
vos vel committendis, vel alias ad me hujusmodi
officii intuitu, seu etiam Ecclesie, provenientibus,
sine licentia Decani & capituli speciali non alienem
Jtem quandocumque per Decanum & capitulum
hujus Ecclesie requisitus fuero, vel per nuncium
eorundem computum faciam ipsis de per me expositis

(w) Additur ad marginem: Jtem recipiat omnes oblationes pecuniales provenientes in altari vel supra
altare chori ab Imperatoribus, Regibus, Archi-Epi-
scopis & Episcopis tempore primo ipsorum seu cujuslibet eorum receptione ad dictum altare Chori,
alio autem tempore si illos offerre contingeret, illas recipient oblationes, qui eas alias secundum
consuetudinem Ecclesie suo tempore recipere con-
sueverunt.

fitis & receptis Jtem quod officium hujusmodi refignem in manus dictorum dominorum Decani &
capituli ad eorum voluntatem quandocumque, fine
contradictione Sic me Deus adjuvet, & hec Sancta
Dei Ewangelia.

Campanarius membrum eft Ecclefie perpetuum, & locum fui ingreffus, & pileum nigrum omnium inter vicarios in choro habet, hunc cuftos
dabit, hic oftia Ecclefie tempeftive aperiat diligen-
terque recludat horarum figna, hora & modo equa-
libus femper pulfet qualiter autem pulfet, in quibuslibet anni diebus in regiftro modi pulfandi fubfcripto plenius eft expreffum. Campanas & feras
januarum Ecclefie omnes in ebdomada femel refpi-
ciat, corruptaque in eis ftatim ordinet reformari,
Lumina Cerea polpiti Lectionum unum, polpiti Refponforiorum unum, ad quemlibet antiphonarium
unum pro matutinis ad idem fufficiens, & cereos
altaris fummi pro omnibus horis aminiftret, Ebdomadam fue vicis peragit ut membrum Ecclefie
officijs in divinis in fui officij minifteriis exemptus
eft a choro qualibet hora profpiciat ne ex lumini-
bus in monafterio incenfis, aliquod incendij periculum oriatur Sabbato fero omnes lapides aque be-
nedicte evacuet & emundet, dieque Dominico
aquam infundat, recentem benedictam Monafterium purget, tempore congruente, Illud claudens
loca & angulos ejus fideliter circumeat, homines
& animalia expellat nullos in ea dormire permittat
nifi pro pulfandi juramento Laternam cum lumine
ardente ante oleum infirmorum portandam procurabit. Sponfis & mulieribus poft partum introni-

zan-

zandis librum , jurantibusque in judicijs fpirituali
& feculari reliquias fanctorum ad hoc deputatas
membris Ecclefie primitus receptis funem campane
chori offert, inde confueta recepturus. Imperator, Rex, Archi-Epifcopus fuperiorem veftem qua
induti funt Prelatus vero & Canonicus par veftium
bonarum, Vicarius, & quodlibet membrum Ecclefie, fuas primas prefentias feu cottidianas diftributiones primitus ibidem recepti, inunctus extrema
unctione duos denarios fponfa unum denarium mu-
lieres poft partum intronizate unum obulum ufua-
les ei dabunt fufpenfi omnes incarcerationes judi-
ciariofque actus per Decanum in perfonas Ecclefie officialesque in laicos aliarumque Ecclefiarum
perfonas privilegiatas, feu fervi ejus intimabunt.
Capitulo congregato hoftium loci capituli frequenter refpiciet & diligenter ab extra Jtem nullas dabit jufticias pro receptione fui ad officium iftud, &
eft fervus Ecclefie communis, Jtem miniftrare debet plebano hujus Ecclefie omni anno XVI M. hoftias parvas feria fecunda poft diem palmarum pro
Communicando populum in feptimanâ Sanctâ &
totidem hoftias , mittit omni anno monafterio in
Arnfpurg cum panario, noftro ex antiquâ confuetudine , etiam miniftrabit campanarius hoftias magnas per totum annum.

Forma Juramenti Campanarii.

Ego N. juro, quod officium Campanariatus feu
fuccuftodie hujus Ecclefie; fideliter exerceam
regam & refpiciam in omnibus & per omnia juxta
poffe

posse meum, secundum onera eidem officio incumbentia superius expressa & in alijs sique essent & eidem incumbent etiam superius non expressa , sed exprimenda.   Jtem quod omnia & singula per me occasione hujus officij ministranda debite. & sine contradictione aminiftrem Jtem quod horis debitis juxta modum pulsandi subscriptum consuetum, quibuslibet festis diebus celebribus dominicalibus & feriatis, ac aliis pulsem seu pulsari faciam, campanas hujus Ecclesie, Jtem quod omni nocte intrem Ecclesiam Sancti Bartholomei predictam tempestive, & in armario ipsius Ecclesie tota nocte permaneam res & bona Ecclesie ejusdem fideliter custodiendo Jtem quod de prommissis aut committendis in rebus bonis seu cleynodijs Ecclesie hujusmodi, nil alienem vendam , concedam sive perdam deperditaque alienata sive vendita restaurem , vel eorum valorem indilate persolvam, Ecclesie predicte Jtem caute singulis horis & temporibus lumina Ecclesie, & in ea ardentia diligenter respiciam, ne incendium aliquod sive dampnum , exinde generetur. Sic me Deus adjuvet & hec Sancta Dei Ewangelia.

Camerarius seu cellerarius est officiatus temporalis hujus officium est proventus bladi & pecunie colligere , & distribuere prebendarum & Panes prebendales novem septimanatim habet; Seu quatuor cum dimidio Quartali tritici & totidem siliginis pro eisdem Jtem quilibet quatuor temporibus anni capitulo computabit ubi in propinationibus ibidem factis unius canonici habebit portionem , hunc capitulum facit & deponit, Ecclesie sit persona sive membrum in adeptione sui

officii

officii capitulo fideliter preſtabit juramentum Jn
ſui officii miniſterijs exemptus eſt a choro tamen
imponit lectiones leget, officiet tempore eum contingente ſeu hoc fieri procurabit, hic redditus per
eum colligendos diligenter conſcribat, fideliter
conſervet facetè petat, contra in ſolvendo malitio-
ſe negligentes ſtrenue procedat ſuperioribus noti-
ficet & alia competentia faciat, nichil de neceſſariis
obmittendo Jtem ſciat quod omnes redditus ſunt,
per dantes ſuis expenſis & laboribus ad loca conſueta tempore debito, bono pagamento perſolven-
di, Et non in fundis eorundem, niſi forte propter
conſervationem ſeu dantium negligentiam per officiatos eorundem requirendi caveat etiam collector,
ne alibi quam in fundo & ejus legittimo poſſeſſore
ſi contingat eosdem recipiat, quia e contrario hujus plura dampna vexationes multe, ymo perditio
cenſuum totalis ſepius evenerunt, ſi fundum dividi
contingat proventus hujus non ab una illius partium, ſed ab omnibus ſimul recipiat, poſſeſſores
quoque compellat, ut procuratorem conſtituant
qui proventus ſimul nomine omnium amminiſtret
a dante ſi alius ſit quam anno preterito, querat,
utrum heres? quale nomen, & in cedula hoc ſtatim ſignet notulas autem tales anno revoluto, taliter poſt N. per litteras conformem procedenti
aſcribi procuret, ne ſcripturis diverſis liber vi-
tietur, ſimiliter fiat de redditibus de novo emptis
vel legatis tres de Eccleſia omnes cenſus ſciant,
canonicus vicarius & officiatus eorundem propterea ne propter negationem dantium negligentiam
ſeu mortem ſubitam vel indiſpoſitionem officiatorum

rum amittantur Jn termino adminus femel omnes
tres prefati, omnes fundos proventuum fimul perfonaliter refpiciant utrum ne aliqua mutatio divi-
fio fubtractio vel alienatio in eisdem facta fit, diligenter requirentes que fi facta eft ftatim fuperioribus denuntient, remedium adhibendo proventus
omnes quantum poffibile eft, literis autentice figillatis, collector non tenetur fuis expenfis procedere contra folvere negligentes expenfas intuitu com-
munitatis capituli factas exponat, de communi redditus autem taliter confcribantur, liber reddituum
habeat diftinctas duas partes prima contineat cenfus pecunie fecunda Bladi cenfus pecunie quia maxime in civitatibus fiti, per partes orientalem &
occidentalem & quelibet harum partium per vicos
principales & annexos fimiliter ab oriente in occi-
dens, vel a meridie ad feptentrionem feu a campo
ad flumen defcendendo, feu e contra afcendendo
& quilibet horum vicorum per domos ordine afcen-
fus & defcenfus debito obfervato & partes vici domus civitatis ut predicitur feu villarum fi ibi contingit fuis nominibus fignis fitibus, oppofitionibus
aciebus magis propriis notabilioribus ac perpetuis
maxime ab Ecclefiis cum ceteris permanentiores
fint exordium fumendo diftinguantur, cenfus bladi, qui in terminis villarum pofiti per nomina villarum fecundum ordinem Alphabeti ab A. inchoando defcribantur. Modus autem fcribendi librum
cenfuum talis eft, unicuique parti & vico civitatis & ville cuilibet titulus fuus in medio fuperioris
marginis, cum litera magna capitali & primo cenfui hec dictio: *primo*, fecundo cenfui hec dictio:

Jtem

Item aſcribantur Jn cenſibus vero ſingulis primo
ſumma pecunie ſeu bladi ſecundo ſubpignora cum
ſuo ſitu quarto, magis proprie poteſt tertio dans cum
ſuo nomine proprio & cognomine, Et nomen dan-
tis quia variabile in fine ſemper eſt ponendum Jnter domum autem & domum, bonum ſpatium, vicum & vicum, villam & villam majus, partem &
partem civitatis maximum, propter plura appo-
nenda relinquatur. Jn coopertorijs librorum
omnium & ſingulorum ab extra titulus eorundem
magnis litteris capitalibus ſcribatur, ut eo expe-
dientius materia ſingulorum poſſit recognoſci, libri omnes duplicentur & unus in clauſura armarij
& alius penes officiatum reſerventur.

Nota, quod Anno Domini MCCLxxVj menſe
julio facti ſunt duo officiati prebendarum & preſentiarum Joannes de mogunt. & petrus ita quod
die computus dent, Kalend. die preſentiarum preſentias deſervitas & obligaverint ſe inſolidum fideliter aminiſtrare defectum ex ſuis ſupplere res eccleſie ex altera parte Reni expenſis eccleſie, ſed
iſta ſuis colligere, corrigere quoque libros.

Forma Juramenti Camerarii cano-
nicorum.

Ego N. juro, quod officium camerariatus ſeu
cellerariatus Dominorum meorum canonicorum per eosdem michi commiſſum fideliter agam
& exerceam & quod omnes cenſus & redditus atque fructus ad corpora prebendarum in quibuſcunque conſiſtentes, pertinentes diligenter & fideliter

Tom. I. C pro

pro toto meo poſſe perſonaliter colligam atque in
fundo petam & contra non ſolventes ſtrenue & judicialiter procedam ac nomina῾ novorum dantium
conſcribam in cedula, vobisque tradam, libris in-
ſcribenda & ſuis temporibus debitis pro omnibus
deſervientibus equaliter dem & diſtribuam, juxta
modum & formam michi per capitulum totum aut
majorem partem ipſius capituli reſidentium traditam, ſeu etiam tradendam quantumcunque nec aliquid diſtribuam, vel diſponam, alienem ſive vendam, de redditibus cenſibus, bonis vel rebus premiſſis, contra voluntatem dominorum prediĉtorum,
neque in libris aut regiſtris diĉti officij aliquid apponam vel deponam absque licentia diĉtorum dominorum meorum Jtem quod faciam computationem à Dominis meis canonicis capitularibus reſi-
dentibns, vel majori parte ipſorum temporibus
debitis requiſitus ſine contradiĉtione Jtem muta-
tiones, diviſiones, ſubtraĉtiones vel alienationes
bonorum & cenſuum prediĉtorum quantum ad me
pervenerint, indilatè capitulo notificabo pro remedio conſequendo Jtem quod ſingulis annis infra
diviſionis apoſtolorum & beati Jacobi Apoſtoli fe-
ſta, diĉtum officium reſignem & preſentem ſeu
offeram libros & regiſtra omnia, ad diĉtum officium pertinentia etiam per me faĉta ſeu facienda
illeſa in manus Dominorum capituli vel canonici
de capitulo reſidentis ſenioris Jtem quod certa vi-
na etiam decimalia colligenda, & quelibet ad hec
neceſſaria in quibuſcunque conſiſtentia diligentiam
faciam expeditam, ſic me Deus adjuvet & hec
Sanĉta Dei Ewangelia.

Nota:

Nota: Quod antè omnia, bonum eſt quod totum capitulum predictum detur officiato in ſcriptis, ut eo melius ſciat, qualiter officium ipſius regere debeat, quia omnia habere absque ſcriptis in memoria potius divinum eſt quam humanum, at, ut ſufficientius officio provideatur. (*x*)

Officiatus ſeu Magiſter preſentiarum eſt temporalis hujus officium eſt, redditus & proventus preſentiarum colligere & diſtribuere omnibus diebus preſentiarum totis divinis officijs chori intereſſe preſentes & abſentes diligenter conſiderare ſummam pecunie preſentiarum, cuilibet Diei aſcriptam, computatione diligenti prehabita preſentibus & non abſentibus officijs prefatis equaliter dividendo miniſtrare niſi forte abſentes negocijs Eccleſie, ſeu infirmitate adeo gravi & non ficta racione cujus chorum ſine periculo corporis frequentare non poſſent, eſſent detenti, certificatis tamen de hoc Decano, ſeu Seniore Canonico de capitulo abſente Decano & diſtributore preſentiarum earundem die-

C 2 bus

(*x*) *Nota marg.:* Officians ſeu Camerarius capituli promittat hec infra ſcripta: Quia experientia teſte pecunie penuria dampna pleraque affert & incommoda, hinc ſtatuimus & ordinamus quod de cetero officiatus capituli in admiſſione ſui officij bona fide promittat, quod quam ſtatim in iſto officio fuerit conſtitutus, ſucceſſori ſuo in hujusmodi officio conſtituto vel ipſimet capitulo ſummam XX. florenorum in unius quindene ſpatio immediate tempus dimiſſionis ejusdem officij ſequentis realiter & cum effectu perſolvet. Jtem ubi expedit unumquemque hujusmodi pecunias recipientem tradere Dominis quitanciam ſigillatam &c.

bus qualibet prefentiarum de abfentijs pretentis ,
fed quibuslibet quatuor temporibus de ingroffo
expofitis, computet, defuper a capitulo deputatis,
hunc capitulum facit & deponit Jtem *Ecclefie* Jtem
in adeptione Jtem *in fui officii* Jtem *hic redditus fciat*,
Jtem *caveat* Jtem *fi fundum* Jtem *a dante* Jtem
tres Jtem *in termino* Jtem *proventus* Jtem *Collector*
Jtem *expenfa omnes*, ifti paragraphi fupra de officio camerarij feu cellerarij pofiti, hic fimiliter ponantur, & notentur. Officiatus prefatus videlicet
prefentiarum in prefentiis & funeralibus recipit
unius membri Ecclefie duplam portionem redditus
aut prefentiarum taliter confcribantur. Liber redditus prefentiarum habeat partes duas prima recepti & liber cenfuum, fecunda diftributi & liber
divifionis notentur. Liber cenfuum duas partes
contineat diftinctas, & formetur ut fupra, de officio camerarii; nifi quod hic primo fumma pecunie feu bladi, fecundo dies diftributionis tertio fub-
pignora Quarto dans ponantur, liber divifionis con-
tinet fummam pecunie, qualibet die pro prefencijs
dividendam. Et habet tres partes prima ponit anniverfaria fecunda : fefta fanctorum fixa 3tia : Dominicas, mobiliaque fefta & modus fcribendi hunc
librum talis eft. Titulus fupponatur unicuique jam
dictarum partium, ut in libro cenfuum eft expreffum Jtem in primis duabus partibus formetur, Ka-
lendar. litereque. A. B. item quelibet ab alia ad
minus per fex rigas disjungantur, & cuilibet litere fuus fanctus, fi notabilis eft, fin autem; nonæ
Jdus vel Kalendæ conjungatur Poft hoc in anniverfario fcribatur hec dictio: *in anniverfario*, fecun-

do

do nomen legantis tertio fumma pecunie legate, &
fic de alijs, fi plura anniverfaria fuerint die in eadem; fed in feftis fanctorum poft nomen fancti rubro fcriptum, fumma pecunie tantum ponatur hoc
die quod prefencijs dividenda in Dominicis vero &
feftis mobilibus, fcribatur rubro *Dominica prima,
Dominica fecunda.* Jtem *D* magna litera capitali in
principio linee inchoata & inter Dominicas & Dominicas due linee vel plures prout notate fuerint,
vacue relinquuntur. Et fefta mobilia forma Do-
minicarum fcripta fuis locis inferantur, poft nomen
fefti vel Dominice ponatur folum fumma pecunie
eodem die pro prefentijs dividenda, eft & alius libellus dictus commemoratio animarum in feptem
partes feu libellos diftinctus numero Dominicalium
literarum in quo duntaxat nomina, perpetuos redditus prefentijs legantium, funt notata, Ordinatus tali modo quelibet pars feu libellus Quinquaginta duo folia, fecundum numerum ebdomada-
rum anni continebit In cujuslibet folij margine fuperiore litera dominicalis una magna capitalis Jta
quod in prima feptem partium Dedictarum A. in
fecunda B. & fic deinceps rubro figurentur, deinde
in principio primi folii prime partis prefatarum
fcribatur rubro illa dictio *circumcifio.* Litera magna
textuali fequantur ftatim nomina defunctorum
omnium fimul quorum anniverfaria in eadem ebdomada, usque ad Sabbatum proximum poft inclufive peraguntur litera minore magna textuali poft
hoc fecunda dominica fimiliter notetur *Erhardi* &
fic fiat per totum illum annum fimiliter fiat de
B. C. &c. ut de a. demonftratur. Jta tamen quod

C 3 cuilibet

cuilibet Dominice, fanctus vel festum ibi cadens,
si notabilis seu notabile est, sin autem Nonas Jdus.
Kalendus. Et in principio ultimi folii cujuslibet partis seu libelli hec-dictiones rubro textu, *Cene Domini ad mandatum pauperum*, & post hoc nomina
defunctorum seu viventium ad idem mandatum
suas elcmosinas largientium, nigro textu annoten-
tur Quorum quidem libellorum unum illo anno
deservientem distributor presentiarum die anniver-
sariorum manuteneat & missa incepta officianti in
altari sancti Epistola quoque lecta, membris ecclesie presentias recipientibus in sedibus eorum sedentibus eosdem, accedendo incipiendo a Decano eo
absente a seniore canonico eorum quorum anniverf.
eadem die peragitur voce summissa die vero cene
Domini mandato pauperum peracto, omnibus ibidem existentibus in eminenciore loco stando, eorum qui ad hoc mandatum suas pias elemosinas lar-
giti sunt, alta voce legens nomina distincte & expresse, omniumque prefatorum animas eisdem fideliter recommendet, Jtem *in coopertorijs*. Jtem *libri
omnes &c.* ut supra de officio cellerarii ponitur ita
illi paragraphi notentur & hic similiter huic officiato pro Jndarre de C. octalibus, quinque defalcentur.

Forma Juramenti officiati presentia-
rum chori Ecclesie sancti Bartholomei Franckenfordensis.

E go N. in officiatum seu camerarium vel magistrum presenciarum Ecclesie Sancti Bartholomei Franckenfordensis per Dominos Decanum &
capitu-

capitulum ejusdem ecclefie ordinatus, juro per patrem & filium & fpiritum fanctum, quod officium
camerariatus hujusmodi, per dictos Dominos meos
commiffum fideliter agam & exerceam, & quod
omnis cenfus & redditus ad prefentias feu diftributiones cottidianas pertinentes diligenter & fideliter
pro toto meo poffe perfonaliter colligam atque petam & fuis temporibus debitis pro omnibus defer-·
vientibus duntaxat, equaliter dem & diftribuam,
Decano duntaxat excepto, cui dupla portio in di-
ftribuendo debetur, Jtem quod de redditibus &
cedentijs dicti officij nichil contra voluntatem dictorum Dominorum meorum Decani & capituli dem
diftribuam feu difponam neque in libris & regi-
ftris dicti officij aliquid apponam, vel deponam
absque licentia dictorum Dominorum meorum.
Jtem quod non faciam aliquam computationem ratione dicti officij michi commiffi, vel interfim in
abfencia domini Decani, vel alterius de capitulo
ad hoc Deputati, nifi ex juffu & mandato fpeciali
dictorum Dominorum Jtem quod fingulis annis infra divifionis Apoftolorum & beati Jacobi apoftoli
fefta, dictum michi commiffum officium refignem
& prefentem.   Seu offeram libros & regiftra omnia
ad dictum officium pertinentia illefa in manus Domini Decani vel in Decani abfentia fenioris de capitulo predicto. Sic me Deus adjuvet & hec Sancta Dei Ewangelia.
　　Canonici funt per quos Ecclefia collegiata auctoritate in omnibus gubernatur Qui vices Apoftolorum duodecim fanctiffimi Collegii Jefu Chrifti
reprefentant, Hij & univerfaliter omnes Clerici,

à Wilgari vita fint exclufi, a mundi voluptatibus fe
abftineant non fpectaculis non pompis interfint con-
vivia publica fugiant & privata, ufuris nequaquam
incumbant neque turpium occupationibus lucrorum
non fraudibus cujusque feudum appetant amorem
pecunie quafi maliciam cunctorum malorum feu cri-
minum fugiant fecularia officia negotiaque abnu-
ant honoris gradum, non per ambitionem fufcipi-
ant, pro beneficiis munera non accipiant dolos &
conjurationes caveant, odium emulationes obtre-
ctationes atque invidiam declinent non vagi oculis
non effrena lingua atque petulancia fluidoque greffu non incedant, fed pudorem atque verecundiam
mentis fimplici habitu inceffuque oftendant. Ob-
fcœnitates etiam membrorum & verborum ficut &
operum penitus execrentur, viduarum & virginum
frequentationem refpuant, contubernium extranea-
rum feminarum nullatenus appetant, caftimoniam
quoque inviolati corporis perpetuo confervare ftudeant, fenioribusque debitam prebeant obedientiam neque ullius jactancie ftudio, femet ipfos attol-
lant doctrine Lectionum pfalmorum ympnorum
canticorum exercitio jugiterque incumbant, Jtem
redditus fuorum beneficiorum fideliter confcribant,
& confervent nichil fine licentia fui capituli alienan-
do inhibendo feu mutando relicta de beneficiis Ecclefie fue tradant Jbidem fi fieri poteft confeffores
habeant, non ab extra, ibidem tumulentur, chorum frequentent & ibidem facienda impleant diligenter, fuperioribus reverentiam debitam exhibeant, mandata eorum licita fervent Injurias ab eis
illatas majoribus deferant, eorundem confilij fecre-
taque

taque zelent, invicem diligant caritative corrigant
ad judicium extraneum se non trahant cleri defectus Laycis non exponant. Canonici Ecclesie Sancti
Bartholomei Franckenfordensis sunt duodecim, ad
numerum duodecim Apostolorum instaurati, Et
hic numerus ibidem non est augmentandus nec mi-
nuendus, ut antiquis instauratorum videlicet beati
Caroli Magni Pippini & aliorum Jmperatorum &
regum privilegijs est firmatum. (y) Hij omnes
proventus corporis prebendarum equaliter partien-
tur absentes absque licentia capituli Petri ad vincula Blado, Michaelis vino istius anni privantur &
per se sunt suspensi quia ista festa ibidem per se su-
spendunt, & solis capitularibus in opido Franckenfordensis continue residentibus presentie seu cottidiane distributiones extra capitulum autem existentibus fructus grossi videlicet Bladum vinum census duntaxat ministrantur, recompensa vicariorum canonicorum capitularibus in Franckenfurdt.
continuo residentibus duntaxat equaliter dividitur
data Decano, si ibidem residet, licet canonicus
simpla unius canonici capitularis portione; sic a
tempore institutionis hujus recompense hactenus est
servatum, canonicus a die primo possessionis sue
prebende per quinque annos continuos dimidiam
prebendam tantum percipit, quia fructus medii
primi anni & secundi diocesano tertii pro debitis
canonici illius prebende defuncti, si de rebus suis
solvi non possunt alias ad presentias ejusdem Ec-

C 5   clesie

(y) Vide sæpe allegatam *Commentationem VII. pag.* 4u.
& seq.

clefie ut redditus pro anniverfario defuncti ejusdem
comparentur Quarti & quinti fabrice ejusdem Ecclefie & omnibus prefatis bladum vinum cenfus
duntaxat corporis prebendarum fed non recom-
penfa vicariorum nec cottidiane diftributiones mi-
niftrantur Jtem non capitularis inter fcolares ftabit,
nifi forte propter ejus reverentiam, fi notabilis eft
perfona per capitulum in fedibus inferioribus ex
gratia collocetur Jtem nullum pilium in choro portet, fed nigrum ovinum, ut vicarius neceffitate
cogente fibi capitulum ex gratia poteft indulgere.
Non capitularis Junior in ingreffu diebus folempnibus officianti Jn officio thuris miniftrabit. ad capitulum nullus recipiatur nifi in gradu fubdiacona-
tus conftitutus jurabit quod fidelis fit Ecclefie fecreta zelet confuetudines fervet in licitis & honeftis beneficium fuum non permutet fine confenfu
capituli, aut partis fanioris & alia jurabit ut in juramento infra fcripto continetur fi duos vel plures
fimul ad capitulum recipi contigerit, Prior in ingreffu Ecclefie, licet annis vel dignitate minor
preferatur canonicus prebendatus Franckenfurdenfis ad capitulum receptus dabit duas marcas denariorum levium Wedrauwierifium feu tres florenos
monete legalis Franckf. inter canonicos capitulares
refidentes & prefentes, dante has exclufo, dividendas equaliter Jtem dabit juniori capitulari in
ingreffu unum par bonum caligarum Jtem dabit
vnam cappam fericeam valoris fedecim floreni auri
ad minus quam ad tempora vite portet, & pro fe
fervet, Jtem capitularis a die fue receptionis per
annum integrum vocem capitularem non habebit

Jtem

Jtem junior in ingreſſu capituli hoſtiarius eſt ab intra capituli congregati. Quilibet canonicus ſtet in choro ſui anteceſſoris ordine antiquitatis ingreſſus obſervato, Jtem canonici capitulares in proceſſionibus ſint ante prelatos, poſt ad offerendum, Pilijs utuntur hij mardrinis ſeu aſperolinis Jtem diebus ſolempnibus, duo juniores in ingreſſu capituli a primis veſperis ad ſecundum completorium incluſive hijs in omnibus horis imponent, Epiſtolam & Ewangelium ad Miſſam legant. Licentia expirat licentiato ſine juſſu licentiantium proventus abſentibus non debitos recipiens vel petens ſeu officiato, ſeu tractatibus in Eccleſia hujusmodi ſe ingerens. Canonicus in ſtatu exiſtens eſt habens ordinem ſubdiaconatus vocem in capitulo ſtallum in choro reſidens in beneficij ſui loco abſentibus divinis ſue Eccleſie ultra quindenam preter negotia ſedis apoſtolice diocefani & Eccleſie ſuorum ſtudio in firmitate excuſabilibus & hoc de licentia ſui capituli fructus corporum beneficiorum pro rata temporis ſubtrahantur. rata eſt, Ut de libra den. id eſt triginta ſolidis Hallenſ: pro die unus Sol. Hall. pro ebdomada ſeptem pro menſe triginta defalcentur, quatuor hallenſ. reſtitutis. prelati ut reſideant, per capitulum ſunt citandi, Prelatis ſola officia eorum concernentia per capitulum publicentur. Canonicus recipiendus primo ad Eccleſiam promittat jurando fidelitatem Decano & capitulo obediãm ſtatutorum ordinationum conſuetudinum obſervantiam in licitis debitis & honeſtis, in ſtudio ſtandi per biennium niſi ſecum diſpenſetur per capitulum prenotatum & alia jurabit ut infra

jura-

juramento, veftitus clericalis ac tonfura eidem in-
jungantur proteftacio receptionique precedat. Cla-
ves tres diverfas ad figillum majus Ecclefie habe-
bunt tres Canonici ejusdem Ecclefie introitu feniores. Canonico cuilibet capitulari unum quartale
vini melioris feu octo folidi hallenf. monete cur-
rentis. Sigillo majori fed Canonico fervanti figillum minus duale feu duo folidi hallenf. predicte
monete eidem dantur, de qualibet caufa figillatâ
Jtem Canonici ordinarie conferunt beneficia, incipiendo, a feniore Canonico juxta ingreffum capituli (z) Jtem Senior Canonicus capitularis refidens
duntaxat curiam canonicalem vacantem totiens quociens voluerit optabit, quam capitulum ad fummam pecunie ipfius curie peredificationi neceffari-
am, certo tempore inibi faciendam taxabit & tunc
demum fibi capitulum curiam ipfam affignabit Jtem
vacante prepofitura quid Canonici habeant difponere & facere inde in verbo *officialis.* & de Election.
in c. ut preterite &c. Canonici duo capitulares officium Magiftri Fabrice Ecclefie predicte regere debent ad hoc per capitulum deputandi aptiores. quid
fit eorum officium & ipforum juramentum capitulo preftandum vide infra in verbo : *Magiftri Fabrice &c.* (a)

Forma

(z) Per Turnum capitulariter erectum ut infra videbimus; à multis verò fæculis capitulum canonicos &
vicarios elegit, prout hodie turno jam diu ceffante
adhuc obfervatur. De canonicis vid. XXIV.

(a) *Nota marg :* Singulis annis fiant duo capitula Generalia videlicet in fefto Urbani & in profefto *Katharine*

Forma Juramenti canonicorum reci-
piendorum primo *Et subsequentes adduntur ar-*
ticuli ponendi in forma juramenti canonicorum ad capitulum recipiendorum.

Ego N. juro quod sim fidelis Ecclesie Sancti Bartholomei Franckenf. obediensque Decano &
capitulo ejusdem in licitis & honestis & quod servem statuta consuetudines & ordinationes ipsius
scripta & non scripta facta & facienda & quod non
permutabo prebendam meam ad quam acceptus &
admissus sum, sine consensu & expressa licentia Decani & capituli seu majoris partis capituli residen-
tis, & quod non sim in aliqua conspiratione contra
Decanum & capitulum nec adherebo alicui appellationi contra eosdem interposite vel interponende
pro quocumque & quod non impetrabo aliquid a
quibuscunque contra prefatos decanum & capitulum vel contra singulares personas capituli aut Ecclesie predictorum neque utar contra eosdem impetratis, quovis modo & quidem credo me de legitimo

tharixe, in quibus tractabitur in Generali de negocijs Capituli & Ecclesie & ut persone alliciantur
ad interessendum eidem capitulo, dabitur cuilibet
Canonico capitulari pro tunc interessenti unum
octale siliginis in quolibet istorum festorum. Infirmis tum Capitularibus *Franckfordie* tunc residentibus, si capitulo eidem per infirmitatem interesse
non poterunt, in istis octalibus nolumus prejudi-
cari.

timo matrimonio procreatum (*b*) fic me' Deus adjuvet &c. (*c*)

Jtem nota, quod fi occurrerint aliqua neceffaria
addenda, adjiciantur de confenfu Decani & omnium capitularium.

Jtem nota, quod antequam quis admittatur juret, prefens det tradat & affignet in manus junioris
canonici Capitularis refidentis tunc prefentis nomine ftatutorum Ecclefie, tres marcas argenti puri
five XVIij floren: auri in prompta pecunia vel bona pignora aurea, five argentea per eundem juniorem Canonicum pro utilitate & difpofitione capituli fervandorum & exponendorum, ut fupra in ftatutis.

Forma

(*b*) Difpofitionem de illigitimis non admittendis vid.
infra *nro XXIX.*

(*c*) *Nota marg*: Quod de confuetudine antiqua fuit &
eft introductum & femper obfervatum, quod qui-
♦unque antequam recipiatur ad canonicatum vel
prebendam feu vicariam vel aliquam dignitatem feu
officium aut beneficium hujus Ecclefie vel fubjecta-
rum capellarum, dare debet & confuevit cuilibet
canonico capitulari refidenti unum quartale vini
melioris quod tunc *Francfordie* ad ducillum (dipfe-
dra, gallicè: Broche de tonnel. *dem beften Wein
welcher gezapfet wird,*) propinatur & cuilibet Prelato Ecclefie fimiliter refidenti duo quartalia vini
ejusdem & officiato canonicorum unum quartale
vino de eodem vel valorem vini predicti quem officiatus predictus recipiet ab admittendo & dividet
inter fupradictos portione fua predicta retenta.

Forma Juramenti Canonicorum ad
Capitulum recipiendorum. (d)

Ego N. juro, quod celem fecreta capituli, & quod non habebo vocem in capitulo contradicendi infra annum a prefentis temporis mei receptione ad capitulum, & quod fuper fedebo ordinationi facte per capitulum de conferendis beneficijs hujus Ecclefie vel extra tam diu donec ordinatio, collationis beneficiorum hujusmodi de novo a feniore inchoetur (e) & quod non recipiam proximum recompenfum per Vicarios Canonicis capitularibus refidentibus dari confuetum, priori tamen juramento per me jurato in fuo robore perpetue duraturo. Sic me Deus adjuvet & hec Sancta Dei Ewangelia.

Anno Domini MCCCLxxnjº in profefto Sancte Katherine in capitulo generali concorditer conclufum eft, capitulariter quod de cetero thornus nominationis feu prefentationis ad Vicarias & ad alia beneficia fimplicia priusquam fuerit finitus femper debet incipi a feniore canonico capitulari refidenti juxta ingreffum capituli.

Jtem Nota bene quod antequam aliquis jurabit predictum immediatum juramentum dicatur prius fibi quod cappam fericam valoris XI. flor. auri
ad

(d) *Nota marg:* Si duos vel plures fimul ad capitulum recipi contigerit, prior in ingreffu Ecclefie licet annis vel dignitate minor preferatur.

(e) Id eft donec Turnus ad infra nro XXIV. pofiti fimilitudinem erectus expiraverit.

ad minus dare debeat, infra quartale unius anni,
& de hoc det ad statim bonam cautionem capitulo.

Jtem dicatur sibi quod non habebit aliquis portionem de dimidia marca argenti sine tribus flore-
'nis per ipsum antequam ad capitulum recipiatur,
dandis in prompto, inter Canonicos capitulares residentes duntaxat dividendos.

Jtem nota quod quotiescunque quis admittitur
vel recipitur in Ecclesia vel extra ad aliquam dignitatem officium, vel beneficium sub obedientia
capituli existens, etiam si dignitas officium vel beneficium hujusmodi non vacaret tunc, nova statuta
solvere debet, nihil de prioribus sibi defalcando,
& sic ubique servatur, & est laudabile.

Jtem nota antequam detur alicui persone Ecclesie, quæcunque sit, consensus seu licentia per-
mutandi, promittat primo ille consensum petens fide data, loco juramenti, quod nunquam secreta
capituli, que ad eum pervenerunt in prejudicium
Decani & capituli aut singularium personarum Ecclesie revelet, quia periculosum est valde scientibus
secreta capituli dare consensum de permutando.
Ita fiat de Vicarijs, sicuti de prelatis & Canonicis. (f)

Vicarij

(f) *Not. marg*: Statutum canonicorum in statu existen-
tium concernens obitum eorum. Quicunquè canonicus in statu existens mortuus fuerit post *Petri ad
vincula* & ante *Michaelis*, Domicellaris dunt xat
portionis siliginem percipiet, si vero post *Michaelis* ante tamen *Katharine* obierit, in Domicellari
portione tam vini quam bladi sit contentus. Si autem

Vicarij in collegiis, in divinis officijs canonicorum vices gerunt qui ftatum beatorum feptuaginta duorum difcipulorum falvatoris reprefentant perfectum igitur collegium forma beatiffimi collegii Jefu Chrifti ex duodecim canonicis & feptuaginta duobus vicarijs conftat in cathedralibus & principalibus oppidorum Ecclefiis tantum ordinandum vicarij ut canonici *à vulgari vita &c.* Jtem *redditus fuorum beneficiorum &c.* ut fupra in verbo *canonici.* Jn licitis & honeftis capitulo fint fubjecti collatio vicariarum ad capitulum fpectat, conferantur ordinatim. Pilium nigrum ovinum portent, fint ante canonicos in proceffionibus poft ad offerendum. in propriis altaribus & hora debita, nifi canonicum quid obftet miffam legant, Vicarius in ftatu exiftens eft, habens ordinem presbyteratus executusque eft, eundem ftallum habens in choro refidens in beneficii fui loco, vicaria inftauranda nifi collatio fit capituli nullatenus admittatur. Jnftauranda de novo porcionem prefentiarum eam contingente omnibus redditibus earundem etiam perfonis ad tempora vite dividendis in caufa & omnia membra Ecclefie quibus de jure feu confuetudine pertinent equaliter divifis recompenfet duplices portiones habentibus pro membris duobus computatis

tem poft *Katharine* ante tamen Pafche de vita fublatus fuerit, autumnalem computationem ex integro & in filigine Domicellarem porciones fufcipiet. Quodfi poft pafche deceflerit, tam finalem quam autumpnalem computaciones fine diminutione habebit.

tatis vicarius recipiendus de fidelitate & alijs capitulo preftet juramentum junior vicarius in ingreffu in ftatu non exiftens diebus Dominicis & feftivis ac miffarum primarum in officio thuris cappa ferica minoris valoris cappa canonici indiutus miniftrabit nifi miffam celebraverit fedes fuperiores prefentias funeralia, pilium ac locum ftatus non habebit; Tamen fi dyaconus feu presbiter eft, fedes inferiores pylium fibi capitulum poterit indulgere prima miffa celebrata, non per fe fed juffu Decani fedibus fuperioribus chori fui antecefforis ftallumque capiet minorem & deinde prefentias etiam die fue prime miffe dividendas Epiftolam Ewangelium non nifi indultu Decani primam miffam capituli leget vel cantabit, vicarius recipiendus dabit quatuor libras hallenfium monete legalis Franckford. pro cappa antequam in ftatum ponatur. Vicarii ad procurationem contribuent, legati Pape, & vifitantis fe extra capitulum ad fubfidia diocefana haĉtenus habita non tenentur. *Abfentibus* ut fupra de verbo *canonici*. Vicarij recipiendi poftquam jurabunt & fidelitatem promittunt, capitulo fub expenfis fuis tradere debent inftrumentum publicum de preftatione juramenti hujusmodi omnes vicarij & etiam altarifte quicumque etiam extra Ecclefiam Sanĉti Bartholomei fub obedientia Decani & capituli exiftentes jurare debent capitulo de fidelitate ficut in Ecclefia confiftentes quod nullatenus obmittatur.

Forma

Forma Juramenti Vicariorum recipiendorum & Altaristarum extra etiam Ecclesiam Sancti Bartholomei.

Ego N. juro quod ab hac hora in antea sim fidelis Ecclesie Sancti Bartholomei Franckenfordensis Decanoque & capitulo ejusdem in licitis & honestis obediens, & observem ordinationes statuta & consuetudines ipsius Ecclesie facta & facienda, & Decanum aliosque prelatos ac singulares canonicos ejusdem Ecclesie in debita reverentia teneam, & secreta capituli si ad me pervenerint secrete servem. *Vicesque eorum & cujuslibet eorum pro mea possibilitate in legendo & cantando necessitatis tempore supplebo*, neque aliquibus conspirationibus seu colligationibus quibuscumque per quascumque personas, contra Decanum & capitulum factas seu faciendas interero vel me immisceam verbo vel facto, sed ipsis Decano & capitulo indilate notificabo Jtem non faciam nec recipiam cum quibuscumque personis ipsius Ecclesie, legata seu redditus annuos quoscumque seu quæcunque extra verum corpus vicarie mee & presentias communes chori dicte Ecclesie exceptis tamen illis si que per Decanum & capitulum expresse concessa sunt vel in antea contingat indulgeri, vel si qua michi non quidem intuitu Ecclesie sed persone per amicos meos fortassis ad augmentandum corpus dicte vicarie mee vel alias legari seu donari contingat ea enim que ad me intuitu Ecclesie ut premittitur, ultra corpus dicte vicarie mee & presentias pervenerint, in communes usus dicte Ecclesie convertam, & non

precise

precife in ufus vicariorum canonicis exclufis, fic me Deus adjuvet & conditores fanctorum Ewangeliorum.

Iftud eft juramentum in forma. quod Vicarij jurare tenentur. ut in pronuntiatione defuper facta continetur Sed eft fciendum quod Decanus & capitulum hujus Ecclefie, ficut & cujuscumque Ecclefie de jure habent providere ne exceffus & negligencie vel fcandala inter perfonas Ecclefiarum quascumque oriantur & propterea fi novi emergunt exceffuum, negligentiarum vel fcandalorum cafus neceffario contra hec de providendo nova ftatuta requiruntur, que antiquis inferi & addi poffunt, que pronuntiatio non prohibet hoc & fi prohiberet nulla effet ipfo jure.

Novi Articuli emergentes, quos Jurenteciam vicarij Jtem quod non permutabo nifi cum confenfu capituli, Jtem quod non adherebo alicui appellationi contra Decanum & Capitulum fed femper adherebo appellationi per Decanum & Capitulum interpofitis cuicumque. Jtem quod infra annum faciam refidentiam & in eodem anno recipiam omnes facros ordines Jtem quod non impetrabo contra Decanum & Capitulum vel contra quafcumque perfonas predicte Ecclefie aliquid in prejudicium ipforum in curia Romana vel extra. nec utar impetratis, & libros calices ac ornamenta altaris, & alia ad vicariam ipfam fpectantia, non alienem, fine fpeciali & expreffa licentia Decani & Capituli predictorum & de predicta reformem ac fructus redditus & proventus dicte vicarie mee pro meo poffe exigam & defendam domumque ad ipfam vicariam

cariam spectantem in structura & emendatione debitis obfervem, Jtem augmentationem Vicarie mee, & novos dantes redditus ad ipfam quociens eyenerint Decano & Capitulo ut libro vicariarum inferantur manifeftem indilatè .Jtem quod non reculabo quodcunque officium.

Jtem non detur confenfus permutare volentibus nifi promittant fecreta capituli, que ad eos pervenerunt non revelare in prejudicium Decani & Capituli &c. ut fupra in verbo: *Canonici.*

Jtem dicatur cuilibet Vicario antequam admittatur quod fatisfaciat, magiftro funerum illo prefente de IIIIor libris Hallenfium pro cappa, Jtem quod fatisfaciat officiato capituli de confuetudinè vini, quo facto legat aliquo Ewangelium deinde juret, & tunc admittatur & poft fi presbiter eft ad fedes fuperiores, fin autem, ad inferiores chorifue Vicarice deputati inftalletur per Decanum prelatum vel Canonicum tantum Jtem quod omnia de fua vicaria miniftranda tempore fuo miniftret & hoc promittat fed non juret.

Jtem Nota quod beneficiati alij fub obedientia Decani & capituli exiftentes non vicarij non cappas fed vinum confuetum ut alij prelatis Canonicis & officiato in eorum admiffione feu inftallatione folvere confueverint.

Miniftri in Ecclefia Sancti Bartholomei Franckofurt. quatuor funt duo in Dyaconatu duo in fubdyaconatu miniftrantes & funt temporales, horum officium eft ut duo una ebdomada fubdyaconus ad refponforias lectiones fecundam ad tres lectiones primam matutinum & Epiftolam miffe Dyaconus

D 3.   omeliam

omeliam matutini & Ewangelium miſſe legant duo
alia ebdomada alternatim Canonici in ſtatu exiſtentes Dyaconus miniſtros Dyaconos Subdyaconus Sub-
dyaconos ponit & deponit duo in dextro choro ſimul
miniſtrantes ſedibus inferioribus Dyaconus in ſuperioribus quarta ſubdyaconi in inferiore ſtabunt duo
in ſiniſtro cum membris Eccleſie cappis & pileis nigris temporibus ſuis induantur Dyaconus in penulti-
ma Subdyaconus in ultima ebdomade imponant,
Eccleſie poſt perſonas.   Medietatem oblationum
miſſe chori percipient preter miſſarum die Nativitatis Chriſti *Dominus dixit ad me.* & die animarum
quibus diebus quilibet in preſentijs unius membri
Eccleſie recipit portionem Canonicis & Vicarijs deficientibus, diebus ſtatutis incenſum miniſtrabunt
Scolares crucem aquam benedictam incenſum ferentes ordinent viſitationem ſepulchrorum & ipſi
ſemper interſint poſt miſſam in albis, poſt completorium & vigilias in religione tempore congruente,
ad miſſam primo Subdiaconus calicem deinde ſpatio
unius paſſus Dyaconus librum portantes, poſtea eodem ſpatio officians manibus complicatis, ex armario ordinate procedant ad altare, & *confiteor* dicto
officiante gradum aſcendente miniſtri in pavimento prope gradum inferiorem maneant Dyaconus ex
oppoſito cornu altaris dextro ſubdiaconusque ſiniſtro & cum officiante preter ad *Orate Fratres* ſe vertant locis ſuis, prefatione incepta, Dyaconus Subdyaconus Thuribularius linealiter ſtent poſt officiantem ab invicem ſpatio prenotato officiante ho-
ſtiam conſecrandam manibus recipiente miniſtri ad
gradum ſuperiorem genuflectent, caſulam offician-

tis

tis retro manibus tollant, Elevatione Sacramenti
faĉtâ ad fitum linealem ftatim revertantur officiante dicente: *panem* Subdyaconus pathenam Dyacono
fed dicente *Et ne nos* Dyaconus officianti offerat ejus
humeros ofculando, Et confeftim miniftri ambo ad
ftatum gradum inferioris priorem remeabunt poftquam autem officians dixerit *Pax Domini &c.* Ofculum pacis dyacono a latere dextro gradus altaris
afcendente, Dyaconus Subdyacono Subdiaconus ad
fedem vadens eodem, fi ibidem ftat, Cantor Suc-
centori tunc fubdyaconus ad dextram chori, fuccentor ad finiftrum eant, fenioribus tribuant ma-
xillas ofculantes Poft lectionem fubdyaconus officianti vinum aquam & manutergium miniftret interim dyacono corporale complicante fubdyaconus
calicem ad facrum fuum reponet, Dyaconus *Jte
Miſſa Benedicamus Domino* feu cantet *requiefcant*
deinde ad armarium eo ordine & modo quibus
exierant revertantur pdft miffam cum *Gloria in
excelfis Jte Miſſa eft* fub nota primi *Kyrie* decantetur.

Forma promiſſionis Miniſtrorum.

Ego N. promitto bona fide, data loco juramenti, quod fim fidelis Ecclefie Sancti Bartholomei Franckenfordenfis Decanoque & capitulo ejusdem Ecclefie obediens in licitis & honeftis, officiumque minifterij hujus Ecclefie, ad quod per talem canonicum capitu larem refidentem dyaconum
vel talem . . fubdyaconum pofitus & deputatus ac
per Decanum & capitulum prefatos, fum admiffus
fideliter & diligenter horis & locis debitis & con-

fuetis

fuetis & onera eidem officio incumbentia exerceam
relpiciam atque faciam juxta poffe absque dolo atque fraude, correctionesque pro commiffis &,
omniffis feu obmittendis per me in officio hujusmodi per Decanum & capitulum injungendas confuetas fuftineam fine contradictione.

Accoliti corales feu ceriferi funt duo pueri vel
fcolares minifterio chori deputati Quorum officium
eft verficulos refponforia Matutini Vefperarum
completorij verfus Matutini novem lectionum primum fecundum tertium trium lectionum feftive
primum fecundum finaliter primum tantum refponforia prime tertie fexte none præter dominicas qua-
dragef. *alleluja* feu verfus graduales miffe diebus
folempnibus Dominicis & fanctorum feftivorum duo
finaliter unus tantum ante gradus medii chori ftantes decantare refponforia afpiciens primum verfum
duo fecundum alij duo tantum iterum duo: *Gloria*
ad idem omnes fimul cantent. Refponf. Grad. Allel.
incipient quorum verfus cantant Matut. vigiliarum
majorum novem lectionum primam lectionem fed
vigiliarum minorum omnes legant omnes præter
vigilijs pafche & penthecoftes legant prophetias
Hympnos *Gloria laus*, *Tellus inventor rutili falve*,
fefta, *Rex fanctorum*, *Homo quidam*, cantent, diebus
folempnibus & vigilijs pafche & Pentecoftes due
candele ceree magne a ceriferis ab inceptione *fan-*
ctus usque poft elevationem facramenti teneantur
diebus rogationum unus acolitorum coralis fere-
trum fanctuarij portantium Refponf. hore, alter
allel. miffe in locis ftationum| |cantabunt, chorus
ftet

ftet in loco eo, quousque primus verfus ymnorum
dictorum cantetur, eandem repetentes, fed poft fecundam primi repetitionem poft tertium tantum
primum & fic deinceps.

Forma promiſſionis dictorum acco-
litorum.

Ego N. promitto bona fide data loco juramenti
quod fim fidelis Ecclefie Sancti Bartholomei
Franckenfordenfis Decanoque & capitulo ejusdem
Ecclefie obediens in licitis & honeftis officiumque
accolitatus. per Decanum & capitulum predictos
commiſſum & eidem incumbentia onera, diligenter refpiciam exerceam ac faciam horis & locis debitis & confuetis juxta meum poffe, fine dolo atque fraude correctionesque pro commiſſis & obmiſſis
feu obmittendis pro me in officio hujusmodi per
Decanum & capitulum prefatos injungendas confuetas fuftineam patienter, feu fine contradictione &c.

Thuribularius eft qui diebus ftatutis officianti in divinis officijs incenfum amminiftrat hic diebus folempnibus in primis vefperis & fecundis cappa fericea indutus incepto *Magnificat*, manu dextera thuribulum cum incenfu tenens duobus choralibus feu ceriferis fimiliter cappis majoris valoris
indutis candelas planas incenfas portantibus & ad
fpatium unius paffus. procedentibus armarium exeat officiante eodem, fpatio confequente Thure quoque medium duoque chorales feu ceriferi extrema
inferioris gradus in pavimento officians autem me-

D 5   dium

dium altaris in fummo gradu ftantes capiant & Thuris officiati gradum altaris afcendens incenfum offerat , officians autem cruce defuper manu facta
recipiat, altare thurificet, quo facto Thuribularius denuo recipiens deportet illud & de altari fummo chori per medium tranfeuntes, ordine quo armarium exierant , ad gradum autem medij chori
venientes, omnes fimul altari fummo devote de inclinent & altaris fancte crucis illic euntes applicati
modo fummi altaris fumigato ad chorum revertentur. Ingreffis vero ceriferi admodum gradus 'prefati vadant, illic in pavimento conjuncti ftantes facie verfa ad altare fummum Thuribularius quoque
prope pulpitem Cantoris dorfo verfo ad altare ftet,
officians incenfo oblato ftatim ad ceriferos vadens
ftet dicto fpatio retro eos officiansque omnes, fuperioribus fedibus ftantes a fuperiore incipiens thurificet quo facto Thuribularius ad ultimam fedem
pergat, Incenfoque de manu officiantis recepto, eoque bis thurificato retro ceriferos revertatur completorio autem incepto ceriferi Thuribularius officians armarium intrent ficuti exiverant. Diebus
autem dominicis & feftivis in primis vefperis tantum incenfum ut fupra aminiftret, fed nulli ceriferi procedant , nec altare fancte crucis vifitetur
diebus feriatis incenfum nullum datur ad miffam
diebus folempnibus fequentia vel tracta quafi cantatis. Acoliti feu ceriferi qui Alleluja feu verfus
graduales cantaverint dalmaticis Thuribularius autem ut fupra induti exeant de armario & ftent ut
fupra ad altare poft hoc Dyaconum usque ad locum
ubi Ewangelium legetur procedant ordinate , &
ipfo

ipfo legente ftent immediatè ad fpatium unius paffus,
duo ceriferi conjuncti poft eum, deinde Thuribularius ad idem fpatium Ewangelio lecto iterum altare accedant, ordine quo recefferant fua loca ca-
pientes & officiante Thuris, libroque ofculato per
thuribulum incenfo fubdiaconi librum officiantis a
finiftro latere gradus altaris afcendentes , ceriferi
ad armarium revertentur deinde thuribularius cantorem & fuos aftantes poft hoc fingulas perfonas fedibus fuperioribus tantum ftantes inchoando a majore & fimili modo fubdyaconus Thurificat fingulis
thurificatis librum offerat ofculandum quo facto
Thuribularius armarium cum incenfu fubdyaconus
ad altare revertentur offertorio autem per officiantem lecto, iterum ceriferi & Thuribularius de
armario ad altare & loca fua modo quo fupra vadant deputata. & Thura officianti incenfum porrigat a dextro latere afcendens ad altare officiansque
hoftiam calicem altare modo quo in vefperis thurificet quo facto officians fe vertat dicens *Orate
fratres* Dyaconus ab eo incenfum accipiat & eum
thurificet deinde dyaconus ad chorum fe vertat, &
fubdyacono ab eo incenfu recepto, eum thurificet
poftremo fubdyaconus a thuribulario thurificetur
pari modo quo facto ceriferi & thuribularius ad armarium remeabunt, prefatione autem incepta thuribularius fine ceriferis armarium exeat, ad altare
& pathenam fibi ab altari fubdyaconus porrigat
peplo mundo involvens ab humeris ad manus thuribularij dependente hanc Thuribularius in altitu-
dine capitis fui teneat Qua fubdyacono *pater nofter*

incepto

incepto data, Thuribularibus cum peplo ad armarium revertatur ad miſſam diebus Dominicis & feſtivis vnus alleluja ſeu verſus graduales cantantium cereum ſolum, alter incenſum amminiſtret, & qui cereum patenam, qui incenſum candelam tortam in elevatione ſacramenti teneant cetera ut in diebus ſolempnibus ibidem complentes Thurificatione poſt offertorium pretermiſſa Jn ſecundis veſperis diebus ſolempnibus thurificatio altarium extra chorum obmittatur, diebus Dominicis incenſum hoc non datur, nec feſtivis incenſum thuribulario argenteo diebus ſolempnibus tantum miniſtretur.

Subſtitutus aut mercenarius officium vicarij gerit, in divinis & eſt merè temporalis hunc capitulum dat & deponit non jurat ſed promittit vicarius quilibet vicariam ſuam non poſſidens & in ſtatu non exiſtens habeat ſubſtitutum cui de neceſſarijs altaris providebitur huic etiam proventus vicarie preſentijs ſeu cottidianis diſtributionibus & funeralibus exceptis integraliter pro rata temporis miniſtrentur hora & loco eisdem quibus vicarius miſſam leget. Sedibus inferioribus ſtabit, ante miniſtros in proceſſionibus vadit, poſt eos ad offerendum ante eosdem lectiones leget, poſt eos imponet, officium miniſtri de indultu ejusdem ad tempus facere poteſt, Miſſam chori non cantabit, neque leget, pillio nigro & cappa nigra utatur tempore congruente.

Forma

Forma promiſſionis ſubſtitutorum.

Ego N. promitto bona fide loco juramenti quod ſim fidelis Ecclefie Sancti Bartholomei Franckenfordenſis Decanoque & capitulo ejusdem Eccleſie obediens in licitis & honeſtis vicesque vicarij hujus Ecclefie in cujus locum per Decanum & capitulum predictos ſum ſubſtitutus diligenter in cautando & legendo ac miſſam celebrando horis debitis & loco quibus vicarius predictus aſtrictus eſt ſupplebo juxta poſſe & imponenda in choro & alibi mihi incumbentia imponam, correctionibusque Decani & capituli pro meis negligentijs & commiſſis negligendis & committendis debitis & conſuetis obediam, ſine dolo atque fraude.

Officians eſt miſſam Chori tenens & alia conſequentia ad eandem hujus officium eſt, *Domine labia,* ſuffragia nocturnorum aliquas abſolutiones benedictiones lectionum in matutinis Et *Deus in adjutorium* ad omnes horas capitula preces ſi que ſunt dicende coll: dicere vigiliasque incipere ſuffragia coll: legere ad easdem officia ebdomade in choro a Matutino Dominice usque ad completorium Sabbati proxime poſt, incluſis hijs prelatus Canonicus Vicarius in presbiteratu exiſtentes ſecundum ordinem dignitatis prelati ingreſſus alij procurabunt, eodem modo fiat in ſecundis Miſſis Quadrageſime ſed cujus ebdomada & dies coincidunt, ibidem ad ſecundam miſſam non tenetur ſi due miſſe preter ſolitum chori uno die erunt Miſſam ſubſtantialem diei ebdomadarius preſentis ſeptimane accidentalem preterite procurabunt ſimiliter de tribus miſſis fiat ſuo

modo,

modo, portio feptem Den. Dominica de vicaria
beate Marie virginis oblatorum, eft cujus ebdomada pro tunc inftat ebdomadario pro fe miffam chori celebrante preterite feptimane ebdomadarius De-
çano autem prefentis, primam 3tiam 6tam, nonam
incipiet capitulum verfus preces colleċtam dicet ad
easdem qui autem non tenetur, ebdomada pafche
& penthecoftes officient majores fecundum ordinem in facerdotio conftituti officia ebdomadam fuam
quilibet perfonaliter teneat, nifi caufis legitimis Decano expofitis prepeditus.

Imponentes funt Antiphonas inchoantes horum officium eft omnes divini officij cantandas, Antiphonas pro tono pfalmis applicando inchoare in
choris alternatim & fint duo cuilibet choro unus
tota feptimana. Ebdomadam imponendi in choro
a Matutino Dominice usque ad completorium
Sabbati proxime poft inclufive hijs prelati fecundum ordinem dignitatis Decano excepto, Canonici
Vicarij ordine-ingreffus Minifter prerogativa mi-
nifterii fubftituti prioritate fubftitutionis obfervabunt omnes officiati imponent nullus de hoc eft exemptus officium imponendi diebus folempnibus in
dextro choro femper alijs autem diebus una ebdomada tota & fingulis ejus diebus in dextro alia in
finiftro viciffim inchoetur primam Antiphonam matutini Antipho. prime primam antiph. verfus imponit femper idem chorus omnes antiphone & Refponforia ad paufam primam toni eorundem impo-
nentur. Diebus folempnibus a primis vefperis
usque ad fecundum Completorium inclufive hijs,

In

.In omnibus horis imponent duo Canonici capitulares juniores in ingreſſu diebus ſolempnibus & quibus pſ. veſperarum proprias habet antiph. ad Benedictus & Magnificat Antiph. in primis & ſecundis
veſperis ſunt ab ambobus imponentibus ante ſedem
Cantoris ſtantibus ſimul in pulpite cantus pſ. cum
ordine choro debito a cantore & ſuccentore ſeu ab
ambobus ſimiliter imponendi ad vigilias mortuorum prima antiphona tantum videlicet *Dirige*, imponatur ebdomada paſche & penthecoſtes a feria
ſecunda usque ſabbatum incluſive hijs per ſeniores
in choro quolibet gradatim deſcendendo in ſiniſtro
choro inchoando quolibet die per duos imponetur
Letaniam minorem unus imponentium in ebdomada tractum diebus dominicis & ſanctorum, Verſ.
lectionum in pulpite cantus ambo cantent imponendi ebdomadam ſuam quilibet perſonaliter teneat,
niſi cauſis legitimis decano expoſitis prepeditus. Die
ebdomada paſchæ in verſus quarta Antiphon, ubi
ſecundam pſ. *magnificat* ibidem impoſito non obſtante inchoetur Jmponentes diebus Dominicis &
feſtivis ſimiliter feriis imponens primi chori ſecunda quarta ſexta ſecundi tertia quinta Sabbato ſolus
venite decantabunt imponentes primo primi chori
tempore quadrageſimali Letaniam pronuntiabunt
alternatim.

: Legentes ſunt in divinis officijs lectiones proferentes quorum intereſt ut legenda non negligant
ad intellectum audientium hoc proferant devote
integre diſtincte moroſe & attente non ſincopando non aliquid obmittendo lectiones matutini
legant diebus ſolempnibus prelati & canonici
quos

quot quot funt prefentes & potentes ita tamen quod
ad verfus, lectiones Canonicus non capitularis ad
tres Canonicus Dyaconus primam Decanus feu di-
gnior prelatus vel Senior Canonicus ultimam legant utrobique diebus dominicis & feftivis IX. lectionum minifter Subdyaconus primam imponentes
prefentis ebdomade primus 2dam fecundus 3tiam
imponentes preterite ebdomade primus quartam fecundus quintam officians prefentis ebdomade fextam Minifter Dyaconus feptimam officians preterite ebdomade 8vam prelati fecundum ordinem dignitatum feu Canonici fecundum ordinem Introitus
Ecclefie IX. legant. Trium lectionum Minifter ebdomade primam fi omel :, dyaconus fi non fubdyaconus fecundam officians preterite ebdomade tertiam prelatus feu canonicus in ftatu exiftens unus
per totam ebdomadam a majore usque ad minorem
defcendendo feriatis diebus ut jam Dominicis trium
lectionum eft expreffum ad vigilias legent ut in
matutino Dominice immediate precedentis, Pro-
phetie accentu lectionum matutini fine *jube*. tamen
cum titulo fuo debito, præter parafceve vigiliam
pafche & pentecoftes fcilicet in fine acuto proferantur vigilie minores qualibet ebdomada preter eb-
domad. pafchæ ad minus femel & ab octava pafche
usque ad octavam Trinitatis cum tribus lectionibus nocturnis ordinate fervatis alternatim. Scilicet
extra hoc tempus cum novem lectionibus Minores
verò qualibet die a die cinerum ad feriam quartam
proximam ante palmas. Jnclufive hijs præter feriam fextam Sabbato Dominica vigiliis & diebus fanctorum

ctorum festivorum infra Ecclesiam cum novem lectionibus,

Cantantes funt in divinis officijs cantum fingulariter non in communi promoventes choro refpondente hijs competit ut cantanda devote, morofe
diftincte non alte nimis nec depreffe paufa moderata debite intercepta notasque integre proferant,
fine earum fractione non gloriandi Laudem huma-
nam fed fe humiliando gratiam divinam recipien-
tes ut cantu plus placeat quam cantatur, de pfalm.
venite, diebus folempnibus duo feniores utriusque
chori, verf. *venite*, *Quoniam Deus*, fequentes feniores, verfus *quoniam ipfius*, *hodie*, pofteriores feniores, verfum *quadraginta* omnes ifti fex fimul
Gloria Patri, Dominicis diebus & feftivis duo fimul
per ebdomadam imponentes diebus feriatis unus
imponentium in choris alternatim decantabunt
omnibus diebus prefcriptis *Gloria patri*, ad *venite*
cantantes Jnvitatorium imponent refumendo. Refponf. matut. imponent diebus folempnibus novem lectionum chorales prima tria ante gradum
medii chori ftantes. Legentes tertiam & quartam
lectionem jjjjtam legentes quartam & quintam Vtum
legentes quintam & fextam Vjtum legentes fextam
& feptimam, Vjj. legentes feptimam & octavam,
Vjjj. duo imponentes jr. ante cantoris fedem ftantes, in pulpite cantus duo fimul ad paufam primam
toni Refponforiorum eorundem trium lectionum
chorales prima duo imponentes tertium fimul &
locis ut jam fupra diebus Dominicis & feftivis novem lectionum, chorales prima tria ut fupra Legens tertiam lectionem quartum Vtum, quintam

Tom. I.   E   Vj.

Vj. fextam Vjj. feptimam, Vjjj. octavam jr. ftans
loco fuo folus Trium lectionum choralis prima duo
ut fupra legens fecundam lectionem jjj. loco &
fimiliter ut jam fupra, diebus feriatis choralis folus loco dicto primam, Legens primam lectionem
fecundam, ftans loco fuo folus verfus matutini cantabunt, diebus omnibus hij qui & ubi refponforia
mpofuerunt eorundem fed dominicis & feftivis diebus legentes ultimas duas lectiones verfum ultimum ante fedem & in pulpite cantoris, cantabunt
vel fecundum quasdam Ecclefias verfus omnes præter finaliter ibidem per duos fimul decantentur
Nona poft prandium a prima Dominica quadragefime usque ad octavam pentecoftes inclufive hijs
omnibus Dominicis duntaxat & feria fecunda tertia
quarta pafche pentecoftes & feria fecunda tertia
pentecoftes tantum cantanda. Difcantus vel cantus letitie, a Dominica in paffione Domini usque
ad vigiliam Pafche inclufive hijs, cum fit tempus
compaffionis Chrifti, nullus fiant fed omnia dolo-
rofe & humilius quam alio tempore profequantur
ad Laudem beate Marie virginis a prima dominica
adventus ad diem nativitatis Chrifti Antiphona
Ecce concipies Antiphone collecta *Deus qui de beate*
Marie. Die nativitatis Chrifti in puncto medie
noctis matutinum inchoetur cantari, poft quod &
inter nullam legendi miffam, pulfetur ad miffam
Lux fulgebit duo figna, fecundo completo prima
poftquam miffa, poft miffam tertia compleantur
tertia lecta miffa parochialis ftatim imponatur poftquam fexta chori poftquam miffa *puer natus* poft
miffam nona chori decantetur a Die nativitatis
Chrifti

Chrifti ad diem purificationis beate Marie Antipho.
na *Alma virgo*, etiam verfus *poft partum* collecta
Deus qui per beate a die purificationis ad feftum pafche antiphona *Ave regina* verf: *in omni tribulacione*
collect *concede nos famulos* ubi cum fint dies triftitie
antiphona *de canticis* cum gaudium important non
fumantur a fefto Pafchali ad feftum pentecoftes Antiph. *regina celi*, ferijs fextis & Sabbatis verfus *Di-
gnare &c.* collec *concede mifericors Deus*, a fefto penthecoftes ad adventum Domini Antiphona *de canticis* fi que placet, verf: *ora pro nobis* collecta *famu-
lorum* qualibet feria fexta five quolibet fabbato
praeter vigilias & tempore pafchali Antiphona *Salve regina* verf. *fentiant* collecta *Omnipotens fempiterne Deus qui Gloriofe* decantetur, *Kyrie Pafchale* a
Vigil. pafche usque ad octavam penthecoftes inclufive hijs diebus folempnibus Dominicis & feftivis
nullo obftante. Alias nunquam decantetur, Sabbato *Karitas* cantent primum *alleluja* duo chorales,
Albis & dalmaticis induti caudam chorus antiphonam & poft verfum Tria *Alleluja* fequentia chorus &
caudam horum poft verfum tantum quartum fcilicet Benedictus Tres chorales fuperpelliceis tantum induti in ambone loco ympni *Benedictus* caudam chorus, Ant. & poft verfum quintum poft
Epiftolam chorus & caudam poft verfum tantum
cetera ut in regiftro moguntinenfi, Tractus officiorum vigiliarum pafche & pentecoftes per cho-
ros alternatim inchoentur & cantentur, choro qui
per ebdomadam inchoat primum inchoante Jn organis cantabitur duntaxat feftis principalibus vide-

E 2   licet

licet nativitatis Chrifti Epiphanie purificationis pafche Afcenfionis Penthecoftes Trinitatis corporis
Chrifti, Nativitatis S. Johannis, Petri affumptionis
nativitatis Marie, omnium fanctorum Martini dedicationis, ac patroni feu alias propter prefentias
reverentiam. Vefp. fanctorum a Dominica quoque
feptuagefinæ ad diem pafche in organis non cantetur infra adventum feptuagefimam quadragefimam
in feftis Marie virginis feu patroni *Gloria in excel-*
fis fequentia non cantantur Tractus Marie, *audi*
filia, Patroni, *beatus vir* patrone *qui feminat*, cetera ut extra hoc tempus proferantur officium miffe
in excelfo throno, ipfa die Dominica, nifi dies Epiphanie vel fancti novem lectionum impediant imponatur vigilijs Epiphanie Jnvitatorium *Chrifti* cum
nota, & venite finalibus Penthecofte *Alleluja Regem*
cum nota ejusdem proferantur utrobique unus folus octava die nativitatis Chrifti Jn Refp. *defcendit*,
verbo *fabrice* note abfcinduntur verfus *tanquam* nota communi Refp. *Ecce agnus*, prima tertia feria,
in feria octava, alia tertia die octava nativitatis
pro ultimis poftrema tria, vigilia Epiphanie decantentur A die nativitatis Chrifti ad diem purificationis Marie poft complet. Antiphona *Laudes Marie*
non cantatur.

Cinerum die, Nona lecta exeant officians alba
defuper cappa ferica miniftri fuis indumentis veftiti ex armario & ftent in pavimento ante infimum
gradum altaris locis fuis & fuccentor incipiat officium *Exaudi* pf. *Salvum*, fine *gloria* Jtem *exaudi*,
ad quodlibet autem *exaudi*, officians & Miniftri ad
predictum gradum alijsque locis fuis genuflectant
usque

usque ad dictionem, *secundum* ubi surgant. post hoc officians in dextro cornu altaris dicat *Oremus presta que sumus omnipotens Deus presidia &c. per Dnum.* chorus *Amen.* secundo succentor imponat Antiphonam *Jmmutemur* Antiphona *juxta vestibulum* infra quam officians loco prefato stans singulis secundum ordinem venientibus genua in superiori gradu altaris flectentibus ad coronam crucem cineribus faciat dicens, *Memento homo quod cinis es, & in cinerem reverteris* deinde officians cum ministris armarium intret casulam induat & iterum exeat missam celebraturus ad altare. A Die cinerum inclusive usque ad cenam Domini exclusive omni die præter diebus jr Lectionum septem psalmi pœnitentiales post primam, Quindecim gradus post tertiam voce non alta nec submissa sed ut in vigilijs mortuorum sine tonis duo psalmi uno *Gloria patri* sedendo sed Letanie septem psalmorum Preces quindecim graduum voce submissa genuflectendo sunt legende septem psalmi cum Letania eorum, eo choro quo prima quindecim gradus & preces eorundem, illo choro quo tertia inchoentur.

Cena Domini, Missa parochie completa, que hora consueta celebretur, statim prima & tertia legantur deinde *Mandatum pauperum* peragatur, post quod sexta sequitur & intervallo quasi ad meridiem facto, Nona, dicatur Missa post hoc Dominicaliter sine *Gloria in excelsis,* si autem Episcopus celebrat solemniter *cum gloria in excelsis* decantetur. Missa defunctorum funere presente legi potest, non cantari ad officium consecrationis chrismatis, col-

legii membra superpellicijs induantur vel episcopo celebrante, *Gloria in excelsis* prefatio, *Sanctus,*
Agnus Jte Missa, solempniter decantetur post elevationem Episcopus ante altare in medio residebit &
in sinistro latere Ecclesie sint & hoc ordine Ecclesia
circuita ab intra, chorum intrent post duo scolares
tortis cum candelis duo scolares ympnum *O Re-*
demptor hoc versu: *confecrare*, ter ad finem depro-
mentes choro respondente, post accoliti Subdiaco-
ni albis Diaconi Dalmaticis presbiteri casulis ador-
nati quorumlibet 12 duo similiter post quatuor Scolares baculis quatuor fericum portent pannum, sub
quo duo sacerdotes sacerdotalibus induti se sequentes, primus crisma a lateribus, cujus duo scolares
cruces sine vexillis secundus oleum sanctum, a Lateribus cujus duo scolares Thuribula cum incensu
gestientes horum Episcopo astent, ordine converso,
pars media a dextris media a sinistris ymno dicto
crisma confecretur, quo facto Missa cum versibus
compleantur.

Mandatum pauperum sic peragatur. Primo exeant armarium duo ceriferi, scolares, dein duo vexilliferi retro quos ante infimum gradum chori stent
pueri duo vel tres bene vociferati cantantes ympnum *Tellus* & primo versu finito chorus eandem versum repetat cantando & exeant interim ad locum
Ecclesie, ubi tecte sunt mense & fercula cum vino
reposita & vexilliferi precedant, dein scolares, Vicarij, Canonici, prelati, quilibet ordine suo, post
quos sequantur duo ceriferi, dein duo ministri tu-
nicis rubeis & ultimo officians cappa similiter rubea
induti,

induti, & cum ad locum perv\entum fuerit & ibidem dicto ympno *Tellus*. partim per pueros choro respondénte cantato, Diaconus minister legat Evang. *Ante diem pasche* sine tytulo sub accentu Evangelij, Dein officians legat & dicat summissa voce *Tumandasti*. ministris ỷ respondentibus. *Dominus*. Dein officians legat collectam, qua finita, succentor incipiat Antiph. *Cena facta*. & interim officians lavet pedes XII. scolaribus, in signum XII. discipulorum. quo facto officians redeat ad locum suum & statim subdiaconus legat Epistolam: *convenientibus*. sine titulo sub accentu prophecie, qua finita officians aspergat cum aqua benedicta omnia fercula & vinum, thurificante ministro eadem cum thuribulo, quo facto succentor imponet Antiph. *Mandatum novum &c.* & interim distribuantur fercula & vinum, quibus distributis officians dicat altiori voce quam prius *faciati &c.* quo dicto ascendit Magister presenciarum ad locum ibidem altiorem pronuntiando singulos proprijs eorum nominibus alta voce, qui Elemosynam suam presenti mandato contribuerunt, eos melius quo poterit recommendando. qua recommendatione facta iterum duo pueri ubi prius ympnum *Tellus* dimiserunt, incipient cantantes chori processione ordine quo supra exierant, revertente.,

Nota quod Mandatum Dominorum similiter peragitur excepto, quod processio fit per Dominos à Capella S. Michaelis usque ad chorum ante summum altare cum ympno, *Tellus* ut supra & ibi peragitur & quod Magister presenciarum non pronuntiat aliqua nomina dantium & processio revertitur

titur ad armarium cum dicto ympno & quod hic tantum dicitur: *surgite eamus hinc* per officiantem.

Parasceve circa medium ab ortu solis, ad meridiem, prima tertia sexta nona legantur, Infra sextam exeant, Subdyaconus alba sola, Dyaconus alba & casula modo quadragesimali ab humeris ligata, officians alba desuper cappa serica induti Et *confiteor* non dicto statim officians dexterum cornu altaris, Ministri sua loca capiant &c. juxta lecta; Subdyaconus lectionem incipientem: *In tribulationem* legat, sine titulo accentu acuto finiendo. Cetera secundum regiftrum Maguntin. compleantur. In Ecclesia Sancti Bartholomei Franckenfordensis in oftensione crucis officians in medio ministrorum retro altare chori directe ftantes crucem casula tectam tenentes cantent. *Popule meus*, sed prope dexterum cornu altaris ejusdem *quia eduxi te* deinde in pavimento chori ante & in medio infimi gradus ejusdem altaris, *quid ultra* facie semper ad chorum versa. Choralibus & choro respondentibus, consueta locis suis, post hoc in summo gradu & medio altaris ejusdem cruce detecta in altum lata cantent. *Ecce lignum* per totum chorus *beati immaculati* predicti: *ecce lignum* usque *venite*, chorus: *venite*. Succentor. Responsorium *dum fabricator* cum versu, choro hoc prosequente & statim officians & ministri, crucem de altari ad locum eidem syndone munda, ante gradum medij chori in medio in pavimento preparatum portent & deponent quam primo officians secundo dyaconus tertio subdyaconus genua flectentes osculentur, quo facto ad armarium revertentur, post Responsorium *dum fabricator*

ympnus

ympnus crucis fidelis per duos bené vociferatos
choro ad quemlibet verfum ad primum crucis fidelis ad fecundum dulce lignum & fic deinceps alternatim, refpondente decantetur infra quem ympnum
finguli de ecclefia, ordine fecundum ingreffum Ecclefie, Majores primo ad crucem vadant offerant
& adorent, ac ofculentur ympno completo filentium fiat Et ex armario primo duo ceriferi albis
induti duas candelas magnas cereas incenfas ferentes, deinde duo miniftri fimiliter albis defuper ca-
fulis rubeis induti, manibus retentis fub eisdem
Poft hoc officians fimiliter Alba defuper cafula rubea indutus, manibus extra eandem complicatis
procedant, fpatio ut de officio Thuris ab initio ad
altare fanéte crucis & ibidem facramentum corporis Chrifti in pixide munda recipiens, officians pro
fe & communicandis ad altare chori portet & repo-
nat. deinde de altari defcendens in pavimento ante infimum gradum ejusdem confiteor dicat, & deinceps officium & vefperas fub filentio fecundum regiftrum Moguntinenfem profequatur, quo faéto &
communicatis communicandis officians & miniftri,
armarium intrent cafulas deponentes & iterum
exeant in albis ad crucem cum ceriferis candelis
ordine, memoratis quam tollentes officians & miniftri vadant, primo ceriferi prefati, deinde proceffio chori poft hoc duo alij miniftri fimul unus
incenfum altaris aquam benediétam ferentes poftremo officians & miniftri, crucem portantes ad
locum eidem preparatum, refponforium Ecce quo-
modo moritur juftus cum verfu, fubmiffa voce de-
cantantes & cum pervenerit ad locum officians fub

E 5   fecreto

secreto crucem ponat, aqua benedicta afpergat thurificet & ftatim ad chorum eo ordine quo exierant
refponforium *fepulto Domino* cum verfu fubmurme-
rando cantantes revertantur & finguli ad fua remeabunt, hoc die funere prefente non Miffa fed officium dicatur defunctorum.

Vigilia Pafche tempore quo parafceve, prima
legatur demum ad benedicendum ignem primo duo
corales fuper pellicijs folis induti cruces cum vexillis ferentes, poft hoc duo ceriferi albis defuper dal-
matiis induti duas candelas planas novas non incenfas fine flamma portantes, tertio duo Canonici non
capitulares feu miniftri vel vicarij juniores albis
folis induti, uno aquam benedictam altero incenfum portantibus quarto proceffio chori, quinto duo
miniftri albis defuper dalmaticis induti. Sexte officians alba defuper cappa ferica indutus gradien-
tur Exeuntes autem chorum, chori alternatim, finiftro choro inchoante feptem pfalmi poenitentiales
fub filentio fine *Gloria*, fine *Letania* legentes com-
pleant circa ignem, quolibet in parte fui chori ftante ordinate, Medio tempore ignis de filice extraha-
tur, incepto vero ultimo pfalmo ignis incendatur
, & omnia luminaria Ecclefie extinguantur, pfalmo
ultimo completo chori ambo dicant verfum *Jn pace*
factus. iterum officiansque ftans prope ignem oremus *Domine Jefu Chrifte*, *per Dominum*, chori *Amen*
& ftatim aquam benedictam afpergat, incenfu de
carbonibus ignis thurificet candeleque ceriferorum
prefatorum Lumina quoque omnia Ecclefie de igne
benedicto accendantur, & ad chorum eo ordine,
quo

quo exierant. Duobus coralibus superpellicijs indutis solis ympnum *Jnventor rutili* imponentibus
choro;respondente revertantur Deinde legatur tertia
Post hoc cereus paschalis secundum registrum Mo-
guntinensem consecretur, Deinde dicatur sexta. se-
quuntur statim lectiones secundum registrum Mog.
Que ordine retro grado a majore descendendo compleantur Post hoc procedatur ad baptismum con-
secrandum eo ordine vadunt cereum portans iterum
ut in hoc capitulo processionario est expressum consecrato baptismate sed non crismato, cereus paschalis ter immersus baptizetur, Post hoc Lapis seu vas
baptismatis aqua, si evacuatus est impleatur & crisme-
tur & puer si haberi potest, Etsi masculus & puella,
primo masculus baptizetur infra ista omnia, processio
stabat ordinate in loco ubi in visitationibus altarium
stare consueverint, Baptismate consecrato ad chorum
Ordine quo exierant, revertantur deinde nona legatur
sequitur statim missa solempniter, Post tertium *Agnus
Dei* duo Canonici capitulares juniores solis superpellicijs induti in pulpite cantus succentor in sede
Cantoris stante superpellicyo & cappâ serica induto cantent *Alleluja* ter succentor psalmum: *Laudate
Dominum omnes Gentes*, Chorus *Laudate eum omnes
populi* Et sic de alijs secundum registrum Mogun-
tinensem Missaque & Vespere una Collecta & *benedicamus Domino* compleantur. Hoc die funere presente missa non dicatur sed officium defunctorum
Letania baptisinatis Paschalis versu isto *Et fontem
istum benedicere & consecrare digneris te rogamus audi
nos*. hoc replicato finietur. Quod dicentes ter imponentes

ponentes crucem super baptisma una cum officiante faciant choro similiter ter respondente, ad consecrationem baptismi infra lectionem ultimam exeant armarium, corales ceriferi, Thuribularii & stent ut in processione ad altare officio lectionum expleto Letania usque *omnes sancti Angeli*, seu ymni primo versu cantatis exeant cereum portans, chorales, ceriferi Thuribularius Letaniam seu ympnum Responsoria imponentes chorus Ministri dyaconi crysma subdyaconi librum portantes officians vestiti ut ad ignem circumeant, stent præcedantque chorales ceriferi Thuribularij officians stent ut in processione ad altare exeundo vigilia pasche Letaniam duo vicarij cappis sericis induti in statu existentes ante pulpitem cantus vigilia Pentecostes ympnum *Rex sanctorum*, duo chorales super pellicijs tantum induti post Thuribularium stantes imponant, choro respondente deinde baptismus circa eum hijs completis consecretur quo facto ad chorum silendo revertentur & hora completorij & eo dicto vigilia pasche visitetur sepulchrum Domini in super pelliceis cum ps. *miserere* & versu: *in pace factus est locus ejus &c.* & collecta: *respice.*

Processio est statio ad plagarum placationem gratiarum actionem resurrectionis honorem subventionis amorem, peccatorum sublevamen defunctorumque juvamen ordinata & est generalis solempnis Dominicalis patronorum Letaniarum sepulchrorum. Generalis ad plagarum placationem fit a clero & populo alicujus loci universo cujus dies eisdem dominica proxima precedente per matricem Ecclesiam

fiam intimetur ubi omnibus die ftatuta congregatis
proceffiones taliter ordinentur in Ecclefia Francken-
fordenfi Minores, predicatores, Carmelite, Au-
guftinenfes, Theotonici Johannite, Anthonienfes,
Bernhardite, cruciferi duo, Montis Marie, Sancti Georgii, Sancti Bartholomei Scolares tantum
earundem ecclefiarum ordine vexillorum. Vicarij
Montis Marie Sancti Georgii fimiliter Tres fuccentores trium ecclefiarum dictarum imponentes fimul,
& euntes vicarij Sancti Bartholomei canonici montis Marie & Sancti Georgii fimiliter canonici Sancti
Bartholomei fic de prelatis ecclefiarum earundem
Jtem matricis Ecclefie infrafcripti, cruciferi duo
ceriferi duo candelas tortas incenfas, Miniftri duo,
reliquias fanctorum fcolares quatuor notas fonan-
tes officians corpus Chrifti geftientes poft populus
Laicalis exeundo Ecclefiam matricem per januam
meridionalem imponent, fuccentores, antiph. *falvator mundi* Antiphona *Sancta Maria* tranfeundo per
Ecclefias Sancti Nicolai Antiphona *per omnia* Beati Georgij, Refponforium *Juftum deduxit* carmelitarum Antiphona *Alma Redemptoris* penitentum Refponforium *flavit aufter* Et cum portam Mentzer
Dor. exierint Succentores Letaniam nota pafchali
cantent choro idem refpondente per portam pati-
buli tranfeuntes, tandem apud clauftrum fancte
Katherine finientes, & idem clauftrum tranfeuntes, cantent Refponforium *Surge virgo* fequitur
Refponforium *Civitatem iftam* poft hoc Refponforium *Jnter natos* fequitur Antiphona *Audi fervorum* & fic venit ad cimiterium Ecclefie majoris
pro ftatione facienda Cum autem ventum fuerit ad
locum

locum ſtationis clerus ſtet in ordine debito & decenti, & corpore Chriſti adveniente ſuccentores incipiant *adveniſti deſiderabilis.* Choro usque ad *alleluja* excluſive proſequente. Jnterim officians & miniſtri vadant ad locum eminentiorem, ibidem decentem pannis ſericis preparatum, cantu prediĉto finito, Succentores imponant, Verſum. *O vere digna hoſtia.* quem flexis genibus chorus cantet deinde officians in altum corpus Chriſti levans cantet Antiphonam *Ego ſum lux mundi.* Qua finita ſuccentores incipiant Antiphonam *media vita* choro pſallente usque *Sanĉte Deus* excluſive, ubi officians cantet verſum, *Ego ſum jheſus Dux &c.* Jn ſequentiâ converſionis ſanĉti Pauli poſitum, chorus flexis genibus *Sanĉte Deus,* officians iterum, *Ego ſum.* Clerus. *Sanĉte fortis,* officians *Ego ſum,* Clerus *Sanĉte & miſericors* iterum officians *nolo mortem* deinde tres trium Eccleſiarum diĉtarum cantent *Quantus eſt hic* in Antiphona ante ſextam in die palmarum usque *occurrunt* incluſive, officians: *hic eſt ſalus.* usque *Jſrael* incluſive clerus flexis genibus *Salve Rex* usque *redime nos* incluſive officians cantet *ecce agnus Dei* in Antiphona *Ecce Maria* deinde ſuccentores imponant ſequens Antiph. *Laus tibi Chriſte.* cum qua ad chorum majorem Eccleſie revertentur, Miſſa ibidem ab omnibus ſolempniter celebrata ad propria remeabunt.

Proceſſionis plagarum placationis ordinatio cantûs, oſtenſio fiant ut gratiarum aĉtionis, propter quod infra muros opidi, Eccleſie omnes viſitantur. Collegiorum membra Cappis nigris induuntur, cereos

reos vexilla candele fanctuarium a quoquam non portantur, præter Eeclefie matricis fcolaris alba indutus primus proceffionis ante fratres minores fimplicem crucem portans, Jtem matricis Ecclefie iterum ut fupra oftenfione in cimiterio Ecclefie matricis facta, quelibet Ecclefia ad fua revertatur, determinatam fibi miffam cantans, Sanctorum, Bartholomei Sancte Trinitatis Marie & Georgii Sancti Spiritus, Montis beate virginis Johannis Sancte Crucis Theutonicorum, Angelorum, Anthonij Sancti Bartholomei Carmelitarum Apoftolorum predicatorum martyrum Minorum confefforum penitentum virginum, Katherine, omnium Sanctorum.

Proceffio feria fecunda poft penthecoften fiet, deinceps per ebdomadam nulla erit ad baptifmum.

Solempnis proceffio confueta eft fieri a collegiis feftis fuis principalibus cum reliquiis Sanctorum per circuitum Ecclefie infra emmunitatem feu extra ad gratiarum actionem ubi fic procedant Cruciferi duo fcolares vicarij Canonici prelati in ftatu exiftentes cruciferi duo, Miniftri duo officians ut in proceffione generali fupra, nifi quod hic Corpus Chrifti preter die Corporis Chrifti & pannus fuper officiantem non portantur, infra emunitatem hijs feftis. Purificationis Corporis Chrifti dedicationis Affumptionis Bartholomei cantu cuilibet annotato lectis prima tertia & fexta reliquis etiam feftis principalibus de officio Decani notatis folempnis ut prefertur proceffio, fi dominica

nica celebrantur per januam abfidis meridionalis
trans capellam Sancti Michaelis exeundo & intrando Dominica palmarum folempnis ut fupra fit proceffio, tamen fine fecundis cruciferis ceriferis reli-
quijsque fanctorum extra emunitatem prima lecta
Jtur ad fratres Theutonicos ultra pontem die pafche cum Antiphona *cum Rex Glorie* Afcenfionis
Pentecoftis cum refponforijs eorundem ubi tertia
lecta, exitur cum Antiphona *regina celi* cum verfi-
bus finita Antiph. ympnus *falve fefta* usque ad Ecclefiam deprometur, Ecclefiam intrantes die pafche
Antiphona *fedit Angelus* Afcenfionis antiphona *o
Rex Glorie* Penthecoftes *Alleluja veni fancte fpiritus*
decantentur per dictam januam exeundo circumeundo & intrando. Die purificationis fi clara fuerit cum reliquijs itur ut fupra exitur per januam
chori dexteram, januam rubeam exeundo & trans-
eundo, per januam exorcizandorum puerorum ad
& per ambitum, ante Capellam S. Michaelis circumeundo retro chorum & per januam chori rubeam redeundo. Si autem pluvialis vel ventofa fit,
fiat proceffio in Ecclefia & per januam exorcizandorum cum Refp. *Gaude Maria, videte miraculum,
Verbum caro* & fimilibus de fefto depromentur.

Dominicalis proceffio eft, que fit ad refurre-
ctionis honorem omnibus Dominicis fimplicibus
cum aqua benedicta a collegijs per ambitum eorundem ubi procedant de armario fexta lecta fed infra octavas Pafche & penthecoftes Tertia cruciferi
duo miniftri duo officians fpatio ab invicem ut de
officio Thuribularij & cruciferi ande medium infimi

fimi gradus altaris ſtent ex utraque parte miniſtri locis ſuis *Aſperges* inchoans officians hoc ordine aſpergat: altare, Miniſtros, Succentores Seniorem dignitate & ſuum chórum alterum poſt hoc chorum. quo facto ſtans ante medium gradus, medij chori, dicat ſubmiſſe verſum *Domine apud te eſt fons vite.* Chorus, *& in lumine. Domine exaudi orationem.* Chorus *& clamor. Dominus vobiſcum,* chorus *& cum ſpiritu tuo,* Oremus *Omnipotens ſempiterne Deus &c. per Chriſtum Dominum noſtrum.* Chorus amen impoſitoque cantu chorus exeat tali forma, cruciferi officians aſpergens populum cum ſcolari aquam portantem benedictam miniſtri Scolares Eccleſie quoque membra finito cantu ſubmiſſe cantetur, *abſolve Domine,* exeant autem Eccleſiam per januam catechumenorum in capellam Sancti Michaelis per januam ejus occidentalem ſtante ibidem quolibet ut in choro legantque ſubmiſſe chori, alternatim choro per ebdomadam, & nunc inchoante pſalmum *de profundis, Kyrie, Chriſte, eleiſon Kyrie eleiſon pater noſter*, officians *& ne nos inducas in.* chorus: *ſed libera.* officians, *a porta inferi,* chorus: *credo videre* officians *Domine exaudi* chorus *& clamor* officians *Dominus vob:* chorus *& cum ſpiritu tuo* officians oremus *Deus in cujus miſeratione per Chriſtum Dominum noſtrum* chorus *amen,* officians *requieſcant in pace* chorus *amen,* Jmpoſitoque cantu per ianuam qua capellam & ambitum ordine quo ſupra ad chorum redeant Miſſaque cantetur, Jnfra adventum ſeptuageſimam quadrageſimam exeundo Reſponſorium tertium redeundo nonam matutini dominice jam preſentis infra nativitatem

Tom. I.   F   Chriſti

82

Chrifti & purificationem Marie refponforiuṃ *San-
Eta & immaculata* redeundo Refponforium *verbum
Caro.* Jnfra purificationem & feptuagefimaṃ exeundo antiphona *falvator mundi* redeundo Refponforium *civitatem.* Jnfra pafcha & afcenfionem exeundo, Antiph. *cum Rex* Dominica afcenfionis Refponforium *Jte in orbem,* oĉava penthecoftes Refponforium *repleti* in capella finientur poft hoc duo corales ante altare Sanĉti Michaelis ftantes facie ad
idem verfa cantent ympnum *falve fefta* primo verfu cantato per januam capelle orientalem Ecclefiam circumeundo ad chorum per januam rubeam
revertantur. Jmpno finito infra pafcham & Afcenfionem Antiph. *fedit Angelus* Dominica afcenfionis
Antiph. *o Rex,* oĉava penthecoftes *alleluja veni*
imponantur Miffa orationes pro defunĉtis obmit
tantur. Jnfra oĉtavam penthecoftes & adventuṃ
excelfis hijs exeundo ant. *falvator* redeundo Refponforium, *Quis Deus magnus,* fed fi fuerit dies
Sanĉti jr. leĉtionum vel infra oĉtavam fefti Refponforium de fanĉto feu de fefto vel de folempnitate
fi ambo concurrunt deprometur.

Fefta principalia funt diocefis Moguntinenfis
Nativitatis Chrifti Epiphanie purificationis Annuntiationis Marie, palmarum pafche Afcenfionis,
penthecoftes Trinitatis corporis Chrifti Dedicationis Nativitatis Johannis Baptifte Petri & Pauli,
Affumptionis nativitatis Marie omnium fanĉtorum
Martini conceptionis Marie ejusdemque Ecclefie
Franckenfurdenfis cum feftis Sanĉti Karoli Jmperatoris Bartholomei Apoftoli eidem fpecialium patronorum.

Patro-

Patronorum proceſſio eſt faƈta ad ſubventio-
nis amorem ad altare, poſt primas veſperas diebus eorundem ubi procedant ex armario, pſalmus *Magnificat* incepto, cruciferi duo conjunƈti
cruces cum vexillis ceriferi duo conjunƈti candelas
planas, incenſas portantes Thuribularius ut de officio ejusdem & ſtent in pavimento, ante medium
gradus medii chori, ſpatio prediƈto verſus, occi-
dentem, facie verſa ad altare, poſt primam benediƈtionem cantu interpoſito exeant, chorum circumeundo a dextris infra Eccleſiam videlicet Franckenf. altare Sanƈtorum Stephani petri Jacobi Johannis Ewangeliſte trium magorum, ſic cruciferi
thuribul. Scholares Eccleſie quoque membra venientes autem in medium Eccleſie, ſtent ut in choro, procedendi cruciferis ceriferis Thuribulario officiante ad locum ubi ſtent in choro & cantu finito
officians in loco ſtans ſubjungat, verſum & colleƈtam cantuque redeundi impoſito, omnes modo
quo & ad locum chori unde exierant remeabunt,
officianteque verſum & colleƈtam ſecundo finiente,
ac pſalmis completorii inceptis, cruciferi ceriferi
Thuribular. officians armarium intrent ordine &
ſpatio quibus ſupra exeundo Antiph. ſeu Reſponſorium de feſto altaris viſitandi redeundo antiph.
de patrono decantetur, vel ut infra notatur.

Letaniarum eſt proceſſio que fit diebus quadrageſimalibus & rogationum cum Jnvocatione ſan-
ƈtorum ad peccatorum ſublevamen, inſtitutione patrum ordinata, diebus quadrageſimalibus nona le-
ƈta procedant ex armario crucifer miniſtri ſine officiante ſtent ipſique & membra Eccleſie cantu in-

choato

choato vadant in locum ibique ſtent, ut Dominica-
li proceſſione declaratur, cantando Reſponſorium :
Emendemus. hoc finito chori alternatim ſubmiſſe legant pſalmum: *Deus miſereatur. Kirie pater noſter.*
Officians precedentis ebdomade : *Et ne nos.* verſum:
Domine non ſecundum peccata noſtra facias nobis. Do-
mine exaudi:. Dominus vob. Oremus *parce Domine*
parce. Finitis hijs Letania Apoſtolis Martiribus con-
feſſoribus virginibus quibuslibet tribus nominatis
cantetur, choro idem reſpondente cum autem dicitur, *omnes ſancti Angeli* capellam exeant, ad chorum ordine & via prioribus reſpondentes , diebus
rogationum prima lecta ſuccentore imponente.
Chorus cantet, *Exurge Domine* pſalmus, *Deus auri-*
bus ſine *Gloria* Jterum *exurge* ſequitur Antiphona
ſurgite ſancti & proceſſio exeat chorum, ſequitur
Antiph. *cum Rex.* qua finitâ die Marie & feria ſecunda & tertia rogationum Duo de Eccleſia imponant Letaniam *ardua ſpes* usque ad villas, introeuntibus autem villos, videlicet die Marci Rode ſuperiorem. Succentor imponat Reſponſorium *re-*
gnum mundi quod chorus cantet usque in Eccleſiam
deinde legitur tertia ſequitur miſſa *Exaudi* ferialiter in qua fiat memoria, ſanctorum Marci Ewangeliſte & Margarete Virginis, ſed feria ſecunda
introeuntibus villam Bockinheim ſuccentor imponat Reſponſorium *Vos eſtis ſal terre*, deinde legatur tertia & cantetur miſſa *Exaudi* ut ſupra in qua
fiat memoria Sancti Jacobi majoris & ſanctorum ſi
qui ibidem evenerint ſed feria tertia introeuntibus
villam Burnheim ſuccentor imponat Reſponſorium
Jſti ſunt ſancti deinde legatur tertia, & cantetur

Miſſa

Missa de Dominica *vocem jocunditatis* Dominicaliter in qua fiat memoria sanctorum Abdon & Sennen Martirum & aliorum si qui ibidem ceciderint, Missis predictis completis legatur sexta ubique supra, qua lecta succentor imponat Responsorium *Benedicamus patrem*, imposito processio exeat Ecclesiam ad civitatem revertendo completo autem hoc responsorio imponat in via hac secundum ordinem Antiphonam *Regina celi* cum versibus Responsorium *qui sunt hij* Responsorium *isti sunt sancti* Responsorium *sunt lumbi* Responsorium *simile est regnum.* Responsorium *beati estis Sancti Dei omnes* Respons. *absolve Domine* omnia cum versibus. Jngredientibus autem civitatem Jmponat Respons. *civitatem istam.* Vigilia ascensionis usque ad penitentes non Letania sed cantus ibidem. in processione generali positus decantetur ubi sexta legatur sequitur missa finaliter in qua sic procedatur: Chorus feminarum seu virginum cantet introitum *omnes gentes*, chorus virorum *subjecit*, feminarum: *Gloria* virorum: *omnes Gentes*, feminarum: *Kyrie* virorum: *Christe eleyson* & sic de ceteris Memoria fiat beate Marie Magdalene, femine omnes responsiones officianti corales *Alleluja* femine offertorium, *Sanctus*, *Agnus.*, communionem, Missa completa succentor incipiat Antiph. *Regina celi*, qua sine versibus cantata, imponat ympnum, *festum nunc celebre* post ympnum per totum cantatum Antiph. *audi servorum* & sic Ecclesiam propriam intrantes ibi post omnes processiones dictas Nona legatur qua lecta singuli ad sua revertentur.

Sepulcrorum proceſſio eſt, que fit ad corpora mortuorum non ſepulta, ſeu ſepultis hijs, eorum ad ſepulchra defunctorum ad juvamen Die
paſche, tertio matutini Reſponſorio cantato chorus
ſilentium faciat, corales duo in albis in ſepulchro
Domini ſedeant induti in loco ubi Crux Chriſti ja-
cebat poſito ibidem humerali Tres Seniores de Collegio ſuperpelicijs, deſuper cappis ſericis induti,
Tria Thuribula cum incenſu portantes ceriferis duobus candelas tortas incenſas portantibus precedentibus armarium ſimiliter euntes exeant, cantantes
ſubmiſſe Reſponſorium *dum tranſiſſet Sabbato, ſepulchrum viſitantes.* Ad quos Corales in ſepulchro cantent: *Quem queritis* iterum Seniores ſubmiſſe: *Je-
ſum Nazarenum* Corales: *non eſt hic &c.* & ſtatim
ſubjungant Antiph. *Venite & videte locum &c.* poſt hoc
Seniores humerale recipiant ante ſe portantes ceriferis & coralibus ſepulchri procedentibus chorum
intrent & ante altare in ſuperiore gradu, facie ad
chorum verſa ſtent, & ſuccentor in loco ſuo ſtans,
alta voce, cantet verſum, *Dic nobis Maria* Medius
ſenior, cantet verſum *ſepulchrum Chriſti* deinde ſtatim ſenior a dextris digito ad corales ſepulchri de-
monſtrando & ſenioribus omnibus humerale in altum tollentibus cantet verſum: *Angelicos teſtes* deinde ſenior a ſiniſtris cantet verſum *ſurrexit Chriſtus
ſpes mea* Chorus cantet verſus *credendum eſt, ſci-
mus Chriſtum.* deinde omnes Seniores tres ſimiliter
cantent Antiph. *ſurrexit Dominus de ſepulchro* Chorus hanc continuet, *qui pro nobis pependit &c.* &
ſuccentores ſtatim illa finita, *Te Deum laudamus* in-
cipien-

cipientes matutinum compleatur , Die animarum
Vigilijs & miſſa completis crucifer cum cruce five
vexillo procedant quatuor - ſacerdotes ſepulchra
aſpergentes quatuor miniſtri, ea thurificantes albis
hij induti, ſcolares , Eccleſieque membra per januam abſidis meridionalem cum Reſponſ. Vigiliarum majorum exeuntes & intrantes Diebus alijs videlicet quibus vigilie ſeu Miſſe habentur defunĉto-
rum & poſt quamlibet miſſam preter diebus ſolempnibus & Dominicis & infra quodlibet completor. infra triceſimum defunĉti, per collegium allati, ſic
procedatur ad ſepulchra , crucifer coralis aquam
benedĉtam. coralis incenſum portantes, Miniſtri
duo Subdyaconi duo Dyaconi officians ad quodlibet
ſepulchrum candelas habens, dicant pſalmum de
profundis. Kyric pater noſter verſum, colleĉtam de-
funĉtorum. Infra quod officians aſpergat, thurifi-
cetque ſepulcra exeant circueant intrent, ut ſupra
die animarum eſt expreſſum. Si que alia in diĉtis
proceſſionibus ſecundum conſuetudinem cujusquam
Eccleſie neceſſaria, hic non ponuntur, ſtudioſis ſuc-
centoribus has regentibus relinquuntur.

Commemorationis proceſſio eſt, que fit intrando chorum ante officia exeundo poſt divina ad vi-
vorum colligamen. Diebus ſolempnibus Dominicis & quibus Dominicaliter pulſatur in primis & ſecundis veſperis infra quartum pulſum earundem &
eisdem diebus in completorio ſeparatim ſolo canen-
do infra primum horarum pulſum clerici in loco
Eccleſie apto congregentur in compulſatione veſperarum ſecundo pulſu complet. in proceſſione or-
F 4   dine

dine junioribus precedentibus filendo Chorum fub-
intrantes omnibus autem horis officio divino completo ad eundem locum revertentur, Chorum exeundo. Officians dicat *fit nomen Domini benedictum*
Chorus, *ex hoc &c.* Officians *adjutorium noftrum &c.*
Chorus: *qui fecit*, officiante cum fuo Choro inchoc-
ante pfalmum *Miferere*; legant alternatim in fine
requiem eternam, *Kyrie pater*, officians: *& ne nos*,
Chorus: *Sed libera.* Officians: *a porta inferi*, Chorus:
Erue. officians *Domine &c.* Chorus: *& Clamor*, officians: *Dominus vobifcum* Chorus: *& cum Spiritu tuo*,
Officians: *Oremus: fidelium Deus per Chriftum.* Chorus. *Amen.* Senior dignitate & ingreffu presbyter:
requiefcant in pace. Chorus: *Amen.* Diebus cene.
Parafceve, vigilia pafche exeundo nichil dicant, nifi
in loco ftationis. Senior: *requiefcant in pace.* Chorus: *Amen.* In proceffionibus omnibus, quilibet
ibit & ftabit in latere fui chori.

Veftiendi modus feu confuetudo membra Miniftri. Subftituti Ecclefie tempore divinorum & infra emunitatem ejusdem. religione (g) congruente
fint induti à primis igitur vefperis adventus inclufive, ad primas vefperas die nativitatis Chrifti exclufive & a primis vefperis feptuagefime inclufive,
ad primam vigilie pafche exclufive, & die ftationis
Letanie majoris, a prima inclufive ad nonam inclufive in divinis officijs omnibus cappis nigris Berwerinis

(g) *Religio.* in religione id eft in habitu religiofo, qui
ex præfcripto canonum aut ftatutorum ordinatione
à canonicis & Vicariis chori officiis defungentibus
portari debet. *du Fresne.*

werinis (*b*) aliis autem diebus omnibus, & totis extra tempora prefata & Dominica palmarum a prima inclufive ad nonam exclufive, Die cene ad mandatum poft prandium ac omnibus feftis principalibus infra adventum feptuagefimam quadragefimam cadentibus a primis vefperis ad fecundum completorium inclufive hiis continue fuperpellicijs (*i*) fed omnibus principalibus per totum annum feftis, membra ecclefie in ftatu exiftentia in miffa tantum cappis fericis conformibus in colore cafule officiantis, dalmaticis miniftrorum Jtem in proceffione ad plagarum placationem. Cappis nigris ad gratiarum actionem fericis induantur. Officians imponentes Cantor & Succentor, diebus folempnibus in primis & fecundis Vefperis ac Matutino fuccentor autem diebus omnibus, quibus in fede cantoris imponit, cappis fericis fint veftiti Corales cantantes, verfum gradualem feu Alleluja fi unus, alba, fi duo, Dalmaticis preter Dominicis adventus. feptuagefime quadragefime ubi albis in alijs autem omnibus fuperpellicijs fint induti cruciferi in proceffione ante miffam, fi unus alba fi duo dalmaticis & poft ve-

F 5   fperas

(*b*) *Berwerinis cappis nigris.* Cappa amictum clericorum in fervitiis chori exiftentium denotat. *Honorius Auguftodunenfis lib. 1. cap. 227.* Cappa propria eft veftis Cantorum. *Berwerina* cappa à tinctoribus dicta fuiffe cenfetur.

(*i*) *Superpellicijs.* Vefte linea, largè manicata fic compellata eo quod, ut ait *Durandus in ration. lib. 3. c. 1. n. 10.* antiquitus fuper tunicas pellicias de pellibus animalinm factas induebatur, quod adhuc in quibusdam Ecclefiis obfervatur.

speras superpellicijs sed post vigilias die animarum
alba vestientur ceriferi in processione ante missam
& post vesperas solempnes tantum cappis sericis,
alia superpellicijs sed diaconi precedentes dalmaticis induantur Thuriferarius diebus & horis omnibus
in suo officio cappa serica sit indutus Ministri in processione & missa diebus omnibus dalmaticis, bra-
chijsque sinistris stolis dyaconi super albam orario (k)
a sinistro humero, ad cingulum dextri lateris, sed
in adventu, septuagesima quadragesima de tempore tantum casulis nigris diebus autem palmarum &
parasceve rubeas manibus subtus absconfis Die cene vigilia pasche Dalmaticis sed in missa defunctorum, albis sint induti, subdiaconus collectam,
Dyaconus versum graduale alleluja seu tractu incepto, in armario casulas deponant diaconus super
orarium casulam liget, & sic legant, finita Epistola subdyaconus *Et ne nos*. Diaconus in armario statim denuo induatur, Jtem in processione sepulchrorum post missas albis de sero die animarum similiter alias habitu congruente dyaconus diebus so-
lempnibus in dalmaticis legat omeliam officiäns alba orario circa collum in pectore ad modum crucis,
ad jlingulum amborum laterum ligato desuper in
processione ante Missam cappa serica ad missam casulam

(k) *Orarium*. Alcuinus lib. de Div. Off. Orarium id est,
stola dicitur eo quod oratoribus id est prædicatori-
bus concedatur. *Orarium* Levita gestat in humero
sinistro propter quod orat id est prædicat, dextra
autem oportet habere liberam ut expeditus ad mini-
sterium sacerdotale discurrat. *Concil. Tolet. IV.
cap. 40.*

fulam & ftola brachio finiftro loco cappe. in proceffione poft vefperas. Et incenfum dans fuperpelli-
cio defuper cappa ferica fit veftitus Jtem pepli fe-
rici circa colla usque ad manus officiantis & miniftrorum reliquias fanctorum fed pannus fericus in
quatuor haftis fuper officiantem corpus Chrifti portantes protendantur Jtem femper cum cappa præter in officiante fit fuperpellicium cum alba humerali cingulis atque alba altaria in quadragefima pannis albis fed hoc & fedes officiantis & cantoris pul-
pites Ewangelium Lectionum cantus coraliuni diebus folempnibus in primis & fecundis vefperis matutino & miffa, pannis preciofis diebus folempnibus celebribus altare fanctuario toto, non parte
media decoretur. Cruces vexillate fint, fi duo
cruciferi, non fi unus. a Matutino ferie quarte poft
Dominicam *Efto*, ad vefperas. Cene Domini Jnclufive hijs ymagines & cruces Ecclefie fint velate. (*l*)

Geftuum confuetudo ad matutin. ftando. *Domine
labia, Deus in adjutorium* hic & in omnibus horis,
Invitatorium pfalmus, *Venite,* verficuli, fuffragia,
Lectionum, generalia refponforiorum Refponforium per generalia Lectiones & verfus proferentes
non Chorus omeliam verfufque & reliqua. *Te Deum
Laudamus* ympnus & ad finem. *Sedendo.* Antiphona
pfalmi Lectiones Refponforia verfus chorus non
cantantes ad primam tertiam fextam nonam, *Stando.*

(*l*) *Not. marg:* Jn Ecclefia Moguntina vifitant in cap-
pis in adventu, *Andree, Nicolai Conceptionis &
Thome*: Fert Andree cappas Nyco - Conceptio
Thomas.

do. Antiphon. ympnus antiph. preces & colle&a,
Sedendo, pſalmi tantum. Ad miſſam Stando ab Introitu ad Epiſtolam excluſive ab Ewangelio ad finem hijs incluſive, *ſedendo.* prophecye & cantus ſub-
ſequens ad easdem & ab Epiſtola incluſive ad ewangelium excluſive, *Genufle&endo* Jntroitus Cinerum
Exaudi usque *ſecundum* excluſive Jntroitus *in nomine*
Domini usque *& infernorum* excluſive verſus *Allelu-*
ja Veni San&e usque *reple.* Jn tra&u *Domine non ſe-*
cundum. verſus, *adjuva,* per totum infra adventum
ſeptuageſimam quadrageſimam a completione *San-*
&us, ad *pater noſter* complementum Extra hec tempora, ab elevatione ſacramenti, ad inceptionem
pater noſter a die ante paſcha ad o&avam penthecoſtes diebus quoque ſolempnibus & Dominicis niſi
tantum in elevatione Sacramenti genuflexio nulla
fiat. Ad veſperas *ſtando* a capitulo ante ympnum
& . . . . Jncluſive. & ad finem in primis Veſperis
ſolempnibus antiphona prima & quinta cum ſuis
pſalmis, verſus. *O Crux* in ympno ad cenam verſus *o verè digna hoſtia.* per totum. in Antiphona *Me-*
dia vita ſan&e Deus, & ad finem Jn Antiph. *Salve*
Regina, o Clemens & ad finem. Ad Completorium
ſtando. ympnus & ad finem *ſedendo* pſalmus tantum,
Jtem pſalmus *venite Te Deum. Benedi&us. Magnifi-*
cat, Nunc dimittis, ſtando alijque *ſedendo* Jtem in
adventu ſeptuageſima quadrageſima de tempore,
preces a *Kyrie* ad *exurge* genufle&endo proferantur
offerent Eccleſie membra, feſtis principalibus an-
niverſariorum canonicorum vicariorumque chori
ad altare.

Miffis obfervanda de tempore *Jntroitus* pfalmis preter vigilias pafche & penthecoftes *Gloria
patri.* preces a Dominica paffionis ad vigiliam pafche inclufive hijs de trinitate de defunctis *Kyrie
eleifon* femper *Gloria in excelfis* feftive tantum, vi-
giliisque Epiphanie pafche penthecoftes non in adventu, feptuagefima quadragefima collecta fi due
prima de officio, Ambe fub una conclufione, fi
plures, prima fub una, alie fub una omnes &c.
Epiftola femper *Graduale.* preter vigilias pafche & ab
octava pafche ad octavam pentecoftes inclufive *Alleluja* preter a Dominica feptuagefime ad parafceve inclufive hijs, vigilijs miffis defunctorum, alleluja unum, & tractus, vigilijs pafche & penthecoftes ab octava pafche ad octavam penthecoftes
feftive duo, ferialiter unum. *Sequentia* feftive tantum, preter a Dominica feptuagefime ad vigiliam
pafche inclufive hijs Dominicis vigilia penthecoftes
octavarum per octavas, *Tractus* a Dominica feptuagefime inclufive ad diem cinerum exclufive feftive
tantum deinde ad vigiliam pafche inclufive hijs preces die cene feftive & ferialiter & de defunctis
Ewangelium femper. *Credo* Dominicis Nativitatis,
Epiphanie. Afcenfionis, Trinitatis corporis Chrifti dedicationis & per octavas *Offertorium* preter vigilia pafche fecrete ut collecta *prefatio* femper
octavarum per octavas. *Sanctus* femper *Agnus. Communio* preter vigilia pafche *complenda* ut collecta,
Jte miffa. require de officio miniftrorum.

De Sanctis.. Jntroitus, pfal. *Gloria Kyrie* feftivis & ferialibus femper. *Gloria in excelfis* feftivis
tantum, atque femper collecta Epiftola Graduale,
Alleluja

Alleluja fequentia, tra&us. Ewangelium ut de tempore fupra. *Credô*, omnibus feftivis Marie Apoftolorum crucis die omnium fan&orum tantum & per
o&avas. Offertorium fecrete prefatio *Sanctus Agnus*
communio complenda. *Jte miſſa* ut te tempore atque femper.

Ad miſſam commemoracionis Marie. In ad-
ventu introitus *Rorate*, pfalmus *celi Kyrie* ipfius fine
Gloria in excelfis. Colle&a *Deus qui de beate* Epiſtola
yfaie *Locutus eſt Dominus*. Graduale *tollite*. *Alleluja.*
Veni Domine, nulla fequentia Ewangelium luce,
Miſſus eſt, *Credo* ante offertorium *Ave Maria*, fecreta *in mentibus* prefatio *Et te*, *Sanctus* & *Agnus* Dominicaliter communio *Ecce virgo complenda gratiam
tuam*. *benedicamus Domino*.

· Infra nativitatem Chriſti & purificationem Introitus *falve*. pfalmus *fentiant Kyrie* ejusdem cum
gloria in excelfis Colle&a. *Deus qui falutis* Epiſtola
ad Galatas *Quanto tempore* graduale *Benedicamus Alleluja poſt partum*. fequitur *Gaude Dei Genitrix* require in fequenti. *Natus ante*. Ewangelium Luce.
erant pater. Credo. Offertorium. *felix namque* fecreta *muneribus*. prefatio *Quia per incarnationem*. *Sanctus* & *Agnus* Dominicaliter Communio *Tolle puerum*.
require Dominica infra o&avam nativitatis Chriſti
complenda. *hec nos Jte Miſſa*. infra purificationem &
feptuagefimam Colle&a *Concede nos*. Epiſtola fapi-
entie *ab initio*. *Alleluja*. *virga jeſſe* fequentia *verbum
bonum* Ewangelium Luce *extollens*. Offertorium. *Re-
cordare* fecreta *tua nos*. prefatio *Et te*. Communio
Beata vifcera. Complend. *Hec nos*, vel *fumptis* cetera ut infra nativitatis Chriſti & purificationis Marie.

rie. Jnfra Dominicas feptuagefime & pafche *Gloria in excelfis Alleluja* fequentia non cantantur, tractus *audi filia* Communio *Ave regina.* Cetera ut infra purificationem & feptuagefimam. Jnfra pafche & penthecoftes Graduale non dicitur. Sed duo *alleluja.* primum de beata virgine fecundum de fefto, fequentia de fefto temporis, Ewangelium Johannis *ftabant juxta* prefatio de fefto temporis. Communio *Ave regina* cetera ut infra purificationem & feptuagefimam. Jnfra octavam penthecoftes & adventum Communio *Ave regina*, cetera ut infra purificationem & feptuagefimam funt notata. Sabbatis Vigiliarum & quatuor temporum, ac novem lectionum feu trium feftivorum de beata virgine non cantatur.

Ad Miffam commemorationis fancti Spiritus, Jntroitus *Dum fanctificatus.* Graduale *Beata Gens. Alleluja. Veni.* fequentia *Veni.* Offertorium *Emitte.* Communio *Spiritus Domini.* Collecta Epiftola. Ewangelium fecreta prefatio, complend. diei penthecoftes Jnfra feptuagefimam & quadragefimam fine *Gloria in excelfis Alleluja* & fequentia Tractus *Laudate Dominum omnes Gentes* communio. *Narrabo omnia*, alia ut jam fupra.

Ad Miffam die obitus,, feu anniverfariorum Prepofitorum Baronum feu gradus altioris defunctorum Jntroitus. *Si enim* Epiftola machabeorum, *Vir fortiffimus.* Graduale *fi ambulem* Tractus, *ficut cervus.* cetera ut in libris.

Interdicti tempore. Diebus Affumptionis herbe Purificationis candele benedicentur cinerum cineres dentur Palmarum rami benedicentur. Cena

De-

Domini pedes laventur, apposita benedicentur Parasceve crux ponatur adoretur sepeliatur, visitetur. Officium legatur, Vigilia pasche Jgnis Cereus baptismus benedicentur publice legendo, Missa clausis januis celebretur. Legendo horis debitis penitus sine cantu.

Statuta ordinationes & consuetudines discipline hujus Ecclesie, ab omnibus conservanda.

In Nomine Domini Amen. Rex pacificus pia misera-
tione disposuit sibi subditos, fore pudicos,
pacificos & modestos, unde clerici, Deo immediate subditi existentes, quia in sortem Domini vocati, in disciplina mansuetudine devotione ac omni
morum honestate, que Deo gratum reddunt servi-
torem precipue in officio divino exequendo, & Deo
laudes debitas reddentes cum ibi dubium non exi-
stat sanctorum adesse presentiam angelorum non
immerito sunt ex toto corde, solliciti & intenti.
Nos igitur Decanus, totumque capitulum Ecclesie
Sancti Bartholomei Franckenfordensis advertentes,
quod ubi gubernaculum discipline contempnitur,
ibi religio naufragetur. pro disciplina Ecclesie nostre reformanda, Laudabiles Ecclesie nostre consuetudines renovantes, ordinandum duximus ac
etiam statuendum, quod tam canonici quam vicarij
seu socij Ecclesie nostre predicte, chorum & Ecclesiam frequentare, & ibidem interesse debent, ut
tenentur omnibus horis canonicis & ceteris divinis
officijs inibi debitis temporibus peragendis, Jn pro-
cessionibus etiam & in choro disciplinate procedent
&

& à rifibus jocis, & confabulationibus indecentibus abftinebunt, Jn ingreffu vero chori, feu egref-
fu ipfius vel cum *Gloria patri & filio* aut quicquam
aliud ad honorem Dei pertinens decantatur in-
clinationes cum capitibus verfus altare facient reverenter, nec quisquam folus aut cum alijs interim
quod in choro communiter, qualecumque divinum
officium peragitur horas canonicas, vel quicquam
aliud dicere vel orare prefumant, fed fimul in
unum cantare & legere diftincte, & fapienter, Domino ftudeant pfallere univerfaliter ne per fingularium perfonarum fpeciales orationes, communis
oratio & plurium devotio perturbetur. Nullus
etiam canonicus vicarius feu beneficiatus in Ecclefia
noftra fepedicta poftquam tertia campana ad Matutinas relicta fuerit & poft eandem campanam ad vefperas pulfatam & relictam donec completorium
dictum fuerit in choro, Ecclefia noftra vel ambitu
ipfius Ecclefie absque religionis habitu audeat comparere, ymo quilibet absque religione alteri fibi
in religionis habitu obvianti quocumque loco vel
tempore reverentiam exhibeat fugiendo. Nullus
etiam de Ecclefia in proceffionibus quibufcumque
calopedibus (*m*) utatur feu cum ipfis chorum intret, in eis ftet, aut vadat nec aliqui de focijs infra

(*m*) *Calopedes.* Calcei vel ex integro lignei vel quorum
pars fuperior coriacea, inferior lignea eft. Non
portentur Calopodia in choro fub poena diftributionum unius diei. *Regeft. Capituli Autiffiod.*
15. Dec. an. 1460, & ftatuta Capituli S. Audomari.

fra proceffionem Dominicalem feu ftationes (*n*) fo-
lempnes celebret, vel fe preparet ad celebrandum,
fed proceffionibus debent pariter omnes intereffe,
ftatuentes quod infra Ewangelium , vel Epiftolam
chorum nullus audeat intrare vel exire, absque Decani vel alterius Prelati licentia fpeciali, nec aliquis ftet in fedibus fuperioribus inter cappatos absque cappa. Precipientes quod Miniftri omnibus horis Canonicis primi interfint, fi facerdotes non beneficiati in Ecclefia noftra fperantes percipere aliquas confolationes (*o*) cappati tempore debito incef-
ferint, in hoc nobis gratam exhibent voluntatem
predictique Miniftri diebus Dominicis & feftivis,
quando Chorus funus habuerit & in anniverfarijs defunctorum legant Ewangelia Epiftolas non perfub-
ftitutos fed propriis in perfonis nifi legitimo detenti fuerint impedimento, quod quidem impedimentum, Domino Decano declarabunt, alioquin oblationibus qui negligens fuerit, per integram feptimanam carebit, Ad hec etiam neque Canonicus neque aliquis Vicarius vel focius Ecclefie noftre Miffam

(*n*) *Stationes* dicuntur Ecclefiæ, oratoria feu quævis loca ubi proceffiones facræ moram faciunt, in quibus orationes fiunt aut decantantur Antiphonæ vel
denique facrum Miffæ minifterium peragitur, ex
quo proceffiones ipfas *ftationes* paffim dictas obfervare eft.

(*o*) *Confolationes.* Sunt fpeciales defervitæ diftributiones. Serotina cœna quæ poft *Collationem* fiebat à
monachis, dicebatur confolatio, eo quod vice con-
folationis & gratuitæ refectionis poft impenfas ora-
tioni & lectioni horas complures ijs impertiretur.

sam celebrare, aut Ewangelium seu Epistolam legere debet qui in matutinis non fuerit illo die, nisi Decanus Ecclesie nostre si presens fuerit, aut alter major prelatus vel Canonicus senior requisitus, hoc alicui specialiter duxerit indulgendum. Jtem tam Canonici quam vicarij sint solliciti & intenti ut cum bona morositate, versus psalmorum distinguant & verba proferant integre. & perfecte & precipue, Succentor & Rector scolarium scolares ad hoc faciendum coherceat & inducat. Ceterum Rector scolarium, seu scolaris ab eo substitutus diebus festivis & etiam non feriatis relicta tertia campana ad Vesperas, scolares ad processionem ordinabit. Jntrantes chorum, vel exeuntes, cum disciplina versus altare inclinent eorum capita & reclinent, ipsosque scolares prefatus eorum Rector seu scolaris ab eo deputatus & etiam Succentor a minimo discursu extra chorum, & per chorum ac insolentijs prohibeat sollicite & intente Jtem quandocunque in divino officio legit vel cantat, chorus contra chorum vel simul cantant, & legant persone utriusque chori ad invicem suos dirigant vultus, sed alijs horis cum preces collecta, prefatio & similia dicuntur, ad altare se vertant, Jtem in Vigilijs defunctorum, finitis tribus lectionibus & incepto secundo nocturno Et in anniversario trium lectionum prima lectione finita & in Missa Epistola finita, quilibet tunc veniens noverit suas presentias se neglexisse quilibet etiam sit diligens, ad sepulchra visitanda Jtem inhibemus ne tempore processionum audeat aliquis ingredi processionem vel egredi donec processio veniat ad locum suum nec stare apud

pro-

processionem propter aliquem tractatum haben-
dum sed potius fugiat, ne ab alijs videatur. Jtem
quilibet septimanarius per se vel per alium ydoneum Canonicum vel vicarium Missam summi altaris studeat celebrare. Jtem precipimus quod si
aliquo tempore anni due misse in choro, una die
fuerint celebrande succentor debet precipere &
mandare, septimanario precedentis septimane, ut
per se vel per alium secundam missam celebrari
procuret. Alioquin presentijs illius septimane se
noverit fore privatum, & cum hoc pene Decani
subjacebit. Jtem canonici vel socij qui per succentorem ad imponendum legendum vel cantandum
fuerint intitulati (p) suum officium cum diligentia
exequantur, si autem hoc exequi non poterunt,
saltem per alium canonicum vel chori socium suum
suppleant defectum, si penam per Decanum indi-
cendam voluerint evitare. Jtem precipiendo statuimus mox elevatione fienda omnes in choro existentes equaliter simul & semel se ponant & cum
pater noster incipitur simul surgant ut deformitas
valeat evitari. Addentes quod in Adventu septuagesima & quadragesima in genibus maneant & ja-
ceant prostrati & cum Domini sic jacent prostrati
nulli tunc intrent chorum vel exeant, nisi causa legittima ad hoc eos compellat quod eorum conscien-
tie & honestati duximus relinquendum. Visitantes
cum

(p) *Intitulati.* Qui notantur in tabella ad certum munus
in choro peragendum. *Statuta Collegij S. Bernar-
di apud Lobinell. Tom. 3. hist. Paris. pag. 169. In-
titulatus, cessante inevitabili impedimento quotidie missam ipsam celebret per se ipsum.*

cum thuribulo altare fummum & imponens feu
imponentes cum Cappam induunt, utique fupper-
pellicijs fint muniti. Sal benedictum more folito
diebus Dominicis in choro Dominis miniftretur.
Jnhibemus etiam quod nulli extra chorum & armarium & fedile pofitum ante armarium libris utan-
tur & ut quilibet honbr debitus obfervetur, ftatuimus ut per juniores, fenioribus & per fimplices,
prelatis reverentia debita in affurgendo & in alijs
omnibus impendatur. Jnfuper ut vicarij Ecclefie
noftre omnes & finguli fciant & fcire valeant, quando & quibus horis five temporibus dicere poffint
& celebrare debeant fuas miffas ordinando duximus
ftatuendum quod vicarij qui in parochia & in capella Sancti Michaelis poft matutinas immediate &
ante primam miffam plebani feu parochie miffas
dicere funt aftricti, quod illas dicant, & celebrent
infra dictum tempus & horam fecundum quod cuilibet eorum eft injunctum Verumptamen nolumus
quod hij omnes fuas miffas fimul celebrent. Sed
viciffim tam in parochia quam capella fed ne forfitan fuper prioritate & ordine miffarum hujusmodi dicendarum inter eosdem Vicarios rixofe alterca-
tionis oriatur occafio. Volumus quod hij in utroque loco prius miffas celebrent, quorum beneficia
fuerint primitus inftituta, nec immerito Nam fecundum canonicas Sanxiones Qui prior eft tempore.
prior eft & jure. Preterea infra miffas plebani five
parochie, nullus omnino miffas dicere vel celebrare debebit, in ipfa parochia vel capella fed miffis
parochie dictis totaliter & finitis. Vicarij altarium.
Beate Marie Virginis & Sancte Marie Magdalene Bea-

ti *Johannis Ewangelifte* & beati *jacobi* apoftoli ordinate exire poterunt dicturi ad eadem altaria fuas
miffas.   Poft offertorium vero chori Vicarij altarium Beatorum *Petri & Pauli* Apoftolorum Beati
Johannis Baptifte & Sancti *Andree* exient. Sed omnes
alii vicarij in inceptione *pater nofter.* decentur pre-
cedent, celebraturi fimiliter finguli fuas miffas.
Quam primum autem vicarij qui primo & fecundo
ordine exierant miffas fuas compleverint , ad chorum penitus revertentur. Diebus tamen folempnibus, five dum anniverfaria peraguntur, aut quando funera fuerint, ita quod oblationes fiant, &
fieri debeant, in choro , tunc nulli vicariorum ante oblationes in choro miffam celebrare licebit, fed
oblationibus in choro peractis vicarij Et dum *Sanctus* cantatur fecundo nominati & reliqui in inceptione *pater nofter* exire poterunt, ut premittitur
ad miffas celebrandas Eo etiam tempore quo divinum officium in choro peragitur , nullus vicariorum campanulam pulfari faciet ante elevationem
vel in elevatione facramenti & hoftie falutaris &
ut premiffa omnia eo diligentius & firmius obfer-
ventur, inter cetera duximus ftatuendum quod ficut
canonici Ecclefie noftre , dum ad capitulum affu-
muntur, jurant ftatuta & confuetudines ipfius Ecclefie fideliter obfervare Jta fimili ratione vicarij
jam exiftentes & quos recipi contigerit in futurum,
fide data promittent loco juramenti in manibus Decani feu fenioris de capitulo quod hujusmodi ordinationes confuetudines & ftatuta in quantum eos
tangunt absque fraude & dolo firmiter obfervabunt
Jn quorum omnium teftimonium & perpetui robo-

ris

ris firmitatem prefentes litteras confcribi fecimus
& figilli Ecclefie noftre appenfione muniri. Aĉum
& datum Anno Domini MCCCᵣᵣjjj. Vjjj. Jdus
Aprilis.

Sequitur Clementina de celebratione miſſarum
loquens de difciplina in divinis officijs obfervanaa.

Gravi nimirum turbatione movemur quod ex
nonnullorum reĉorum negligentia, que dum ſpem
impunitatis permittit multam nutrire peſtilentiam
confuevit in ſubditis, plerique Ecclefiarum miniftri, modeftia ordinis clericalis abjeĉâ, dum offerre Deo facrificium laudis fruĉum labiorum fuorum in puritate confcientie & animi devotione deberent horas canonicas dicere feu pfallere trans-
currendo fincopando extranea quidem & plerumque varia prophana & inhonefta intermifcendo col-
loquia tarde ad chorum conveniendo feu Ecclefiam
ipfam absque rationabili caufa, ante finem officij
exeundo frequentent, aves interdum portando feu
faciendo portari, canefque fecum ducendo venati-
cos ac quafi nichil pretendentes, de clericali mili-
cia in corona veftibus & tonfura divina etiam celebrare aut eis intereffe nimis indevote prefumunt,
nonnulli etiam tam clerici quam laici, prefertim in
feftorum fanĉorum Vigilijs dum in Ecclefijs ora-
tioni deberent infiftere, non verentur in ipfis earumque cimiterijs coreas facere diffolutas, etiam
interdum canere cantilenas, ac multas infolentias
perpetrare, ex quibus Ecclefiarum & cimiteriorum
violationes inhonefte variaque deliĉa quandoque fe-
quuntur, & ecclefiafticum quoque perturbant officium

ficium in divine majeſtatis offenſam & aſtantium
ſcandalum populorum. Jn multis inſuper Ecclefijs,
cum vafis veſtimentis & ceteris ornamentis ad divinum cultum neceſſarijs indecentibus utique pen-
ſatis earum facultatibus deſervitur. Ne igitur trans-
greſſione invaleſcant hujusmodi alijsque veniant in
exemplum ſacri Concilij approbatione hoc fieri pro-
hibentes ſancimus ut illi ad quos id pertinet & in
eorum ſi utique exempti non ſint negligentiam vel
defeċtum locorum ordinarij ſi vero exempti fuerint,
aut alias circa hoc privilegiati ſuperiores ipſorum
omnium negligentia vel in curia penitus relegata
circa reformanda premiſſa , & eorum ſingula corrigenda nec non ut in Cathedralibus regularibus
& collegiatis Eccleſiijs horis debitis devote pſalla-
tur in alijs vero convenienter, & debite celebretur
divinum officium diurnum ac noċturnum ſi Dei &
ſedis apoſtolice indignationem evitare voluerint. ſol-
licitam curent diligentiam adhibere, contradiċto-
res per cenſuram eccleſiaſticam dummodo ad eos
illam exercere pertineat alijsque oportunis remedijs
compeſcendo facientes prout ad eos ſpeċtat in hijs
& alijs, que ad divinum cultum , & morum reformationem pertinent ac eccleſiarum & cimiteriorum
reſpiciunt honeſtatem ſacrorum ſtatuta Canonum,
ad que ſcienda diligens curent adhibere ſtudium
irrefragabiliter obſervari.

Magiſter Fabrice eſt officium temporale & non
percipiunt preſentias , niſi ſint membra Eccleſie
hos ponit & deponit capitulum & debent eſſe duo
Canonici capitulares reſidentes ad hoc aptiores capitulo jurabunt & ſimiliter eorum ſubſtitutus, Jtem
debent

debent petere & exigere fideliter redditus ad fabricam pertinentes, nec illos aliquatenus alienare vel vendere fine licentia & fcito capituli predicti fpeciali Jtem quod fint fideles Ecclefie Sancti Bartholomei & Capitulo & illa nullatenus verbo vel facto impediant Jtem omnes & fingulos redditus Fabrice in ufum & utilitatem Fabrice duntaxat convertant, & non alibi, nec aliquid edificare vel facere edificari prefumant notabilis edificij, fine fcito fimiliter & licentia capituli fupradicti Jtem computum faciant de receptione & expofitione ac alijs capitulo prefato, binis fingulis annis vicibus per dictum capitulum ipfis affignandis Jtem de fepulchris affignandis in Ecclefia, fe non intromittant Jtem quecumque reformanda Ecclefie reforment, etiam fi aliqua ad officium Magiftri funerum pertinerent, dummodo facultas officij Magiftri funerum ad illa non fufficeret reformanda vel de novo ordinanda, Jtem oblationes cippi (q) recipiant Jtem omnes & fingulos redditus fabrice, fpecifice confcribant & illos capitulo tradant, cum nominum mutatione quorumcunque. Jtem quod fingulis diebus celebribus & feftivis collectam fieri, in Ecclefia Sancti Bartholomei ad fabricam ejusdem pertinet. Jtem quod petant a plebano pecunias provenientes ex licentia violationis feftorum que pertinet ad fabricam hujus Ecclefie.

G 5 *Forma*

(q) *Cippus.* Oblationes cippi hic fumitur pro mortuis. Cippus fignificat lapidem infculpta defunctorum nomina præ fe ferentem. *Non levior cippus nunc inprimit offa. Perf. 1. 37.*

Forma Juramenti Magistrorum Fabrice & similiter eorum substituti.

Ego N. & Ego N. juramus, quod simús fideles Ecclesie Fabrice & Capitulo Sancti Bartholomei Franckenfordensis & quod fructus & redditus & alia cedentia ipsius Ecclesie fideliter petamus & exigamus per nos vel alios nec illos vel illa, alienemus vel vendamus sine scito & licentia capituli dicte Ecclesie speciali sed illos & illa in utilitatem Fabrice & Ecclesie hujusmodi, & non alibi convertamus & expendamus. Jtem quod nichil notabilis edificemus seu edificari faciamus in Ecclesia predicta vel extra nisi de consensu & licentia capituli prefati Jtem quod binis vicibus singulis annis ad minus, per capitulum requisiti ipsi capitulo computum de receptis & expositis & alijs computum faciamus & singula Fabrice necessaria edificanda debito tempore edificari faciamus sine dolo. Sic me N. & me N. Deus adjuvet & hec Sancta Dei Ewangelia.

Premissa jurabit etiam quilibet Substitutus Magistrorum Fabrice capitulo quem etiam capitulum ponit & deponit.

Vrsel Bischoffsheim Vechinheim, Ryedern.

Forma Juramenti plebanorum in Vrsel & in Bischoffsheim Decano & capitulo prestandi hujus Ecclesie Sancti Bartholomei.

Ego N. juro quod ab hac hora in antea sim fidelis Ecclesie Sancti Bartholomei Franckenfordensis Decanoque & capitulo ac singularibus Canonici nicis ipſius Ecclefie obediens in licitis & honeſtis ipiosque & ſingulares perſonas ejusdem Ecclefie, in debita reverentia teneam, & ſecreta capituli ſi ad me pervenerint ſecreto ſervem utilitatem Ecclefie predicte ac capituli predictorum procurabo & que in eorum dampna vergunt ipſis indilate notificabo, Et calices libros ac alia ornamenta & bona res atque jura, ad plebanatum in . . . pertinentia & ſpectantia non alienem ſine licentia & confenſu Decani & capituli predictorum ſpeciali, deperditaque ſubtracta & alienata juxta poiſe reformem exigam, & defendam cyriamque dotis dicti plebanatus, & alia ad ipſam ſpectantia, in ſtructura cultura, & emendatione debitis conſervem Jtem omnes redditus & cenſus ipſius Ecclefie perpetuos fideliter con. ſcribam & confcripta ſic omni anno decano & capitulo cum nominibus dantium tradam Jtem quod dictum plebanatum non permutabo, absque Decani & capituli prefatorum licentia & confenſu ſpeciali Jtem quod non impetrabo quicquam contra dictos Dominos Decanum & capitulum. Aut ſingulares perſonas Ecclefie Sancti Bartholomei & non utar impetratis a quocumque. Jtem promitto quod infra annum preſentem in dicto plebanatu & amplius continuam per me faciam reſidentiam veram & non fictam. Sic me Deus adjuvet & hec Sancta Ewangelia Dei.

Simile juramentum preſtabunt ſeu jurabunt, plebanus in Vechinheim & capellanus capelle Sancte Katherine in Ryedern ſcolaſtico & cantori eorundem collatoribus mutatis mutandis. Sic quod

non

108

non permutent absque Decani & cantoris licentia &c. sic de alijs.

De Stabilario Ecclesie.

Judex secularis honorabilior respiciat festa infra scripta ubi in quolibet habebit unum Thuronum pro presencijs Nativitatis Christi purificationis beate Marie palmarum Pasce asensionis Domini Penthecostes Assumptionis Bartholomei dedicationis Ecclesie omnium sanctorum Et si non fuerit presens respiciendo processionem nichil ei datur & si propter nimiam sollempnitatem festorum scilicet nativitatis Christi & pasce non portet baculum Judicialem portet tamen baculum Ecclesie argenteum vel aliam virgam ligneam Et sic semper observatum fuit in Ecclesia ista.

Juramentum plebani Ecclesiæ post incorporationem.

Ego N. juro & promitto, quod tres ad minus & si aliquando Dominis Decano & capitulo predicte Ecclesie necessarium & expediens videbitur unum alium quartum capellanos sacerdotes honestos & discretos mecum in expensis meis habebo, qui michi in cura & regimine plebanatus dicte Ecclesie michi commissi fideliter assistere possint, verbum Dei predicando, missas legendo & cantando, ecclesiastica sacramenta ministrando confessiones audiendo & alia in talibus necessario faciendo.

Jtem quod apud dictam Ecclesiam personalem & continuam residentiam ac in summis & principalibus anni & Ecclesie festivitatibus si ad hoc dispositus

fitus fuero, vel faltem ad minus quatuor folempnitatibus & honeftis vicibus in anno propria in perfona fermones ad populum publice in ambone faciam Et in altari Sancte Crucis miffas celebrabo.
Jtem quod in adventu Domini quadragefimali &
aliis quantumcunque opus fuerit temporibus capellanis meis in confeffionibus audiendis in fedibus
ad hoc deputatis feu deputandis perfonaliter affi-
ftam, populum ad hoc debitis & oportunis exhor-
tationibus previjs per me vel capellanos eosdem,
fideliter & diligenter incitando & propterea a prima feria fecunda poft Dominicam *invocavit* usque
ad diem Sabbati proximam ante Dominicam palmarum fingulis diebus Dominicis duntaxat exceptis
campanam ad hoc deputatam trina vice pulfare
procurabo, omnem curam & follicitudinem poffi-
bilem adhibendo, quod parochiani michi fubjecti
debitis & congruis temporibus ac fine tumultu &
preffura prefertim cum tempore pafcali ad Eucha-
riftie facramentum accedere confueverunt, & debent devote & humiliter confeffiones fuas faciant
& ad ultimum periculofe non retardent, Jtem quod
nullum notorie excommunicatum fcienter in cimiterio parochiali fepeliri permittam. Jtem quod
nulli ex parochianis ecclefiaftica facramenta que-
ftus five lucri caufa denegabo, nec eorum introni-
zationes propter jura ob hoc michi folvi folita fi
tunc illa folvere parati non fuerint, quomodolibet
retardabo potero tamen illa poftmodum honefta
& manfueta monitione previa prout mihi de jure
competit exigere ab eisdem. Jtem quod interdictum feu ceffationem divinorum pretextu quorumcunque

cunque mandatorum fuorum proceffuum mihi pro tempore prefentatorum & exhibitorum, nullate- mus intimabo feu obfervabo, aut intimari vel ob- fervari faciam feu permittam in cónfultis Decano & capitulo diéte Ecclefie fi commode fieri poterit alioquin aliquibus notabilibus ex eisdem ad quos eciam fic quociens eijs expediens & opus videbitur aliquos alios in Francfordia aut civitate Magunti- nenfi exiftentes in jure & alias peritos meis fub ex- penfis in hoc cafu tunc confulendos, omni ceffante contradiétione convocabo.

Jtem quod curiam dotis parochialis in debita ftruétura tenebo & confervabo, ita videlicet ut fin- gulis annis viginti florenos auri ad minus pro refor- matione feu ftruétura ejusdem de fcitu Decani & capituli prediétorum aut deputandorum ab ijsdem realiter & cum effeétu exponam nifi me contribu- tiones aut fubfidia vel aliqua alia onera gravia fu- perioribus folvere & fubire contingat extunc eo an- no duntaxat ad exponendum viginti florenos hujus- modi ut prefertur nullatenus ero obligatus. Jtem quod fummam oétuaginta florenorum renenfium ratione plebanatus decano & capitulo hujusmodi an- nuatim in certis terminis folvi confuetam, absque omni contradiétione realiter & in effeétu perfolvam, Jtem quod omnia & fingula papalia & epifcopalia & alia jura contributiones & fubfidia & alia qué- cumque onera diéto plebanatui pro tempore im- ponenda & folvi confueta fine omni contradiétione dampno prejudicio & impetitione Decani & capitu- li prediétorum expedire perfolvam. Jtem quod omnes & fingulos fruétus redditus & proventus om- niaque

niaque & fingula emolimenta mihi ratione di&ti plebanatûs dietim provenientia fingulis annis fideliter & diligenter confcribam feu confcribi faciam fine fara (r) & ea realiter in fcriptis Decano & capitulo di&e Ecclefie cum effe&tu prefentabo. Jtem fi aliquo tempore quod abfit apud di&tam Ecclefiam perfonaliter refidere non curavero, meque diutius ab eadem abfentavero aut in gerendo & exercendo curam & regimen plebanatus hujusmodi nec non in obfervando predi&ta & alia me & plebanatum meum concernentia, confuetudines & ftatuta, notabiliter negligens & remiffus fuero, feu alias exceffus pro me commiffi id exegerint trinaque & legittima monitione requifitus, a talibus non defiftere, nec me emendare curavero, juxta arbitrium Decani & capituli di&te Ecclefie feu majoris & fanioris partis eorundem Jpfique Decanus & capitulum, me propterea a canonicatu & prebenda ac plebanatu predi&is fimul ut prefertur unitis amovere & alium loco mei ponere deliberaverint & decreverint extunc ad omnem requifitionem & voluntatem Decani & capituli eorundem nullo alio proceffu nec aliquo judiciali ftrepitu previo vel exfpe&tato canonicatui & prebende ac plebanatui predi&tis eorumque cure & regimini omni contradi&tione & exceptione ceffantibus realiter & cum effe&tu cedam, Et fi me fenio aut longeuo feu incurabili morbo, aliquo tempore gravari & detineri. Et propterea Decanum & capitulum predi&tos michi coadjutorem prout eijs utilius

(r) *Fara.* absque fara. absque ullius præjudicio. ohne gefâhrde.

lius vifum fuerit deputare contigerit in hac depu-
tatione ejusque forma & modo fine omni reclama-
tione contentus ero & remanebo, nec propter am-
motionem feu coadjutoriam deputationem hujusmodi querelam caufam feu actionem contra eosdem
Decanum & capitulum nullo unquam tempore per
me vel alios directe vel indirecte publice vel occulte quovis quefito ingenio vel colore faciam feu
acceptabo Quin ymmo fi ex propria & libera voluntate ut premittitur, cedere aliquo tempore de-
liberavero & voluero de hoc Decanum & capitulum predictos per fex menfes diem ceffionis hujusmodi precedentes realiter & fine fraude certificabo
& caufabo. Jtem quod cum oneribus plebanatus
geram onera canonicatus & prebende illi vinctorum
ficut alius ipfius Ecclefie canonicus ad hoc tenetur
confuetudine vel de jure. Jtem quod a juramento
fuper premiffis & alijs articulis plebanatum & canonicatum & prebendam illi unitos concernentibus
nullatenus difpenfabo feu mecum difpenfare procurabo. Jtem quod premiffa & omnia & fingula confuetudines & ordinationes & ftatuta hactenus ac
per vos Decanum & capitulum predictos pro felici
regimine plebanatus ac illi unitorum canonicatus
& prebende hujusmodi facta & facienda edita &
edenda firmiter & inviolabiliter obfervabo. Jtem
quod infra fex dies a die admiffionis mee fupra juramento pro me nunc dabo Decano & capitulo predictis inftrumentum publicum figillo meo proprio
figillatum &c.

Jura-

Juramentum altaristarum capellarum
Ecclesie Sancti Bartholomei.

Ego N. juro quod ab hac hora inantea sim fidelis Ecclesie Sancti Bartholomei Franckenfurdensis Decanoque & capitulo ac singularibus canonicis ipsius Ecclesie obediens in licitis & honestis ipsosque & singulares personas ejusdem Ecclesie in debita reverentia teneam & secreta capituli si ad me pervenerint secrete servem, utilitatem Ecclesie ac capituli predictorum procurabo & que in eorum dampna vergunt ipsis indilate notificabo & calices libros ac alia ornamenta & bona res atque jura ad altare meum pertinentia & spectantia non alienem sine licentia & consensu Decani & capituli ac patronorum meorum speciali deperditaque subtracta & alienata juxta posse reformem exigam & defendam Jtem omnes redditus bona & census ipsius altaris perpetuos fideliter conscribam & conscripta sic omni anno cum nominibus novorum dantium Decano & capitulo tradam, Jtem quod non permutabo absque Decani & capituli prefatorum & Patronorum meorum licentia & consensu speciali Jtem quod debitis temporibus in altari meo legam vel disponam missas juxta instaurationem fundationis mee & quod non confidam nec adherebo alicui appellationi contra Decanum & capitulum, nec impetrabo quicquam contra eosdem Dominos meos aut singulares personas Ecclesie predicte, nec utar impetratis a quocumque sic me Deus adjuvet.

Tom. I.   H   Jura-

Juramentum Vicariorum.

Ego N. juro quod ab hac hora inantea fim fidelis Ecclefie Sancti Bartholomei Franckfurdenfis
Decanoque & capitulo ejusdem in licitis & honeftis
obediens & obfervem ordinationes ftatuta & confuetudines ipfius Ecclefie facta & facienda, Et Decanum aliosque Prelatos ac fingulares canonicos
ejusdem Ecclefie in debita reverentia teneam & fecreta capituli fi ad me pervenerint fecrete fervem,
neque aliquibus confpirationibus feu colligationibus
quibufcunque per quafcunque perfonas contra Decanum & capitulum factas & faciendas interero vel
me immifceam verbo vel facto fed ipfis Decano &
capitulo indilate notificabo. Jtem non faciam nec
recipiam cum quibufcumque perfonis ipfius Ecclefie
legata feu redditus annuos quofcumque feu quecumque extra verum corpus vicarie mee & prefencias communes chori dicte Ecclefie. Exceptis tamen illis fi que per Decanum & capitulum expreffe conceffa fimul vel inantea contingat indulgeri,
vel fi qua michi vero Jdem intuitu Ecclefie feu perfone per amicos meos fortaffe ad augmentandum
corpus dicte vicarie mee, vel alias legari feu donari contingat. Ea enim que adhuc intuitu Ecclefie ut premittitur ultra corpus dicte vicarie mee &
prefenicas pervenerint in communes ufus dicte Ecclefie convertam, & non precife in ufus vicariorum canonicis exclufis. Et libros calices ac ornamenta altaris & alia ad vicariam ipfam fpectantia
non alienem fine fpeciali & expreffa licentia Deca
ni & capituli predictorum & deperdita reformem,

ac

ac fructus & redditus & proventus dicte vicarie
mee pro meo posse exigam & defendam domumque ad ipsam vicariam spectantem in structura &
emendatione debitis observem, Jtem augmentationem vicarie mee & novos dantes redditus ad ipsam
quociens evenerit Decano & capitulo ut libro vicariarum inserantur manifestem indilate. Jtem non
recusabo quodcumque officium hujus Ecclesie acceptare & assumere ad quod per Dictos Dominos
meos Decanum & capitulum fuero quociescumque
pro tempore deputatus, & illud in forma juramenti per eosdem Dominos meos capitulum etiam
prestandi fideliter exerceam Jtem quod non permutabo nisi cum consensu capituli Jtem quod non adherebo alicui appellationi contra Decanum & capitulum sed semper adherebo appellationi per Decanum & capitulum interposite circumque Jtem quod
infra annum faciam residentiam & in eodem anno
recipiam omnes sacros ordines Jtem quod non impetrabo contra Decanum & capitulum, vel contra
quascunque personas predicte Ecclesie aliquod in
prejudicium ipsorum incuria Romana vel extra nec
utar impetratis sic me Deus adjuvet & Sanctorum
Ewangeliorum conditores &c.

Nota: Vicarius sancte Crucis addat hec sequentia: & quod singulis septimanis ad minus Dominica & sabbato diebus infra laudes matutinales,
& deinde quotiescumque michi placuerit in ebdomada in summo altari post laudes & ante primas
celebrabo meas missas per me vel alium.

H 2 Jtem

Jtem quia ex vacatione domorum vel per certos eorum inhabitatores coutingit easdem plerumque devaſtari depopulari & ex conſequenti ruinam
ſepe minari vel ex toto annichilari hinc communi
utilitati capituli provideri cupientes ordinamus ſtatuimus & decrevimus quod de cetero nullus Canonicus Domicellaris ad capitulum ſive aƈtus capitulares recipiatur niſi prius domum prebendalem ſi
qua tunc vacat optaverit & eam cum ejus onere
& taxe ſolutione quam in continenti faciet receperit ſi vero pro tunc nulla vacat cum primum aliquam vacare contigerit illam ſibi juxta turnum ſibi
contingentem infra unius menſis ſpatium recipere
teneatur cum onere ut prefertur proviſo tamen quod
ſenior Canonicus reſidens tempore vacationis cujuscumque domus ſi noluerit ſin autem ſequens ſecundum ordinem eam optare poſſit onere cum eodem, Jta tamen quod prior domus quam forte pro
tunc reſidens optans Canonicus poſſidet, per hujusmodi optionem vacet capitulumque de ea libere diſponere poſſit & valeat contradiƈtione non obſtante cujuscunque.

Juramentum curatorum in novo opido & Saſſenbuſen.

Ego N. juro quod ero fidelis & obediens in licitis & honeſtis Decano Capitulo & plebano Eccleſie Sanƈti Bartholomei eosque & ſingulares perſonas ejusdem capituli in debita reverentia tenebo
& ſecreta capituli celabo Jtem quod non impetrabo
quicquam quod ſit contra Decanum & capitulum
vel

vel plebanum ejusdem Ecclesie nec utar impetratis
contra eosdem quovismodo Jtem quod non adherebo nec confidam alicui appellationi contra dictos
Dominos meos Decanum & capitulum vel plebanum nec appellationi cui ipsi non adherent, nec
confidunt sed semper appellationi cui ipsi adhere-
bunt adherebo. Jtem quod capitulum presencias
fabricam & plebanatum Ecclesie Sancti Bartholomei tenus posse & diligenter promovebo Jtem quod
populum mihi subjectum diligenti cura & mihi pos-
sibili respiciam & eidem cum congruerit sacramenta ecclesiastica juxta tenorem litere erectionis filia-
lium Ecclesiarum ministrabo Et si in hoc aliquando dubitavero ad dominum plebanum Ecclesie Sancti Bartholomei recurram Jtem quod nullum interdictum vel cessationem divinorum in filiali Ecclesia
mihi commissa sine expresso consensu capituli &
plebani ponam tenebo sive publicabo. Jtem quod
nihil quod aliquo modo vergere possit in prejudicium collegij vel parochie Ecclesie Sancti Bartholomei in filiali Ecclesia mihi commissa vel in subditis ejus vel quocumque alio modo attemptabo aut
quantum possum attemptari permittam Jtem quod
sermones missam & alia mihi incumbentia non aliter
quam secundum dispositionem capituli & plebani
Ecclesie Sancti Bartholomei perficiam & complebo.
Jtem quod redditus & proventus persolvendos ca-
nonicarum presentiarum & plebani Ecclesie Sancti
Bartholomei totiens quotiens requisitus fuero in ambone diligenter monendo publicabo. Item quod
nullam noctem extra domum ad inhabitandum mihi deputatam sine expressa licentia Decani vel ple-

bani

bani dormiam vel permanebo. Jtem juro quod si
stipendium filialis Ecclesie mihi commisse dimittere
voluero quod id ipsum ante hoc ad quartam anni
capitulo intimabo Jtem si per capitulum a cura Ecclesie mihi commisse amoveri prout ad nutum eorum possunt, contingat quod tunc ipsam sine contradictione dimittam & nec verbo nec facto directe
nec indirecte contra Decanum capitulum vel plebanum aut cui expost commiserint quoquomodo re-
sistam neque eos aut aliquem eorum intuitu illius in
causam traham Jtem quod de emolumentis sive proventibus cedentibus in filiali Ecclesia mihi commissa
cui cedant nulli nisi de expressa licentia capituli vel
plebani quicquam loquar nec etiam pandam. Jtem
quod singula offertoria sacramentalia & generaliter omnia emolumenta sive sint in legatis sive in
quibuscumque alijsque cedunt ratione populi vel
alias in filiali Ecclesia mihi commissa sive intuitu
cure mihi commisse demptis confessionalibus diligenter colligam & plebano vel ad locum qui mihi
deputatus fuerit per eum fideliter & integre presentabo. Item quod nullum nisi prius habita voluntate plebani quod sit intronisandus intronisabo.
Item quod proventus ratione purificationis post partum ratione intronizationis vel alias ab antiquo campanatori Ecclesie Sancti Bartholomei competentes
tempore quo porrigi debent recipiam & sibi prout
capitulo visum fuerit presentabo Jtem quod singulis annis de stipendio sive censibus ratione cure mihi commisse exhibitis Decano capitulo & plebano
Ecclesie S. Bartholomei rationem faciam & exhibe-
bo

bo Et novos dantes & fingulas alias circumftantias
diftinéte notificabo. Jtem quod ftipendio illo con-
tentabor Et nec Decanum nec capitulum nec plebanum cum eodem aggravabo five vexabo nec alias
quicquam quod alicui eorum effet prejudiciale ratione ejusdem attemptabo atque nec in quocumque
alio ipfis ab antiquo dari folito eos impediam vel
inquietabo, Jtem fi Ecclefiam cujus cura mihi commiffa eft, quomodocunque evenerit non rexero, fi
tunc plus de ftipendio quam mihi debetur pro tempore quo ipfam rexi, recepero illud fecundum ratum temporis capitulo indilate perfolvam & prefentabo Jtem quod confuetudines & omnia ftatuta
& ftatuenda que concernunt vel concernent curam
mihi commiffam diligenter & omni fara feclufa obfervabo Jtem quod hujus mei juramenti tenorem
propria manu mea fcriptum & figillo meo communitum infra triduum Decano & capitulo
prefentabo. &c.

II.

MODUS REGEM ROMA-NORUM ELECTUM FRANCO-

FORDIE INTRODUCENDI EXALTANDI &c.
SUMPTUS EX LIBRO MAGISTRI BALD-
MARI CANONICI HUJUS ECCLESIE. (*s*)

Clerus more solito fiende stationis generalis
ad portam oppide obviet. Electus roncino (*t*) sedens vexillo Jmperialis proce-
dente processionem sequitur. Ante civitatem de
roncino descendat, quem cui sors dederit, obtine-
bit. Compulsetur, organis cantetur, luminaribus
accensis, altari summo & sede ante medio posita,
decorato, Archiepiscopo Moguntino à dextris Majore sacerdote Ecclesie Sancti *Bartholomei* predicte
à sinistris stantibus, ornatu cuilibet competente;
Electus veniens manibus complicatis sede se pro-
sternit, Archi-Episcopus seu major eo absente:

Adju-

(*s*) Scil: Francofordiensis ad *S. Bartholomæum.*

(*t*) *Roncinus. Runcinus* hic accipitur pro equo genero-
so & nobili ad usum militarem & insignem, quod
benè advertit *Alexander Tassonius annot. sopra la
crusca Boccace Theseid. l. 6.*

Costui montato sopra un grand Ronzone del
seme di Nettuno procreato, venne a Attene e in-
contro gli si feo con festa assai l'amico suo Teseo.
& iterum:

Erano audaci, e pieni di fierezza d'intorno a
lui, che sopra un gran Ronzone mostrava e chiar-
ro assai, la sua adornezza.

Adjutorium, clerus: *qui fecit*, chorus pfalmum: *exaudiat, Domine in virtute, Deus judicium*, proferant alternatim. Archiepifcopus *Kyrie*, chorus *Chrifte eleyfon*, archiepifcopus *Kyrie*, *pater nofter*. archiepifcopus *& ne nos*. *Domine falvum fac Regem, Mitte ei auxilium*. *efto ei turris fortitudinis*. *Domine exaudi orationem*. *Dominus vobifcum*. oremus: *Pretende Domine famulo tuo*, oremus: *omnipotens fempiterne Deus in cujus manu &c. per Dominum*. Deinde cruce fuper eum facta aqua benedicta afperfum erigat & manus cum alijs Electoribus apponentes, fuper altare ponent exaltantes, *Te Deum laudamus* imponentes, finito pfalmo Rex de altari defcendat, offerat & veftem fuperiorem deponat. Oblatum erit canonicorum, veftis campanatoris Ecclefie prenotate. Sic fiat de Jmperatore ac Regina preter quam loco pfalmorum trium prefcriptorum pfalmus *Levavi oculos* folus eft dicendus & coeteris mutatis mutandis.

Nota fitum loca & ordinem Principum Electorum in choro Ecclefie *S. Bartholomei* Francfurdenfis tempore Electionis novi Regis Romanorum obfervanda.

Convenientibus Principibus *Francfordie* & convenientibus in choro Ecclefie fancti *Bartholomei* capiant loca ftandi modo quo fequitur.

Primo in dextro choro fede propiori altaris Dominus *Archi Epifcopus Maguntinus*.

Jn fecunda fede poft illum Dominus *Rex Bohemie*.

Jtem in tertio loco ejusdem chori *comes Palatinus Reni*.

H 5   Jn

Jn choro finiftro fede propiori altaris Dominus *Archiepifcopus Colonienfis.*

Jn fecundo loco ejusdem chori Dominus *Dux
Saxonie.*

Jn tertio loco ejusdem chori Dominus *Marchio
Brandenburgenfis.*

Jn medio chori in loco cantoris Dominus *Archi
Epifcopus Treverenfis* in medio habente afpectum ad
facies Palatini & marchionis Brandenburgenfis à lateribus dextro & finiftro.

Et fedes principum debent ornari pannis aureis & fericis quantum Ecclefia habere de fuis poteft & defuper cuilibet principi fuum titulum in
cedula affigi fupra fedem fuam. Item miffa *de fancto fpiritu* folempniter in organis decantetur pro
invocatione gracie fpiritus fancti prefentibus principibus ibidem.

In die electionis per principes ad hoc deputatos
ipfis Dominis in choro convenientibus Miffa *de Beata Virgine* cum officio *falve fancte parens* cum *Alleluja Virga jeffe*, fequentia *Ave preclara* etiam in organis decantetur.

Miffa beate Marie finita principes penes altare
S. Bartholomei & ejus capite prefente libro Evangelij jurant modo & forma juramentis folitis & ad
hoc deputatis, quibus juratis cantor incipiet antiphonam *Veni fancte fpiritus* & miniftri omnes fle-
ctant genua, qua cantata furgant & ad fedes fuas
revertantur & deinde ac ftatim ad electionem juxta mentem Bulle auree procedant, & fi electus per
eos prefens eft, ftatim exaltetur in altari ponendo
& hoc tamen cum pfalmo *Domine in virtute & Deus*

judi-

judicium tuum & : *exaudiat,* colle&is & afperges. nec cantatur amplius alla miffa. Si verò non eft prefens, tunc eo venienti fufcipitur juxta pfalmos prefcriptos & tunc decantatur miffa folempniter cum officio *In virtute tua,* colle&a ut fupra, Epiftola *Beatus vir qui in fapientia* ut in die *Karoli.* Grad. *Domine prevenifti alleluja Domine in virtute* Dominica quarta, *alleluja corona aurea* cantatur quando tempora coronat. fequentia propria de fan&o *Karolo* primi Refponf. & duo ultimi verfus. Evangelium : *homo quidam nobilis abijt in regionem longinquam accipere regnum.* Offertorium : *pofuifti Domine.* Comm. *Magna eft gloria.*

De hijs que fepius fiunt jure vel confuetudine diffinitur, que autem rariffime, ubi jus & confuetudo definit equitate & ratione ponderantur. unde Ele&iones Romanorum Regum de raris exiftunt, ideo de oblationibus in tribus miffis provenientibus dividendis. De miffa in exaltatione regis ibidem, oblata, quod ad ornatum Ecclefie pertineat antiquitus eft diffinitum. de miffis *Spiritus fan&i* ac *Virginis Marie* in eisdem oblacionibus propter novas Ecclefie fupervenientes perfonas & mutaciones quafi continuas, divifionis hujusmodi perijt memoria oblivionum, ne igitur propterea error vel difcordia aliquatenus in futurum oriantur, Ecclefia ftatuit & Decanus & capitulum in perpetuum obfervandum, quod oblaciones duarum miffarum in auro vel argento provenientes dividantur ifto modo. primo officians miffam & miniftri duo partem offertorij quartam, fecundo communes prefencie quar-
- tam

tam tertio campanatori & facrifte quartam, quarto
cantori fuccentori Organifte quartam recipiunt partes. ulterius de prima quarta in parte officiantis &
in parte miniftris duobus , de fecunda quarta prefenciarum dividatur equaliter inter perfonas Ecclefie loco prefenciarum preter officiantem & fuos mi-
niftros cantorem fuccentorem Organiftam campa-
natorem & facriftam , Tertia quarta campana-
tores & facrifte dividatur equaliter & folvatur calcantibus in organis rectori fcolarium & clericis cap-
patis juxta quantitatem tertie quarte hujusmodi ad
dictamen Dominorum Decani Scolaftici & cuftodis
pro tempore prefencium, Quartam vero quartam
cantor fuccentor & organifta equaliter parciantur
fed concinentibus Ecclefie duntaxat perfonis & fco-
laribus *Alleluja* cantantibus dividatur ad ordinacionem & taxationem eciam predictorum Dominorum.
& fic qui in una portionum hujusmodi percipit, in
reliquis portionibus fit exclufus & ita fuit obfervatum tempore *Karoli quarti* Imperatoris; in Electione & exaltatione filij fui *Wenceslai* in Regem Rò-
manorum ut Magifter *Nycolaus Gerftungen* cuftos,
qui fe recolere & vidiffe afferuit, Datü anno Domini MCCCCXI. in die fancti *Petri ad vincula* in loco capitulari, Prefentibus Dominis *joanne mufbunt*
Decano, *johanne recken* Scholaftico , *jacobo heffe, Nicolao Kungifteyn , Nicolao Frydberg, Eberhardo de lapide, Petro cruck* ac *ernefto* cappus omnibus canonicis capitularibus prefate Ecclefie fancti *Bartholomei.*

Preterea folicitudini antecefforum noftrorum
pro fedandis difcordijs exhibite intente adherere
volentes conformando nos predictis, confiderantes-
que

que quod cum etiam interdum preter electiones &
exaltationes Romanorum Regum in magnis & arduis Principum, Cardinalium, prelatorum ac aliorum virorum follempnium eorumve ambafiatorum
dietis in Ecclefia noftra follempnes miffe celebrantur, ubi etiam propter notabiles obvenientes oblationes ortis jam pridem & in pofterum verifimiliter
oriundis difcordijs more patrum obviare volentes
ita prioribus addentes ftatuimus & ordinamus, ut
& tunc etiam oblaciones in quatuor dividantur partes, quarum una communibus prefencijs inter precife defervientes, alijs qui in fubfcriptis partibus
recipiunt portiunculas exclufis equaliter diftribua-
tur, fecunda verò officianti cum fuis miniftris &
pueris *Alleluja* cantantibus fecundum morem in feftivitatibus Decani fervari folitum dividatur. Et fi
aliquis Prelatorum non membrum Ecclefie noftre
eandem miffam celebraverit, tunc facrifta recipiens
oblationes dividet ut fupra dando celebranti & miniftris fuam portionem pretactam, quam fi recipere noluerit confervet in utilitatem & confervatio-
nem ornamentorum convertendam, fibi tamen XX
Hall. pro fua follicitudine confervando. Tercia autem pars cantori fuccentori Rectori fcolarium Organifte & calcantibus folles juxta dictamen Dominorum Decani fcholaftici & cuftodis dividencium
eandem ipfis tribuatur. Quarta pars iterum in duas dividatur partes quarum una in officium facrifte
pro luminaribus candelis & ornatu, alia verò ipfi
facrifte & campanatori equaliter dividenda relinquatur.

In

In Nomine Domini noftri *jhefu Chrifti* Amen. Subfcribitur ordo & forma ad recipiendum Regem Romanorum in Ecclefia fancti *Bartholomei* Francofurdenfi Imperiali cum omnibus cerimonijs hactenus in hijs obfervari confuetis.

Primo exeat clerus obviam Domino Regi cum proceffione follemni & reliquijs fanctorum foris portam Galgenporten quam folet ingredi vel aliam portam quam intrare voluerit, & ibidem ftet proceffio in ordine folito exfpectando Dominum Regem, Quo adveniente & appropinquante defcendat Dominus Rex in terram & flexis genibus ante presbyterum caput fancti *Bartholomei* geftantem, illud devote & non alias ofculetur & interim clerus cantet Refponforium: *Vos eftis fal terre*; Quo facto afcendat equum & fi proceffio tueri poterit pre multitudine populi precedat Dominum Regem & ipfe fequatur immediate & cum principibus Electoribus usque ad cancellum ferreum cimitherij Ecclefie fancti *Bartholomei*, fed fi defendi non poffet proceffio, fequatur à longe pacifice & precedat Dominus Rex usque prius. Poftquam verò eques ad cancellum ferreum cimiterij pervenerit fupradicti, iterum defcendat equum & tranfeat ingrediendo eandem Ecclefiam per januam *fancte Katharine* usque in chorum dicte Ecclefie & interim continue pulfentur ftorma (*u*) & omnes campane omnium Ecclefiarum.

Deinde

(*u*) *Storma.* compulfationem omnium totius civitatis campanarum fignificat. Jtali dicunt, *fonare la campana à ftormo. Bufchius de Reform. monaft. apud Leibnit.*

Deinde vero afcendat fedes chori dexteri fupe,
riores ibidem expeƈtando omnes principes Eleƈtores in opido Imperiali Francofordenfi exiftentes,
qui cum convenerint, recipiant ipfum Dominum
Regem inter fe ducéndo Dalmaticis feu vario ymmo
hermelino finiſſime defuper ⸝duplicato indutus ut
moris eft, usque ante altare fanƈti Bartholomei &
ibidem fuper gradibus fuperioribus genua fleƈtet,
Eleƈtoribus quibus ad latera ejus ftantibus condecenter.

Et tunc ftatim ipfi Domino Regi genufleƈtenti
dicat Epifcopus fuffraganeus Domini ArchiEpifcopi Maguntini & in ejus abfentia Prepofitus aut Decanus Ecclefie fupradiƈte quorum intereft in abfentia alterius: *Adjutorium noſtrum in nomine Domini,*
Refpondeant Eleƈtores: *qui fecit celum & terram.*
Deinde dicant legendo pfalmum sequentem usque
verfum fcilicet: *pones eos ut &c.* exclufive: *Domine
in virtute tua letabitur Rex & fuper falutare tuum
exultabit vehementer. Defiderium cordis ejus tribuiſti
ei & voluntate labiorum ejus non fraudaſti eum. Quoniam prevenifti eum in benediƈtionibus dulcedinis, pofuiſti in capite ejus coronam de lapide pretiofo, vitam
petijt à te & tribuiſti ei longitudinem dierum in feculum & in feculum feculi, Magna eſt gloria ejus in falutari tuo gloriam & magnum decorem impones fuper
eum, quoniam dabis eum in benediƈtionem in feculum
feculi*

*Leibnit. Tom. 2. fcript. Brunfv. pag. 852. Ecce fubito audierunt fonum valde terribilem campanarum in turri, proprie ſtorme, per certos fratres
monaſterij, reformari procurantes, procuratum.*

seculi letificabis eum in gaudio cum vultu tuo. Quo-
niam Rex sperat in Domino & in misericordia altissi-
mi non commovebitur. Inveniatur manus tua omnibus
inimicis tuis, dextera tua inveniat omnes, qui te ode-
runt. Gloria Patri & filio & spiritui sancto, sicut
erat in principio & nunc & semper & in secula secu-
lorum amen. Kyrie eleyson, Christe eleyson, Kyrie
eleyson. Pater noster. & ne nos. Domine salvum fac
Regem, Respondeatur per Electores *& exaudi nos*
in die in qua invocaverimus te; salvum fac populum
tuum Domine. Respondeatur: *& benedic hereditati tuae.*
& rege eos & extolle illos usque in eternum. Domine
exaudi orationem meam. Respondeatur: *& clamor*
meus ad te veniat. Dominus vobiscum. R. *& cum spi-*
ritu tuo; & legunt hos versus alternatim cum suf-
fraganeo incipiendo & si respondeant circumstantes
pre electoribus non est vis; Attamen principalis-
sime trium interest Archiepiscoporum ad illa respondere; quo *Dominus vobiscum* dicto *& cum spiri-*
tu tuo Dicat suffraganeus legendo collectam oremus: *Deus qui conteris, bella & impugnatores in te*
sperantium potentia tue defensionis expugnas, auxilia-
re quesumus famulo Tuo Regi nostro populoque sibi sub-
jecto pro quibus suppliciter misericordiam tuam im-
ploramus ut te parcente remissionem peccatorum perci-
piant & cuncta adversantia te adjuvante superare va-
leant. per &c.

Deinde statim aspergat aqua benedicta & tunc
immediate Prepositus dexterum Decanus vero sini-
strum cornu altaris adprehendat, mappam altaris
tenendo quousque Dominus Rex de altari descendat

dat & hoc pertinet honori Ecclefie in hoc actu Regali.

Quo facto ftatim Electores cedente fuffraganeo & quibuscunque alijs nullo preter Electores manum apponente, ipfum Dominum Regem cum folempnitate elevando in altum fuper altare fancti *Bartholomei* chori ponatur, ut in medio altaris refideat, cruribus verfus terram protenfis & fic refideat ibi donec *Te Deum laudamus* totaliter per clerum chori, quod tunc in exaltatione hujusmodi per cantorem Ecclefie incipietur, cantabitur & finietur. Eo quoque fic exaltato & Electoribus circumftantibus campanarius feu fubcuftos prefate Ecclefie fit fui ipfius ftatim fupra altare retro Dominum Regem exiftens fuperiori vefte qua tunc Dominus Rex indutus exiftit eum exuat & diffolvat pro jure fuo fibi debito retinendo, quo exuto adftatim fint alia preparata veftimenta pretiofa quibus induatur Dominus Rex loco ablatorum.

Ipfo quoque Domino Rege induto & *Te Deum laudamus* finito, defcendat Dominus Rex de altari & flexis genibus in gradibus inferioribus ante altare Cantor Ecclefie incipiat: *Veni fancte Spiritus, reple tuorum corda fidelium.* & tunc incepto: *& tui amoris in eis ignem accende,* furgat & Electores ducant ipfum ad fuperiores fedes dexteri chori, fede fua fibi regaliter cum purpura & Dalmaticis aureis & fericis ut decet preparata, in qua juxta morem permaneat usque ad finem miffe, falvo quod ad offertorium altaris chori tempore debito offerendo, quod fui honoris eft & gratie, accedat & reverta-

Tom. I.   I   tur;

tur; hujusmodi oblationes ipsorum Dominorum Regis & Electorum ac omnium aliorum illo die in pecunijs in auro & argento pertinent ad ornatum dicte Ecclesie in perpetuam rei memoriam.

Finito cantu supradicto incipietur missa de spiritu sancto per cantorem super ambone Ecclesie & ibi solet esse chorus propter evitare pressuram & ibi & in organis peragatur missa ipsa modo sollemniori quo fieri potest in omnipotentis Dei & sanctorum ejus ac Ecclesie sue laudem Dominorum Regis & Electorum gloriam & honorem omniumque Christianorum pacem & salutem quam tribuat nobis qui vivit benedictus in secula seculorum Amen.

Anno Domini MCCCCLXXIV. die *conversionis Pauli Fredericus* Romanorum Imperator Dux austrie &c. intravit civitatem Francfurdensem per portam galgenporten quia venit de partibus inferioribus, & persone de tribus collegiis una cum monachis de tribus ordinibus dederunt sibi obviam usque ad portam pretactam cum reliquijs & pulsatis omnibus campanis, nichil cantantes usque ad *forum equorum*. Ibidem Dominus Imperator venit sedens in curru & quando vidit reliquias, descendit de curru ad terram ante aspectum capitis *sancti Bartholomei*, osculando caput. Tunc succentor incepit: *advenisti desiderabilis.* quo finito Responsorium: *justum deduxit.* Resp. *vos estis sal terre.* Ant. *O vitis &c.* & introeundo iterum omnes campane pulsabantur per totam civitatem & Imperator sequebatur processionem in curru usque ad cimiterium nostrum, tunc descendit & ivit ad chorum geniculando ante
altare.

altare. tunc fuccentor iterum incepit: *Ecce adve-
nit Dominator Dominus &c.* poft hoc Organifta incepit: *Te Deum laudamus*, quo finito portans caput
S. Bartholomei legit Refp. *Domine falvum fac Regem,*
falvum fac populum tuum Domine, Domine exaudi ora-
tionem, Dominus vobifcum, Oremus: *Deus qui con-*
teris bella &c. quo finito Imperator exivit ecclefiam
afcendens ad currum eundo ad hofpitium fuum *Brun-*
fels.

Item quando clerus exivit de Ecclefia noftra
tunc claudebantur omnes janue usque ad adventum
noftrum; Tunc confules ordinarunt armatos circa
januam fuperiorem circa altare *Sancte Katherine* &
etiam ante chorum fic quod tumultus populi non
potuit intrare, nec monachi nec fcolares intrabant
Ecclefiam fed manferunt in capella *S. Michaelis* &
in cemiterio, quod Principes, Comites, Barones,
militares & alij nobiles replebant chorum.

Item circa proceffionem fuerunt ordinate certe
perfone refpiciendo proceffionem, primo unus canonicus circa portantes reliquias & tres vicarij de
Ecclefia noftra una cum fuccentore noftro circa perfonas Ecclefie noftre & aliarum duarum Ecclefiarum. Item quilibet ordo habuit etiam unum fta-
bilerer refpiciendo perfonas fuas & circa fcolares
rectores & locati.

Item hi fubfcripti principes intraverunt cum
Domino Imperatore: Primo Dominus *Maguntinus,*
filius Domini Imperatoris nomine *Maximilianus,*
Ludewicus, Dux Bavarie & comes in *Feldentz*, Epifcopus *Eyftetenfis* & unus verus *filius* Imperatoris

I 2 *Turco.*

Turcorum & plures alij comites Barones nec non multi nobiles.

Item clerus propinavit Domino Imperatori XVI. quartalia vini & quatuor quartalia malmafeti (*x*) & filio Domini Imperatoris Duci *Maximiliano* XX quartalia vini terreftri & Domino Maguntino XX quartalia vini terreftri. *Scriptum per manum Cafparis feldenum canonici hujus Ecclefie qui portavit tunc temporis caput S. Bartholomei.*

Item eodem anno MCCCCLXXjjjj. Sabbatho poft *Katherine* quod fuit XXVj menfis novembris Idem Imperator *Fredericus* iterum revenit ad *Francofurtum* eundo verfus *Nuffiam* civitatem contra Ducem *Burgundie* & venit de *Afchaffenburg* per aquas de fero circa octavam horam & clerus non dedit obviam Majeftati fue quia erat mox & ipfe ivit ad Domum Theutonicorum Dominorum.

Item clerus Francofurtenfis videlicet tria collegia iterum propinarunt Majeftati fue XX quartalia vini terreftria & filio fuo *Maximiliano* eciam XX quartalia & Domino Moguntino etiam XX quartalia.

Item poft hoc in die *Barbare* que fuit quarta Decembris venit Marchio *Albertus* Brandeburgicus cum

(*x*) *Malmafetum* idem' ac Malfaticum, Arvifium vinum, *Malvoifie*. Bernhardi de Breydenbach iter Hierof. p. 237. *In radice Malee eft civitas que Malfafia dicitur, juxta quam crefcit precipuum vinum quod nominant Malfaticum & ab hoc vino tranftulit vulgus nomen in vinum creticum quod nunc per mundum dicitur Malfaticum, quod tamen non eft de Malfafia fed de Creta vel Candia vel Motona.*

cum magno exercitu hora prima poſt prandium, ſed exercitus manſit in villa *Bergen* & circumcirca VI^m virorum cum curribus & equitibus & ipſe ivit ad civitatem. Dominus Imperator & Dominus Moguntinus & Dominus Treverenſis dederunt ſibi obviam foras portam Fredeburgenſem ubi intravit forte cum ducentis viris.

Item poſt in profeſto *Lucie* videlicet XII Decembris venit Dux *Albertus* de *ſachſen* ad *Francofordiam* forte cum LX viris, ſed exercitus ſuus qui erat etiam valde magnus manſit in *Geylnhuſen* & circumcirca.

Item Dominus Treverenſis etiam venit ad Francfurdiam prima Decembris forte cum XXX equis & exercitus ſuus manſit in partibus ſuis.

Item civitates Imperiales miſerunt etiam ſuos quilibet ſecundum poſſe ſuum eundo cum Domino Imperatore.

Item feria ſexta poſt *Lucie* Dominus Imperator cum certis alijs principibus & civitatibus exivit *Francfurdiam* verſus *Coloniam* & *Nuſſiam* contra Ducem Burgundie, ſed iſta noĉte manſit in *Wiſsbaden*. Expeditis negocijs circa *Nuſſeam* taliter qualiter, Idem Dominus *Fredericus* Imperator revenit ad *Francfordiam* ipſo die ſanĉti *ſeverini* veceſima 3tia menſis octobris anno 1475. Clerus Francfurdenſis una cum monachis & omnibus reliquijs iterum dedit ſibi obviam verſus bockenheymer porten & manſit clerus in Eccleſia ſanĉte *Katherine*, ibi exſpeĉtabat adventum Imperatoris, ſed cum Imperator appropinquabat circa *Reddelnheym*, noxietiam

ſuper-

supervenit & sic Imperator dixit ad proconsules, quod clerus deberet intrare ad Ecclesias suas, ipse vellet facere suas orationes isto sero in Ecclesia beate Virginis; sic factum fuit & quando ipse accessit Ecclesiam beate Virginis, ipsi de Ecclesia cantarunt: *Te Deum laudamus &c.* ♉ & *coll.* Et ipse Dominus Imperator mansit usque ad quartum diem; Clerus non propinabat sibi aliquid, sed consules propinarunt sibi solempniter &c.

Anno Domini MCCCCLXXXV. Dominus Archiepiscopus Maguntinus post electionem suam primum ingressus *Francfordiam* solemni processione cleri receptus est ut in libro clauso nigro, quid ibi factum fuerit signatum est folio xxxjjj. In memoria enim hominum nullus Episcopus Moguntinus apud nos intronisatus fuerat. Ubi tamen notandum, quod ex parte cleri fama existente de adventu Domini, clam missus fuit G. *Schwarzenberg* Canonicus in *Aschaffenburg* ad exponendum Domino affectum cleri in exhibendo sibi honorem & obedientiam & paratos esse ad recipiendum illum cum intronisatione consueta, & fuit accepta apud Dominum cleri hujusmodi humilis exhibitio atque avisatio, & cum sic eis assentiret, clerus se disposuit ut &c.

Anno Domini MCCCCLXXXV. in vigilia *Andree* Imperator venit *Francofurtum*, ubi vocatus ad pulsam magne campane (quia nocte superveniente circa VII. horam) clerus non convenit, reliquijs tamen cum capite S. *Bartholomei* in altari expositis & exspectato cesare, donec in hospitium praeterisse eum nuntiatum est. Ad crastinum misso ad cesarem

rem per Dominos fi velit audire miſſam inquiritur, & accepto reſponſo miſſa dici incepta preciditur & exſpeɛtato ceſare de feſto ſanɛto inchoatur denuo in organis adventu non obſtante. Qua finita per. . . *Henſel* Plebanum faɛta eſt pro clero excuſatio de receptione heſterna pretermiſſa , exhibitio de vino propinando & humilis cleri recommendatio, miſſis tandem XX. quartalibus vini ad hoſpitium.

Item : ſexta feria ſequente ad horam primarum intravit chorum caeſar improviſe volens cantari ſibi miſſam de S. *Bartholomeo* , quod poſtpoſitis horis omnibus etiam anniverſario chori faɛtum eſt & pro defunɛtis colleɛta defunɛtorum inferebatur. Caeſar perſonis ad convivandum ſub divinis obtulit VI. florenos & peraɛta miſſa ad reliquias altaris iij. flor. preter offertoria altaris.

Notandum hic pro futuro quod accedente principe ad caput S. *Bartholomei* , ſertum deponendum eſt , ut aperta teſta, faɛtaque digitis credencla intro reſpicere & illud oſculari valeat.

Item Dominica poſt *Andree* que fuit ſecunda Adventus miſit ceſar exſpeɛtari preſentiam ſuam & officium cantari ſibi de ſanɛta *Barbara*, ubi cantatis horis omnibus exſpeɛtatum eſt ſilencio usque poſt Decimam horam & officium tandem peraɛtum de ſanɛta *Barbara ;* ſed magis expediebat miſſam diei peregiſſe in capella Beate *Marie* usque ad ingreſſum Ceſaris & tunc aliam ſibi pro voto in choro incepiſſe. Eodem die Ceſar abijt. *ita Codex MSS.*

I 4

III.

III.

G. ARCHIEPISCOPUS
MAG. CONFERT PRÆPO-
SITURAM B. M. V. AD
GRADUS &c.

In Nomine Domini Amen. Hec copia litterarum Reverendi Patris Domini *Gerhardi* Archiepi-fcopi Maguntini & honorabilium virorum *Phi-lippe de Schonecke* & *Heinrici de Libisberg* canonico-rum Ecclefie Maguntine figillis pendentibus muni-tarum petita a me Notario infrafcripto ex parte honorabilium virorum Decani & capituli Ecclefie fancte *Marie de Gradibus* Maguntinenfis. *Gerhar-dus* Dei Gratia fancte Maguntine fedis Archiepi-fcopus facri Imperij per Germaniam Archicancel-larius dilectis in Chrifto *Philippo* dicto de *Schonecke* & Heinrico dicto de *Libisberg* canonicis Ecclefie Maguntine falutem in Domino. Cum nos Prepofi-turam Ecclefie fancte *Marie* ad *Gradus* Magunt. noftre collacionis feu provifionis ex obitu bone me-morie... Cantoris Ecclefie Maguntine quondam Pre-pofiti dicte Ecclefie ad gradus vacantem *Heinrico* dicto de *Rodenftein* canonico Ecclefie Maguntine viro ydoneo & honefto contulerimus propter Deum ac fibi providerimus de eadem vobis in virtute fan-cte obediencie diftricte precipimus & mandamus quatenus dictum *Heinricum* de *Rodenftein* de Prepo-fitura predicta inveftiatis ac ipfum in corporalem poffeffionem ejusdem Prepofiture inducatis & inductum

du ctum defendatis amoto ab eo si opus fuerit quolibet illicito detentore facientes eidem a subditis tam
in spiritualibus quam in temporalibus debitas obedienciam & reverenciam exhiberi tamquam Preposito adhibitis circa premi ssa sollempnitatibus debitis & con suetis contradi ctores & rebelles per censuram eccle sia sticam compe scendo, quod si ambo
hijs exequendis non potueritis intere sse alter vestrum ea nichilominus exequatur. Datum *Pinguie*
Anno Domini MCCC. Kalendis Novembris. Item
Philippus de Schonecke & *Heinricus de Libisberg* canonici Eccle sie Maguntine executores in hac parte à
Reverendo Patre ac Domino *Gerhardo* Archiepi sco-
po Maguntino con stituti honorabilibus viris Dno
Conrado Decano *jacobo* scola stico *Friderico* cantori
Conrado cu stodi *Thilmanno Wigando* di cto *Ri se* Ma-
gi stro *Wigando*, *Stephano*, *Folzoni de longa curia*,
Magi stro *Arnoldo*, *Eberhardo de Erpha*, *Trutwino*,
Cri stiano joanni di cto *Stampp Thilmanno* nato Vice-
Domini, *johanni de Nuheim*, *Franconi*, Magi stro
johanni canonicis atque fratribus Eccle sie sancte
Marie ad Gradus Magunt. salutem in Dno. Cum nos
virum honorabilem *Heinricum de Roden stein* canonicum Maguntinum juxta formam provi sionis desuper nobis traditam de Prepo situra Eccle sie sancte
Marie ad Gradus Magunt. Au ctoritate Reverendi
Patris & Domini no stri Archiepi scopi Magunt. in-
ve stiverimus & in po ss e ssionem Prepo siture ejusdem
Eccle sie sancte *Marie* ip sum mi serimus corporalem
adhibitis sollempnitatibus debitis & con suetis vobis
au ctoritate qua fungimur in hac parte in virtute
 sancte obedientie & sub pena su spen sionis officij

I 5   ve stri

veſtri diſtri&e precipiendo mandamus & monemus
vos *Conradum* Decanum, *jacobum* Scolaſticum, *Fridericum* Cantorem, *Conradum* Cuſtodem, *Thilmannum*, *Wigandum* di&um *Riſe*, Magiſtrum *Wigandum*, *Stephanum*, *Volzonem de longa curia*, Magiſtrum *Arnoldum* ceterosque canonicos atque fratres
Ecclefie ſan&e Marie ſupra nominatos tenore preſencium litterarum & hortamur attente, quatinus
prefatum *Heinricum de Rodenſtein* canonicum Magunt. in veſtrum & Ecclefie veſtre recipiatis Prepoſitum obedientes ſibi tanquam Prepoſito veſtro con-
grue & convenienter, alioquin Vos *Conradum* Decanum, *jacobum* Scolaſticum, *Fridericum* Cantorem
Conradum Cuſtodem, *Thilmannum*, *Wigandum* di-
&um *Riſe*, Magiſtrum *Wigandum*, *Stephanum*, *Volzonem \de longa curia*, Magiſtrum *Arnoldum*, *Ebirhardum* de *Erpha*, *Drutwinum*, *Criſtianum Johannem* di&um *Stampp*, *Thilmannum* natum Vice Domini *Johannem de Nuheim Franconem* & Magiſtrum
Johannem canonicos atque fratres Ecclefie prelibate-
te, quos trium dierum monitione premiſſa in hijs
ſcriptis excommunicamus excommunicatos ab omnibus Chriſti fidelibus precipimus ex tunc ut ex nunc
arcius evitari. A&um Anno Dni M°CCC° in cra-
ſtino *omnium animarum.*

Et Ego *Fridericus Friderici de Argentina* clericus ſacri Imperij & Alme Urbis Prefe&i au&orita-
te notarius publicus habens au&oritatem exemplan-
di a&a prothocolla litteras & inſtrumenta predi&as
litteras originales ſigillatas ſigillis predi&is vidi non
abolitas non cancellatas nullam raſuram habentes
ſuſpe-

sufpeĉtam easque fideliter de verbo ad verbum trans-
fcripfi five exemplavi de originalibus litteris nichil
addens vel minuens quod fenfum immutet vel viciet
intelleĉtum in teftimonium me fubfcribens & fignum meum confuetum apponens rogatus.

IV.

APPELLATIO OB MODO
DICTAM COLLATIONEM.

In nomine Domini noftri jhefu Chrifti Amen.
Anno a nativitate ejusdem millefimo trecentefimo indiĉtione quarta decima Pontificatus fan-
ĉtiffimi Patris Domini *Bonifacij* Pape oĉtavi anno
fexto die quinta intrante menfe Novembri que fuit
fabbato poft feftum *Omnium fanĉtorum* in prefencia
mei *Friderici* publici Notarij & teftium fubfcriptorum ad hoc fpecialiter vocatorum & rogatorum dis-
cretus vir *Dudo* Clericus Maguntinus fcolaris Domini *jacobi* fcolaftici Ecclefie fanĉte *Marie ad gradus*
Magunt: Venerabilibus viris *Conrado* Decano *jacobo*
fcolaftico fupradiĉto & *Friderico* Cantore, *Thilman-*
no & *Stephano* confanguineis ejusdem Cantoris Magiftro *Arnoldo Wigando* diĉto *Rife*, Magiftro *Wigan-*
do de Frideberg, Thilmanno nato vice Domini *johan-*
ne de Nuheim & *jacobo zu Landecke* Canonicis diĉte
Ecclefie fanĉte *Marie* prefentibus volentibus & man-
dantibus nomine procuratorio eorundem legit publice de verbo ad verbum litteras infra fcriptas eorundem Dominorum figillo pendenti munitas, ap-
pella-

pellavit, apoftolos pecijt, juramentum preftitit &
proteftatus fuerat fub hac forma: Noverint univerfi prefentes litteras infpecturi quorum intereft vel
poterit intereffe, quod nos *Conradus* Decanus *jacobus* fcolafticus *Fridericus* Cantor, *Conradus* Cuftos,
Thilmannus Wigandus dictus *Rife*, Magifter *Wigandus*, *Stephanus*, *Volzo de longa curia*, Magifter *Arnoldus Eberhardus de Erpha Drutwinus Criftianus Thilmannus* natus vice domini *johannes de Nuheim* &
Magifter *johannes de Corbecke* ac *jacobus de Landeche*
Canonici Ecclefie fancte *Marie ad gradus* Magunt:
ab iniqua collacione & provifione, fi collacio & provifio dici poffunt, factis per Reverendum Patrem
Dominum *Gerhardum* Archiepifcopum Maguntinum ut dicitur Dno. *Heinrico de Rodenftein* Archipresbitero & Canonico Maguntino de Prepofitura
noftre Ecclefie fupradicte nec non ab iniquo proceffu Dominorum *Philippi de Schonecke* & *Heinrici
de Libisberg* Canonicorum Ecclefie Magunt: executorum fuper hec deputatorum ut afferunt à Domino Archi-Epifcopo memorato fi proceffus dici poffunt, appellare feu Appellationem legere & interponere intendentes *Dudonem & Heilmannum* fratres
Clericos Maguntinos noftros facimus & conftituimus procuratores & quemlibet eorum in folidum
ita quod non fit melior conditio occupantis, dantes
eis & eorum cuilibet plenariam poteftatem appellandi feu interponendi appellacionem pro nobis &
noftra Ecclefia fub hac forma: In nomine Domini
Amen, Vacante Prepofitura in Ecclefia fancte *Marie ad gradus* Magunt: per mortem recolende memorie Dni *Eberhardi* quondam Prepofiti ibidem, cujus

jus corpus Anno Dni M°CCC. in vigilia *omnium sanctorum* traditum fuit Ecclefiaftice fepulture Reverendus Pater Dnus *Gerhardus* Archi-Epifcopus Magunt : de eadem Prepofitura Decano & capitulo Ecclefie fancte *Marie* predicte ad quos electio libera Prepofiti ibidem pertinere dinofcitur (*y*) abfenti-

(*y*) Electiones Præpofitorum ad Decanum & Capitulum Ecclefiæ *B. M. V. ad Gradus* ab antiquiffimis jam temporibus pertinuiffe, demonftramus ex chartis fequentibus.

Judices Sancte Maguntine fedis univerfis prefentes litteras vifuris falutem in Domino. Notum facimus quod nos litteras Reverendi Patris bone memorie Domini noftri *Sifridi* Archi-Epifcopi Maguntini integras & illefas non abolitas non cancellatas non viciatas nec in aliqua parte fui fufpectas vidimus & de verbo ad verbum legimus in hunc modum: S. Dei gracia fancte Maguntine fedis Archi-Epifcopus dilectis filiis Capitulo fancte Marie Maguntinenfi ad gradus falutem & fincere dileccionis affectum. Electionem Canonicam & concordem quam feciftis in veftrum Prepofitum ex Decano, ratam habentes plurimum & acceptam in ipfo Prepofito confirmamus, ficut veftra petijt devotio & facti veftri ratio exigebat. Vobis itaque Prepofitum veftrum remittimus & ficut tenemur injungendo mandamus quatinus omni honore debito & confueto preveniatis eundem cum reverentia & amore. Credimus enim quod qui vobis in Decanatu profuit plus debeat in majori prelatione prodeffe. Ne igitur hujusmodi originale ex proceffu temporis valeat deperire, ad preces predictorum Decani & Capituli ipfas litteras ad cautelam futurorum exemplari fecimus & transfcribi ac transfcriptum ipfarum in noftre vifionis teftimonium figillo noftro duximus
ximùs

fentibus non vocatis nec citatis ex abrupto fine caufe cognicione & juris ordine penitus pretermiffo
juribus & defenfionibus dictorum Decani & capituli non auditis Dno *Heinrico de Rotenflein* Maguntino canonico qui etiam eft inhabilis ad hujusmodi
beneficium feu dignitatem obtinendam feu obtinendum utpote qui habet pluralitatem beneficiorum
ecclefiafticorum videlicet cum fit canonicus & Archipresbiter Maguntinus Prepofitus Ecclefie *S. Gingolfi* Magunt. & plura alia beneficia ecclefiaftica
curam habentia animarum annexam obtineat fine
difpenfacione fedis Apoftolice de facto, cum de jure non poffet, providere prefumpfit, mandans ho-
norandis viris *Philippo de Schonecke* & *Heinrico de
Libisberg* canonicis Ecclefie Magunt. ut ipfum de
dicta

ximus roborandum. Datum Maguntie Anno Dni
M°CC°XXXIIII° Kalend. Novembris.

Ad afferta noftra firmiter ftabilienda fubjungi-
mus alias litteras prioribus quidem juniores, triginta tamen annos & ultra litigiofam Præpofiti nominationem fub nris III. & IV. &c. tranfcendentes,
hujus autem tenoris funt.

Judices fancte Maguntine fedis univerfis has litteras vifuris falutem in Domino. Notum facimus
quod nos litteras Reverendi Patris bone memorie
Domini noftri *Wernheri* Archi-Epifcopi Maguntini
integras & illefas non abolitas non cancellatas nec
in aliqua parte fui viciatas non fufpectas vidimus &
legimus in hunc modum.

W. Dei gratia fancte Magunt. fedis Archi-Epifcopus facri Imperij per Germaniam Archi Cancellarius. In Nomine Domini Amen. Examinata Electione a Decano & Capitulo *fancte Marie ad gradus*

dicta Prepofitura inveftirent ac in poffeffionem ejusdem Prepofiture ducerent corporalem in dictorum
Decani & capituli prejudicium non modicum & gravamen, qui quidem *Philippus* & *Heinricus* monuerunt Decanum & capitulum & fingulos canonicos
Ecclefie fancte *Marie* predicte feria quinta poft dictum feftum *omnium fanctorum* ut predictum *Heinricum de Rodenftein* in Prepofitum dicte Ecclefie
fancte *Marie* reciperent & fibi tanquam fuo Prepofito obedirent, alioquin dictos Decanum & capitulum & fingulos canonicos Ecclefie prelibate trium
tantum dierum monitione premiffa à tempore monitionis

dus Magunt. de dilecto in Chrifto *Eberhardo* Cantore Magunt. in eorum l'prepofitum celebrata, quia
invenimus electionem eandem de perfona idonea
Canonice celebratam, ipfam electionem confirmamus pariter & electum. Actum *Afchaffenburg* Anno Domini Mo CCLXII. Kalendis Maji.

W. Dei gratia fancte Maguntine fedis Archi
Epifcopus facri Imperij per Germaniam Archicancellarius dilecto in Chrifto Magiftro *A.* Scolaftico
Maguntino familiari fuo falutem & finceram in
Domino caritatem. Examinata electione a dilectis
in Chrifto Decano & Capitulo *fancte Marie ad
gradus* Magunt. de *Eberhardo* Cantore Magunt.
in eorum Prepofitum celebrata, quia invenimus
electionem eandem de perfona idonea Canonice
celebratam, ipfam electionem confirmamus pariter
& electum, tue difcrecioni mandantes, quatenus
inftalles dictum Prepofitum vice noftra & facias ei
exhiberi reverenciam, obediencia'm debitam & honorem contradictores per cenfuram ecclefiafticam
compefcendo. Datum *Afchaffenburg* Anno Dni
M•CCLXII. Kalendis Maji.

nitionis hujusmodi in ſcriptis excommunicarunt,
ex quibus quidem collacione & proviſione ſi collacio & proviſio dici poſſunt mandato & proceſſibus
predicti Dni Archiepiſcopi & dictorum *Philippi* &
Heinrici de Libisberg licet nulli ſint ipſo jure, ego
Dudo procurator dictorum Decani & capituli & ſingulorum canonicorum predictorum ſentiens ipſos
& Eccleſiam ſuam predictam nimis eſſe gravatos,
timens ipſos nichilominus & dictam Eccleſiam de
facto per predictos Dnum Archiepiſcopum & *Phi-*
lippum ac *Heinricum* executores predictos poſſe in
futurum ulterius pregravari nomine procuratorio
predictorum Dominorum meorum habens ad hoc
ſpeciale mandatum a prefatis Domino Archiepiſcopo & executoribus ſuis ad ſedem Apoſtolicam in
hijs ſcriptis appello & Apoſtolos cum inſtantia michi dari peto nomine Dominorum meorum predictorum. Juro eciam ad ſancta Dei Ewangelia que
in manibus meis teneo in animas dictorum Dnorum
Decani & capituli & ſingulorum canonicorum quorum procurator exiſto, quod ipſi Domini mei omnia
ſuperius expreſſa credunt eſſe vera & ſe poſſe ea
probare, Proteſtor etiam quod preſcriptam appellationem de verbo ad verbum legam & interpo-
nam coram dicto Domino Archiepiſcopo Magunt.
& ſuis executoribus ſupradictis quam primum commode habere potero copiam eorundem, Jnſuper
dictis procuratoribus & cuilibet eorundem in ſolidum preſtandi in animas noſtras juramentum juxta
tenorem appellationis preſcripte & quodlibet aliud
neceſſarium juramentum, Apoſtolos petendi proteſtandi ac innovandi Appellationem predictam,
                                        alium

alium procuratorem fibi fubftituendi & revocandi
eundem quociens fibi placuerit & vifum fuerit expedire, nec non omnia & fingula alia faciendi &
exercendi que circa premiffa fuerint oportuna promittentes nos ratum & firmum habere & tenere,
quidquid predicti procuratores noftri vel aiter eorum fubftitutus ab eis vel eorum altero fecerint in
premiffis & quolibet premifforum.   Jn cujus rei
evidens teftimonium figillum noftre Ecclefie prefentibus litteris duximus appendendum.

   Actum Anno Dni M°CCC fabbato poft feftum
Omnium fanctorum predictum.   Hijs itaque litteris
lectis & expeditis omnibus fupradictis in modum
prefcriptum prefati *Conradus* Decanus *Jacobus* Scolafticus *Fridericus* cantor & canonici fupradicti à me
infra fcripto Notario requifiti ea omnia rata habebant & in ea confenferunt expreffe. Acta funt hec
Maguntie in curia honorabilis viri Dni *Ottonis* Decani Ecclefie Magunt. in qua Dominus *Marquardus
de Bruningisheim* canonicus Ecclefie fancti *Stephani*
Magunt. judex fancte Magunt. fedis inhabitat in
ftupa hora poft prandium ante vefperas prefentibus eodem Dno *Marquardo Walthero* Decano *Heinrico* fcolaftico *Petro de Wilnowe* & *Eberhardo* dicto
Blerring dicte Ecclefie fancti Stephani canonicis,
johanne Scolaftico Ecclefie *S. Petri* Magunt. Magiftro *Helfrico* canonico Ecclefie *S. Johannis* Magunt.
& *Anzone* presbitero vicario dicte Ecclefie fancti
Petri filio piftoris & pluribus alijs fide dignis ad
hoc vocatis teftibus & rogatis.

   Et Ego *Fridericus Friderici* de *Argentina* clericus facri Imperij & Alme Urbis prefecti auctori-

Tom. I.   K   tate

tate Notarius publicus premiffis prefens interfui &
ea fcripfi & publicavi feu in hanc publicam formam redegi ac prefato Domino *Heinrico de Roden-*
ftein petendi copiam feci procuratorij & appellationis prefcriptorum meoque figno confueto fignavi
rogatus &c.

V.

SENTENTIA DEFINITI-VA IN CAVSA PRAEPOSI-TVRAE.

In Nomine Domini Amen. Caufam Appellationis
& negotij principalis que vertebatur & vertitur
inter Venerabiles viros Decanum & Capitulum Ecclefie fancte *Marie ad gradus* Magunt: ex parte una
& *Heinricum de Rodenftein* Canonicum Maguntinum
ex altera fuper Prepofitura ipfius Ecclefie fancte
Marie ad gradus fanctiffimus Pater & Dominus Dnus
Bonifacius Divina providentia *Papa* octavus nobis
Magiftro *Onufrio de Trebis* Decano Meldenfi Cappellano fuo ac ipfius facri palatij caufarum auditori audiendam commifit & fine debito terminandam.
Comparente itaque coram nobis Magiftro *Petro de*
Laude procuratore dictorum Decani & Capituli pro-
curatorio nomine pro eisdem ac petente ut dictum
Heinricum de Rodenftein faceremus in publica audi-
entia evocari, Nos ad ipfius Magiftri *Petri* inftantiam eundem *Heinricum* primo fecundo & tertio per-

em-

emptorio ac quarto ex habundanti ad convincen-
dam ejus malitiam citari fecimus in audientia publica ut eſt moris & cūm pro ipſo *Henrico* nullus
compareret procurator ſufficiens in cauſa predi-
ſta ipſum reputavimus exigente juſtitia contumacem ac per diſtum Magiſtrum *Petrum* produſtis &
exhibitis coram nobis quibusdam inſtrumentis &
litteris in contumaciam *Henrici* prefati per que docere & probare intendebat cauſam ipſam ad Romanam curiam eſſe legitime devolutam & in ea traſta-
ri & finiri debere, Tandem idem Magiſter *Petrus*
coram nobis contra prefatum *Henricum* citatum ad
certum terminum de mandato noſtro in audientia
ſupradiſta ad dandum ſi vellet & recipiendum libellum in cauſa eadem & reputatum per nos in
ipſo termino contumacem cum nec ipſe compareret
nec alius pro eodem quendam libellum obtulit in
hac forma: Coram vobis Venerabili viro Domino
Onuſrio de Trebis utriusque juris profeſſore Decano
Meldenſi Domini Pape Cappellano & ſacri Palatij
auditore ac in cauſa infra ſcripta auditore ſpecialiter deputato proponit *Petrus de Laude* procurator
& procuratorio nomine venerabilium virorum Dominorum Decani & capituli Eccleſie ſanſte *Marie
ad Gradus* Magunt. contra Dnum *Henricum de Rodenſtein* canonicum & Archipresbiterum Magunt.
& legitimam perſonam legitime in judicio interve-
nientem pro eo & omnes alios quorum intereſt vel
intereſſe poteſt, quod quamvis libera eleſtio Prepoſiti in diſta Eccleſia dum vacat ad diſtos Decanum & capitulum diſte Eccleſie ſanſte *Marie ad
Gradus* Magunt. pertineret pertineat & pertinuerit

K 2   etiam

etiam ab antiquo per tempus & tempora & a tempore cujus principij memoria non exiſtit in poſſeſſione vel quaſi libere eligendi Prepoſitum in diˆa Eccleſia dum vacat eſſent & fuiſſent per tempora ſupradiˆa, tamen vacante nuper Prepoſitura de faˆo & de jure diˆe Eccleſie per mortem Domini *Eberardi* olim diˆe Eccleſie Prepoſiti Venerabilis Pater Dominus *Gerardus* Archiepiſcopus Magunt. prediˆa non attendens ex arrupto & ſine cauſe cognitione & juris ordine penitus pretermiſſo & juribus diˆorum Decani & capituli non auditis nec examinatis de faˆo tantum cum de jure non poſſet diˆo Dno *Henrico de Rodenſtein* alias inhabili & indigno ad Prepoſituram prediˆam de diˆa Prepoſitura providere preſumpſit certis ſibi ſuper prediˆis executoribus deputatis ut ipſum de diˆa Prepoſitura inveſtirent ac in poſſeſſionem ejusdem Prepoſiture inducerent corporalem prout ſic vel aliter in ſua commiſſione dicitur contineri in diˆorum Decani & capituli prejudicium & gravamen quibus executoribus in diˆa executione de faˆo procedentibus contra diˆos Decanum & capitulum & monentibus eosdem Decanum & capitulum & ſingulos canonicos diˆe Eccleſie ut prediˆum Dnum *Heinricum de Rodenſtein* in eorum & diˆe Eccleſie ſanˆe *Marie* Prepoſitum reciperent & ſibi tanquam ſuo Prepoſito obedirent, alioquin diˆos Decanum & capitulum & ſingulos canonicos diˆe Eccleſie trium tantum dierum monitione premiſſa a tempore monitionis hujusmodi de faˆo in ſcriptis excommunicaſſe & interdixiſſe dicuntur prout ſic vel aliter plus vel minus in diˆis eorum proceſſibus dicitur

citur contineri, a quibus proviſioṅe & collatione ſi
proviſio & collatio dici poſſunt mandato & procef-
ſibus prefati Dni. Archiepiſcopi & diċtorum executorum quamvis nullis ipſo jure per procuratorem
diċtorum Decani & capituli & ſingulorum canonicorum prediċtorum ſentientem ipſos Decanum &
capitulum & Eccleſiam prediċtam de faċto eſſe
gravatos & timentem nichilominus & ipſos & di-
-ċtam Eccleſiam per prefatum Dnum Archiepiſcopum & executores prediċtos poſſe in futurum ulterius pregravari nomine prediċtorum Decani &
capituli & canonicorum fuit ad ſedem Apoſtolicam
legitime appellatum, quare petit diċtus procurator
diċto procuratorio nomine per vos Domine Auditor & veſtram ſententiam auċtoritate Apoſtolica
pronuntiari & declarari pro parte prediċtorum Decani & capituli bene & legitime fuiſſe appellatum
à diċtis collatione & proviſione & proceſſibus prediċtorum Dominorum Archiepiſcopi & executorum
& diċtos collationem & proviſionem & proceſſus
nullos fuiſſe & non tenuiſſe nec tenere de jure & ſi
aliqui eſſent vel in aliquo de jure tenerentur caſ-
ſari & irritari ſeu caſſos & irritos nuntiari & remedio appellationis ſeu appellationum infringi &
diċto Dno *Henrico* ſuper prediċta Prepoſitura &
ejus juribus perpetuum ſilentium imponi cum nullum jus habeat ſeu ſibi competat in eisdem Prediċta petit diċtus procurator diċto procuratorio
nomine omni jure & modo & omni cauſa quibus
melius de jure poteſt cum dampnis expenſis & intereſſe ſalvo jure addendi, corrigendi &c. Demum
comparentibus coram nobis Magiſtro *Petro* procu-

K 3   ratore

ratore predicto procuratorio nomine quo supra ex
una parte & Magistro *Accursio Ubaldi* de *sancto Ge-
miniano* procuratore Archi-Episcopi & *Henrici de
Rodenstein* Canonici Maguntini prefati substituto pro
eisdem Dominis à Domino *Erwino de Carben* plebano Ecclesie in *stirstad* & a *Nicolao* dicto *Hungaro de
Metis* Canonico Ecclesie Cardonensis ac *Arnoldo de
Wachenem* cum sufficientibus procurationibus ex altera, tandem idem *Arnoldus & Nicolaus* dictus *Hun-
garus* procuratores Dni *Henrici de Rodenstein* supradicti habentes potestatem pro ipso *Henrico* procuratores substituendi ipsosque revocandi, revocave-
runt Magistrum *Accursium* supradictum & substitue-
runt loco eorum Magistrum *Andream de Piperno* ad
omnia que a dicto *Henrico* in mandatis habebant,
Constitutis igitur in judicio coram nobis Magistris
Petro de Laude & *Andrea de Piperno* procuratoribus
supradictis nos eidem Magistro *Andree* ad litem con-
testandum super libello per eundem Magistrum *Petrum* oblato vel ad dicendum causam qua re super
eo lis contestari non deberet certum terminum duximus assignandum, lite itaque per Magistros *Petrum* & *Andream* super libello prefato legitime con-
testata & de calumpnia & de veritate dicenda pre-
stitis juramentis factis positionibus & ad eas respon-
sionibus subsecutis formatis insuper & datis articulis hinc & inde eisdemque procuratoribus ad producendum omnia acta litteras jura & instrumenta
quibus uti in causa hujusmodi intendebant certum
peremtorium terminum duximus assignandum, quo
adveniente termino exhibitis per eundem Magistrum *Petrum* quibusdam litteris quas in causa voluit

luit producere memorata & per eundem *Andream*
nichil exhibito vel oſtenſo & per eundem Magiſtrum *Andream* ſigillis appenſis litteris produ&lis per
Magiſtrum *Petrum* procuratorem prefatum recogni-
tis Nos procuratoribus ipſis ad concludendum in eadem cauſa vel ad proponendum quare non deberet
in ea concludi certum terminum duximus aſſignan-
dum, in quo di&lo Magiſtro *Andrea* non comparente ipſum quantum ad ipſum a&lum reputavimus
contumacem & cum predi&lo Magiſtro *Petro* procuratore concludente in cauſa predi&la concluſimus
& habuimus pro concluſo in contumaciam Magiſtri
Andree predi&li ac deinde viſis & diligenter examinatis juribus partium predi&larum nec non viſis auditis & plenius intelle&lis omnibusque partes ipſe
coram nobis dicere allegare & proponere voluerunt
oretenus & in ſcriptis fa&laque ſuper his coauditoribus ſocijs noſtris di&li Palatij relatione fideli & ab
eis habito conſilio & obtento di&lisque partium procuratoribus diem certam prefiximus peremptoriam
ad hanc noſtram diffinitivam ſententiam audiendam
qua die adveniente di&lis Magiſtris *Petro* & *Andrea*
procuratoribus coram nobis in judicio conſtitutis
ac Magiſtro *Petro* prefato ſententiam ferri cum inſtantia poſtulante, de ipſorum coauditorum noſtrorum conſilio & aſſenſu & aliorum juris peritorum
communicato conſilio per ea que vidimus & cognovimus nunc videmus & cognoſcimus Chriſti nomine invocato in hijs ſcriptis diffiniendo pronuntiamus
pro parte Decani & capituli predi&lorum bene &
legitime fuiſſe & eſſe appellatum de collatione proviſione & proceſſibus Dominorum Archiepiſcopi
&

& Executorum predictorum & dictas collationem provisionem & proceffus occafione hujusmodi factos nullos effe & fuiffe declaramus ipfosque caffamus & irritamus caffos & irritos nuntiamus dicto Magiftro *Andree* procuratori & in perfonam ejus dicto *Henrico* Principali fuper Prepofitura predicta juribus & pertinentijs fuis perpetuum filentium per hanc noftram fententiam imponentes dictum *Andream* & per eum ipfum *Henricum* eidem Magiftro *Petro* & per ipfum eisdem Decano & capitulo fupradictis taxatione a nobis prius habita & juramento a dicto procuratore preftito in quinquaginta florenis auri pro expenfis in caufa hujusmodi factis fententialiter condempnamus. In cujus rei teftimonium hanc noftram diffinitivam fententiam per fervum Dei noftrum Notarium infra fcriptum fcribi & publicari mandavimus & noftri figilli appenfione muniri. Lecta lata & in fcriptis pronuntiata fuit dicta fententia per venerabilem virum Dominum *Onufrium* Auditorem predictum procuratoribus partium predictarum prefentibus fub Anno Domini Millefimo Tricentefimo fecundo Indictione XV. menfe Aprelis die nona Pontificatus Domini *Bonifacij Pape* octavi anno octavo *Laterani* in Palatio Domini Pape prefentibus difcretis viris Dominis *Porrina de cufutis Andrea de Mediolano* advocatis in Romana magiftris *Ciftofano de fundis Georgio de Interran* procuratoribus in dicta curia & Magiftris *Curfino de Vingiali Nicolao de fructis* ac *Leone de feccia* Notarijs dicti Domini Auditoris teftibus ad predicta vocatis & rogatis.

Et

Et ego *servus Dei Camby de Castro firmano* firmanensis Diocesis publicus imperiali auctoritate notarius & nunc venerabilis viri Domini *Onufrij* Auditoris prefati scriba lectioni & prolationi supra scripte sententie in scriptis late per eundem Dominum auditorem una cum supra scriptis testibus presens interfui & de ipsius Domini Auditoris mandato scripsi & in hanc publicam formam redegi & meo consueto signo signavi. Confirmata est haec sententia à *Clemente V. Pictavis* Jdus januarij Pontificatus anno tertio.

VI.

H. DE R. RENUNTIAT
LITI SUPRADICTAE.

Judices sancte Maguntine sedis recognoscimus & tenore presencium constare cupimus universis, quod in nostra & honorabilium ac discretorum virorum Decani & Capituli Ecclesie sancte *Marie ad gradus* Magunt. constitutus presencia honorandus vir *Heinricus de Rodenstein* Canonicus & Archipresbiter Magunt. est confessus publice & expresse, quod in causis, litibus, questionibus seu controversijs inter eosdem Decanum & Capitulum ex parte una & dictum *Heinricum* super Prepositura ejusdem Ecclesie sancte *Marie* ex altera, de qua quidem Prepositura Reverendus Pater Dominus *Gerhardus* quondam Archiepiscopus Magunt. ipsi *Heinrico* dicitur providisse jam dudum subortis ac in Romana

K 5 curia

curia diucius ventilatis habuerit & habeat malam
confcientiam· atque fidem & quod nichil juris fibi
competat in Prepofitura predicta ratione provifionis ut dicitur fibi facte & ideo informatus plenius
& inftructus ut afferuit, cum provifionem feu collacionem dicte Prepofiture non ad Dñum Maguntinum fed ad Decanum & Capitulum predictos invenerit pertinere, caufis litibus queftionibus & con-
troverfijs utpote fibi male confcius ceffit & renun-
ciavit cedit & renuntiat prefentibus fponte fimpliciter & in totum.   In cujus rei teftimonium prefentes litteras confcribi fecimus & ad peticionem
predictarum partium figilli dicte fedis robore communiri. Actum Anno Dñi M°CCCVII. VI. Jdus
julij.

VII.

COMMISSIO PETRI ARCHIEP. MOG. AD CONCORDIAM SUPER PRÆPOSITURA ANTEDICTA TENTANDAM.

Petrus Dei Gratia Sancte Maguntine fedis Archi-
Epifcopus facri Imperij per Germaniam Archicancellarius devoto fuo *E.* Scolaftico Maguntino falutem cum effectu fincero.   De tue devotionis circumfpectione gerentes fiduciam fpecialem,
caufam que inter dilectos noftros *Heinricum de Ro-*
denftein canonicum & Archipresbiterum Maguntinum

num ex una necnon Deca ❡ n & capitulum Ecclefie fanôte *Marie ad Gradus* in Maguncia ex parte
altera fuper Prepofitura ejusdem Ecclefie fanôte
Marie vertitur, difcrecioni tue committimus in
amicicia vel jufticia decidendam, Et fi ad eandem
Prepofituram novum eligi contigerit Prepofitum,
per eos ad quos ejus eleôtio dinofcitur pertinere,
tibi damus prefentibus poteftatem eleôtionem hujusmodi noftro nomine confirmandi, confirmatum in
poffeffionem corporalem ducendi, defendendi in-
duôtum, contradiôtores eciam & rebelles fi qui
fuerint per cenfuram ecclefiafticam proinde compe-
fcendi adhibitis circa premiffa follempnitatibus debitis & confuetis. Datum *Maguncie* Anno Dni Millefimo CCC°VII°. Xjj. Kalend. junij.

VIII.

COMMISSORIVM IN CAUSA SÆPE FATÆ PRÆ-POSITURÆ.

Petrus Dei gratia fanôte Maguntine fedis Archi-
Epifcopus facri Imperij per Germaniam Archi Cancellarius devoto fuo *E.* Scolaftico Maguntino falutem cum affeôtu fincero. De tue devotionis circumfpeôtione gerentes fiduciam fpecialem, caufam que inter dileôtos noftros *Heinricum
de Rodenftein* Canonicum & Archiprésbiterum Maguntinum ex una, nec non Decanum & Capitulum
fanôte

ſanɛte *Marie ad gradus* in Maguncia ex parte altera ſuper Prepoſitura ejusdem Eccleſie ſanɛte *Marie*
vertitur , diſcretioni tue committimus in amicicia
vel juſticia decidendam, & ſi ad eandem Prepoſituram novum eligi contigerit Prepoſitum per eos ad
quos ejus eleɛtio dinoſcitur pertinere tibi damus
preſentibus poteſtatem eleɛtionem hujuſmodi noſtro
nomine confirmandi, confirmatum in poſſeſſionem
corporalem ducendi, defendendi induɛtum, con-
tradiɛtores eciam & rebelles ſi qui fuerint per cenſuram Eccleſiaſticam provide compeſcendi , adhibitis circa premiſſa ſollempnitatibus debitis & conſuetis. **Datum** *Maguncie* Anno Dni Mill. CCCº VIIº.
XII Kal. junij.

IX.

CONFIRMATIO PRÆ-POSITI A CAPITVLO B. M. V. AD GRADVS ELECTI.

E *micho* ſcolaſticus Eccleſie Moguntine a Reverendo in Chriſto Patre ac Domino Dno *Petro*
Archi-Epiſcopo Moguntino ad infra ſcripta
judex ſeu executor ſpecialiter deputatus univerſis
ad quos preſentes littere pervenerint ſalutem in eo
qui eſt omnium vera ſalus, cum diſcreti & honorabiles viri Cunradus Decanus totumque capitulum Eccleſie ſanɛte *Marie ad Gradus* Mogunt. vacante Prepoſitura ibidem diſcretum & honeſtum
virum

virum *Rudolfum de Rodinſtein* canonicum Ecclefie
Herbipolenfis in Dyaconatus ordine conſtitutum in
ſuum ac dicte Ecclefie fancte *Marie* Prepoſitum duxerint eligendum, ijdem decretum feu proceſſum
ejusdem electionis & ipſum electum nobis infra
tempus a canonibus diffinitum preſentare curarunt,
ſupplicantes, ut electione hujusmodi prout ad noſtrum ſpectaret officium per nos canonica reputata
eidem electo munus confirmationis impendere curaremus, examinato itaque & intellecto plenius
dicte electionis proceſſu, confideratis etiam meritis tam eligentium quam ipſius electi quia eandem
electionem de perſona ydonea canonice atque juſte
invenimus celebratam nec eis de inſtitutis canonicis aliquid obviare dictum *Rudolfum* electum auctoritate nobis tradita in hac parte confirmavimus &
in hijs ſcriptis in nomine Domini confirmamus ac
ipſum de cura ejusdem Prepoſiture per librum in-
veſtivimus ac preſentibus inveſtimus ipſumque nichilominus in poſſeſſionem ejusdem Prepoſiture in-
duximus corporalem adhibitis ad hoc ſollempnitatibus debitis & confuetis, Quo circa diſcretis &
dilectis in Chriſto Archipresbiteris camerarijs Ecclefiarum feu capellarum Rectoribus nec non eorum vices gerentibus ac alijs clericis ac laycis univerſis cujuſcunque conditionis vel ſtatus exiſtunt
infra terminos Prepoſiture * dicte Ecclefie fancte
Marie confiſtentibus five demorantibus in virtute
fancte obediencie & ſub pena fuſpenſionis quam
preſen-

* Conf. Commentatio octava Diœcefis Moguntinæ in
   Archidiaconatus diſtinctæ.

prefentibus ferimus in rebelles canonica monitione
premiffa precipiendo mandamus per hec fcripta
firmiter & diftriéte quatenus eidem Rudolfo tamquam fuo vero Prepofito in omnibus obediant &
intendant ac ei reverentiam debitam exhibeant &
honorem. Datum & Aétum Anno Dni M∘CCCVjj∘
pridie ydus Augufti.

X.

INSTRVMENTVM ELE-CTIONIS JOANNIS DE LYSVRA PRÆPOSITI B. M. V. AD GRA-DVS MOGVNTIÆ. 1439.

Reverendiffimo in Chrifto Patri & Domino noftro Dño *Theoderico* fanéte Maguntinenfis fe-
dis Archi-Epifcopo *Hermannus* Decanus *Hen-ricus* Scolafticus *Petrus* Cantor *Hermannus Stummel
Petrus Echter Wigandus Stalberg jacobus Steynhufer
Conradus Rade johannes Schutzberg Bertoldus Cantri-fuforis Nicolaus Kolbe & Hermannus Rofenberg* Canonici Capitulares Ecclefie beate *Marie ad Gradus* Ma-
guntinenfis quicquid poterimus fervicij reverencie
& honoris. Quanto major Ecclefijs atque perfonis eis prefidentibus cura imminet & follicitudo tanto accuracius convenit ut ne prolixe vacacionis op-
probrijs opprimantur de perfonis utilibus & ydo-
neis providere , Nuper fiquidem Prepofitura Ecclefie noftre per obitum quondam Domini *Hermanni*

ni Roſt Prepoſiti Ecclefie noſtre dum viveret extra Romanam curiam defunƈti vacante Nos *Hermannus* Decanus *Henricus* Scolaſticus *Petrus* Cantor *Henricus Schonburg Hermannus Stummel*, *jacobus Steinhuſer Conradus Rade johannes Schutzberg Nicolaus Kolbe johannes de Lyſura* & *Hermannus Roſenberg* Canonici capitulares & capitulum diƈte Ecclefie facientes ad hoc vocati & congregati de morte diƈti quondam Domini *Hermanni Roſt* certificati diem jovis que erat craſtina fanƈtorum *Symonis & jude* Apoſtolorum anni prefentis in horam oƈtavam ejusdem diei in loco capitulari Ecclefie noſtre prefiximus pro eleƈtione futuri noſtri & Ecclefie noſtre Prepoſiti celebranda, quem quidem diem horam atque locum omnibus ac fingulis Canonicis Capitularibus Ecclefie noſtre aƈtu refidentibus ut moris eſt intimavimus, atque eosdem ut hujusmodi eleƈtioni intereſſent fecimus legitime evocari, qua quidem die & hora five terminis advenientibus nos Decanus & Canonici fupra nominati in diƈto loco capitulari capitulariter convenientes in unum ad eleƈtionem futuri noſtri & Ecclefie Prepoſiti canonice celebrandam nos omnes & finguli fupradiƈti, qui hujusmodi eleƈtioni debuimus voluimus & potuimus de jure vel confuetudine intereſſe habitis inter nos diverfis traƈtatibus de forma eligendi, tandem placuit nobis omnibus & fingulis fupradiƈtis per viam fcrutinij & compromiſſi mixtim procedere, ita videlicet ut eleƈtis & aſſignatis tribus ex nobis poteſtas daretur eisdem & facultas ut fcrutatis votis fingulorum illum eligerent & eleƈtum pronuntiarent in quem omnes feu major pars confentirent,

faƈta

facta eciam primum coram nobis per honorabilem
Dominum *Conradum Bensheim* ad hoc per nos deputatum curforem fideli relacioné fe omnes & fingulos canonicos citaffe vocaffe & requifiviffe ut ad illum diem & horam qui intereffe poffent vellent &
deberent venirent ad electionem de futuro Prepofito celebrandam, & dum deinde Venerabilis Dnus
Henricus de Erenfels Scolafticus propofuit & dixit an
aliquis effet qui aliquid dicere proponere vellet feu
allegare cur ad hujusmodi non deberet electionem
procedi, omnibusque & fingulis refpondentibus fe
nil contra hoc dicere velle, tunc lecto coram nobis
& per nos debite ponderato juramento decreti facri
Bafilienfis Concilij de eligendis Prelatis * No Hermannus Decanus ad manus Scolaftici Nos vero Scolafticus & ceteri capitulares fupra nominati ad manus Decani prefidentis dictum juramentum in forma juravimus & quilibet noftrum juravit, deinde
fcrutatis votis fingulorum omnibus confentientibus
Venerabiles & circumfpectos viros Dominos *Henricum de Erenfels* Scolafticum *Petrum Echter* & *Ber-
toldum Cantrifuforis* concanonicos noftros in fcrutatores & compromiffarios noftros in hujusmodi electionis negotio elegimus atque deputavimus, ita
videlicet ut fuis & noftrorum fingulorum votis fcrutatis in quem ex nobis plura numero vota concur-
rerent & concordarent illum fuo & noftris nominibus in noftrum & Ecclefie noftre Prepofitum eligerent & pronunciarent feu unus ex eis de voluntate
aliorum eligeret & pronuntiaret, injungentes eisdem Dominis Scrutatoribus & compromiffarijs fub
fide

fide jam preftiti per eosdem juramenti quatenus hu-
jusmodi vota diligenter & fideliter fcrutarentur atque in hujusmodi negotio fincere procederent, Qui
quidem Domini compromiffarij & fcrutatores ad
partem fecedentes affumpto ad hoc Notario publico
infra fcripto omnium noftrorum fupra nominato-
rum atque *johannis de Lyfura* concanonici noftri vota fcrutati funt collegerunt & in fcriptis redegerunt,
ipfis noftris votis per eos collectis factisque per eos
collationibus numeri ad numerum meriti ad meritum zeli ad zelum atque comperto quod in venerabilem virum Dominum *johannem de Lyfura* Decretorum Doctorem concanonicum noftrum major pars
noftrum vota fua direxit & in eum plura numero
vota concordarunt, eundem egregium virum Dominum *johannem de Lyfura* per organum dicti Domini Scolaftici *Henrici* ad hoc collegarum fuorum
ibidem prefencium & affidencium confenfum ha-
bentis in noftrum & Ecclefie noftre Prepofitum elegerunt & pronuntiarunt fimul & nos elegimus &
pronuntiavimus fub hac verborum forma : Ego
Henricus Scolafticus unus fcrutatorum & compro-
miffariorum in prefenti electione Prepofiti datus,
Quia ego & College mei repperimus majorem partem concurrere votorum in Dominum *johannem de*
Lyfura, ideo de mandato & confenfu dictorum meorum collegarum nomine meo & ipforum ac totius
capituli juxta traditam nobis poteftatem eundem
Dominum *johannem de Lyfura* in noftrum & Ecclefie noftre Prepofitum eligo & pronuncio in nomine
patris & filij & fpiritus fancti, quam quidem ele-

ctionem sic factam tamquam de persona nobis &
Ecclesie nostre utili & ydonea litterarum scientia,
rerum experiencia ac laudabilibus alijs probitatis
& virtutum meritis multipliciter insignita nos omnes
& singuli approbavimus gratamque ratam & acceptam habuimus, ipsumque Dnüm *johannem de Ly-*
sura sic electum attente rogavimus ut hujusmodi
electioni de persona sua ut premittitur facte consensum suum & voluntatem adhibere dignaretur.
Qui quidem Dnus *johannes* electus licet se ex humilitate indignum asserens tunc excusaverit terminum tamen ad deliberandum an in hujusmodi electione de se facta consentire vellet recepit. Acta
sunt hec in loco nostro capitulari ut premittitur
Anno a Nativitate Domini Millesimo quadringen-
tesimo tricesimo nono, indictione secunda die &
hora supradictis Pontificatus sanctissimi in Christo
Patris & Domini nostri Dñi *Eugenij* Divina providentia Pape *Quarti* anno nono presentibus ibidem
honorabilibus viris Magistro *Conrado Bensheim* &
Jacobo Welder canonicis Ecclesie nostre testibus ad
premissa vocatis specialiter & rogatis. Deinde vero
Anno & indictione & Pontificatu quibus supra die
vero martis decima septima mensis Novembris hora vesperorum vel quasi dictus venerabilis Dominus
Johannes de Lysura electus coram nobis Decano &
Capitulo predictis capitulariter in dicto loco capitulari congregatis constitutus dixit & proposuit
quod alias hujusmodi electioni de se facte consensis-
set eamque cum humilitate & reverentia acceptasset & hoc in nostram deducens noticiam iterum

ex

ex fuper habundanti electioni de perfona fua ad Prepofituram Ecclefie noftre predicte ut premittitur facte confenfit ipfamque dignitatem fponte & libere acceptavit. Quapropter veftram Reverendiffimam Paternitatem rogamus & exhortamur in Domino quatenus hujusmodi electioni tam canonice & concorditer celebrate veftre confirmationis & approbationis robur adjicere ipfumque Dominum electum in noftrum & Ecclefie noftre Prepofitum inftituere & inveftire aliaque prout ad Rmam Paternitatem veftram fpectat & pertinet facere dignemini adhibitis folempnitatibus debitis & confuetis ut autem omnium noftrum vota in premiffis concordaffe cognoveritis prefentes noftras litteras figillo noftri capituli majore figillatas & per Notarium publicum infra fcriptum fubfcriptas & fignatas veftre Reverendiffime Paternitati duximus prefentandas. Acta funt hec Anno indictione die menfe hora loco & pontificatu quibus fupra, prefentibus ibidem honorabilibus viris Magiftro *Conrado Bensheim* canonico Ecclefie noftre & *Henrico Lutzelnburg* clerico Trevirenfis Dioc. teftibus ad premiffa vocatis fpecialiter & rogatis.

Et Ego *Theodericus* Meynhardi de Affendelff clericus Trajectenfis Dioc. publicus Imperiali auctoritate Notarius quia juramentorum preftationi fcrutinio electioni confenfus adhibitioni omnibusque alijs & fingulis premiffis dum fic ut premittitur fierent & agerentur una cum prenominatis teftibus prefens interfui eaque cum ipfis fic fieri vidi & audivi, idcirco hoc publicum Decreti inftru-

mentum

mentum per alium fideliter confcriptum exinde confeci & in hanc publicam formam redegi fignoque & nomine meis folitis & confuetis una cum appenfione figilli majoris capituli fupradicti confignavi rogatus & requifitus in fidem & teftimonium omnium & fingulorum premifforum.

* Legi meretur Decretum de Collationibus beneficiorum *Tricefima prima feffionis Concilij Bafileenfis*, quod incipit: *Placuit Divina pietati* cum alijs Decretis de *qualificationibus & ordine promovendorum* loquentibus.

XI.

COMMISSORIUM PRO CONFIRMANDA ELECTIONE PRÆDICTA.

Theodericus Dei Gratia Sancte Maguntine fedis Archiepifcopus facri Imperij per Germaniam Archicancellarius honorabili *Petro de Udenheim* Ecclefie noftre Magunt. Scolaftico devoto nobis in Chrifto fincere dilecto falutem in Domino fempiternam. Cum vacante Ecclefie beate *Marie Virginis ad Gradus* Magunt. Prepofitura per mortem bone memorie Magiftri *Hermanni Roft* jam dicte Ecclefie Prepofiti noviffimi honorabiles devoti nobis in Chrifto dilecti Decanus & capitulum ejusdem Ecclefie beate *Marie ad Gradus* honorabilem in Chrifto dilectum *Johannem de Liefer* in Decretis Doctorem prefate Ecclefie canonicum in Prepofitum

tum ipfius Ecclefie ut intelleximus concorditer elegerunt, ex parte cujus electi & ejus electionis nobis fuit fupplicatum quatenus de meritis dicte electionis cognofcere ipfamque approbare confirmare
& eidem electo impendere ea que noftro officio ordinario incumbunt in hac parte gratiofe dignaremur, nos vero in prefenciarum Ecclefie noftre ac
noftris alijs negocijs diverfis & adverfis multipliciter prepediti predicte electionis cognitioni confir-
mationi & alijs premiffis vacare non valentes, de
tua legalitatis honeftate confifi tibi vices noftras in
dicto electionis negocio & in omnibus emergentibus
dependentibus & connexis plenarie committimus
per prefentes, honeftatem tuam in Domino exhor-
tantes quatenus in dicto negocio rite & canonice
procedens, de meritis dicte electionis & ipfius electi cognofcas & eandem electionem, fi faciendum
videbitur confirmes & eidem electo impendas &
facies ea que fibi in dicto electionis negocio fuerint
inpendenda & facienda cum folempnitatibus & cerimonijs in talibus fervari folitis & confuetis faciens
quod decreveris per cenfuram ecclefiafticam firmiter obfervari, Teftes vero qui nominati fuerint fi
fe gratia odio vel timore fubtraxerint cenfura fimili
compellas veritati teftimonium perhibere. In cujus
rei teftimonium figillum noftrum prefentibus duximus appendendum. Datum *Francfurt* die decima
menfis Novembris Anno Dni Millefimo quadringentefimo tricefimo nono. *

* An. MCCCXXV. *Wernhero de Bolandia* Præpofito
Ecclefiæ *S. Victoris* extra muros *Moguntiæ* vita fun-
cto, electio novi Præpofiti dictæ Ecclefiæ dubia red-
debatur.

L 3

debatur, cum sanctæ Moguntinæ sedis Archiepiscopus *Mathias* jus nominandi Præpositum ad se pertinere crederet. Is tandem facta rei disquisitione recognovit, quod capitulum *S. Victoris* super jure eligendi Præpositum Auctoritate ordinaria inposterum impediri non debeat, jure tamen ordinario in casibus negligentiæ vel si capitulum eligendo in forma vel in materia peccare contigerit, semper salvo. Chartas desuper confectas vid. in *Rebus Moguntiacis Christiani johannis Tom. II. p. 604. & 617.*

An. MCCCXXXVII. *Henricus* Archi-Episcopus Mog. ex jure devoluto providit de Præpositura Ecclesiæ *S. Petri* extra muros Mog. insimul recognoscens, quod jus nominandi dictæ Ecclesiæ Præpositum non ad Archi-Episcopum Mog. pro tempore existentem sed ad capitulum *S. Petri* pertineat, nisi iterum & de novo per negligentiam vel aliam justam causam ad Archi Episcopum devolvatur. Joannis *l. c. p. 484.*

Interim è Diplomatibus manifestum est, quod Archi-Episcopi Mogunt. plures contulerint Præposituras. Sic apud *de Gudenus* legitur Provisio de Præpositura *Limburgensi ad Lahnam Tom. III. pag. 39.* confer. Commentatio octava Diœcesis Moguntinæ in Archidiaconatus distinctæ. De collatione Præposituræ *B. Mariæ Virginis Erfordiæ* factâ per *Henricum* Archi-Episcopum vid. de *Gud. Tom. III. pag. 150.*

Neque desunt exempla, quod capitula post concordata Germaniæ juri suo eligendi Præpositos tenacius institerint. Nam

An. MCCCCLX. *Thomas Pürckheimer* Præposituram Ecclesiæ collegiatæ *B. M. V. ad Gradus* Moguntiæ in Romana curia impetrabat, sed cum capitulum juri suo antiquissimo non cessisset, provisus dignitatem dimisit, quam capitulares dedere *Georgio Pfinzing* primo Universitatis Moguntinæ Cancellario, qui ob. 1478.

An.

An. MCCCCLXXX. *Henricus Comes de Schwarzburg* Dominus de *Arnſtadt* & *Sondershauſen* Canonicus Moguntinus, Proviſor Erfurtenſis & ſupremus *Eichsfeldiæ* præfectus l'præpoſituram *S. Petri* reſignando dimiſit & Capitulum elegit *Henricum Reuſs de Plauen* Canonicum Moguntinum & Decanum Colonienſem.

An. MDLIX. Decima quarta januarij vita functus eſt *Marquardus de Stein* Præpoſitus *S. Victoris* extra muros Mog., cui per electionem Capitularem ſucceſſit *Richardus Comes Palatinus Rheni* præfatæ Eccleſiæ Canonicus. Is ipſe

Anno eodem Præpoſituram reſignavit & Capitulum elegit *Alexandrum Fugger* Baronem de *Kirchberg.*

Anno MDLXIV. poſt obitum *Luberti Scheifert* Præpoſiti Eccleſiæ *B. M. V. ad gradus* Mog. electus eſt à Capitulo *Georgius de Schönenburg* Canonicus Moguntinus, factus dein Decanus & Præpoſitus Major nec non Epiſcopus Wormatienſis. Is è vivis abijt

An. MDXCV. die undecima Auguſti, & Capitulum *B. M. V. ad Gradus* Præpoſitum elegit *joannem ſuicardum de Cronberg* Eccleſiæ majoris Decanum, in ſpiritualibus vicarium Generalem, qui *joanni Adamo* in Archi - Epiſcopatu ſucceſſit. *ita protocolla.*

Aliquarum ſolummodo Eccleſiarum electiones attulimus, certi cæteroquin, quod idem & alibi viguerit & partim adhuc vigeat jus, uſus & obſervantia. Ex his autem & infra ſequentibus exemplis de alijs dignitatibus poſt concordata per electionem collatis Germanus legum Eccleſiaſticarum ſtudioſus genuinas deducat ſequelas & reflectat maturius in illum ſum concordatorum: *De cæteris Dignitatibus.* aliasque meditationes deſuper inſtituat.

L 4   XII.

XII.

INSTITUTIO DECANI ET ORDINATIO CIRCA NUMERUM PRÆBENDARUM ECCLESIÆ CELLENSIS.

In nomine fanĉte & individue Trinitatis. *Eberhardus* Dei gracia Abbas Hornbacenſis Ecclefie. Cum divine diſpenſatio providencie tales in Ecclefia ſua prelatos velit inſtitui, qui ad religionis promotionem ſollerter intenti bonum earundem ſtatum ecclefiarum roborare vel in melius ſtudeant reformare. nos in Ecclefijs noſtre commiſſis humilitati ipſarum conſulentes neceſſitatibus oculum circumſpeĉtionis claudere non debemus. Quia ergo dileĉtiſſimorum commonitione fratrum & inſtanti peticione canonicorum videlicet *Ecclefie Cellenſis* eandem eccleſiam à predeceſſoribus noſtris Abbatibus Hornbacenſibus fundatam diverſis donationibus & privilegijs ſublimare curavimus, adhuc quoque ipſorum pie devotioni & juſte poſtulationi paterne decrevimus annuere. & utilitatibus eorum honeſte providere. Auĉtoritate igitur Dei omnipotentis & beati *Pirminij* & noſtra qui in loco regiminis vice ſua licet indigni preſidemus ſtatuimus & inviolabiliter in poſterum volumus obſervari Ne capitulum memorate eccleſie poſtmodum ſit absque Decano. Verum per nos ſive per noſtros ſucceſſores Abbates canonice inſtitutos idonea ad idem officium inſtituatur perſona. unus videlicet de fratribus qui cum primis chorum intrantibus & cum noviſſimis appareat egredientibus; quod ſi inſtitutus in hijs

&

& alijs ad officium fuum pertinentibus negligens exstiterit & secundo vel tercio ab Abbate commonitus non se correxerit convictus quoque de hijs aut confessus ab eodem per Abbatem destituatur officio & alius ei ydoneus substituatur; Jdem vero Decanus omni jure Decanie fungatur. duarum stipendia prebendarum integraliter percipiat & minorem tocius parrochie decimam. cum dote & oblacionibus & ut legitimus pastor synodos frequentabit & de cathedratico jure. de lumine de tecto chori parrochie respondebit. Decima vini & annone in *Nivera* ad usus fratrum cedente; cum vero fratres defuncti alicujus qui bona sua sive in fundis sive mobilibus beato *Philippo* legavit commendationem celebraturi fuerint omnium oblationum presente funere in prima & communi missa habitarum Decanus terciam partem & quod residuum fuerit capitulum forcietur. in reliquis missis. quidquid oblatum fuerit teneant quibus offertur; nunc vero paterne sollicitudinis exigente officio ac pie Karitatis devocione nos ad hoc invitante stipendiorum ecclesie perspecta tenuitate & ut ibidem militantes tam libencius quam efficacius velint & possint in Dei laudibus militare numerum quindecim prebendarum ibidem à nostris predecessoribus institutarum redegimus ad numerum duodenum; statuentes eciam ut non residentes sint simili modo non percipientes; si quis autem fratrum decesserit. ordinet de anno gratie secundum quod voluerit & proventus anni sequentis cedent in usus fratrum; officia quoque dignitatum & investituram prebendarum absque ipsorum electione. sicut extitit ab antiquo

L 5

tiquo. Nobis funt recognofcentes Decanus in fufce-
ptione Decanie. conventui fervicium tenebitur ad
unius libre eftimationem; Dominorumque fanĉti
Pirminij fi quis obierit, honorabiles exequias XXX
videlicet miffarum eidem defunĉto celebrabunt de
facultatibus ecclefie ac ipfius allodijs nichil aliena-
bunt; hec itaque prefente & confentiente ecclefie
noftre conventu & Cellenfi capitulo ftatuentes hanc
noftre inftitutionis cartam fcribi juffimus figilli noftri & ecclefie noftre in preffione ac. teftium fubfcriptione ipfam munientes; funt autem hij teftes.
Arnoldus Prepofitus. *Rudolfus* Decanus. *Fridericus*
Cellararius. *Erbo* Cantor alijque fratres univerfi conventus fĉti *Pirminij* & capitulum fĉti *Fabiani*. Capitulum Cellenfe. *Symon* comes *furapontis*. Comes *de*
Liningen. Aĉtum Anno Dni M°CC°XXX° Indiĉtione jjj. nono ordinacionis noftre Anno. Datum in
Hornbach Nonis julij.

XIII.
ECCLESIA EIMBECCENSIS SUP-
PLICAT PRO CONFIRMATIONE
ELECTI DECANI.

Reverendo in Chrifto patri ac Domino Domino
Henrico fanĉte Mogunt. fedis Archiepifcopo
capitulum ecclefie fanĉti *Alexandri Eimbec*. fue diocef. cum debita fubjeĉtione reverentiam in omnibus & honorem Decano noftro defunĉto elegimus
nobis in Decanum Magiftrum *Thidericum de Mars-*
felde

felde concanonicum noſtrum, prout in decreto electionis noſtre paternitati veſtre transmiſſo plenius
continetur, & cum multa inſtantia conſenſum ipſius obtinuimus & quia proventus decanatus ſunt ita
tenues & exiles & ſtatus vie malus eſt, Ita quod dictus electus pro confirmatione ſua non poteſt ſe commode & tute veſtro conſpectui perſonaliter preſentare ob id paternitati veſtre duximus humiliter ſup-
plicandum, quatinus confirmationem dicte electionis committere alicui prelatorum prepoſiture Nort-
hun. dignemini coram quo dictus electus electionis
ſue negotium proſequatur Datum *Emberke* feria ſexta poſt Petri ad vincula ſub noſtro ad cauſas. *

* Dignitatem Decanalem etiam poſt concordata in menſe Papali vacantem eligibilem eſſe, demonſtrant
caſus in protocollis collegiatarum Mogunt. obvij,
è quibus tantum paucos ſeligere placuit.

An. MCCCCLXXXI. die 24. Martij *joannes
Darts* Decanus S. Stephani mortuus eſt. *joannes
de Monte* aliàs de *Bergen* Decanatum in curia Romana impetravit; ſed capitulum ea propter litigans
tandemque triumphans lapſo abhinc triennio *Hermannum Sternberger* ex Cantore Decanum elegit.

An. MCCCCLXXXIII. die 18va Martij vitâ ex-
ceſſit j. *jacobus Welder* de *Siegen* Primus Academiæ
Moguntinenſis Rector, Decanus S. *Petri, Bernardus Gros* vi precum Imperialium poſſeſſionem Decanatus petijt ſed non impetravit à capitulo, hinc
maluit jus ſuum dimittere, quam in judicio deſuper
contendere. Electus igitur eſt *joannes Wisberger*
Decanus.

An. MCCCCXCIII. die 5. Septembris Obijt *Henricus de Lebenſtein* Decanus S. *Victoris*, cujus capitulum elegit *Henricum Silberberg* Præpoſitum *Mo-
naſte-*

nasterij in *Eislia* dignissimum in Decanatu successo-rem.

An. MDXV. die... januarij supremum vitæ diem explevit *joannes Hebelin* Decanus *S. Mauritij*, in cujus locum elegit capitulum per compromissarios *Eberhardum Schiefer*.

An. MDXXIV. die 17. nov. Decanus *S. joannis joannes Büren* Romæ sedis Apostolicæ causarum procurator officio illic immortuus est; *Philippus Glan* unanimibus capitularium votis defuncto meruit surrogari.

An. MDXXV. *Theodericus Sparr* Decanus *S. Stephani* Romæ ultimum posuit spiritum, huic successit per viam electionis *joannes Breithart*.

An. MDXXXXII. die 7. Septembris *Rudolfus Rulini* Decanus *B. M. V. ad gradus* satis functus est, capitulum elegit in Decanum *Antonium Wiedmeyer* qui anno 1545. à *Sebastiano* Archiep. Mog. Romam transmissus est ut peteret pallium.

An. MDXXXXVIII. die... januarij Rebus humanis exemptus est *Melchior Wasmuth* Decanus S. *joannis*, cujus in locum capitulariter electus est *Gerhardus Ising*.

An. MDLXI. die 24. julij obijt *Petrus Adel* Decanus *B. M. V. ad gradus*, post longam vacaturam capitulum elegit *joannem Berneburg*.

An. MDLVIII. die 9. nov. *jodocus Selbach* Decanus S. *Petri* mortuus est, Capitulum elegit *Philippum Acker* sive *Agricola*.

An. MDXC. 1. julij obijt *joannes Berneburg*, Decanus *B. M. V. ad gradus* & capitulum postulabat Domicellarem *Ethereum Hofmann*.

An. MDCXIX. die 3. Martij mortem obijt *Georgius Fridericus Faust*, decessori electione facta surrogatus est *Petrus Renartus*.

An:

An. MDCLXXIV. die 30. Septembris morte
fublatus eft *Henricus Engels* Decanus *S. Petri*; capitulum elegit *Chriftianum Lindla. &c.* conferantur ea quæ fupra poft nrum XI. notavimus.

XIV.
STATUTUM SUPER STATU
SCHOLASTICORUM ET PROMOTO-
RUM SEU PROMOVENDORUM NO-
VITER AD PRÆBENDAS &c. *

Gerlacus Dei gratia fanêe Moguntinae fedis Archi Epifcopus, facri Jmperij per Germaniam
Archicancellarius, Univerfis & fingulis Præpofitis,
Decanis, Scholafticis, Cantoribus & alijs Prælatis,
Canonicis & Clericis quibuscunque per noftras civitatem & Diœcefin Moguntinam conftitutis, falutem in Domino fempiternam. Ad. perpetuam rei
memoriam. Paftoralis officij noftri cura continua
quam in cunêis agendis & reformandis per noftras
Civitatem & Diœcefin habere nos oportet, die no-
êuque pervigil ad hoc accelerat, ut etiam fpreto
proprij noftri corporis commodo per voluntarios
labores fubditorum removeamus fcandala & grava-
mina ac ipfis utilitates & commoda in pacis fiducia
quantum nobis ex alto conceditur, mente avida
procuremus; Tunc enim verè & rite in fubditorum
poffumus gloriari falute, cum & ipfi relatione vi-
ciffitu-

* Ex libro antiquo Statutorum Ecclefiæ collegiatæ Bia-
genfis ad S. Martinum.

ciffitudinaria de procurata à nobis eis pace & concordia congratulari poterint inconvulfè. Dudum
fiquidem à longævis temporibus jufte, providè, ac
religiofe Jnftituta Prælatura Scholafteria tam in Ecclefia noftra Moguntina, quam in alijs Ecclefijs
Collegiatis noftrarum Civitatis & Diœcefis ipfis
Prælaturis annexa fuerint quædam concernentia
labores & onera, quædam verò honores & emolumenta, ac inter alia ipfis Prælaturis annexum invenimus, quod Scholaftici exiftentes pro tempore,
minores promotos ad canonicatus & præbendas in
fuum regimen ac gubernationem reciperent, ipfosque in fcientia, moribus & honeftate difciplinæ
Ecclefiafticæ fuarum Ecclefiarum pijs admonitioni-
bus informarent; fed heu quod ordinatum eft & fuerat circumfpectè ad minorum eruditionem & pro-
feftum, jam laxatis habenis ultra protrahitur ad
majorum & ut plurimum provectorum graviffimum
detrimentum. Hoc enim docet experientia efficax
rerum Magiftra, quod plures fcholaftici noftris
temporibus non in tantum quærunt minorum informationem ficut avaritiæ cœcitate burfarum fuarum
repletionem & fubftantiarum tam minorum quàm
provectorum evacuationem. Tanto quoque tempore maxime adultis eft interdicta ab ipfis fchola-
fticis præbendarum fuarum adminiftratio, quamvis fecundum leges & canones infpecta ipforum
ætate tutores feu curatores eis dandi non effent, quod
decurfo ut in pluribus ftatu eorum perfectiori va-
cuis manibus incedunt, refpicientes aliquando per
quinquennium & amplius fcholafticorum fuorum
eman-

emancipationem nec habentes de præbendarum fuarum fructibus poteftatem aliquam difponendi; propterea nos providè attendentes quod virtus natura-
lis à primaevo procreata in hominibus debilitatur
de die in diem & quod humana effentia tantum ri-
gorem in inftanti tempore fuftinere non poteft,
præmiffis infolentijs, gravaminibus & incommodis
taliter occurrere volumus, ut promoti maximè
adulti fe gaudeant relevatos, & fcholaftici de conftitutione noftra præfenti conqueri non valeant fe
forè gravatos; ftatuimus igitur & matura ac diligenti deliberatione præhabita perpetuo ordinamus
ut quandocunque aliquis infra fextum decimum annum exclufivè ad aliquam præbendam promotus
fuerit pacificè, in hoc vel alijs fubfcriptis cafibus
quod fcholafticus illius Ecclefiæ illum juvenem
usque ad decimum octavum annum & non ultra,
dum tamen promoveatur ad facros ordines, à quo
etiam ipfe vel capitulum in fubfcriptis cafibus pro-
hibere eum non poffit, liberè valeat retinere, fibique curet more fcholaftico præeffe prout & prodeffe. fi verò aliquis nullam prærogativam ftatus
habens in fexto decimo anno vel ulterius afcendendo usque ad vicefimum tertium annum inclufivè
præbendam canonicalem in aliqua Ecclefia confe-
cutus fuerit, hunc fub jugo fcholaftici per biennium tantum & non ultra numerando vel computando à tempore integræ perceptionis fructuum
ad minus dimidiorum usque ad biennium ex
tunc plenè elapfum, & non admiffionis vel receptionis pacificæ effe volumus, dummcdo ad facros
ordines interim promoveatur etiam contra Scholaftici

ſtici voluntatem, quem etiam Scholaſticus pro tempore exiſtens ſimiliter poterit retinere ut ſuperius
eſt expreſſum; ſi qua autem ſimplex perſona ſacerdotium perſonatum ſeu ſtatum alium non habens
in viceſimo quarto anno vel ulterius aſcendendo,
deinceps præbendam canonicalem conſecutus fuerit, hunc per unum annum tantum & non ultra,
dummodo ad ſacros ordines juxta præmiſſa promoveatur, ſub jugo Scholaſtici volumus remanere.
Non eſt enim mirum, quod talis cum moderamine
præſenti ad præmiſſa habilis reputetur, qui etiam
ad curam parochialis Eccleſiæ juxta ſanctiones Canonicas in hujusmodi ætate eſt habilis & idoneus
præſignatus, qui verò ceſſante dolo & fraude ante promotionem ad hujusmodi præbendam, perſonatum vel ſacerdotium habuit, vel locum capitularem in diœceſi noſtra ſeu aliena per annum poſſe-
dit, eo ipſo à jugo Scholaſtici ſit exemptus, ſalvo
eo, quod ad impendendam ſibi reverentiam & obedientiam tanquam ſuo prælato, ſi idem Scholaſticus hoc deſideraverit ſub expenſis ipſius Scholaſtici
in hoſpitio ejusdem ſtare debebit, cum decentia debita & honeſta. Cœterum quandocunque aliquem
ſuper præbenda ſua litem habere contigerit, illum
durante lite vel etiam ſi tempora hujusmodi conſtitutionis effluxa fuerint totaliter, per Scholaſticum
peti nolumus, nec eum, ut apud ipſum remaneat,
arctari quomodolibet vel compelli, ne illum nunc
per litem nunc per retentionem Scholaſtici oporte-
at dupliciter aggravari; ſi verò ſedata lite tempora hujusmodi conſtitutionis nondum plenè fuerint
effluxa, ſtatuimus, quod promotus, tempus quod

ſuper-

superest tantum sub jugo Scholastici adimplere teneatur, hoc semper observato ut idem promotus si noluerit, poterit infra hujusmodi tempora ad sacros ordines promoveri ; hujus autem præbendæ fructus integre, ut supra est expressum, habito respectu ad tempus elapsum Scholasticus recipere poterit juxta ratam temporis subsequentis. ˈSi quis autem Scholasticus quemquam promotum ultra hujusmodi tempora & promotionem ad ordines sacros, qui ipso jure absque quolibet ejus facto, ab eo esse emancipatus dignoscitur, retinere præsumpserit, vel in receptione sacrorum ordinum prohibuerit ac sine exactione aliqua eum non dimiserit, nulla tam præsentationis per eum facienda, seu aliqua alia contra præmissa etiam in Ecclesijs diutius observata sibi suffragante, ad restitutionem dupli ejus, quod ab eo recepit, sine remissione aliqua teneatur & nihilominus ipso facto sit excommunicationis sententia innodatus; Postquam verò prædicta tempora in simplicibus personis apud Scholasticum elapsa fuerint & promotio ad ordines sacros, id est, subdiaconatus intervenerit, ut præfertur, volumus, ut Decanus & Capitulum Ecclesiæ in qua hoc evenerit, taliter emancipatum ipso jure à jugo Scholastici per lapsum temporis & promotionem ad ordines prædictos examinationi debitè subjiciant & per mensem vel duos ad longius de ejus scientia experiantur & super eo debitè se informent, & si invenerint eum habilem & idoneum in legendo & cantando, in quo cultùs divinus consistit & honor chori perficitur, ac in quibus disciplina chori maximè adimpletur; nisi talis promotus ad altius stu-

Tom. I.   M   dium

dium properet voluntariè, talem non obftante contradiétione feu exceptione cujuscunque de media
præbenda vel alias quomodocunque ipfum poftquam eos fuper hoc requifiverit, coram publico
fingulariter vel communiter ex tunc infra oéto dies
proximè fubfequentes ad capitulum recipiant, ac
eum traétatibus capitularibus permittant una cum
alijs liberaliter intereffe; hoc femper falvo, quod
fi Decanus & Capitulum vel major pars ipfiùs ad
numerum perfonarum & non effeétum juris quoquo
modo fenferint, fuper quo eorum confcientias oneramus, quod ex miffione promoti feu beneficiati
ad ftudium utilitas perfonæ vel Ecclefiæ oriatur,
quod ex tunc juxta confuetudinem ipfius Ecclefiæ
ad ftudium per eosdem liberè transmittatur. In
conftitutis autem in perfonatibus feu Prælaturis vel
aétu ad ordinem facerdotalem ordinatis vel qui
alias capitulum ubicunque per annum intraverunt,
ut præmittitur, conftituimus quod absque difficultate qualibet, cum fecundum præmiffa alias fufficienter probati nofcantur, ad capitulum ceffànti-
bus impedimentis legitimis fine pertraétatione aliqua requifiti ut præmittitur, admittantur. Licet
autem in dando vel recipiendo taxum præbendarum vacantium ad nos optio vel eleétio primò de
jure pertinere poffet, tamen ne circa præmiffa aliquod obftaculum ingeratur, ftatuimus, quod fine
òmni optione vel eleétione taxus medietas præbendæ, quæ vacaverit, exiftens in corpore una cum
præfentijs ad promotum perveniat, reliqua verò
medietas nobis pro annis biennalibus vel alias ubi
beneficia vacantia cedere debebunt, legitimè con-
feratur.

feratur. Volumus autem quod quandocunque fecundum præmiffa fuper ætate dubium oriri contigerit, deficientibus alijs probationibus, fuperior
habito judicio de afpeſtu promoti fuper probatio-
ne fuæ ætatis juramentum fibi deferre valeat &
quod, ut fic per delatum juramentum & per eum
præftitum fecundum credulitatem & informationem
parentum in hoc cafu ætas ipfius efficaciter fit probata. Præmiffa autem omnia & fingula ex caufis
rationabilibus & legitimis conftituimus ac ex certa
fcientia ordinamus, nolentes quibufcunque perfonis contra præmiffa ftatuta confuetudines vel privilegia feu appellationes vel diffugia quæcunque
Ecclefiarum vel perfonarum in aliquo fuffragari,
etiamfi firmata fuerint juramentis, quæ contra præ-
diſta rationabiliter jam conftituta, irrationabiliter
videntur effe fervanda, & ideo ea minime fervari
declaramus & eadem tollimus, relaxamus ac fuper
eis præfentibus difpenfamus. Capitulum verò quod
contra hanc noftram conftitutionem quicquam attentare præfumpferit, cum effeſtu fufpenfionis
fententia fe fciat firmiter innodatum. Hanc autem
noftram conftitutionem non folum ad futura ex-
tendi nolumus, fed arſtius in præcedentibus obfervari, ac quod nobis non licet ad præfens in præ-
cipiendo jure Metropolitico Ecclefijs & perfonis
per noftram provinciam conftitutis, hoc eis faltem
ut ipfam conftitutionem ratione æquitatis & jufti-
tiæ obfervent præfentibus indicamus. Nulli ergo
omnino hominum liceat hanc præfentem paginam
noftræ conftitutionis, voluntatis & difpofitionis legitimè infringere vel ei aufu temerario contraire;

M 2   Quis-

Quisquis autem hoc attentare præsumpferit ultra
præmiffa indignationem Omnipotentis Dei & Beatorum *Petri* & *Pauli* Apoftolorum ejus ac fanĉti
Martini noftri Patroni fe noverit incurfurum. Datum XI. Kal. Decembris anno Domini Millefimo
Trecentefimo Quinquagefimo quinto.

> An. MCCCLXXXIII. Capitulum Metropolita-
> næ Mog. de antiqua, approbata & haĉtenus paci-
> fice obfervata confuetudine ad Scholalteriam ex
> obitu *Ottonis de Schonenburg* vacantem elegit *Con-*
> *radum de Winsperg*, qui fuit Apoftolice confirma-
> tus. vid. *joann. Tom. 2. pag. 890.*

> An. MDCX. die 10. Nov. *Eberhardus Pleſs*
> Scholafticus ad *S. Petrum* vivos reliquit, cui fuc-
> ceffit per eleĉtionem 13. Dec. ejusdem anni *Valen-*
> *tinus Füll.* &c. Vide notata fuperius poft nrum XI.

XV.
ORDINATIO CANTORIÆ ET
CVSTODIÆ CELLENSIS.

Hugo miferatione divina Abbas Horenbacenfis
Ecclefie ordinis fcti *Benediĉti* Metenfis Dyocefis Venerabilium patrum prediĉte Horenbacenfis ecclefie Abbatum noftrorum predecefforum veftigijs
inherentes Cellenfem Ecclefiam in Maguntina Dyo-
cefi conftitutam, quam prediĉti patres ab ipfis fundatam a primaria fui inftitutione paternis profequentes affeĉtibus tanquam filiam fpecialem diverfis donationibus & privilegijs fublimarunt & Nos
quoque eisdem patribus divina favente gratia in

onere

onere fucceſſimus & honore, licet impares meritis
pari, tamen auctoritate fungentes pijs confolacioni-
bus fublevandam. ac ipſius emendacioni debita follicitudine duximus infiſtendum. Hinc eſt, quod
privilegia que pie memorie Dnus *E.* Abbas noſter
predeceſſor predicte cellenſis Ecclefie liberaliter
olim conceſſit diligencius revolventes Prepofituram
que in ipfa cellenfi Ecclefia olim tanquam inutilis
fuit in Decanatum quo tunc eadem ecclefia caruit
provide commutatam, numerum quoque quindecim prebendarum qui in eadem ecclefia exſtiterat
propter nimiam tenuitatem in numerum duodenum
prudenter redactum duarum prebendarum decana-
tui, unius prebende ad fabricam Ecclefie & unius
prebende reditus ad officium rectoris Scolarum per
eundem noſtrum predeceſſorem de fui conventus &
Cellenſis Ecclefie confenfu invenimus deputatos,
quam ordinationem five conſtitutionem utpote utiliter & laudabiliter incoatam ac feliciter confum-
matam non immerito approbantes ipfam per nos
& noſtros fucceſſores inviolabiliter dignum duximus obfervandam, Verum quia parum actum eſſe
videtur, quam diu fupereſt aliquid ad agendum
Nos eidem ecclefie plenius confulere volentes eaque
circa Cantorie & cuftodie officia per negligenciam
obmiſſa reperimus per noſtram ordinacionem fupplere & in ſtatum reducere decrevimus meliorem,
fane quamquam predicta officia in prefata Ecclefia
permaxime neceſſaria eſſe nofcantur, eo quod per
alterum eorum chorus in difciplina debita, per re-
liquum vero thefaurus ecclefie confervatur ipfis tamen officijs per noſtrorum predeceſſorum ordina-

M 3

cio-

cionem nulli hactenus fuerunt fpeciales reditus deputati. Confiderantes igitur quod officium fuum
nulli dcbet elfe dampnolum & quod nemo militare
de proprijs ftipendijs eft cogendus de tociùs noftri
conventus & prenominate Cellenfis ecclefie capituli
connivencia & confenfu ftatuimus ac in perpetuum
volumus inviolabiliter obfervari ut de fupradictis
duodecim prebendis per prefatum Dominum *E.*
noftrum predeceflorem in jam dicta ecclefia juxta
formam prehabitam inftitutis unius prebende reditus cum omni integritate prefencijs duntaxat exceptis ad ufus predictorum officiorum fcilicet cantorie & cuftodie cedant de cetero inter ipfa officia
equaliter dividendi ut perfone ad hujusmodi officia
jam affumpte & per nos feu noftros fucceffores Abbates Horenbacenfes in pofterum affumende ipfis
officijs liberius & efficacius preeffe valeant & prodeffe & fic tam predeceflorum noftrorum quam per
noftram ordinacionem conftitutionem & approba-
tionem octenarius canonicorum & duodenus numerus prebendarum dividendarum inter fingula predicta officia quemadmodum eft pretactum in antea
ftabit & permanebit incommutabiliter in ecclefia
memorata, falvis omnibus alijs privilegijs per noftros predeceffores eidem ecclefie usque ad hoc tempus conceffis liberaliter & indultis , ut autem hec
noftra ordinacio feu conftitucio perpetuis temporibus permaneat illibata noftro figillo una cum conventus noftri & capituli predicte Cellenfis ecclefie
figillis prefens fcriptum fecimus communiri, Datum & actum apud *Horenbach* anno Dni M°CC°LX.
Kalendis Aprilis.

XVI.

XVI.

ELECTIO CANTORIS CEL-
LENSIS.

In Nomine Domini Amen per hoc prefens publicum inftrumentum cunctis ipfum intuentibus pateat evidenter quod anno Domini Millefimo quadringentefimo Indictione octava die vero vicefima
menfis Septembris hora nonarum vel quafi pontificatus fanctiffimi in Chrifto patris ac domini noftri
Domini *Bonifacii* divinâ providentiâ pape *noni* anno fuo undecimo in loco capitulari ecclefie fancti
Philippi Cellenfis Meque notario publico & teftibus
fubfcriptis prefentibus honorabiles viri domini dominus *Drufchelius de Wachenheim* Decanus ecclefie
Cellenfis *Petrus* Thefaurarius *Henricus* de *Dyppurg*
Magifter *Johannes* de *Wachenheim Johannes* de *ar-*
gentina Canonici capitulares ecclefie fancti *Philippi*
Cellenf. fupradicte capitulariter ibidem congregati
& capitulum reprefentantes proponentes & dicentes fe certos tractatus capitulares & deliberationes
fuper Cantoriam Ecclefie fue cellenfis vacantem ex
morte quondam domini *Johannis* de *Meyfenheim* ultimi eorum cantoris pro futuro cantore elegendo
habuiffe cum ejusdem cantorie collatio ad venerabilem & religiofum virum Dominum Abbatem
Hornbacenfem Metenfis diocefis pertineat que per
eum de prefenti effectum fortiri non valeat ut time-
tur propter fcifma quod proh dolor fuftinet ex parte ecclefie Metenfis cum ipfe dominus Abbas fubeffe
cenfetur proteftantes memorati domini capitulares

M 4 quod

quod pro eorum cantoris futuri eleftione quam profequi intenderent ipfi Domino Abbati prejudicare
non prefumerent ex caufa prenotata ne ergo ex di-
utina dicte ecclefie Cellenfis cantorie vacantia ipfis
& dicte fue ecclefie incommoda plurima nec non
pericula alia evenire poffent quibus amice, quantum in eis effet ut dixerunt finale capitulum fuper
eleftione futuri cantoris indixerunt ad quod omnes
quorum intererit & fua intereffe putantes fuerint
vocati ut afferuerant, quam ob rem dicti domini
capitulares ipfis elegerint honorabilem virum dominum *Johannem de Argentina* eorum concanonicum &
eorum cantorem tamquam perfonam ydoneam pro
utilitate & ftatu ecclefie fue predicte ad regimen
cantorie. Et ijdem domini capitulares prenotati fe
dixerunt non effe inter eos realior & legalior in
cantorem eligendum pro ftatu & honore & utilitate ecclefie & perfonarum quam dominus *Johannes
de Argentina* eorum concanonicus quem iidem domini capitulares pro fe & eorum ecclefia vice &
nomine, mediante invocatione fancti fpiritus in
cantorem predicte ecclefie Cellenfis elegerunt & no-
minaverunt fuper quibus predicti domini capitulares capitulariter congregati nullo exclufo pecierunt
a me notario publico fubfcripto ipfis unum vel plura confici publicum vel publica inftrumentum vel
inftrumenta femel vel pluries tociens quociens fuerit oportunum fubdeinde memorati domini capitulares prenominatum dominum *johannem de Argentina* cantorem eorum eleftum Reverendiffimo in
Chrifto patri ac Domino domino fuo gratiofo domino

mino *Johanni* Dei gratia sancte sedis Magunt. Archiepiscopo mediante presenti instrumento publico duxerunt presentandum humiliter eum deprecantes quatinus eorum electionem in eundem *johannem* de *Argentina* Cantorem electum factam de sua benignitate & gratia confirmare & approbare cum solempnitatibus in talibus fieri consuetis. Jn cujus electionis testimonium sigilli sui capituli presenti instrumento publico duxerunt appendendum. Acta sunt hec anno Indictione die mensis pontificatu hora & loco preexpressis presentibus discretis viris dominis *Johanne de Enselcheim*, *Johanne Hesen* vicarijs ecclesie Cellensis *petro de Dypach* campanatore *Gerbardo* de *Hornbach* presbiteris testibus ad premissa rogatis &c.

Et ego *Johannes de Cassel* clericus Maguntinensis diocesis publicus Imperiali autoritate notarius quia dictorum constitutioni protestationi ratihabitioni electioni aliisque omnibus & singulis premissis dum sic fierent & agerentur una cum prenominatis testibus presens interfui eaque sic fieri vidi & audivi Ideoque hoc presens publicum instrumentum exinde confeci propria manu mea conscripsi & in hanc publicam formam redegi quam signo & nomine meis solitis & consuetis una cum appensione sigilli capituli prefatorum dominorum capitularium ecclesie Cellensis consignavi requisitus in testimonium & fidem omnium premissorum &c.

An. MCCLXXXVI. *Hugo* dictus *Slump* Cantor S. *Victoris* per compromissum electus est. vid. *joann.* T. II. p. *638.*

Post concordata,

M 5

An.

An. MCCCCL. die 10. Sept. fato suo functus est *joannes Kachel* Cantor S. *Stephani* ; cujus in locum capitulum elegit *Hermannum Sternberger.*

An. MCCCCLXIX. die 12. Novembr. extremum vitæ spiritum edidit *Udalricus de Bickenbach* Metropolitanæ Mog. Cantor. Capitulum elegit *Ewaldum Faulhaber* de *Wechtersbach. &c.*

XVII.

CONSTITVTIO ALEXANDRI PAPÆ QVARTI CONTRA PLVRALITATEM DENOMINATIONIS CANONICORVM, QVI IN ECCLESIIS NECDVM HABENT BENEFICIVM, INHIBENS, NE PLVRES QVAM QVATVOR DENOMINENTVR.

Judices Sancte moguntine sedis Tenore presentium protestamur, quod litteras Dñi *Alexandri* pape non cancellatas non abolitas, nec in aliqua sui parte viciatas vidimus in hec verba *Alexander* Episcopus servus servorum Dei. Venerabilibus fratribus vniversis. Patriarchis. Archiepiscopis. Episcopis. & dilectis filijs. Abbatibus. Prioribus. Decanis. Archidiaconis, & alijs Ecclesiarum prelatis, nec non Capitulis, conuentibus, & collegijs earundem Salutem & Apostolicam benedictionem.

Execrabilis quorundam ambitio que semper plus ambiens eo fit magis insaciabilis, quo sibi amplius indulgetur, Et importuna improbitas, cau-

sam

fam dediffe nofcuntur, quod in nonnullis Ecclefijs
decem, in aliquibus viginti, in alijs verò pauciores, aut plures, five fedis Apoftolice vel legatorum ejus Auctoritate, aut proprio motu capitulorum ipfarum, feu per alios, ad quos eorundem
fpectat receptio in Canonicos funt recepti, qui nondum adepti funt beneficia in ejsdem, ficque tales
fub diutinâ, cum multi fint, exfpectatione manen-
tes, fruftrati fpe, quam de fuâ prouifione conce-
perant, vix poffunt affequi, quod intendunt, &
illis, ad quos beneficiorum feu prebendarum in
eisdem Ecclefijs collatio fpectare dinofcitur, facultas adimitur, eadem cum vacauerint perfonis idoneis conferendi; Cum igitur Apoftolice fedis benignitas illo affectu dirigi debeat in prouifionibus
clericorum, quod eis confolatio fic perueniat, ut
Ecclefijs turbatio vel difpendium non incumbat.

Nos attendentes, quod iftorum numerofitas,
quæ propter importunitatem petentium in immen-
fum excreuit, nonnullis parit fcandalum & errorem, cum in plerisque Ecclefijs tanta fit exfpectan-
tium multitudo, quod excedat numerum prebendarum, cogimur excogitare remedium, per quod
Ecclefiarum obuietur difpendijs, & earum perfonis quies & tranquillitas procuretur.

Hâc itaque confideratione inducti, de fratrum
noftrorum confilio fic duximus ordinandum, ut in
Ecclefijs, in quibus plures, quam quatuor recepti
fuerint, fiue litterarum dicte fedis, vel legatorum
ipfius Auctoritate, aut proprio motu capitulorum
ipfarum vel aliorum, ad quos receptio pertiñet

eorun-

eorundem, quatuor duntaxat in ipfis Ecclefijs jam admiffi remaneant, & fint Canonici in eisdem receptiones factas de reliquis in dictis Ecclefijs de fratrum noftrorum confilio penitus irritantes, ac decernentes eos, ad quos in ipfis Ecclefijs prebendarum feu beneficiorum fpectat collatio, ad prouifionem reliquorum aliquatinus non teneri.

Declaramus quoque Auctoritate prefentium ad omnem jurgiorum materiam amputandam, ut hij, qui per litteras Apoftolicas in ipfis Ecclefijs recepti fuerint Canonici remaneant in eisdem usque ad quaternarium numerum fupradictum, eciam fi poft receptos legatorum Auctoritate, vel per alios quoscumque in ipfis Ecclefijs funt recepti.

Volumus autem, ut fi ultra quatuor auctoritate fedis Apoftolice litterarum in aliquibus Ecclefijs recepti fuerint ex ipfis tantum quatuor primo recepti, remaneant, prebendas feu beneficia iuxta receptionis fue ordinem percepturi, nifi aliqui ex predictis quatuor eadem auctoritate recepti fuerint iure aliquo pociores, quod fi pauciores fint quatuor, qui per litteras Apoftolicas funt recepti de alijs auctoritate legatorum dicte fedis, vel motu proprio Capituli feu quovis alio modo primo receptis in ipfis Ecclefijs, tot duntaxat remaneant in eisdem, quod quaternarius numerus impleatur. In illis vero Ecclefijs, in quibus aliqui folummodo per litteras legatorum prefate fedis vel Capituli earundem, feu alios ad quos Canonicorum fpectat receptio, recepti fuerint in Canonicos & in fratres, quatuor tantum primo in eisdem receptos volumus

rema-

remanere, & eis de prebendis vel beneficijs ſibi in
eisdem Eccleſijs iuxta receptionis ordinem debitis
provideri. Cùm autem prioritas vel poſterioritas
receptorum hujusmodi in Eccleſijs diſcerni non poteſt, puta quia recepti ſunt aliqui à Capitulis ipſarum, vel aliorum, ad quos Canonicorum receptio pertinet ſimul ita quod neſcitur, quis primo ibidem ius habeat Canonie & cui primo vacatura prebenda vel beneficium debeatur, uel forſitan ità
condictum eſt inter ipſos, ut in aſſecutione prebendarum, vel beneficiorum ibi vacantium nullus
alteri preferatur illi tantum usque ad quaternarium numerum in ſingulis Eccleſijs, vbi talis receptio facta fuerit, ius habeant canonie, qui Capitulis vel maiori & ſaniori parti eorum, aut alijs ad
quos ſpectat receptio, magis idonei videbuntur,
quos infra tres menſes poſt publicationem preſentium eadem Capitula vel maior & ſanior pars eorum, aut illi, ad quos Canonicorum predictorum
receptio pertinet, approbent digniores, alioquin
ex tunc proximus eis ſuperior hos approbandi liberam habeat facultatem, & provideatur eis iuxta ordinem, quem diſponent Capitula, vel major & ſanior pars ipſorum, vel illi, ad quos ſpectat proui-
ſio, aut proximo ſuperior, ſi ipſi ſuper hoc fuerint negligentes de prebendis vel beneficijs primo
in eisdem Eccleſijs vacaturis. Caveant autem taliter Prelati, Capitula, & ceterarum Eccleſiarum
Collegia, in quibus eſt certus prebendarum vel beneficiorum numerus inſtitutus, ne aliquem nullâ in
eorum Eccleſiâ prebendâ vacante motu proprio recipiant

cipiant in Canonicum & in fratrem, ut canonicam poſſint effugere ultionem, & nos ſuper hoc providere non cogamur. Si verò aliqua Eccleſia paucitatem prebendarum vel beneficiorum habuit, que in receptionem quatuor canonicorum, vel Clericorum reputet ſe gravatam, puta, quia habet tantum denarium prebendarum vel beneficiorum numerum inſtitutum, ſi ſuper hoc ad ſedem Apoſtolicam voluerit habere recurſum, Nos prout expedire videbimus, curabimus prouidere.

Datum *Neapoli* nomas April. Pontificatus noſtri anno primo.

In cujus rei teſtimonium ſigillo noſtro muniuimus preſens ſcriptum.

Alexander * Epiſcopus ſervus ſervorum Dei, Dilecto filio Decano ecclefie ſancti *Guidonis* Spirenſis ſalutem & Apoſtolicam benedictionem. Sua nobis dilecti filij Decanus & Capitulum ecclefie ſancte *Marie ad Gradus* Magunt. petitione monſtrarunt, quod licet receptiones quam plurium qui auctoritate litterarum felicis recordationis J. PP. predeceſſoris noſtri & legatorum ſedis Apoſtolice ac proprio motu Capituli recepti fuerunt in ipſa eccleſia, pro eo quod quaternarium excedebant numerum per conſtitutionem a nobis editam ſint caſſate, nichilominus tamen ſic recepti per executores ſibi deputatos faciunt adhuc in dictos Decanum & Capitulum excommunicationis ſuſpenſionis & interdicti ſententias promulgari, alias ipſos occaſione hujusmodi contra juſtitiam moleſtantes, propter quod duxerunt ad noſtram providentiam recurrendum.

Ideoque

Ideoquë Difcretioni tue per Apoftolica fcripta mandamus, quatinus, fi ita eft, eisdem executoribus
ex parte noftra inhibere procures, ne de cetero
contra eosdem Decanum & Capitulum procedant
auctoritate hujusmodi litterarum ac revoces nichilominus fi quid per eos fuper hoc contra tenorem
conftitutionis prefate adverfus dictos Decanum &
Capitulum fuerit attemptatum, contradictores per
cenfuram ecclefiafticam Appellatione poftpofita
compefcendo. Datum *Anagnie* V. Jdus Februarij
Pontificatus noftri anno fexto.

* Eft Bulla Alexandri IIII. PP.

De odiofis expectativis & refervationibus falubriter ftatuerunt Decreta Concilij Bafileenfis Moguntiæ anno MCCCCXXXIX. acceptata & *Tridenti-
num feff. 24. de ref. cap. XIX.* quod expectativas
penitus effe abrogandas cenfuit.

XVIII.
RESERVATIO IIIIor PREBENDA-
RVM PER EPISCOPVM.

Petrus Dei gracia fancte Mogunt. fedis Archi-
Epifcopus facri Imperij per Germaniam Archi-
Cancellarius difcretis viris Decano & Capitulo Ecclefie fancti *johannis* Mog. falutem in Domino. Cum
in ftatuto Fritzlarienfi (z) per nos in Concilio noftro
quod

(z) Concilium Frideslarienfe An. MCCXXXXVI. celebratum *Canone VI.*

Statuit:

quod nuper celebravimus in Moguntia innovato
in penam eorum qui Canonicos ad vacaturas prebendas contra juris communis fanctiones prefumunt
recipere fit provifum , ut hujusmodi receptiones
ipfo jure fint irrite & loci Epifcopis in quo talia
committentur in tot dicti ftatuti virtute prebendis
providere habeant in hijs Ecclefijs quibus Canonici recepti fuerint ad prebendas vacaturas, unde
quia in vifitatione in jam dicta veftra Ecclefia nuper vice noftra peracta per eos quibus eandem vi-
fitationem commifimus eft repertum quod vos quatuor Canonicos contra juris communis & fupradicti
ftatuti tenorem & finem ad prebendas recipere pre-
fumpferitis vacaturas , quod nos, ne fimilia prefu-
mantur à ceteris in juris noftri negligenciam fine debita correctione preterire volentes, vobis cum fepedicti ftatuti virtute propter veftre hujus prefumpcionis
temeritatem quatuor prebendarum collatio nobis
competere dinofcatur fub pena fufpenfionis , quam in
vos canonica premifla monitione, fi huic noftro con-
travenerits mandato, fermius in hijs fcriptis diftri-
ctius inhibemus, ne in collationibus quatuor prebendarum que in veftra proximo vacare contigerint Ecclefia fimul vel fucceffive quocunque modo vos intromittere vel in ipfis prebendis quas predicti ftatuti auctoritate

Statuit: Quod nullus in Canonicum eligi debet
beneficio non vacante nifi jufta neceflitas vel utilitas Ecclefiæ id requirat & tunc unus tantum & non
plures affumi debent, fi qui autem contra hoc ftatutum præfumpferint, quod factum eft, ipfo jure
non teneat & Epifcopus tot præbendas conferre poteftatem habeat quot perfonæ fuerint fic affumptæ.

&oritate nostre presentibus reservamus collationi,
presumatis aliquid attemptare, decernentes nichilominus irritum & inane quicquid per vos vel quemlibet vestrum contra hanc nostram inhibitionem in
premissis fuerit attemptatum. Datum *Moguntie* anno Domini MCCCXII. III° nonas julij.

XIX.

LITTERA PETRI ARCHIEPI-
SCOPI SUPER PRIVATIONE IIII.or
PREBENDARUM.

Petrus Dei gracia sancte Mogunt. sedis Archiepiscopus sacri Imperij per Germaniam Archicancellarius Cantori & Capitulo Ecclesie sancti *johannis* in Mog. devotis suis dilectis salutem in Domino.
Cum in Ecclesia vestra predicta quatuor prebendarum provisiones virtute Concilij Aschaffenburgen-
sis per nos in nostro Concilio Moguntino (*a*) inno-
vati

(*a*) Concilium Mogunt. sub *Petro* Archiep. an. MCCCX.
celebratum. De Concessione præbendarum non vacantium. *ex Concilio Aschaffenburgensi.*

Item nullus in Canonicum eligatur beneficio non
vacante, nisi justa necessitas vel utilitas id postula-
verit, & tunc unum tantum & non plures assumi
permittimus, & hic qui taliter assumptus fuerit, statim ad residentiam compellatur. Si qui contra hoc
statutum aliquos vel successive vel simul plures elegerint, quod factum est, ipso jure non teneat, &
Episcopus ad tot præbendas potestatem habeat eli-

Tom. I.   **N**   gendi

vati nobis refervaverimus ex eo quod vos quatuor
perfonas ad prebendas vacatas contra ejusdem ftatuti prohibitionem ficut in fanѐta vifitatione reperimus in Canonicos recipere prefumpfiftis , nosque
virtute ejusdem refervationis *Otlino* de *Treveri* clerico de prebenda in ipfa veftra Ecclefia vacante ex
refignatione *Nycolai de Cadano* providerimus utpote de prima illarum quatuor prebendarum & nunc
johanni de Acfpelt clerico diѐto *Mufeler* de prebenda
vacante ex morte quondam johannis veftri Decani
utpote de fecunda quatuor prebendarum prediѐta-
rum providerimus propter Deum ipfumque per
noftrum annulum inveftiverimus de eadem , Devocioni veftre precipimus & mandamus quatenus di-
ѐtum johannem vel procuratorem fuum ejus nomine infra tres dies quorum unum pro primo, alium
pro fecundo & tertium pro tertio monitionis termino deputamus in veftrum recipiatis concanonicum
& confratrem affignando eidem prebendam per
nos fibi ut premittitur collatam cum omnibus fuis
juribus & pertinentijs, dandoque fibi ftallum in
Choro & vocem in Capitulo juxta veftre Ecclefie
confuetudinem cum follempnitatibus debitis & confuetis, alioquin vos univerfos & fingulos qui huic
noftro mandato non paruerint cum effeѐtu ex nunc
prout ex tunc in hijs fcriptis fufpendimus ab officijs
                                           Divi-

gendi, quot perfonæ fic fuerint affumptæ hujus
auѐtoritate Concilij ftatuentes, ut ante receptionem
perfonæ in Canonicum affumendæ perfonæ neceffitas & utilitas ex receptione hujus fecutura loci Epifcopo primitus exponantur, ne furreptionis allutia
in fraudem hujus Concilij aliquid attentetur.

Divinorum. Datum *Moguntie* Anno . Domini
MCCCXIII. XI. Kal. Maji.

XX.

SOLVENDA ECCL. CELLENSI A
NEO-CANONICIS ET VICARIIS. &c.

Nos *Blickerus* permiſſione divina Abbas monaſterij fanɛ̃ti *Pirminij* in *Hornbach* ordinis fanɛ̃ti
Benediɛ̃ti Metenſis Dyoceſis honorabilibus in Criſto
nobis devotis ac ſincere dileɛ̃tis Decano & Capitulo
eccleſie fanɛ̃ti *Philippi* Cellenſis Moguntinenſis Dyoceſis nobis & monaſterio noſtro immediate ſubjeɛ̃tiṣ
ſalutem in eo qui eſt omnium vera ſalus & vero ſa-
lutari. Sollicitudinis nobis commiſſe depoſcit officium ut ad ea operoſis ſtudijs pervigilique cura
intendamus per que eccleſie nobis immediate ſub-
jeɛ̃te & eccleſiaſtice perſone nobis fideles & devote
felicia in ſpiritualibus & temporalibus ſuſcipiant in-
crementa, oblata ſiquidem nobis veſtra peticio continebat, quod cum Eccleſia veſtra que à noſtris predeceſſoribus Abbatibus monaſterij Hornbacenſis
laudabiliter & fruɛ̃tuoſe fundata inſtaurata eidem
inmediate ſubjeɛ̃ta & ab eisdem predijs allodijs nec
non omnibus decimis & preſertim paſtorie in Dit-
telsheim & alijs copioſius dotata exiſtit easdemque
decimas predia & allodia nec non omnia & ſingula
ſtatuta privilegia gratias & libertates ſepediɛ̃te veſtre eccleſie a noſtris predeceſſoribus eidem & vobis
rite & rationabiliter donatas indultas conceſſas ac

donata

donata indulta & concessa & signanter illud ecclesie
vestre statutum quo inter alia cavetur, quod quilibet canonicus de novo in ecclesia vestra predicta
recipiendus statim & immediate post hujusmodi receptionem florenos duodecim renenses in augmentum presenciarum & decem florenos confimiles ad
fabricam * nec non quilibet vicarius similiter recipiendus sex florenos similis monete mox post suam
receptionem in eadem similiter in augmentum pre-
sencie sepedicte vestre ecclesie det tradat & assignet
dareque tradere & assignare quacunque contradictione non obstante debeat & teneatur auctoritate
nostra Abbatiali & ordinaria pro nobis nostrisque
successoribus Abbatibus monasterij Hornbacensis.&
conventu auctorizare approbare gratificare & confirmare dignaremur. Nos igitur *Blickerus* Abbas
predictus hujusmodi vestris rationabilibus suppli-
cationibus inclinati ac intra cordis hospicium attentius revolventes quod justa petentibus non est de-
negandus assensus supra memoratas decimas & pa-
storiam ceteraque predia & allodia nec non statuta privilegia gratias libertates & indulta vobis &
ecclesie vestre sepedicte à sepedictis nostris predecessoribus rite & rationabiliter datas donatas indultas & concessas ac data donata indulta & concessa
& signanter statutum de duodecim & decem florenis per canonicos & sex florenis per vicarios de no
vo recipiendos & admittendos ad fabricam & augmentum presentie ut premittitur dandos in Dei nomine auctoritate nostra Abbatiali ordinaria & ex
certa scientia pro nobis nostrisque successoribus

Abba-

Abbatibus & conventu monaſterij Hornbacenſis predicti approbamus confirmamus & preſentis ſcripti
patrocinio communimus. In quorum omnium &
ſingulorum robur, fidem & evidens teſtimonium
premiſſorum ſigilla noſtrorum Abbatis nec non &
conventus predictis preſentibus ſunt appenſa. Datum & Actum in eccleſia Cellenſi feliciter Anno a
nativitate Dni Milleſimo quadringenteſimo quinquageſimo ſeptimo ipſo die converſionis Pauli Apo
ſtoli.

* Pecuniæ in receptione Canonicorum ſolvendæ bie Statuten-Gelder pro præſentiarum & Fabricæ augmento, alijsve pijs neceſſitatibus, prout temporum circumſtantiæ exigebant, ſubin augebantur.

XXI.

PRÆBENDARUM CELLENSIUM
REDUCTIO CONFIRMATUR.

Heinricus de Jgſtad ſancti Petri & Jacobus Buman
beate Marie in campis extra muros Moguntin.
eccleſiarum Decani commiſſarii ad infraſcripta
à Reverendiſſimo in Chriſto patre & Domino no
ſtro domino Johanne ſancte Maguntinenſis ſedis archiepiſcopo ſpecialiter deputati recognoſcimus. &
ad univerſorum notitiam per preſentes cupimus
pervenire Quod conſtituti in noſtri preſentia honorabiles & diſcreti viri domini Johannes Strasburger
Decanus & Johannes Eltvil canonicus eccleſie Cellen
ſis Magunt. dioceſ. ſuorum & nomine totius capi

tuli

tuli ecclefie cellenfis predicte ut afferuerunt, quandam litteram confirmationis per felicis recordationis quondam dominum *Girhardum* tunc Archiepifcopum Magunt. fuoque figillo oblongo vero & integro in cordula ferica ut prima facie apparebat appendente figillatam, de & fuper numero certarum prebendarum pretacte ecclefie nec non certis aliis punctis, claufulis & articulis in ipfa confirmationis litera contentis nobis fanam integram non cancellatam non abrafam, fed omni prorfus vitio & fufpicione carentes ut apparuit realiter facto & in fcriptis exhibuerunt, & oftenderunt, cujus tenor fequitur in hunc modum: *Girhardus* Dei gratia fancte Maguntinenfis fedis Archiepifcopus facri imperii per Germaniam archicancellarius dilectis in Chrifto Decano & Capitulo ecclefie Cellenfis Mogunt. diocef. falutem in Domino juftis petentium defideriis dignum eft nos facilem prebere confenfum & vota que rationis tramite difcordantis effectum profequentes compleri, ea propter devotis veftris precibus inclinati ordinationem quam Venerabilis Pater Hornbacenfis Abbas Metenfis diocef. vefter patronus in ecclefia veftra fecit videlicet quod quindenum numerum prebendarum veftrarum, eo quod fructus ipfarum propter multitudinem nimis forent tenues & exiles in duodenum reftrinxit & abrogata prepofitura que paucos admodum habebat redditus decaniam qua ecclefia caruerat ab antiquo prudenter inftituit ad eandem duarum redditibus prebendarum & ad ufus communes omnium illarum duodecim prebendarum

decimam

decimam in villa *nyveren* affignatis ftatuto infuper
ut canonici non defervientes perfonaliter nihil percipiant de fructibus prebendarum & morientes anno
gratie gaudeant ficut uolentes duobus ex tunc annis adinftar aliquarum ecclefiarum noftre civitatis
& diocef. ad ecclefie fabricam convertendis prout
in Literis fuper ordinatione ipfa confectis , dicitur
plenius contineri auctoritate prefentium confirmamus.   Nulli ergo omnino hominum liceat hanc paginam noftre confirmationis infringere vel ei aufu
temerario contraire fiquis autem hoc attemptare
prefumpferit indignationem omnipotentis Dei &
beatorum Petri & Pauli apoftolorum fe noverit incurfurum Datum *Maguntie* anno dominice incarnationis millefimo ducentefimo quinquagefimo feptimo Kalendas Decembris. Poft cujus quidem litere
confirmationis prefentationis & receptionis nobis &
per vos ut premittitur factis fuit nobis per prefatos Dominos Decanum & *johannem Eltuil* canonicum
nomine quo fupra humiliter fupplicatum; quatinus dictam confirmationis Litteram ac omnia & fingula contenta in eadem auctoritate nobis in hac
parte commiffa nomine fupradicti domini noftri
Domini *Johannis* Archiepifcopi Maguntin. approbare collaudare & ratificare dignaremur. Nos vero
Commiffarii fuprafcripti confiderantes quod dignum
eft, defideriis juftis petentium facile prebere confenfum ea propter precibus dictorum fupplican-
tium inclinati ex premiffis, & aliis rationabilibus
caufis animum noftrum ad hoc moventibus auctoritate, qua fungimur in hâc parte dictam litteram
confirmationis, ac omnia & fingula in eadem con-

fcripta

scripta tamquam rationabilia approbamus, collaudamus & validamus, ipfamque litteram in fuo robore & firmitate permanere decernimus, & declaramus per prefentes. In cujus rei teftimonium figillum noftri *Heinrici* Decani predicti quo nos *Jacobus* predictus utimur ad prefens prefentibus eft appenfum fub anno Domini M°CCCC°ҏjjj. die decima menfis Novembris.

XXII.
BENEFICIVM SACERDOTALE
FVNDATVR.

Nos *Waltherus* divina permiffione & gratia fedis apoftolice abbas Monafterii Hornbacenfis ordinis fancti *Benedicti* Metenfis diocefis pro nobis & noftris fucceforibus Abbatibus , & nos *Emericus* Decanus, totumque capitulum ecclefie Cellenfis Magunt. diocef. omnibus tam prefentibus, quam futuris prefentem literam infpecturis cupimus fore notum. Cum nemo mortalium omnipotenti Deo, condignas pro receptis bonis gratias valeat exhibere, nullum tamen gratius eidem obfequium impendere quis probatur quam fi divini cultus minifterium de rebus fuis pro viribus ftudeat ampliare hinc eft, quod difcretus' vir dominus *Eberhardus* facerdos paftor parochialis ecclefie ville *Enfelncheim* Mogunt. diocef. predicte, pia devotione ductus in fue, fuorum progenitorum ac beneficiorum animarum falutis remedium, divinique cultus augmentum, bene-

beneficium facerdotale perpetuum in dicta Ecclefia
Cellenfi officiandum & deferviendum per ydoneum
facerdotem apud altare beatorum *Martini Nycolai*
& fancte *Katherine* virginis & Martiris inftituit &
dotat per prefentes eum redditibus quadraginta
maldrorum filiginis annue penfionis Cellenfis menfure & unius carrate vini pro dimidia carrata fran-
conici pro reliqua vero dimidia parte hunatici cre-
menti ejusdem cellenfis menfure dandis & affignandis, ad beneficium prenotatum falva reemptione
eorundem reddituum cum certa fumma pecunie per
nos abbatem noftrosque fucceffores Abbates, ac
conventum Monafterii noftri predicti facienda, &
in alios redditus beneficiales ad dictum beneficium
dandos commutanda prout in literis noftri abbatis
& conventus noftri predicti figillis figillatis defuper
editis & confectis plenius continetur. Preterea prefatus *Eberhardus* beneficium per ipfum inftitutum
per fe vel per alium ydoneum facerdotem fructus
& redditus beneficii hujusmodi beneficii recipientem ad tempora vite fue officiabit, feu officiari procurabit vel fi voluerit ad predictum beneficium &
quociens opus fuerit ipfo vivente duntaxat, ydoneum facerdotem bone converfationis & literature
competentis ipfum beneficium poffidendum fua collatione Decano & capitulo Ecclefie noftre Cellenfis
prefentabit eodem vero *Eberhardo* mortuo, cum deinceps prefatum beneficium vacare ceperit, ejusdem beneficii collatio & inveftitura alternatis vicibus facienda, in modum fubjacentem, ad nos Abbatem noftrosque fucceffores Abbates Hornbacen-

fes,

ſes, & Decanum ecclefie Cellenſis pro tempore exiſtentes libere pertinebit. Ita ſane quodſi poſt mortem memorati *Eberbardi* redditus beneficiales predicti per nos Abbatem noſtrosque ſucceſſores Ab-
bátes & conventum Monaſterii hornbacenſis predicti non fuerint reempti, tempore vacationis prime beneficii prelibati Decanus Ecclefie Cellenſis pro
tempore exiſtens, predictum beneficium ſacerdotale conferet prima vice ydoneo ſacerdoti honeſte
converſationis & literature competentis infra duos
menſes poſt notoriam ſibi vacationem beneficii predicti proxime ſubſequentes, & deinde Abbas Hornbacenſis pro tempore exiſtens beneficium hujusmodi cum proxime vacare ceperit conferet vice altera ydoneo ſacerdoti ut preſcribitur infra duos menſes elabendos poſt notoriam vacationem ſibi per
Decanum Ecclefie Cellenſis tunc exiſtentem notifi-
candam, ſi vero poſt mortem memorati *Eberbardi*
beneficio preſcripto prima vice vacante ejusdem
beneficii redditus reempti fuerint per nos Abbatem
aut noſtros ſucceſſores abbates & conventum Monaſterii noſtri, prefati extunc abbas Monaſterii hornbacenſis conferre beneficium prenotatum prima
vice, cum vacare ceperit ydoneo ſacerdoti infra
duos menſes poſt notoriam vacationem ſibi denun-
tiandam per decanum ut prefertur, & Decanus
Cellenſis pro tempore exiſtens, conferet altera vice infra terminum duorum menſium preſentatum,
& ſi hujusmodi beneficii collatio per Abbatem
Hornbacenſem facta fuerit in perſonam actualiter
in ſacerdotio non exiſtentem ipſa collatio ſit facta

ſit

fit nulla, irrita & inanis & Decanus Cellenfis pro tempore exiftens, defectum Abbatis fupplendo, beneficium conferet ydoneo facerdoti infra terminum duorum menfium deinde proxime fubfequentium ut prefertur & fi Decanus Cellenfis conferret beneficium hujusmodi in perfonam actualiter in facerdotio non exiftentem, Abbas pro tempore exiftens defectum Decani fupplendo, beneficium conferet ydoneo facerdoti infra terminum duorum menfium prelibatum, fic quod Abbas Monafterii hornbacenfis & Decanus ecclefie Cellenfis pro tempore exiftentes collationem predicti beneficii provide faciant vicibus alternatis tempore perpetuo in ydoneos facerdotes fecundum Deum & in fuas confcientias prout verius divinam gratiam voluerint promereri, ceterum beneficiatus in dicto beneficio exiftens, nobis Abbati, & noftris fucceforibus Abbatibus & Decanis ecclefie Cellenfis pro tempore exiftentibus obedientiam faciat debitam & confuetam in licitis & honeftis omnibusque horis Canonicis legendis aut mufice in Ecclefia Cellenfi cantandis interfit prefencias Chorales ut reliqui vicarii prebendati ibidem deferviat & percipiat, miffam cottidie in fuo altari aut in fummo cum in fuo altari celebrare commode non poterit celebrabit, nifi minutus aut infirmus, vel alias legis impedimentis fuerit prepeditus. In teftimonium & robur evidens perpetue duraturum omnium & fingulorum premifforum nos predicti Waltherus Abbas *Emericus* Decanus & Capitulum Ecclefie Cellenfis & *Eberhardus* fundator beneficii prenotati, prefentes literas noftris figillis, una cum figillo officialitatis

tatis prepofitur e Ecclefie Wormatienfis, quod ad preces noftras prefentibus eft appenfum prefentes literas dedimus figillatas, Et nos Officialis recogno-fcimus prefentes Litteras ad preces dominorum & capituli predictorum nobis factas figillo officialita-tis noftre figilaffe. Datum & actum Anno domini M. CCC. Quadragefimo nono Jn vigilia beatorum *Symonis & jude* apoftolorum.

XXIII.
TVRNVS MAIOR * VLTRA SE-CVLVM CONCORDATA TRAN-SCENDENS.

In nomine Domini Amen. Solet fepe contingere experiencia edocente, quod ea que circa mi-nora provifa funt, in majoribus plerumque magis fibi locum vendicant & requirunt, fane dudum per nos ex certis caufis & racionabilibus tunc nos mo-ventibus per certam ordinacionem noftram in fcrip-tis redactam & per nos juratam ac figillo noftri Ca-pituli figillatam provifo de vicarijs ac alijs benefi-cijs in & extra ecclefiam noftram inftitutis ad colla-cionem prefentacionem feu quamvis aliam difpofi-cionem noftri Decani & Capituli communiter fpe-ctantibus conferendis, fummo opere expedire ar-bitramur ut de majoribus beneficijs fcilicet Cano-nicatibus & prebendis ejusdem noftre ecclefie cum vacaverint conferendis falubriter difponamus, at-tendentes igitur quanta retro actis temporibus tam

in

in ſpiritualibus quam in temporalibus propter aſ-
ſumpcionem & eleccionem perſonarum quandoque
minus potencium quandoque minus litteratarum &
ydonearum ad canonicatus & prebendas ejusdem
noſtre eccleſie ad importunas preces & inſtancias
magnatorum ipſa noſtra eccleſia pericula & incommoda eſt perpeſſa & quod diſciplina choralis perijt
& divinus cultus eſt diminutus ex eo quod quandoque hujusmodi perſone quibus hujusmodi canonicatus & prebende ſunt collati & ad eos aſſumpti
vel de eorum potencia confiſi vel alias ignari no-
luerunt vel non potuerunt in divinis officijs prout
locus & ordo ac tempus requirebant miniſtrare aut
alias deſervire nec ad hec potuerunt juxta conſwe-
tudines & ſtatuta ipſius eccleſie coherceri, Nos *Fredericus* Decanus *johannes* Scolaſticus totumque capitulum Eccleſie *Sancte Marie ad gradus* Magunt.
premiſſa in noſtro Capitulo volventes ſepius & revolventes multis capitularibus tractatibus inter nos
prehabitis qualiter hujusmodi periculis dampnis &
incommodis providere valeamus cupientesque eisdem quantum cum Deo poſſumus obviare, cum ubi
majus vertitur periculum ſit caucius providendum,
tandem ad obviandum predictis dampnis & incommodis nec non ad honorem & utilitatem dicte eccleſie noſtre & diſcipline chori obſervantiam ac divini cultus conſervacionem & augmentum omnes
& ſinguli in hoc concordavimus pari conſenſu & unanimi voluntate nemine diſcrepante & hac in perpetuum valitura ordinacione ſtatuimus volumus &
preſentibus literis ordinamus ut omnes & ſinguli canonicatus & prebende ejusdem noſtre eccleſie quan-

docun-

docunque & quotiénscunque inpofterum vacaturi
per Decanum & Capitulum ipfius noftre ecclefie
feu per perfonas prefentes in ac de noftro capitulo
exiftentes abfentibusnon vocatis nec eciam aliquatenus expeétatis ad peticionem fingularum perfonarum diéti capituli Primo videlicet Decani & deinde aliorum prelatorum & Canonicorum Capitularium in affecucione prebendarum ecclefie noftre feniorum & priorum fecundum ordinem fucceffive
dilacione contradiccione & impedimentis quibuslibet ceffantibus vice & nomine prefati noftri capituli conferantur. ita videlicet quod ille quem ordo
tetigerit aliquibus canonicatu & prebenda vacantibus infra tempus duorum menfium a tempore noticie vacacionis hujusmodi Canonicatus & prebende computandum pro una perfona ydonea & litte-
rata, in quo petentis confcienciam oneramus, petat & petere poffit & debeat ejusque preces per Decanum & capitulum feu perfonas capitulares prefentes eciam fi tres dumtaxat exifterent quas in prefenti cafu vices tocius capituli reprefentare volumus, debeant modis omnibus ut prefertur exaudiri, Verum fi aliquem ex diéto noftro Capitulo,
quem tunc ordo tetigerit tempore vacacionis aliquorum canonicatus & prebende & peticionis per
ipfum faciende pro hujusmodi canonicatu & prebenda ex quacunque caufa abeffe contigerit eidem
talis fua abfencia prejudicare non poterit neque debet quin ipfe pro hujusmodi canonicatu petere valeat extra locum & fimiliter exaudiri, fi autem eundem in tali loco effe contigerit quod vacacionem di-
étorum canonicatus & prebende non poffit infra
duo-

duorum menfium fpacium ad ipfius noticiam devenire, tunc idem abfens expeĉtabitur per capitulum per
alios duos menfes prediĉtos duos immediate fubfequentes, infra quos fi perfonaliter venire non valuerit
per fuas certas & indubitatas literas pro aliqua
perfona ydonea ad tales Canonicatum & prebendam
per Capitulum, recipienda & admittenda poterit
fupplicare cujus preces penitus debent exaudiri ac
fi prefens effet ut prefertur. Porro fi talis quem
tunc ordo petendi tetigerit pro canonicatu & prebenda tunc vacantibus infra quatuor menfium fpacium à tempore vacacionis hujusmodi computandum petere fcienter negligeret feu non curaret ex
tunc jus petendi quod tunc fibi compecierat ad alium
fuum fucceſforem proximum Capitularem in affecucione prebende feniorem illico devolvetur. Infuper fi idem petens per potenciam vel provifionem
Apoftolicam vel alias quocumque modo absque
culpa fua impediretur in peticione fua quo minus
effeĉtum debitum fortiretur illi falvum erit jus petendi pro alijs canonicatu & prebenda proxime vacaturis, volumus eciam peticiones pro hujusmodi
canonicatibus & prebendis fieri absque omni labe
& vicio Symonie, fpecialiter quoque ob tranquillitatem & pacem inter nos confervandam duximus
ordinandum quod fi quod abfit aliquis vel aliqui ex
noftro Capitulo illum quem tunc ordo petendi tetigerit ex odij fomite vel alias injufte in peticione
fua prefumeret vel prefumerent impedire nos omnes
alij & finguli diĉto petenti contra prefatos impedientes per juramenta noftra fideliter affiftemus,
Premiffa quoque omnia & fingula juravimus taĉtis

facro-

facrofan&is Dei Ewangelijs nos perpetuis temporibus firmiter fervaturos & ordinavimus fpecialiter
& expreffe ut omnes & finguli qui ad noftrum Capitulum ex nunc in antea recepti fuerint & admiffi
premiffa omnia & fingula fimiliter jurent & jurabunt fe una nobifcum perpetuo fervaturos. In
quorum evidenciam & memoriam pleniorem figillum Capituli noftri prefentibus duximus appendendum. Actum in loco Capitulari Ecclefie noftre .
antedicte Anno Dni Millefimo trecentefimo tricefimo feptimo quarto Kalendas Decembris.

* Turnus in genere eft ordo, quo quisque vice fua aliquid peragit, *chacun à fon tour.* fic apud *Lobinel-
lum Tom. 3. hift. parif. p. 138. col. 1. Capellani
Canonicorum ad fua turnum hebdomada ad totum
teneantur fervitium.* & ibid. p. 156. col. 2. *Completo uno turno incipit alius.* Turnus in materiâ
præfenti eft ordo à Capitulo ftatutus, fecundum
quem Capitulares ad beneficia vacantia nominant.

Turnus major comprehendit beneficia majora ,
Canonicatus nempe & præbendas; vid. nros. XXIII.
XXVI. &c. *Turnus minor* autem Vicarias , ca-
pellas, altaria &c. vide nros XXIV. XXV. & XXVII.
Qui in ordine nominandi eft, Turnarius appella-
tur; hic dum nominat ad canonicatum vel vicariam &c. nomine & vice totius capituli nominat. Ordo nominandi plerumque juxta fenium poffeffionis primæ inter capitulares obfervatur. Poft *Primum in turno* fi nominaverit, vel nominare noluerit aut ante nominationem vitâ exceferit, turnus fequentem in ordine capitularem ad nominationem vocat , & fic pergitur usque ad ultimum.
Turnus fubin renovatur antequam ad ultimum in
turno fuerit perventum; Refidui prioris turni ponuntur primi in turno novo. Quod fi hi refidui jure

re fuo nominandi ufi fuerint &c. incipit Turnus novus. Inventus eft turnus, ut fervaretur pax & concordia capitularium & ne beneficia diu nimis vacarent.

Singularis eft nominandi modus per *turnum* fic dictum *errantem*, quando nempe capitularibus certi dies aut menfes per annum affignantur, intra quos fi canonicus &c. decefferit, turnarius illius temporis affignati nominare poterit ad canonicatum tunc vacantem. *Turnus errans* occurrit infra nro XXVIIII. Sic quoque Capitulum Metropolitanum Mog. noviffimè anno fc. MDCCLXIX. ftatuit erigere Turnum errantem pro conferendis varijs beneficijs & officijs fuo tempore vacaturis, cuilibet XXIV. Capitularium affignatis triginta diebus integris à die prima januarij 1770. inclufivè usque ad horam 12mam nocturnam 22. menfis Decembris 1771.

In quibusdam ecclefijs majoribus Maguntinâ &c. ufuveniunt *nominationes utiles*, vi quarum capitulares turno infcripti vel fucceffivè vel fimul ac femel unâ eâdemque horâ, prout libuerit, candidatos utiliter nominare poffunt ad canonicatus fuo tempore vacaturos. Qui fic utiliter nominavit, ufus eft jure fuo, licet nominatio effectu careat. Si v. c. nominatus morte præveniatur, aut ftatui clericali fe mancipare nolit &c. hæ nominationes fecundum ordinem turnariorum ad effectum deducuntur.

XXIV.

TURNUS MINOR DE
ANNO MCCCXXXV.

In nomine Domini Amen. Quoniam fepe multa negotia ad collegia vel univerfitates fpectancia prefertim ecclefiafticorum beneficiorum collationes

Tom. I.   O   plus

plus debito retardantur propter quod interdum fidelibus animabus infurgunt pericula alieque incon-
venientie.pullulant Divino cultui onerofe, hinc eft
quod nos *Fridericus* Decanus *johannes* Scolafticus
totumque capitulum Ecclefie fanɛte *Marie ad Gradus* Magunt. premiffa in noftro Capitulo volventes
fepius & eciam revolventes tandem ad utilitatem
& honorem prediɛte noftre Ecclefie omnes & finguli in hoc concordavimus pari confenfu & voluntate unanimi nullo penitus difcrepante & hac in perpetuum valitura ordinacione volumus & prefentibus litteris ordinamus ut omnia & fingula beneficia Ecclefiaftica ad collacionem vel prefentacionem
feu quamvis aliam difpoficionem noftram communiter fpeɛtancia, ex nunc quocienfcunque impofterum vacatura exceptis canonicatibus ejusdem noftre ecclefie & prebendis ac dignitatibus, perfonatibus & officijs nec non quibusdam certis beneficijs fubnotatis per Decanum & Capitulum diɛte noftre ecclefie feu per perfonas prefentes in ac de noftro Capitulo exiftentes abfentibus non vocatis nec
etiam aliquatenus expeɛtatis ad peticionem fingularum perfonarum diɛti capituli primo videlicet
Decani & deinde aliorum Prelatorum & Canonicorum Capitularium in affecutione prebendarum ecclefie noftre feniorum & priorum fecundum ordinem fucceffive dilatione contradiɛtione & impedimentis quibuslibet penitus ceffantibus vice & nomine prefati noftri Capituli conferantur, ita videlicet quod ille quem ordo tetigerit, aliquo vacante
beneficio infra tempus duorum menfium a tempore
noticie vacacionis hujusmodi beneficij computandum

dum pro uno facerdote vel alio ydoneo qui infra
tempus a jure ftatutum ad facros ordines prout
ejusdem vacantis beneficij onus requirit, promoveri valeat, petat ac petere poffit & debeat ejusque preces per Decanum & Capitulum ecclefie noftre feu perfonas capitulares prefentes ut prefertur
modis omnibus debeant exaudiri non obftante fi
aliquis Ecclefie noftre canonicus in affecutione prebende ejusdem ecclefie dicto petente prior & fe-
nior poft vacacionem hujusmodi beneficij ad Capitulum noftrum receptus fuerit & admiffus, qui
ipfum petentem in peticione fua impedire non poterit fed alterius beneficij vacacionem juxta ordinacionem expectabit fupradictam, verum fi aliquem ex dicto noftro Capitulo quem tunc ordo tetigerit, tempore vacacionis alicujus beneficij & peticionis per ipfum pro hujusmodi beneficio faciende ex quacuhque caufa abeffe contigerit, eidem talis fua abfentia prejudicare non poterit neque debet
quin ipfe pro beneficio hujusmodi petere valeat
extra locum, fi autem eundem in tali loco effe contigerit, quod vacacio dicti beneficij non poffet infra dictorum duorum menfium fpacium ad ipfius
noticiam devenire, ex tunc Capitulum noftre ecclefie hujusmodi beneficium alicui ydoneo Clerico
commendabit quo usque dictus abfens perfonaliter
vel per litteras fuas certas & indubitatas pro aliqua perfona ydonea cum tali beneficio beneficianda
duxerit fupplicandum. Porro fi talis quem tunc
ordo petendi tetigerit pro beneficio hujusmodi infra duorum menfium fpacium petere fcienter negli-

geret

geret feu eciam non curaret ex tunc jus petendi
quod fibi tunc competierat, ad alium fuum fuccef-
forem proximum Capitularem in affecutione prebende feniorem illico devolvetur, & fi idem petens per potenciam vel provifionem Apoftolicam
vel alias, quocunque modo impediretur in peticione fua, quo minus effectum debitum forciatur, illi
falvum erit jus petendi pro alio beneficio proxime
vacaturo. Volumus eciam peticiones pro hujusmodi beneficijs fieri absque omni labe & vicio fy-
monie, fpecialiter quoque ob tranquillitatem & pacem duximus ordinandum, quod fi quod abfit aliquis vel aliqui ex noftro Capitulo illum quem tunc
ordo petendi tetigerit ex odij fomite vel alias injufte in petitione hujusmodi prefumeret vel prefumerent impedire, nos omnes alij & finguli dicto
petenti contra prefatos impedientes per juramenta
noftra fideliter affiftemus, Per premiffam autem
ordinacionem Prelatis noftre Ecclefie prefentibus &
futuris in jure ipforum conferendi beneficia que ad
ipforum collacionem fpecialiter pertinent, nolumus
in aliquo derogare. Item in premiffis fpecialiter
excludimus beneficia infra fcripta videlicet in *in-
feriori Heymbach* & in *Drechlingeshufen* parrochias,
Capellam in *fuperiori Wylebach* nec non altare fitum
in Ecclefia *Beckelnheim* quia eorundem beneficiorum
& parrochiarum fructus funt nimis tenues & exiles, Premiffa quoque omnia & fingula juravimus
tactis facrofanctis Dei Ewangelijs nos perpetuis
temporibus firmiter fervaturos. Et ordinavimus
fpecialiter & expreffe ut omnes & finguli qui ad
noftrum Capitulum ex nunc in antea recepti fue-

rint

rint & admiffi, premiffa fimiliter jurent, fe una nobifcum perpetuo fervaturos. In quorum evidenciam figillum Capituli noftri predicti prefentibus duximus appendendum. Actum & Datum Anno Dni M°CCC°XXXV° IIII° Kalend. Maji.

XXV.

INNOVATIO STATVTI CAPITVLARIS ECCLESIÆ S. BARTHOLOMÆI, DE VICARIIS ET BENEFICIIS QVORVM COLLATIO AD CAPITVLVM PERTINET, PER TVRNVM CONFERENDIS.

In Nomine Dñi Amen. Cum in Ecclefia noftra fcti *Bartholomei* Frankf. In Vicarijs & alijs beneficijs intra & extra dictam noftram Ecclefiam exiftentibus, quarum & quorum collacio ad Capitulum dicte Ecclefie *Scti Bartholom.* dinofcitur pertinere, conferendis perfonis idoneis, diffenfiones, & litium materie prefertim propter varias peticiones & fupplicaciones perfonarum extra dictam Ecclefiam exiftentium hactenus fint fuborte, hujusmodique actus preteriti nos reddant circa futura merito cautiores. Idcirco. . Nos. *Johannes* Decanus, *Heilmannus* Albi. . *Bertramus* de *Veliwile*, *Hertwicus* & *Baldemarus* fratres dicti de *Pettriwile*, *Jacobus* de *heygen*, *Wygandus* dictus *Welden*. *Franco de Moguncia*, *Heinricus* de *Stetinfelt*. *Hertwicus* de *Stralen-*

O 3   *burg*

burg Canonici prefate Ecclefie fcti *Barthol.* in ipfa
Ecclefia prefentes, & Capitulum ejusdem Ecclefie
reprefentantes, & pro nunc facientes. Volentes
futuris litibus & rancoribus in quantum poffumus
obuiare, Nec non in antea in tranquilitate pacis vivere. Ac in unanimi concordiâ & amore fubfcri-
ptam ordinacionem â predeceſſoribus noſtris ſtatutam, ordinatam, & fervatam duximus nos innovandam, & denuo ſtatuendam. Ac eciam prefentibus ſtatuimus & ordinamus. preſtitâque fide loco
juramenti hujusmodi ordinacionem promittimus in-
uiolabiliter obfervare, ut quilibet deinceps de di-
£to Capitulo 'prefens, refidens feu domicilium habens in terminis opidi Frankford. prenotati fecundum ordinem feu introitum fuum, qui in ipfo Capitulo confuevit obferuari. Cum & quando Vicarias, vel beneficia in diftâ Ecclefiâ vel extra, ad
collacionem feu prefentacionem Capituli ejusdem
Ecclefie pertinent. vacare contigerit, fuper quo
preces porrigere voluerit, fuper precibus fuis fuper hujusmodi beneficijs ad fui Inſtantiam perfonis
idoneis conferendis debebit fine contradiftione &
difficultate quâlibet exaudiri.

Nolentes tamen quod hujusmodi ordinacio ad
prelaturas, Canonicas & prebendas difte Ecclefie
aliqualiter fe extendat. Volentes eciam quod fi
quando aliquod beneficium de premiffis & fub ejus-
modi ordinacione contentis vacare contigerit, &
perfona, quam ordo fuper porrigendis peticioni-
bus tetigerit pro tunc fuperfedere voluerit, preces
fuper hujusmodi peticione minime offerendo quod
hoc facere poffit, quodque proxime vacaturum
quod

quod fibi placuerit valeat acceptare, & fi nullus de
fequentibus ipfum idem beneficium pro tunc vacans
acceptare vel pro eo fupplicare voluerit, tunc tale
beneficium per Capitulum communiter conferetur.

Item volumus, quod poftquam perfone fecundum premiffam ordinacionem ómnes funt exaudite,
quod tunc à primo denuo & deinde ab alijs fratribus Capitularibus prefentibus, refidentibus, feu
domicilium habentibus in terminis opidi Frankford.
prenotatis incipiatur, dictaque ordinacio fecundum ordinem cujuslibet, quam in dicto Capitulo
obtinere dinofcitur fecundum omnem fuum modum
inviolabiliter obfervabitur, prout fuperius eft narratum.

In cujus rei teftimonium figillum majus Ecclefie noftre prefate duximus appendendum. Actum
& Datum Anno Dñi Millefimo trecentefimo feptua-
gefimo primo. XI. Kalendas Julij.

XXVI.

TVRNVS ECCLESIÆ COLLE-
GIATÆ BINGENSIS.

In Nomine Domini Amen. Quoniam multa negotia ad collegia vel Univerfitates fpectantia plus
debito retardantur propter quod fidelibus animabus interdum furgunt pericula alięque inconveni-
encie pullulant divino cultui onerofe hinc eft quod
nos *Thylmannus* Pape Scol. *Reynoldus Wolquini Johannes Gladiatoris Johannes Kole Adolffus Ruue Johannes*

O 4

hannes Gerauwe Et *Ditmarus Spiſs* Canonici Capitulares & Capitulum ea vice facientes & repræſentantes eccleſiæ ſanɛti *Martini* Pingwenſis maguntinenſis Dioceſis præmiſſa in noſtro generali Capitulo celebrato ut moris eſt, ſepe ſepius voluentes & revoluentes Tandem ad utilitatem & honorem prediɛte noſtre Eccleſie pari conſenſu & unanimi voluntate capitulariter ad hoc congregati concordavimus, nullo penitus diſcrepante & hac de cetero valitura ordinatione volumus & preſentibus litteris ordinamus ut omnes & ſinguli Canonicatus & præbende diɛte noſtre eccleſie, que ad communem Capituli ejusdem eccleſie collationem proviſioriem preſentationem ſeu quamvis aliam diſpoſitionem vacacionum temporibus, de jure & antiqua ac haɛtenus obſervata & approbata conſuetudine ſpeɛtare & pertinere conſueverunt, ac ſpeɛtant & pertinent de preſenti ex nunc vacantes vel inantea quotienſcunque vacaturi nomine Capituli conferantur ad nominationem ſingulorum canonicorum prebendatorum & Capitularium ſubſcriptorum per eos ſucceſſive & ſeriatim juxta ordinem ut ſupponuntur faciendum videlicet *Thilmanni* Pape Scolaſtici *Reynoldi Wolquini Joh. Gladiatoris Joh. Kole Adolffi Ruwe Joh. Gerauwe & Ditmari Spiſs* ita videlicet Quod Dominus *Reinoldus Wolquini* ad Canonicatum & prebendam ex nunc vacantem vel quos inantea vacare contigerit per ſe vel procuratorem ſuum legitimum infra Trium dierum ſpatium a tempore note vacationis hujusmodi apud diɛtam noſtram Eccleſiam computando perſonam habilem & ydoneam nominabit coram duobùs vel tribus aliis capitularibus

ribus canonicis ad cujus petitionem & nominationem capitulum di&e noftre ecclefiæ canonicatum
& prebendam hujusmodi ftatim & fine mora taliter
nominato vel fuo procuratori legitimo pro eo conferre & affignare ac ad illos admittere eum in illorum poffeffionem inducere aliaque neceffaria facere teneantur & debeant. Non obftante fi petens
& nominans hujusmodi excommunicationis fufpen--
fionis & interdi&i fententijs foret innodatus. Aliis
tamen ftatutis ordinationibus & confuetudinibus ecclefie noftre femper falvis. Ad quem quidem Collationem nec non ipfius nominati vel procuratoris
fui receptionem & admiffionem etiam duo vel tres
Canonici Capitulares prefentes fufficiant Qui in hoc
cafu eciam fi plures non adeffent, vices tocius capituli habere deberent, & fupplere. Deinde *Thilmannus Pape* Scolaf. ad alios canonicatum & prebendam poftmodum fimiliter vacaturos Et fubfequenter finguli alij Canonici ut proxime prenominatur
ad fingulos alias Canonicatus & prebendas cum
vacaverint, modo & forma premiffis & ad effe&um
premiffis fingulas perfonas habiles & ydoneas fucceffive nominandi debent, habere poteftatem.
Verum fi talis quem tunc ordo nominandi tetigerit infra di&orum trium dierum fpacium per fe
vel procuratorem fuum hujusmodi taliter nominare negligeret feu eciam non curaret Ille extunc nominatione fua privatus exiftat Et fequens
cum immediate fi vult nominet, alioquin ipfe fequens expe&et, ac capitulum nullius alterius nominatione expe&ata vel admiffa ex tunc de Canonicatu & prebenda fic vacantibus liberam difponen-

O 5   di

di facultatem habeant, Infuper volumus & ordinamus quod ad alia beneficia ecclefiaftica cum cura
vel fine cura intra & extra dictam noftram ecclefiam fituata ad capituli noftri collationem provifionem vel prefentationem communiter fpectancia
ex nunc vacancia aut de cetero vacatura fecundum
ordinem perfonarum & formam prefcriptos per perfonas fupradictas Incipiendo a prefato Domino *Rey-
moldo Wolquini* & fubfequentibus ut ponuntur nominationes fiant, ut prefertur collationes quoque
receptiones & admiffiones per capitulum faciende
fubfequantur in omnibus & per omnia prout fuperius de canonicatibus & prebendis eft expreffum,
Exceptis altari fancti *Nicolai* fito in ecclefia parochiali *Merfpach* & fi aliqua alia effent ibidem beneficia fine cura Item Capella in *Walbach*, Item altari
Beate Marie in *Waltalgesheym* Item primiffaria in
Hedesheym Item altari fancte *Marie in Dorrenbach*,
Et Capella fancti *Stephani in Stromburg* que ad communem capituli noftri difpofitionem refervamus
Excludimus etiam in premiffis Electiones perfonatuum dignitatum ac officij cuftodie ad nos communiter fpectantes In de quibus vacationum temporibus difpofitionem facrorum canonum intendimus
obfervare. Item volumus & prefentibus fpecialiter ordinamus ut pretacte petitiones & nominationes fiant pure & fimpliciter fine vitio Simonie om-
nique dolo & fraude exclufis fpetialiter quoque ob
tranquillitatem & pacem duximus ordinandum.
quod fi quod abfit aliquis vel aliqui ex noftro capitulo illum quem tunc ordo tetigerit, petendi &
nominandi ad canonicatum & prebendam feu beneficium

ficium hujusmodi conferendum ex odij fomite vel
alias injuſte In petitione & nominatione ſuis predictis preſument impedire. Nos ceteri omnes &
ſinguli predicto petenti & nominanti contra prefatos impedientes totis viribus noſtris fideliter aſſiſte-
mus per premiſſam autem ordinationem prelatis ipſius noſtre eccleſie preſentibus & futuris in jure
ſuo beneficia ad collationem ſuam ſpetialiter ſpectantia nolumus in aliquo derogare. Eſt etiam ad-
jectum quod ſi aliquis de novo in prelatum receptus fuerit Ille in petendo & nominando locum ſuum
tamquam canonicus & non tamquam Prelatus in ordine promiſſo expectabit, & ſi Canonicus quavis de
cauſa ceſſaverit eſſe, ceſſet & jus quod in nominatione hujusmodi habuit, Concordatum etiam eſt,
quod petitiones & nominationes hujusmodi fiant,
in menſe ordinariorum niſi aliud impoſterum duximus ordinandum. Premiſſaque omnia & ſingula
prout ſuperius enarrantur promittimus bona fide
loco præſtiti juramenti Nos omnes & ſinguli ſupra-
dicti quousque per ſingulos Canonicos in nominandi ordine ſupra poſitos modo & forma ac ſub condicionibus premiſſis tam in Canonicatibus & prebendis quam aliis beneficiis ut premittitur fuerint
adimpleta pariter & perfecta firmiter ſervaturos
Ordinamus etiam & ſtatuimus fide ſub eadem ut
omnes & ſinguli qui ad noſtrum capitulum ex nunc
in antea recepti fuerint & admiſſi premiſſa realiter.
jurent ſe firmiter ſervaturos Jn cujus rei teſtimonium ſigillum noſtri Capituli & nos ſinguli ſingula
noſtra ſigilla preſentibus duximus appendenda. Datum & actum in Capitulo noſtro generali Anno
Domini

Domini Milleſimo quadringenteſimo ſeptuageſimo quartó die vero viceſimo quinto menſis februarii.

Nos Scolaſticus & Capitulum eccleſie Pingwen-ſis in preſenti generali Capitulo ex cauſis legitimis nos ad hoc moventibus duximus ordinandum, quod quemcumque noſtrorum in ordinatione nominatio-nis litteræ cui preſens cedula eſt transfixa deſcri-ptorum ordo nominandi tetigerit niſi talis perantea premiſſionem & ſigilli ſui appenſionem fiat juxta modum & formam in eadem littera deſcriptos quod propter ſui negligentiam nominationis ſua careat & ad proximum ſeniorem capitularem Canonicum illico devolvetur Datum & actum die & Menſe in eadem littera contentis & deſcriptis.

XXVII.

RENOVATIO TVRNI DE ANNO
1549.

In Nomine Dñi Amen. Cum in Eccleſia noſtra ſancti *Bartholomei* Franckfurdenſ. in vicarijs & alijs beneficijs intra & extra dictam noſtram Eccle-ſiam exiſtentibus, quarum & quorum collatio ad Capitulum dicte Eccleſie ſancti *Bartholomei* dinóſci-tur pertinere, conferendis perſonis idoneis, diſſen-ſiones & litium materie, preſertim propter varias peticiones & ſupplicationes perſonarum extra di-ctam noſtram Eccleſiam exiſtentium hactenus ſint ſuborte, hujusmodique actus preteriti nos réddant circa futura merito cautiores. Idcirco Nos *Johan-nes*

nes Hoffmann Decanus, *Johannes Hamman* Cuſtos,
Johannes Hoffman de *Mirſtatt*, M. *Johannes Latomus*,
Bertholdus Beſſinger Cantor, M. *Valentinus Munck.*
M. *Henrieus Pfleger* Canonici preſate Eccleſie ſanĉti
Bartholomei, in ipſa Eccleſiâ preſentes, ⚱ Capitulum ejusdem Eccleſie repreſentantes, & pro tunc
facientes. Volentes futuris litibus & rancoribus in
quantum poſſumus obviare. Nec non in anteà in
tranquillitate pacis vivere, ac in unanimi concordiâ & amore, ſubſcriptam ordinationem, à predeceſſoribus noſtris ſtatutam, ordinatam & ſervatam
duximus nos innovandam, & denuò ſtatuendam, ac
etiam preſentibus ſtatuimus & ordinamus, preſtitâque fide loco Juramenti hujusmodi ordinationem
promittimus inviolabiliter obſervare, Vt quilibet
deinceps de diĉto Capitulo preſens, reſidens, ſeu
domicilium habens, in terminis opidi Franckfurdenſis prenotati ſecundum ordinem ſeu Introitum ſuum,
qui in ipſo Capitulo conſuevit obſervari, cùm &
quandò Vicarias, vel Beneficia in diĉta Eccleſia vel
extra ad collationem ſeu preſentationem Capituli
eiusdem Eccleſie pertinentia vacare contigerit, ſuper quo preces porrigere voluerit, ſuper precibus
ſuis in hujusmodi beneficijs ad ſui inſtantiam perſonis idoneis conferendis debebit ſine contradiĉtione & difficultate quâlibet exaudiri.

Nolentes tamen, quod hujusmodi ordinatio ad
Prelaturas, Canonias, & Prebendas diĉte Eccleſie
aliqualiter ſe extendat.

Volentes etiam, quod ſi quando aliquod beneficium de premiſſis & ſub hujusmodi ordinatione
contentis vacare contigerit, Et perſona, quam or-

do

do fuper porrigendis petitionibus tetigerit, pro tunc fuperfedere voluerit, preces fuper hujusmodi petitione minimè offerendo, quod hoc facere poffit, quodque proximè vacaturum, quod fibi placuerit, valeat acceptare. Et fi nullus de fequentibus ipfum idem beneficium pro tunc Vacans acceptare vel pro eo fupplicare voluerit, tunc tale beneficium per Capitulum communiter conferetur.

Item Volumus, quod poftquam perfone fecundum premiffam ordinationem, omnes funt exaudite, quod tunc à primo denuò, & deinde ab alijs fratribus Capitularibus prefentibus, refidentibus feu domicilium habentibus, in terminis opide franckfurdenfis prenotatis, incipiatur, dictaque ordinatio fecundum ordinem cujuslibet, quem in dicto Capitulo obtinere dinofcitur, fecundum omnem fuum modum, inviolabiliter obfervabitur, prout fuperius eft narratum.

Jn Cujus rei teftimonium figillum Ecclefie noftre prefate prefentibus duximus appendendum.

Actum & Datum Anno Dni millefimo quingentefimo quadragefimo nono. Die Veneris Vicefima quinta menfis Januarij.

XXVIII.

XXVIII.

LITTERAE APPENDICIAE DE 1532. AD RENOVATIONEM TVRNI DE AO. 1521.

Nos *Johannes vom Ryn* Cantor, *Heymannus Itzſtein Philippus Rucker*, *Johannes Edinger*, & *Johannes Bebinger* Canonici Capitulares Ecclefie fancti Bartholomei Franckfurdenfis Capitulum pro nunc conſtituentes, & reprefentantes, Atteſtamur & notum facimus per prefentes.

Quia Venerabiles Dñi *Petrus Lapicide* Decanus, *Conradus Sprenger* Scolaſticus & *Jacobus Furſter* Cuſtos Canonici iam dicte Ecclefie poſt ordinationem de beneficijs conferendis & nominationibus fiendis per nos factam & erectam ſupervenerunt, & ad Capitulum iuxta ſtatuta & confuetudinem Ecclefie memorate recepti & admiſſi fuerunt, anteaque reinceptio ſeu incohatio ſupradicte noſtre ordinationis per Seniorem fuerat ſubſecuta; Unde ex certis Cauſis eosdem Dominos *Petrum Lapicide* Decanum, *Conradum Sprenger* Scolaſticum, & *Jacobum Furſter* Cuſtodem, ut Canonicos noſtros Capitulares habito prius ſuper eo tractatu çapitulari ad pretactam ordinationem tenore preſentium admittimus,

Ità videlicet, quod poſteaquam ultimus ſeu noviſſimus ex nobis in prefenti ordinatione defcriptus ad beneficium aliquod vacans nominavit ſeu preces fuas porrexit, Ex tunc dicti Dñi Prelati & Cuſtos in nominando, ut Canonici Capitulares inmediate ſubſequi, & offerente ſe vacatione beneficiorum

eccle-

ecclefiafticorum, & ad nominandum ex ordine preces porrigere poffint & valeant. Quibus quidem
nominationibus per eosdem eciam factis & completis nova ordinatio de Beneficijs conferendis iuxta
confuetudinem & ftatuta Ecclefie erigatur, Ordo
autem inter dictos prelatos & cuftodem beneficia
ecclefiaftica conferendi, & ad illa nominandi talis
erit.

Vt videlicet Dominus *Conradus Sprenger* inter
ipfos tres inchoat, deinde Dominus *Petrus Lapicide* Decanus, fequitur, & ultimus erit Dnũs *Jacobus Furfter* cuftos Canonici.

In cujus rei fidem, & evidens teftimonium has
literas fecimus, & curavimus literas alias de & fupradicta ordinatione confectis transfigi, & figillum
noftri Capituli appendi.

Datum in die fancti *Bonifacij* Anno Dñi Millefimo quingentefimo tricefimo fecundo.

XXVIIII.

TURNUS ERRANS.

NOMINA DOM. DOM. CAPITULARIUM ECCLESIÆ CATHEDRALIS HERBIPO-LENSIS à VIGILIA PURIFICATIONIS B. V. M. ANNO 1765. usque 1766.

Reverendiſſimus D. D. Joannes Philippus Ludovicus Ignatius L. B. de & in Franckenftein, Præ-
pof. Herbipol.

Reve-

Reverendissimus D. D. Otto Philippus Erhardus Erneftus Grofs de & in Trockau, Decanus.

D. D. Joannes Godefridus Ignatius à Wolffskeel, Sen. & Jubil.

Illustrissimus D. D. Joannes Francifcus Wolffgangus Damianus S. R. I. Comes ab Oftein, Schol. & Jubil.

D. D. Carolus Philippus Joannes Jofephus Zobel à Giebelftatt, Vic. Generalis, & Jubil.

D. D. Wilhelmus Udalricus L. B. à Guttenberg, Jubil.

D. D. Joannes Philippus Fridericus Hartmanus Francifcus à Rofenbach, Cantor & Jubil.

D. D. Joannes Philippus Chriftophorus Francifcus Ignatius Cajetanus à Mauchenheim, dictus Bechtelsheim, Jubil.

D. D. Philippus Rudolphus Henricus Jofephus à Rothenhan, Jub.

D. D. Lotharius Francifcus Wilhelmus à Rothenhan.

D. D. Joannes Philippus Carolus Antonius à Fechenbach, Officialis & Cellarius.

D. D. Lotharius Francifcus Melchior Philippus L. B. à Bettendorff.

Illustrissimus D. D. Joannes Jacobus Francifcus Comes de & in Elz, dictus Fauft de Stromberg.

D. D. Ferdinandus Chriftophorus Petrus L. B. à Sickingen, Cuftos.

D. D. Philippus Antonius Chriftophorus Erneftus L. B. à Guttenberg.

D. D. Wilhelmus Jacobus de Rhein.

Tom. I. P D. D.

D. D. Maximilianus Joannes Jacobus L. B. à Sickingen.

D. D. Carolus Fridericus Wilhelmus L. B. ab Erthal de Leuzendorff.

D. D. Lotharius Francifcus Philippus Carolus Henricus à Greiffenclau de Vollraths.

D. D. Joannes Jofephus Henricus Erneftus à Würtzburg.

D. D. Carolus Dietericus Jofephus L. B. à Guttenberg.

Illuftriffimus D. D. Lotharius Francifcus Comes de Ingelheim, dictus Echter à Mefpelbrunn.

Illuftriffimus D. D. Joannes Carolus Antonius Comes à Stadion & Thanhaufen.

D. D. Francifcus Ludovicus Carolus de & ab Erthal.

ORDO ET MODUS

Conferendi Præbendas in Ecclefia Ca-
thedrali Herbipolenfi ab hora quarta pomeridia-
na diei 7. Januarii 1765. usque 2. Januarii 1766.
& dictam horam illius diei pomeridianam quar-
tam inclufivè, quem fequentes ita obfervabunt,
ut unicuique 30. dies continui pro fuo
Turno competant.

D. D. Philippus Joannes Fridericus Hartmanus Francifcus à Rofenbach, Cantor, & Jubil. habet' & numerat fuos 30. dies usque 6. Februarii 1765. & horam quartam pomeridianam illius diei inclu-fivè, & ab illa

Reve-

Reverendissimus D. D. Joannes Philippus Ludovicus Ignatius L. B. de & in Franckenstein, Præpos. Herbipolensis, habet & numerat suos 30. dies usque 8. Martii 1765. & horam quartam pomeridianam illius diei inclusivè, & ab illa.

D. D. Joannes Philippus Christophorus Franciscus Ignatius Cajetanus à Mauchenheim dictus Bechtelsheim, Jubil. habet & numerat suos 30. dies usque 7. Aprilis 1765. & horam quartam pomeridianam illius diei inclusivè, & ab illa

D. D. Philippus Rudolphus Henricus Josephus à Rothenhan, Jubil. habet & numerat suos 30. dies usque 7. Maij 1765. & horam quartam pomeridianam illius diei inclusivè, & ab illa

D. D. Lotharius Franciscus Wilhelmus à Rothenhan, habet & numerat suos 30. dies usque 6. Junii 1765. & horam quartam pomeridianam illius diei inclusivè, & ab illa

D. D. Lotharius Franciscus Wilhelmus à Rothenhan, habet & numerat suos 30. dies usque 6. Junii 1765. & horam quartam pomeridianam illius diei inclusivè, & ab illa

D. D. Joannes Philippus Carolus Antonius à Fechenbach, Officialis & Cellarius, habet & numerat suos 30. dies usque 6. Julii 1765. & horam quartam pomeridianam illius diei inclusivè, & ab illa

Reverendissimus D. D. Otto Philippus Erhardus Erneſtus Groſs de & in Trockau, Decanus, habet & numerat suos 30. dies usque 5. Augusti 1765. & horam quartam pomeridianam illius diei inclusivè, & ab illa

D. D.

D. D. Lotharius Francifcus Melchior Philippus L. B. à Bettendorff, habet & numerat fuos 30. dies usque 4. Septembris 1765. & horam quartam pomeridianam illius diei inclufivè, & ab illa

Illuftriffimus D. D. Joannes Jacobus Francifcus Comes de & in Elz, dictus Fauft de Stromberg, habet & numerat fuos 30. dies usque 4. Octobris 1765. & horam quartam pomeridianam illius diei inclufivè, & ab illa

D. D. Ferdinandus Chriftophorus Petrus L. B. à Sickingen, Cuftos, habet & numerat fuos 30. dies usque 3. Novembris 1765. & horam quartam pomeridianam illius diei inclufivè, & ab illa

D. D. Philippus Antonius Chriftophorus Erneftus L. B. à Guttenberg, habet & numerat fuos 30. dies usque 3. Decembris 1765. & horam quartam pomeridianam illius diei inclufivè, & ab illa

D. D. Wilhelmus Jacobus de Rhein, habet & numerat fuos 30. dies usque 2. Januarii 1766. & horam quartam pomeridianam illius diei inclufivè. Et fic anno fubfequente altera Capitularium medietas Turno inferta eft.

XXX.

ORDINATIO DE ADMITTENDIS AD CANONICATVS DE THORO LEGITIMO NATIS.

Pius Epifcopus fervus fervorum Dei ad perpetuam rei memoriam. Creditam nobis defuper regende militantis ecclefie providentiam falubriter
exequi

exequi coadjuvante Domino cupientes ad ea ut debemus libenter intendimus per que ecclefijs confu-
latur & earum confervetur decentia earumque per
amplius crefcat decus & venuftas. Sane pro parte
dilectorum filiorum Decani & Capituli ecclefie beate *Marie ad gradus* Magunt. nuper exhibita peti-
tio continebat quod olim ijdem Decanus & Capitulum cupientes quod dicta ecclefia que inter collegiatas ecclefias intra & extra muros Magunt. confiftentes folemnis exiftit perfonis legitime natis de-
coraretur in hoc majoris Maguntinenfis & quarundam aliarum predictarum ecclefiarum confuetudines & ftatuta fectari feque illis ut decebat conformare volentes ex hijs & certis alijs rationabilibus
caufis permoti & ftatuerunt & ordinarunt videlicet,
quod nullus de cetero in dicta Ecclefia beate *Marie*
in Canonicum reciperetur aut ad canonicatum &
prebendam ac etiam dignitatem inibi pro tempore
etiam ex caufa permutationis vel alias quovis modo
vacantes admitteretur nifi de legitimo thoro pro-
creatus exifteret ficque recipiendus & admittendus
prius quod de legitimo thoro fe natum fore crederet inter alia preftaret juramentum videlicet tale:
Item juro quod credo me de legitimo matrimonio
procreatum fore & aliud nefcio nec contrarium unquam audivi, fic me Deus adjuvet. Quare pro
parte Decani & Capituli predictorum nobis fuit humiliter fupplicatum quatinus ftatuto & ordinationi
hujusmodi pro illorum fubfiftentia firmiori robur
Apoftolice confirmationis adjicere & ut inconcuffe
ferventur oportune providere de benignitate Apoftolica dignaremur, Nos igitur hujusmodi fuppli-

catio-

cationibus inclinati considerantes statutum & ordinationem predicta statui dicte ecclesie congruere
illa auctoritate Apostolica tenore presentium confirmamus & eciam approbamus decernentes quod
Decanus & Capitulum predicti obtentu quarumcun-
que dispensationum & litterarum sub quavis forma
vel expressione verborum cum dicti statuti dero-
gatione à sede Apostolica vel ejus legatis eciam motu proprio emanatarum aut alias qualitercunque
impetratarum seu in antea impetrandarum ac pro-
cessuum habitorum vel habendorum per easdem
quasvis eciam censuras & penas in se continentium
ad receptionem vel provisionem alicujus seu aliquorum ad Canonicatus & prebendas ac dignitates hujusmodi adversus statutum & ordinationem hujusmodi compelli minime debeant ac processus & cen-
sure ac pene hujusmodi minime arctent sed habe-
antur pro cassis irritis & infectis. Nulli ergo omnino hominum liceat hanc paginam nostre confirmationis approbationis & decreti infringere vel ei
ausu temerario contraire, si quis autem hoc' attemptare presumpserit indignationem omnipotentis
Dei & beatorum *Petri* & *Pauli* Apostolorum ejus se
noverit incursurum. .Datum Rome apud S. Petrum
Anno Incarnationis Dominice Millesimo quadrin-
gentesimo sexagesimo sexto Id. Martij, Pontificatus nostri Anno tertio.

XXXI.

XXXI.

HENRICVS ARCHIEP. MOG.
CONSTITVIT VISITATORES DIOE-
CESIS VERDENSIS.

Henricus Dei gratia fanĉte Maguntinenfis fedis Archiepifcopus facri Imperii per Germaniam Archicancellarius, Ad univerforum ac fingulorum & fpecialiter, quorum intereft feu intereffe poterit in futurum noticiam deducimus in hijs fcriptis, quod nos honorabiles viros *Theodericum de Hardinberg* canonicum ecclefie Hildinsheymenfis & *Eberhardum* paftorem ecclefie in *Gefeke* Paderburnenfis diocefis noftre provincie prefencium exhibitores facimus conftituimus & ordinamus, noftros veros & legitimos procuratores negotiorum geftores & nuncios fpeciales & quemlibet eorum infolidum, ita quod non fit melior condicio occupantis, fuper fanĉte vifitationis negotio , nec non idem negocium contingentibus in *Verden* civitate & diocef. tam cleri quam populi noftre provincie, auĉtoritate noftra metropolitica inftaurando, dantes eisdem & cuilibet ipforum ut premittitur infolidum cum venerabili in Chrifto fratre, Domino Verdenfi Epifcopo, nec non Abbatibus Prioribus prepofitis Decanis conventibus collegiis feu capitulis alijsque ecclefiarum & monafteriorum Prelatis reĉtoribus vicarijs capellanis ceterisque perfonis ecclefiafticis fecularibus & regularibus quocunque nomine cenfeantur, civitatis & diocefis prediĉtarum traĉtandi conveniendi firmandi ac perficiendi quecumque circa vi-

fitacionis

fitacionis predicte negocium feu officium & ea contingentibus neceffaria & oportuna fuerint pleñam
& liberam tenore prefencium poteftatem, alium
eciam feu alios procuratores fubftituendi & fubfti-
tuendos per ipfum vel alterum ipforum eciam revocandi, quando & quociens ipfis vel eorum alteri videbitur expedire, promittentes nos ratum
& gratum habere quidquid per eosdem procuratores noftros vel eorum alterum feu ab eis fubfti-
tuendos tractatum conventum firmatum aut perfectum fuerit in premiffis aut aliquo premifforum
Jn cujus rei teftimonium figillum noftrum prefentibus eft appenfum. Datum *Lichen* V°· Jdus januarij anno domini M°.CCC.ғLj.

XXXII.

PROVISIO SUPER PRÆPOSITU-
RA SUMMÆ ÆDIS MOGUNT. QUA-
LITER EXECUTIONI DATA?

In Nomine Domini Amen. Per hoc prefens inftrumentum publicum cunctis pateat evidenter
quod anno Dominice nativitatis Millefimo tricentefimo quadragefimo tertio Jndictione duodecima
pontificatus fanctiffimi in Chrifto patris & Domini
Domini *Clementis* Pape *fexti* anno fecundo Menfis
decembris die quintadecima hora ejusdem diei quafi
fexta, que dies fuit fecunda feria poft diem beate
Lucie, honorabilibus viris dominis Decano & Capitulo Ecclefie Magunt. in armario ejusdem Ecclefie

fie congregatis & capitulariter fedentibus ibidem.
In mei *Walthelmi* notarii publici & teſtium preſen-
cia ſubſcriptorum Venit dominus *Gerlacus de Butſpach*
canonicus ecclefie ſancti *Petri* Magunt. & literam
apertam Reverendi in Chriſto patris ac domini domini *Heinrici* Archiepiſcopi Magunt. ſuo pendenti
ſigillo munitam ſuper gratia Venerabili domino
domino *Johanni de Columpna* dyacono Cardinali *
facta a ſede apoſtolica ut dicebatur de canonicatu
& prebenda ac prepoſitura ejusdem ecclefie Magunt.
quos olim habuit quondam dominus *Bertholinus de*
Canali ibidem dum vixit. prepoſitus & canonicus
prebendatus, eis preſentavit.   Cujus quidem litere
tenor talis fuit. *Heinricus* Dei gratia ſancte Magunt.
ſedis Archiepiſcopus ſacri imperii per germaniam
archicancellarius honorabilibus viris Decano & Capitulo ecclefie ſue Magunt. devotis ſuis, dilectis ac
omnibus & ſingulis quibus id noſſe fuerit opportu-
num ſalutem in Domino & plenam noticiam ſub-
miſſorum Cum ad excludendas falſitates varias que
ſepe per litteras apoſtolicas committuntur inveniatur per predeceſſores noſtros Archiepiſcopos Magunt. provide ſub gravibus penis in provinciali
                    P 5   Concilio

* *Joannes Columna* Romanus Anno 1322. Cardinalis
  S. Angeli & Baſilicæ Lateranenſis Archipresbiter
  creatus, Pontifici maximo & Principibus ob eximi-
  as virtutes, morum vitæque conſuetudinem uti &
  litterarum eruditionem valdè acceptus. vid. *Pala-*
  tius in faſtis Cardinalium S. R. E. volum. 1. col.
  616. n. 38. ſub joanne XXI. errat autem *Palatius*,
  cum joannem ao. 1343. fatis conceſſiſſe aſſerat, cum
  hoc anno Præpoſituram majorem Mog. obtinuiſſet,
  quâ ultra annum 1346. ornatus fuit.

Concilio conſtitutum & diligenter obſervatum, quod nulla ſcripta tamquam apoſtolica prima facie apparencia per quemquam provincialium recipiantur niſi prius per dyoceſanum examinentur & tamquam vere litere apoſtolice ſuis literis Judicentur * Igitur conſideratis & perpenſis diligenter literis que de prepoſitura, canonicatu & prebenda ecclefie noſtre Magunt. olim vacantibus ex obitū *Berthelmi* ibidem prepoſiti & canonici prebendati pro perſona

* Concilium Provinciale Mogunt. ao. 1310. ſub *Petro* Archiep. celebratum *cap. CXLII. de crimine falſi* ſic ſtatuit: Et quia pleriſque falſarij litteris Apoſtolicis & aliorum Prelatorum teſtimonijs aſſerunt ſe munitos, hoc ſanctum decrevit Concilium, ne tales qualiacunque ſcripta deferant a clericis vel a cujuslibet alijs perſonis eccleſiaſticis recipiantur in eccleſijs vel in domo niſi prius ipſorum littere per Epiſcopum Dyoceſis, ſi ejus copia poſſit haberi, alioquin per capellanum ecclefie cathedralis examinate fuerint diligenter & niſi ipſius Epiſcopi vel capellani litteris teſtimonialibus ſint muniti, & hoc ideo quia per ſacerdotes ſimplices non poteſt de facili literarum veritas vel facultas indagari, ſane quecunque perſona eccleſiaſtica citra hanc formam tales receperit, ipſo jure ab officio & beneficio per triennium ſit ſuſpenſa, alia pena nihilominus juxta ſuperioris arbitrium punienda. Illud quoque preſentis auctoritate Concilij huic capellano duximus annectendum, ut ſi tales ſine dictis literis teſtimonialibus petitiones ſuas preſumpſerint promovere, plebani civitatis & villarum ac alij ad quos veniunt, eos cum rebus eorum per ſeculare judicium ſi alias detineri non poſſint, non dubitent occupare Dyoceſano ſeu Archidiacono preſentandos. ita in ſimili Concilium Wernheri Archiep. Mog. *an. MCCLXI. can. XVII. MSS. Collectio mea Conciliorum Mog.*

na venerabilis patris domini *Johannis de Columpna*
dyaconi cardinalis ab eadem fede apoftolica pre-
ceſſerant tamquam veras & ab eadem fede apoftolica procedentes declaramus per prefentes volentes
eas pro veris apoftolicis literis recipi & haberi per
univerfos nobis fubjeĉtos eodem provinciali concilio non obftante datum *Waltaffen* in craftino beate
Lucie Anno Domini M°CCC°XLjjj°. Acceſſit eciam
idem Capitulum ftatim ibidem Dominus *Reynaldus*
canonicus ut aſſeruit ecclefie fanĉti *Pauli* Leodienſ.
dicens fe fore procuratorem ejusdem domini Cardinalis ad petendum & recipiendum ejus admiſſionem & receptionem per idem Capitulum ad canonicatum & prebendam atque prepofituram easdem
nec non ad preftandum folitum juramentum de fervandis ftatutis & confuetudinibus ejusdem ecclefie
magunt. fe pro eo petens ad hoc recipi & admitti,
proteftabatur igitur idem capitulum pro fe & omnibus fibi adherentibus quod eadem die & hora primo intellexerint Intelligereque & credere debue-
rint ex eisdem literis Domini Magunt. juxta exi-
gentiam ftatuti provincialis Concilij Magunt. in libro provincialium ftatutorum provincie magunt.
fub titulo de falfarijs pofiti quod eadem gratia realiter a Domino papa proceſſiſſet & pro vera eſſet
tenenda, & quod confequenter fi aliqui proceſſus
ad exequendam eandem gratiam forent faĉti, vel
publicati eorum monicionis tempora contra eos tantum a die & hora prediĉte prefentacionis litere Domini Magunt. primo currere incepiſſent & deberent
de jure qua proteftatione faĉta petivit idem Capitulum copiam procuratorij ejusdem *Reynaldi* nec
non

non gratie predictorum quas idem *Reynaldus* michi
fubfcripto notario ad dandam fibi copiam earundem affignavit habuit autem dictum procuratorium
Reynaldi figillum inpenfum cum ymagine angeli
alas extendentis, Jta quod figillum ejusdem domini Cardinalis fore prima facie apparebat, habuit
autem hujusmodi forma fubfcriptionum & fignum
quod prima facie per quendam Symonem Domini
Leonardi de *peneftre* ac prefati domini Cardinalis
notarium publicum apoftolica auctoritate confcriptum videbatur, cujus tenor fuit talis Noverint
univerfi hoc publicum prefens inftrumentum infpecturi. Quod nos .. *Johannes de Columpna*, mife-
racione divina *S. Angeli* dyaconus Cardinalis prepofitus & canonicus ecclefie magunt. facimus conftituimus & ordinamus noftros veros & legitimos
procuratores actores, factores, negociorum geftores, ac nuncios fpeciales providos & difcretos viros *Antonium de Alenban* prefentem & mandatum noftrum fufcipientem & .. *peronum yterij de
Cifterrone* & *Reynaldum de Dale* canonicum *S. Pauli*
Leodienfis familiares noftros abfentes tamquam prefentes, & quemlibet eorum infolidum, Jta quod non
fit melior condicio occupantis, fed quod unus ince-
perit alius profequi terminare valeat & finire Ad
prefentandum literas apoftolicas fuper provifione
feu gratia nobis facta per fanctiffimum patrem
& dominum noftrum dominum *Clementem* divina
providentia papam *fextum* de canonicatu & prebenda, ac prepofitura ecclefie magunt. vacantibus
apud fedenrapoftolicam per obitum bone memorie
domini *Bertholini de Canali* dicte ecclefie canonici

&

& prepofiti & proceffus auctoritate predictarum
literarum habitos fuper gratiam fupradictam Reverendo in Chrifto patri Domino Dei gratia Archiepifcopo Magunt. & honorabilibus & difcretis viris,
Decano & Capitulo, ac fingulis Canonicis & perfonis ejusdem ecclefie Magunt. nec non omnibus
& fingulis officialibus adminiftratoribus & alteris
in dignitatibus & perfonalibus in dicta ecclefia
conftitutis nec non executoribus fubexecutori-
bus deputatis & quibufcumque alijs perfonis vi-
derit expedire & ad petendum nomine noftro &
pro nobis a dictis dominis Archiepifcopo Decano & capitulo & fingulis prelatis & canonicis
dicte ecclefie Magunt. fe recipi in prepofitum Canonicum & in fratrem & eisque vel ipforum alteri pro nobis & noftro nomine ftallum in choro & locum in capitulo ipfius ecclefie cum plenitudine juris canonici ficut vero prepofito & canonico ipfius ecclefie facere affignari & ad jurandum
in animam noftri conftituentis ftatuta & confuetudines ipfius ecclefie & quodlibet aliud juramentum
preftandum, & ad recipiendum noftro nomine &
pro nobis poffeffionem corporalem dictorum prepofiture canonicatus & prebende & jurium & pertinenciarum eorundem & ad fubftituendum unum
vel plures procuratores loco eorum & cujuslibet
ipforum in premiffis & fingulis eorundem & generaliter ad omnia & fingula faciendum & exercen-
dum, que veri & legittimi procuratores facere &
exercere poffent & deberent ac nosmet facere poffemus fi prefentes effemus dantes & concedentes eis-

dem

dem procuratoribus noſtris & cuilibet inſolidum
plenam & literam poteſtatem in omnibus & ſingulis ſupradiĉtis & quolibet prediĉtorum & pro premiſſis agendi defendendi litem conteſtandi, ſententias cum interlocutoriisque , diffinitivas audiendi
appellandi ac appellacionem proſequendi Promittimus eciam nos ratum gratum & firmum habere &
tenere totum & quidquid per diĉtos procuratores
noſtros vel ſubſtitutum & ſubſtituendos vel ab eis
vel ab alio eorum aĉtum faĉtum , geſtum & procuratum fuerit in premiſſis & quolibet premiſſorum
ſub ypotheca & obligacione omnium bonorum noſtrorum preſencium & futurorum In quorum omnium teſtimonium preſentes literas ſeu publicum inſtrumentum per noſtrum notarium publicum infraſcriptum ſcribi & publicari mandavimus & ſigilli
noſtri appenſione muniri Aĉtum Avinione in camera habitacionis prefati domini Cardinalis ſub anno
domini M°CCC°XLjjj° die ultima menſis Julij indiĉtione undecima, pontificatus ſanĉtiſſimi in Chriſto patris & domini noſtri domini *Clementis* divina
providentia pape *ſexti* anno ſecundo, preſentibus
reverendis in Chriſto patribus dominis *Nicolao*...
Archiepiſcopo ravennatenſ. *Hoieder* Caranenſ. *Johanne* viagenſ. ac *nycolao* tiburtinenſ. eccleſiarum
epiſcopis ac magnifico viro *paulo* de *columpna* teſtibus ad premiſſa vocatis & rogatis. Et ego *Symon*
domini *Leonardi* de *peneſtre* publicus apoſtolica auĉtoritate ac prefati domini cardinalis notarius premiſſis omnibus & ſingulis una cum preſcriptis teſtibus preſens interfui & omnia & ſingula de mandato
ipſius

ipfius domini cardinalis propria manu fcripfi & in
hanc publicam formam redegi meoque folito figno
fignavi rogatus. Ipfius autem gratie litera bul-
lam plumbeam cum filis fericis perforatam habuit
more curie romane Ita quod fimiliter eadem litera a domino. . *Clemente* nunc fummo pontifice procedere prima facie videbatur ejusdem autoritate litere apoftolice, tenor talis fuit. *Clemens* epifcopus
fervus fervorum Dei dilecto filio *Johanni' S. Angeli*
dyacono. . Cardinali falutem & apoftolicam benedictionem. Perfonam tuam quam divina clementia
magnis dotavit muneribus gratiarum ac prerogativa fublimavit honorum paterna benivolentia profequentes dignum quin imo debitum reputamus ut
apoftolica fedes cujus honorabile membrum exiftis
quamquam tuorum honores magnitudine merito-
rum & graciis condignis attollat & profequatur favoribus graciofis cum itaque canonicatus & prebenda ac prepofitura ecclefie Mogunt. quos quondam
Bertholinus de Canali canonicus & prepofitus ipfius
ecclefie fedis apoftolice cappellanus in ipfa ecclefia
dum viveret obtinebat, per ipfius obitum qui extra romanam curiam diem claufit extremum vacaviffe & adhuc vacare nofcantur nullusque de illis
preterea nos hac vice difponere poffit pro eo, quod
felicis recordationis *Clemens* papa *quintus* predecef-
for nofter diu ante vacationem hujusmodi omnes
canonicatus & prebendas dignitates perfonatus, officia, ceteraque beneficia ecclefiaftica per obitum
cappellanorum dicte fedis ubicumque decedentium
tunc vacantia & in ante vacatura collacioni & difpo-
ficioni fue ac fedis ejusdem refervans decernit ex
tunc

tunc irritum & inane, fi fecus fuper hiis a quoquam
quavis auctoritate fcienter vel ignoranter contigerit attemptari. Nos ut incumbencia tibi expenfarum onera commodius fupportare valeas tibi de
alicujus fubvencionis auxilio providere volentes ,
Canonicatum & prebendam ac prepofituram predictos fic vacantes cum plenitudine juris Canonici
ac omnibus juribus & pertinencijs fuis tibi motu
proprio non ad tuam vel alterius pro te nobis ob-
late petiticionis inftantiam, fed de mera noftra liberalitate apoftolica auctoritate conferimus & de
illis etiam providemus decernentes prout eft irritum & inane fi fecus fuper hijs per quoscunque quavis auctoritate fcienter vel ignoranter attemptatum
hactenus forfan eft, vel contigerit in pofterum attemptari Non obftantibus quibuscunque ftatutis &
confuetudinibus ipfius ecclefie contrariis juramento confirmacione apoftolica vel quacumque firmitate alia roboratis aut fi aliqui apoftolica vel alia
quavis auctoritate in eadem ecclefia in canonicos
fint recepti vel ut recipiantur infiftant, feu fi fuper
provifionibus fibi faciendis de canonicatibus & prebendis aut dignitatibus vel perfonatibus feu officiis
in dicta ecclefia fpeciales vel de beneficiis ecclefiafticis in illis partibus generales dicte fedis vel
legatorum ejus literas impetraverint, eciam fi per
eas ad inhibicionem refervacionem & decretum,
vel alias quomodolibet fit proceffum, quibus omnibus te in affecutione canonicatus prebende ac prepofiture predictorum volumus anteferri, fed nullum per hoc eis, quo ad affecutionem canonicatuum
prebendarum dignitatuum perfonatuum officiorum
&

& beneficiorum aliorum prejudicium generari.
Aut fi Archiepifcppo, qui eft pro tempore & dilectis filiis capitulo magunt. vel quibusvis alijs
communiter vel divifim ab eadem fede fit indultum quod ad receptionem vel provifionem alicujus minime teneantur & ad id compelli non poffint
atque de canonicatibus & prebendis ac dignitatibus
vel perfonatibus feu officijs ejusdem ecclefie aut
alijs beneficijs ecclefiafticis ad eorum collacionem
provifionem vel quamcumque aliam difpoficionem
conjunctim vel feparatim fpectantibus nulli valeat
provideri per literas apoftolicas non facientes plenam & expreffam ac de verbo ad verbum de indulto hujusmodi mentionem & qualibet alia prefate fedis indulgentia generali vel fpeciali cujufcunque tenoris exiftat per quem prefentibus non expreffam vel totaliter non infertam effectus hujusmodi gratie impediri valeat quomodolibet vel dif-
ferri & de qua cujusque toto tenore habenda fit in
noftris literis mentio fpecialis feu fi prefens non
fueris ad preftandum de obfervandis ftatutis & confuetudinibus ejusdem ecclefie folitum juramentum
ad quod preftandum dummodo per procuratorem
legitimum illud preftes, nolumus te teneri tecum
infuper ut canonicatum prebendam & prepofituram hujusmodi dicte ecclefie magunt. libere recipere ac illis una cum Ecclefia *S. Angeli* de Urbe
que titulus tui cardinalatus exiftit, nec non dignitatibus perfonatibus, prioratibus Canonicatibus &
prebendis ecclefiis & alijs ecclefiafticis beneficiis
quibufcunque cum cura vel fine cura, que ex conceffione ac difpenfatione fedis Apoftolice obtines,

Tom. I.   Q   vel

vel exſpeĉtas cum ea fueris aſſecutus licite valeas
retinere generalis concilij & quibuslibet alijs con-
ſtitutionibus nequaquam obſtantibus auĉtoritate
prediĉta motu ſimili diſpenſamus Proviſo quod canonicatus prebenda & prepoſitura ipſius ecclefie
magunt. ac dignitates perſonatus, prioratus canonicatus & prebende ecclefie & alia beneficia eccleſiaſtica hujusmodi debitis non fraudentur obſequiis
& animarum cura in eis quibus illa imminet nullatenus negligatur, nulli ergo omnino hominum
liceat hanc paginam noſtre collacionis proviſionis
conſtitutionis ac diſpenſationis infringere vel ei auſu
temerario contraire. Si quis autem hoc attemptare
preſumpſerit, indignationem omnipotentis Dei &
beatorum *Petri* & *Pauli* apoſtolorum ejus, ſe noverit incurſurum Datum *Avinione* X Kl. Julij pontificatus noſtri anno ſecundo Quibus ut ſic peraĉtis
idem *Reynaldus* petivit procuratorio nomine ſe pro
eodem domino Cardinali recipi & admitti ad canonicatum prebendam & prepoſituram ſupradiĉtos
Ad quam peticionem reſpondit idem capitulum,
quod ex ſtatuto & conſuetudine ejusdem ecclefie
magunt. cujus principii memoria non foret juramento vallatis eſſet, quod quilibet hujusmodi novus prepoſitus ante receptionem & admiſſionem
ſuam ad eandem prepoſituram per ipſum Capitulum haberet certum & ſpecificatum juramentum
preſtare, ad quod preſtandum per eum & recipiendum ſi ipſam gratiam veraciter inventa foret
a ſede apoſtolica proceſſiſſe miſſiſſent *Gebebardum
de Flersheim* vicarium ejusdem ecclefie cum ſuffi-
cienti procuratorio, cum inſercione ejusdem juramenti

ramenti ad eundum dominum Cardinalem, fed
ipſe idem juramentum preſtare noluerit licet de-
buerit prout hec haberentur in duobus inſtrumentis que idem Capitulum cum forma ejusdem juramenti preſtandi ibidem eidem *Reynaldo* exhibuit
& oſtendit requiſivit igitur idem capitulum ab eodem *Reynaldo* numquod idem juramentum ſaltem
ipſe procuratorio nomine pro ipſo ſuo domino preſtare vellet Ita quòd nihilominus idem dominus cardinalis idem juramentum preſtare debeat propria
in perſona infra hinc & octavam feſti paſche proxime inſtantis in curia Romana ubi eſſet continue
quia nulla ſpes eſſet ipſum perſonaliter venturum
ad eandem eccleſiam Magunt. propria in perſona
& hactenus ſtetiſſet per eum quod preſtitum non
fuiſſet, extunc eundem procuratorem ad eandem
prepoſituram recipere & admittere vellent, illa tamen proteſtatione ejusdem capituli admiſſioni & receptioni eisdem premiſſa rel. Si qualitercunque in
futurum appareret ipſum Reynaldum non habere
ſufficiens mandatum ad idem juramentum preſtandum vel ipſe Dominus Cardinalis infra eamdem eccleſiam idem juramentum non preſtaret, quod hujusmodi receptio & admiſſio capituli de eodem domino Cardinali & ſuo eodem procuratore ad eandem prepoſituram deberent haberi penitus pro non
factis. Petivit igitur idem *Reynaldus* nomine ut
ſupra copiam ejusdem procuratorij capitularis ad
dominum Cardinalem miſſi nec non inſtrumenti in
quo dicebatur, quod reſpondere & etiam jurare no
luerit de quibus inſtrumentis pretangitur nec non
copiam forme ejusdem juramenti per eum preſtan-

di

di ad deliberandum numquod taliter tale juramentum pro domino fuo vellet preftare. Dedit igitur
idem capitulum fibi copiam eorundem duorum in-
ftrumentorum & formam ejusdem juramenti juxta
ejus peticionem ad deliberandum usque in diem immediate fequentem & ad horam eandem quibus die
& hora venientibus fuit hoc quod tunc fieri debebat, ad idem faciendum ad Sabbatum deinde immediate fequens & ad horam eandem prorogatum
- de Communi voluntate capituli & dicti *Reynaldi*
procuratorio nomine ut fupra quo fabbato iterum
congregato & fedente ad hec eodem capitulo in domo & loco fuo capitulari conparuit idem *Reynaldus*
dicens fe deliberatum quod vellet pro ipfo fuo domino & taliter ut in forma receperat idem juramentum preftare. Premiffa igitur per idem capitulum
proteftatione fua jam predicta Idem *Reynaldus* idem
juramentum ibidem eciam in fcriptis pre oculis habens fecundum omnem fui formam pro eodem domino Cardinali tactis manualiter facrofanctis ewan-
geliis taliter juravit. Mox idem capitulum & dictus
dominus Decanus fuo & ipfius capituli nomine ipfum *Reynaldum* ut fupra nomine pro eodem domino Cardinali ad eandem prepofituram flexis genibus per ofculum more folito recepit & admifit, hijs
vero omnibus premiffis ut premittitur peractis Idem
Reynaldus dixit domino decano predicto hec verba
vel faltem eis fimilia videlicet domine proteftor
quod ego juravi ifta omnia fi de ftatuto & confuetudine ecclefie veftre funt, refpondit dominus Decanus predictus *Reynalde* tu jurafti ea fimpliciter
& quia de ftatuto & confuetudine ecclefie noftre
funt

funt & proteftor nomine dicti capituli mei de contrario omnium que proteftaris five volucris prote-
ftari, fuit aut tenor inftrumenti procuratorij capitularis ad curiam miſſi in hec verba, Venerabili
in Chriſto patri domini *Johanni de Columpna* fancte
apoftolice fedis Cardinali Decanus & capitulum ecclefie magunt. reverenciam congruam & honorem
noverit veftre fublimitatis circumfpectio veneran-
da quorumlibet quoque quorum intereft, vel intererit confideracio circumfpecta, quod noviter ex
quarundam literarum lectura prout dicebatur intelleximus fanctiffimum in Chriſto patrem ac dominum dominum *Clementem* nunc fancte Romane ac
univerfalis ecclefie fummum pontificem prepofituram ejusdem noftre ecclefie magunt. nec non canonicatum & prebendam ibidem olim vacantes ex
obitu felicis recordationis *Bertholini de Canali* noftri
dum vixit prepofiti & canonici prebendati vobis
domino Cardinali contuliffe ac vobis de eis graciofe eciam providiffe verum quia ad hec fidem ac certitudinem competentem habere nequimus vel eciam
aufi fuimus inter alia nos moventes ex eo, quod
viginti & multo amplius annis elapfis in provinciali
concilio magunt. pro tunc Archiepifcopum magunt.
cum fuis fuffraganeis abbatibus, prioribus archy-
diaconis & ceteris prelatis & clericis intereffe de-
bentibus & valentibus fuit confulte deliberate ac
provide fervatis fervandis ftatutum ne aliqui afferentes apoftolicis vel aliorum prelatorum literis fe
munitos qualiacumque fcripta deferant à clericis
vel a quibusvis alijs perfonis ecclefiafticis recipian-

Q 3   tur

tur in ecclefiis vel in domo nifi prius ipforum litere per Epifcopum dyocef. fi ejus copia haberi poffit, alioquin per capitulum cathedralis ecclefie examinate fuerint diligenter & nifi ipfius epifcopi vel
capituli literis teftimonialibus fint communiti, quod
alioquin quecumque perfona ecclefiaftica citra eandem formam tales receperit ipfo jure ab officio &
beneficio per triennium fit fufpenfa alia pena nihilominus juxta fuperioris arbitrium punienda quod
quidem ftatutum tunc etiam follempniter publica-
tum & ad communem librum ftatutorum provincialium redactum fuit extunc & cura continue per
eandem provinciam Mogunt. receptum a fubditis,
maxime prelatis & clericis univerfis & communiter obfervatum atque in prefenti obfervatur & precipue per civitatem & dyocefin magunt. quare cum
ecclefia eciam formam & ordinem ejusdem ftatuti
obfervandos licet potuerit minime invenerimus ob-
fervatos non fervati apparuerunt defuper noftram
fidem & credulitatem quousque nobis ut deberet
plenius de veritate conftaret absque dolo & fraude
& fine quaquam calumpnia tenuimus ut debuimus
in fufpenfo conftituimus igitur facimus & ordinamus in hijs fcriptis difcretum virum Gebehardum
in eadem noftra ecclefia vicarium in noftrum & ecclefie ac capituli noftri procuratorem & nuncium
fpecialem ad fcifcitandum & inveftigandum diligenter apud vos & alibi prout opus fuerit in premiffis
de vobis quo ad easdem collaciones & provifiones
per ipfum dominum prepofitum factas contineaht
veritatem nec non ad exponendum & notificandum
vobis confequentur pro vobis & nobis mutuo,
quod

quod a tempore & pro tempore cujus principii
feu contrarii apud quemquam hominum memoria
non exiftit in eadem noftra ecclefia & eodem noftro Capitulo & per ipfas eft pro veritate habitum
communiter & continue & eft eciam verum quod
in originali difpoficione & ordinacione ejusdem
noftre ecclefie fuerat in eadem prepofitura conftituta atque ftatutus ibidem certus numerus Canonicorum & eciam prebendarum eciam hodie & ibidem vigentes fuerit quoque maxima pars bonorum
& jurium ejusdem noftre ecclefie que tunc habebat
applicata & affignata eidem prepofiture in eum tamen effectum & confequenciam ut hujusmodi prepofitus qui pro tempore effet de eisdem bonis &
juribus tanquam eciam dotalibus earundem prebendarum cuilibet eorum annis fingulis perpetue dare adminiftrare & affignare debet in fuftentacionem
& pro jure cujuslibet in eis prebendati, feu ad quos
fpectarent certas & diverfas fummas & quantitates
in tritico filigine, pifis vino, allecibus prompta pecunia & diverfis rebus alijs confiftentibus nulla fterilitate vel quocumque cafu quantumcumque etiam
fortuito & inopinato vel inculpabili ad hoc extinguendum vel differendum in toto vel in quacuni-
que parte quantumcumque modica fibi in contrarium fuffragante eosque fi idem prepofitus in eis
vel earum aliquo negligens inveniretur & monitus
ad domum prepofiture in magunt. per Decanum
ejusdem ecclefie ad inftantiam eorum vel ejus in
quos vel in quem talis negligentia foret commiffa
infra terminum competentem eandem moram non
purgare deberet idem prepofitus eo ipfo perpetue

Q 4 &

& absque omni reftitucione & regreffu fufpenfus
effe ab eadem prepofitura nec fe de ea inantea intromittere vel habere ab eisdem Decano & Capitulo pro hujusmodi prepofito modo quovis fed quod
ex tunc Decanus & Capitulum hujusmodi fuper
fibi dandis & adminiftrandis ut premittitur deberent ad eadem bona & immo prepofitura habere
recurfum & refpeftum deberetque fimpliciter ex
tunc ejusdem prepofiture adminiftracio apud eosdem Decanum & Capitulum eo ipfo refidere usque
in eventum futuri prepofiti, qui talia fine impedimento quolibet adimpleret Deberet quoque idem
prepofitus quandocumque vel a quocumque vel ex
quacumque ejusdem prepofiture vacatione conftitutus feu præfectus antequam reciperetur vel pro
prepofito hujusmodi haberetur a Decano & Capitulo hujusmodi preftare corporaliter juramentum
ad requificionem ejusdem Decani & Capituli de
premiffis omnibus & fingulis inviolabiliter obfervandis quod quidem ftatutum ab ipfo tempore &
per idem tempus usque ad prefens fuit & eft inconcuffe in eadem ecclefia & capitulo noftris & per
ipfas ut & debuit inviolabiliter obfervatum & fervari per eadem tempora confuevit & debebit perpetuo in futurum Eft quoque & fuit hactenus idem
ftatutum unum de ftatutis ecclefie noftre juratis
quod quilibet noftrum inter alia ecclefie noftre ftatuta juravit & quilibet jurare habet qui in Canonicum prebendatum receptus eft, & recipitur eciam
cum venerit ad eandem Damus quoque eidem noftro procuratori fpeciale mandatum ut cum ipfe
                                                    colla-

collaciones & provifiones easdem veraciter ut dicitur ab eodem fummo pontifice reperit proceffiffe
Jdem procurator nofter vos ad canonicatum &
prebendam predictos eidem prepofiture non annexos pro nobis recipiat reverenter ficuti & nos
extunc ad eos tanquam primo de veritate collacionis & provifionis eorundem ac fuorum de-
pendencium informati ob reverenciam apoftolice
fedis & veftri falvis juribus ftatutis & confuetudinibus quibuslibet noftre ecclefie vos recipimus in hijs fcriptis Ac infuper racione dicte prepofiture ad requirendum pro nobis & noftra ecclefia idem juramentum a vobis preftandum & ad
hec teftes & alias Lufticientes probaciones adhiben-
dum nobis quoque referendum quidquid intellectum inveftigatum vel factum fuerit in premiffis
ut confequenter veftre reverende paternitati eciam
quo ad eandem prepofituram omnem Jufticiam &
honorem ut firmiter intendimus impendamus Jura
quoque noftra & ipfius noftre ecclefie potiffime ju-
rata ut & pretangitur nullatenus negligamus Ratum & gratum habituri que idem nofter procurator fecerit in premiffis feu quolibet eorundem In
quorum omnium & fingulorum evidenciam atque
robur. Idem noftrum procuratorium per Johannem de Ofterna clericum publicum imperiali auctoritate notarium fubnotatum cum adhibicione fubfcriptorum teftium in prefentem publicam formam
redigi rogavimus & fecimus noftrique figillo capituli ad caufas infuper fecimus communiri. Actum
Maguncie in noftro capitulo ibidem ad hoc fpecialiter congregato anno domini Millefimo tricentefimo

Q 5 quadra-

quadragesimo tertio Xjjj° Kl. novembris & cetera.
Item tenor instrumenti quo ipse dominus cardinalis
idem juramentum prestare noluerit fuit talis ut sequitur in hec verba. In Nomine Domini Amen
Anno a nativitate ejusdem millesimo trecentesimo
quadragesimo tercio, Indictione undecima pontificatus sanctissimi patris & domini domini *Clementis*
pape *sexti* anno secundo mensis novembris die decima octava in presencia mei notarij & testium subscriptorum ad hoc specialiter vocatorum & rogatorum. Reverendissimus in Christo pater & dominus dominus *Johannes de Columpna* S. *Angeli* dyaconus cardinalis canonicus prebendatus & prepositus magunt. Commisit venerabilibus viris dominis *Jacobo de mediolano* archidyacono mediolanensi
& *Johanni de ponte de Laude* canonico paduan. in
Romana curia advocatis responsionem suo nomine
faciendam *Gebehardo* asserenti se procuratorem venerabilium virorum dominorum Decani & capituli
ecclesie magunt. super contentis & petitis in quodam procuratorio sigillo ut dicitur capituli dicte
Magunt. ecclesie sigillato. Actum *Avinione* in ho-
spicio prefati domini Cardinalis presentibus hijs testibus videlicet Venerabili viro domino Agapito
quondam sciarre de columpna canonico paduan.
& nobilibus viris *Lelle petri Stephani de cosertis* Domini pape magistro hostiario & *Jannecka* domini
Bartholomei de urbe. — — — In nomine domini
amen anno Indictione pontificatu predictis & dicti
mensis novembris die vicesimo in presencia mei notarij & testium subscriptorum ad hoc specialiter
voca-

vocatorum & rogatorum Venerabiles viri domini
Jacobus de mediolano Archidyaconus mediolanenf.
Johannis de ponte de *laude* canonicus paduan. in
Romana curia advocati per reverendiſſimum in
Chriſto patrem & dominum dominum *Johannem de*
columpna S. *Angeli* dyaconum cardinalem canonicum
prebendatum & prepoſitum magunt. ſuper reſpon-
ſione *Gebebardo* aſſerenti ſe procuratorem venerabilium virorum dominorum Decani & capituli eccleſie magunt. facienda legittime deputati ut ſupra
patet manu mei notarii infraſcripti in hoſpicio prefati domini cardinalis deliberacione habita diligenti reſponderunt prout preſenti ſcripto & inferius
continetur videlicet attento tenore procuratorij &
ſtatutorum ut dicitur provincialium ac eccleſie magunt. eciam juramento vallatorum in dicto procuratorio deſcriptorum quod nobis preſentavit ex
parte decani & capituli magunt. *Gebebardus* in ipſo
procurator conſtitutus penſato eciam quod dictus
Gebebardus non habet poteſtatem recipiendi nos in
prepoſitum eccleſie magunt. eciam ſi faceremus omniaque per dictum inſtrumentum procuratorij nos
facturos dicti Decanus & capitulum requirunt licet
male & contra tenorem gracie apoſtolice nobis facte conſiderato eciam tenore gracie apoſtolice nobis ut predicitur facte & maxime in ea parte ubi di-
cit ſeu ſi idem cardinalis preſens non fuerit ad preſtandum de obſervandis ſtatutis & conſuetudinibus
dicte eccleſie ſolitum juramentum ad quod preſtandum dummodo per procuratorem legittimum illud
preſtet, eum volumus non teneri & quod nos procuratores ydoneos & ſufficientes ac legittimos ad
preſtan-

preftandum illud & alia juramenta licita in animam noftram conftitueramus & ad vos & ecclefiam magunt. deftinaveramus licet vos ipfos cum effectu recipere recufaveritis pluries ac debite requifiti animadvertentes quod venerabiles viri domini *Johannis de Fredeberg Conradus de Anfinbruch & hermannus de Schonecke* noftri & veftri concanonici ficut devoti obediencie filii mandatis apoftolicis humiliter obediverunt & nos in eorum & ecclefie magunt. receperunt concanonicum prepofitum & in fratrem & quod tam abbates quam prelati & alii clerici fecundariarum ecclefiarum humiliter & devote ficut tenebantur gratiam apoftolicam nobis factam & executoriam ipfius ac proceffus ex eis fecutos follempniter in magunt. ecclefia publicarum per quod & quandam proteftacionem quam primo in domo Capitulari dicte ecclefie magunt. & poftea in Choro fancte *Marie ad gradus* maguntie poft dictam publicationem fieri feciftis apparet veftra pretenfa ignorantia craffa & fuppina & affectata ac omni carens excufacione unde predictis omnibus Confideratis duximus refpondendum quod donec per vos realiter prout de jure debemus fuerimus recepti & cum effectu ad dictos Canonicatum & prebendam ac prepofituram cum eorum juribus & pertinenciis admiffi nihil de petitis per vos intendimus facere fed folum jus noftrum efficaciter profequi prout de jure poffumus & debemus offerimus autem licet ut predictum eft non teneamus Nos cum per vos ut premittitur fuerimus admiffi & recepti juramentum quod a nobis in fepefato procuratorio veftro nobis directo exigitis preftaturos fi & in quantum

de

de jure vel aliter tenemus de qua refponfione ut fupra predicti domini refpondentes mandaverunt
mihi notàrio infrafcripto de predictis confici publicum inftrumentum Actum avinione in hofpitio ejusdem domini Cardinalis prefentibus hijs teftibus
fcilicet venerabili in Chrifto patri domino *Johanne*,
Epifcopo frifingenfi & canonico Magünt. & venerabilibus viris dominis *Hermanno de Aldindorff* frisla-
rienf. *Henrico Catzman* & *Conrado Hake* fritslarienf.
magunt. diocef. ecclefiarum Canonicis. Et ego Johannes tirellus canonicus peneftrinus alme urbis
Jlluftris prefectus publicus auctoritate notarium
predictis commiffioni & refponfioni ac hijs omnibus & fingulis interfui & ea de mandato dictorum
domini Cardinalis & refpondencium fcripfi & publicavi fignans folito meo figno Juramenti vero
forma ipfi *Reynaldo* dati & jurati per eum & per
ipfum dominum Cardinalem jurandi ut predicitur fuit talis. Ego *Reynaldus* canonicus *S. Pauli*
Leodienfis procurator venerabilis mei domini domini *Johannis de Columpna* dyaconi Cardinalis prepofiti & Canonici prebendati ecclefie magunt. apoftolica auctoritate ex poteftate & mandato mihi ab
eo traditis & ex hijs eciam que ipfemet nuper anno prefenti videlicet anno domini M°.CCC° X Ljjj°.
decima octava die menfis novembris expreffit & refpondit feu exprimi & refponderi pro fe fecit &
mandavit per honorandos & peritos viros dominum
Jacobum de mediolano Archidyaconum mediolanenf. & *Johannem de ponte de laude* Canonicum pa-
duanenf. adpeticionem Magiftri *Gebehardi* vicarij
magunt. procuratoris Venerabilium virorum Decani
&

& capituli magunt. fibi domino cardinali pro ipfis
Decano & capitulo & ipfa ecclefia magunt. in Romana curia factam, fuper preftando per fe hujusmodi prepofitum fubfcripto juramento ex ftatuto
& confuetudine de quorum principio feu contrario
apud quemquam hominum memoria non exiftit
ejusdem ecclefie Magunt. incumbente cuilibet hujusmodi prepofito de novo a quoquam vel qualitercumque creato antequam recipiatur vel admittatur a Decano & capitulo fupradictis ad prepofituram eandem Juro ad hec fancta Dei evangelia
que corporaliter tango manu mea procuratorio nomine & pro ipfo domino Johanne prepofito & in
ejus animam quod ipfe fingulis annis quam diu exiftat ibidem prepofitus dabit amminiftrabit & affignabit aut ille cui amminiftrationem comiferit prepofitus antedictus in fuftentacionem & pro jure ac
dote prebendarum ejusdem ecclefie Magunt. cuilibet ibidem prebendam habenti feu ad quos fpectant
prebende ibidem omnes fummas & quantitates in
tritico filigine pifis vino allecibus prompta pecunia
& alijs rebus confiftentes hactenus dari & affignari
eis per prepofitum magunt. folitas & confuetas nulla fterilitate vel quocumque cafu quantumcumque
fortuito & inopinato vel inculpabili ad hoc extinguendum vel differendum in toto vel in quacunque parte quantumcunque modica fibi in contrarium
fuffragante Eique fi idem meus dominus Johannes
prepofitus in eis vel eorum aliquo negligens inventus fuerit & monitus ad domum prepofiture ejusdem
in Magunt. pofitam per Decanum ejusdem ecclefie
magunt. ad inftanciam eorum vel ejus in quos vel
in

in quem negligentia fuerit commiſſa infra termi-
pum competentem eandem moram non purgaverit;
quod debeat idem meus dominus *Johannes* prepoſitus eo ipſo perpetue & abſque ommi reſtitucione &
regreſſu ſuſpenſus eſſe ab eadem prepoſitura nec ſe
de ea in antea intromittere vel haberi ab eisdem
Decano & capitulo pro hujusmodi prepoſito modo
quovis ſed quod ex tunc Decanus & capitulum predicte eccleſie Magunt. ſuper ſibi dandis & ammi-
niſtrandis ut premittitur debeant ad bona & jura
ejusdem prepoſiture habere recurſum & reſpectum
atque debeat ſimpliciter ex tunc ejusdem prepoſiture aminiſtracio apud eosdem decanum & capitulum eo ipſo reſidere usque in eventum futuri prepoſiti qui talia ſine impedimento quolibet ſtudeat
adimplere. Acta ſunt hec omnia & ſingula premiſſa anno domini Indictione pontificatu menſe, diebus & locis predictis preſentibus honorabilibus viris & diſcretis dominis *Henrico* Cantore ſcte *Marie
ad gradus Gerlaco de Butspach* ſcti petri canonico *Hugone de Tholleia* prebendario *Johanne Sancti Chriſto-
fori* plebano *Heylone* dicto *Iſinmenger Gerhardo vete-
ris celle Johanne* de *Oſterna.* notario publico Johanne de Moſpach Majoris vicarius Magunt. eccleſiarum teſtibus ad premiſſa pro teſtibus vocatis ſpecialiter & rogatis.

Et Ego *Walthelmus de Caſſele* clericus Magunt.
notarius publicus auctoritate Imperiali premiſſis
omnibus & ſingulis una cum prenominatis teſtibus
preſens interfui & ea ſic fieri vidi & audivi Ideo ea in
hanc publicam formam redegi manu propria ſcripſi
ſignoque meo ſolito ſignavi diligenter requiſitus.

XXXIII.

XXXIII.

JURAMENTUM A PRÆPOSITO SUMMÆ ÆDIS MOGUNT. PRÆSTANDUM.

Gerlacus Dei gratia fanĉte Maguntinenfis fedis Archiepifcopus facri Jmperij per Germaniam Archicancellarius Nec non *Johannes de Wartenberg Wilhelmus de Sauwelnheim Conradus Brumfferj & Hermannus de Bybera* Canonici Capitulares nobifcum tanquam eciam adhuc Decano Magunt. cum maxime poffeffionem pacificam ejusdem noftre Ecclefie Magunt. neque majorem partem ejusdem poffeffionis minime fumus adepti, poft provifionem nobis faĉtam de eadem Ecclefia Magunt. ad hec Capitulariter congregati honorabili viro Domino *Guilielmo Pinchon* prepofito & Canonico Ecclefie Magunt. jam diĉte. Salutem ac finceram caritatem in Domino cum plena noticia fubfcriptorum. Noverit veftra dileĉtio circumfpeĉta quod venientibus noviter ad nos Archiepifcopum & Decanum hujusmodi ac ipfos prenominatos noftros canonicos & fratres capitulares. & pro tunc ut ex nunc hujusmodi capitulum facientes. duobus veftris procuratoribus. videlicet *Conrado Liderbecher* canonico Ecclefie *Sti. Johannis* Magunt. & *Conrado Henrici de Ruffingen* clerico Magunt. dyocefis. & petentibus prout a vobis ut prima facie & fub publica manu apparebat in mandatis habuerant. quatenus vos ad prepofituram prediĉtam nec non canonicatum & prebendam ejusdem Ecclefie Magunt. olim in Romana

mana

mana curia vacantes ex obitu bone memorie Domini *Johannis de Columpna* fedis apoftolice dum vi-
xerat Cardinalis de quibus prepofitura canonicatu
& prebenda foret vobis a fede Apoftolica gratiofe
provifum, & ad eorundem prepofiture canonicatus & prebende poffeffiones & jura recipere & admittere curaremus. Nos igitur fic capitulariter
congregati Statuta Confuetudines & juramenta ac
obligationes circa hec primitus & ante omnem receptionem hujusmodi, Novo prepofito ejusdem
noftre Ecclefie magunt. recipiendo, incumbencia a
tempore & per tempus cujus principij memoria
non exiftit perpendimus & recenfuimus diligenter.
Attendentes igitur quod hujusmodi novo prepofito
per fe perfonaliter fi prefens effet incumberet juramenti preftacio & obligacio certa & fpecifica ac
fubfcripta ante omnem ejus receptionem vel poffeffionis Corporalis adeptionem. Sub hac forma &
tenore verborum. Ego . . talis prepofitus. juro
ad hec fancta Dei Ewangelia que corporaliter manu mea tango quod ego fingulis annis quamdiu
exifto prepofitus. dabo amminiftrabo & affignabo
aut ille cui amminiftrationem commifero. Jn fuftentacionem pro jure ac Dote prebendarum ejusdem Ecclefie magunt. cuilibet ibidem prebendam
habenti. feu ad quos fpectant prebende ibidem.
Omnes fummas & quantitates in tritico filigine pifis
vino, allecibus, prompta pecunia & in alijs rebus
confiftentia * hactenus dari & affignari eis per pre-

Tom. I.　　　　　R　　　　pofitum

* Elucent hic Veftigia vitæ communis, quæ viguit olim
in Metropolitanâ, de qua alibi.

positum Magunt. solitas & consuetas nulla sterili-
tate vel quocunque casu quantumcunque fortuito
& inopinato vel inculpabili ad hoc extinguendum
vel differendum in toto vel quacumque parte quantumcumque modica sibi in contrarium suffragante
quod si ego vel is cui amministrationem commisero
In eis vel eorum aliquo negligens inventus fuerit
vel fuerit monitus , ad domum prepositure ejusdem in Magunt. positam per Decanum dicte ecclesie Magunt. vel Decano absente vel non existente
per alium prelatum seu canonicum ejusdem ecclesie
loco Decani ut consuetudinis est & ad hoc preexi-
stentis. ad instanciam eorum vel ejus in quos vel in
quem hujusmodi negligentia fuerit commissa infra terminum competentem eandem moram non
purgaverint quod debeam eo ipso perpetue & absque omni restitucione & regressu suspensus esse ab
eadem prepositura nec me de ipsa inantea intromittere vel haberi ab eisdem Decano & Capitulo
pro hujusmodi preposito quovis modo, sed qui ex
tunc Decanus & Capitulum predicte Ecclesie magunt. super sibi dandis & ministrandis ut premittitur debeant ad bona & jura ejusdem prepositure
habere recursum & respectum. atque debeant sim-
pliciter ex tunc ejusdem prepositure amministratio
apud eosdem Decanum & Capitulum eo ipso resi-
dere usque in eventum futuri prepositi. qui talia
sine impedimento quolibet studeat adimplere. Sed
si presens non foret, Idem juramentum facere debet per ejus sufficientem procuratorem pro eo &
in ejus animam & nihilominus per eundem prepo-
situm

situm postea personaliter cum ex parte ejusdem capituli requireretur. Eandem igitur formam Juramenti & obligationem sub ipso juramento. ab eisdem vestris procuratoribus. cum presens tunc non fueritis in scriptis sub publica manu mandavimus & ab eis prestari in animam vestram & fieri petivimus & exegimus. Sic ante omnia pro nobis & ipso Capitulo & nostra Ecclesia supradicta cum etiam similiter sic ante omnia procurator sufficiens olim ejusdem Domini *Johannis de Columpna* immediati vestri predecessoris * in sue consimilis receptionis exordio pro eodem tunc Domino Cardinali absenti. & in ejus animam idem prestiterit juramentum & ipsum sub eo obligaverit, cum de hoc fuerat ex parte ejusdem Capituli informatus. Ipsi igitur vestri procuratores prout eciam tenebantur deliberati diligenter super eodem juramento, & in eis contento. ipsum sic specifice ac insuper de alijs statutis & consuetudinibus Ecclesie observande in genere in vestram animam juraverunt & quod vos similiter ipsum debetis prestare. cum ex parte ejusdem capituli requiremini super eo. Quibus omnibus ut & sic ex ordine peractis. Nos . . Archiepiscopus & Decanus ut supra & ipsi prenominati canonici & fratres capitulares & capitulum facientes ut predicitur pro nobis & alijs fratribus capitularibus nobis ut suo hujusmodi Archiepiscopo obedientibus. ad eandem preposituram Cano-

R 2   nicatum

* Cum Guilelmus Pintschon immediatus Successor joannis de Columna dicatur, corrigendus venit Syllabus plenior de Præpositis apud joann, Tom. II. pag. 279.

nicatum & prebendam recepimus reverenter. eosdem veſtros procuratores veſtro nomine procuratorio & pro vobis. Mittimus igitur conſequenter
ad vos diſcretum virum Magiſtrum *Johannem de
Selde* canonicum Ecclefie Sanĉte *Crucis* Hildenfe-
menſem exhibitorem preſentium. noſtrum procuratorem & nuncium ſpecialem Et vos per eum hanc
formam & litteras preſentes requirimus diligencius & attente pro nobis & ipſo Capitulo &
noſtra Ecclefia ſupradiĉta. quatenus idem juramentum. Ad quod vos preſtandum, perſonaliter
ipſi veſtri procuratores prout etiam tenébantur ob-
ligarunt follêmpniter & ſub bono teſtimonio preſtare curetis. ut nobis ac vobis ac ipſi noſtre Ecclefie Magunt. ſua jura & debita diligentius obferven-
tur & vos nobis & vobis fine impedimento & dif-
ſenſione qualibet velle proſpicere effeĉtualiter &
complere. Preterea nos *Gerlacus* Archiepiſcopus
ſupradiĉtus conſtituimus eundem magiſtrum Johannem in noſtrum procuratorem ſpecialem in hiis
ſcriptis. Ad requirendum a vobis *Guillelmo Pinchon*
noſtre Ecclefie prepofito ſupradiĉto nobis preſtari
obediencie Juramentum nobis dè jure preſtandum
cum capitulis univerſis tanquam veſtro Archiepiſcopo Magunt. quod & nos a vobis requirimus &
exigimus per preſentes. In quorum omnium premiſſorum teſtimonium preſentes pro nobis & Canonicis capitularibus ſupraſcriptis hec etiam volentibus & petentibus. per *Ulricum de Frifinga* publicum
imperiali auĉtoritate notarium infraſcriptum ſcribi
& publicari mandavimus. ac figilli noſtri appenſione fécimus muniri. Datum & aĉtum In civitate no-

ſtra

ſtra Magunt. In curia habitacionis noſtre anno Domini M°. CCC°. LI. Indictione quarta pontificatus ſanctiſſimi in Chriſto patris ac Domini noſtri Domini *Clementis* pape *Sexti* anno nono die ſexta Menſis Aprilis preſentibus honorabilibus viris *Johanne* Scolaſtico ſancti *Johannis* & *Henrico* Cantore Eccleſie ſcte *Marie ad gradus* Magunt. Eccleſiarum *Walthero* Cantore. Eccleſie St. *Thome* Argentin. *Reinhardo de Wettere* & *Hermanno de wiſebaden* vicarijs Eccleſiė Magunt. teſtibus ad hec vocatis ſpecialiter & rogatis.

Et Ego *Ulricus* quondam *Marquardi de Friſinga* commorans Magunt. publicus Imperiali auctoritate notarius Premiſſis interfui una cum teſtibus prenotatis. Eaque ſic fieri vidi & audivi. preſens quoque inſtrumentum ad juſſum & mandatum predicti Domini *Gerlaci* Archi - Epiſcopi nec non Dominorum Canonicorum capitularium preſcriptorum ſcripſi & publicari meoque ſigno ſolito & conſueto ſignari requiſitus.

XXXIV.

ABBAS S. ALBANI A SENTENTIA INTERLOCUTORIA AD CURIAM ROMANAM PROVOCAT ET APPELLAT.

Judices ſancte Maguntinenſis ſedis recognoſcimus per preſentes quod conſtitutus in noſtra preſentia Magiſter *Hartmannus* Rector puerorum Eccleſie

ſancti

fanćti *Mauritij* Mogunt. Sindicus feu procurator
honorabilis & religiofi viri Domini *Syboldi* Abbatis
Monafterij Sti *Albani* extra muros Mogunt. Ordinis
Sanćti *Benedićti* Appellationem infrafcriptam nomine procuratoris dićti Domini Abbatis legit & iń-
terpofuit publice in hec verba, quia vos honorabiles viri Domini Judices fanćte Magunt. fedis In
caufa quam Reverendi viri Domini Decanus & capitulum Ecclefie Sti *Stephani* Mogunt. contra religiofum virum Dominum Abbatem Monafterij Sti
Albani ordinis S. *Benedićti* extra muros Magunt.
coram Vobis in judicio profequuntur infrafcripta
ex parte ejusdem Domini abbatis contra totalem
agencium intentionem propofita excepta & allegata
in hec verba In caufa quam reverendi viri Domini Decanus & capitulum Ecclefie Sti *Stephani* Mogunt. movent honorabili viro Domino Abbati Monafterij S. *Albani* extra muros Mogunt. coram vobis dominis judicibus fanćte Mogunt. fedis ex parte ejusdem domini Abbatis quamquam non neceffe
fit cum intentio dićtorum aćtorum fufficienter
probata non fit Immo penitus in probacione defe-
cerunt, tamen quod fuperflua non viciant ex fuper-
habundanti & ad cautelam contra totam dićtorum
aćtorum intentionem excipiendo peremptorie pro-
ponitur & dicitur quod intentio dićtorum aćtorum
non procedit, ex eo, quia ipfe dominus Abbas Sti
Albani & anteceffores nomine Monafterii fui predi-
ćti, eft & fuit feu funt & fuerunt haćtenus in poffeffione vel quafi pacifica & quieta juris percipiendi integraliter frućtus omnium decimarum proveniencium de bonis & rebus ipfius Monafterij con-
fiften-

fiftencium infra limites parochiarum quarum jus
patronatus ad dominum Abbatem Sti *A lbani* feu
Monafterij ipfius pertinet feu hactenus pertinuit in
eisdem cum igitur in villis circa quarum decima-
tionem lis vertitur ipfe Dominus Abbas & Monafterium fuum predictum , bona propria habeat de
quibus & non alijs decimas percepit ipfe dominus
Abbas predictus & fui anteceffores nomine Monafterii fui predicti fit & fuerit feu fuerunt in poffeffione vel quafi pacifica & quieta juris percipiendi
integraliter univerfos fructus decimarum de predictis fuis bonis proveniencium Ita quod numquam
auditum fit, quod aliquis rectorum Ecclefiarum illarum de quarum decimatione lis vertitur qui pro
tempore fuerit perceperit decimas de bonis illis
que ad ipfum Monafterium jure proprietatis vel
dominij pertinebant fed femper ipfum Monafterium
eas perceperit pacifice & quieto fepedictus etiam
dominus Abbas & fui anteceffores nomine Monafterij fui predicti hoc jus percipiendi decimas ut
dictum eft legitime prefcripferit & tanto tempore
cujus in contrarium memoria non exiftit, proinde
petit ipfe nomine fuo & Monafterij fui predicti,
quatenus vos reverendi domini Judices predicti
ipfum & Monafterium fuum virtute dicte exceptio-
nis ab impeticione dictorum actorum fententialiter
abfolvatis cum refufione legitima expenfarum decernentes ipfum nomino quo fupra fua poffeffione
predicta, debere gaudere pacifice & quiete & ipfum
in ea fore per vos exigente juftitia defendendum,
dictis actoribus perpetuum quoad predicta filentium imponentes fi qua vero de predictis . . funt

R 4   non

non omnia sẹd in tantum necessaria offert se predictus Dominus Abbas legitime probaturum & petit
si necesse fuerit, humiliter se admitti & ea sup-
pleat discretio judicantis. Non admisistis sed per
vestram Interlocutoriam talem qualem inique pro-
nuntiastis exceptione domini Abbatis predictam
tamquam inepte proposita non obstante in ipsa causa fore ulterius quantum de jure fuerit procedendum, cum hoc nihilominus in gravem jacturam
predicti Domini Abbatis & sui Monasterij in causa
ipsa ad predictorum agentium instantiam ulterius
procedentes Ea propter ego Hartmannus Syndicus
seu procurator sepedicti domini Abbatis habens ad
hoc mandatum speciale nomine suo & dicti sui Monasterij sentiens ipsum & dictum suum Monasterium ac me suo nomine ex premissis per vos indebite praegravari & pergravatum fore nec non in
futurum posse per nos verisimiliter plus debito
praegravari nomine procuratorio & pro ipso meo
Domino ac suo Monasterio predicto in hijs scriptis ad sanctam sedem Apostolicam sollempniter &
legitime provoco & apello, subiciens me ac dominum meum predictum nec non suum Monasterium
ac statum cause sue predicte cum omnibus rebus
nostris & juribus protectioni sedis ejusdem & Apostolos instanter peto & iterum ac iterum peto, In-
vocans ad premissa omnium astancium testimonium
super ea, & specialiter tui *Hartmanni* publici notarij nos judices predicti protestationem quam
alias coram notario publico fecimus eandem protestationem denuo facimus & pede stante lecta

&

& interpofita eft hec appellatio anno Domini M. CCC. XIX. Vjj Kl. januarij cui appellationi tamquam frivole non duximus deferendum, Et has literas fibi damus noftro figillo figillatas loco & nomine Apoftolorum in teftimonium fuper eo actum anno Domini M.CCC.XX. V°. Jdus jan.

XXXV.

ABBAS S. ALBANI CONVEN-TVALIBVS SVIS CERTOS PROVENTVS ET REDDITVS PRO MELIORI SVB-SISTENTIA ASSIGNAT &c.

In Nomine fancte & individue Trinitatis Patris & filij & fpiritus fancti Amen. Nos Syboldus Dei gratia Abbas *Hartmannus* Prior totusque conventus Monafterii fancti *Albani* extra muros Magunt. ordinis Sancti *Benedicti*, advertentes quod non eft infolitum neque debet reprehenfibile judicari, fi fecundum variacionem temporum ftatuta quandoque variantur humana Prefertim cunt urgens neceffitas aut evidens utilitas hoc expofcit, fane cum a longe retroactis temporibus. . Abbates in noftro Monafterio pro tempore exiftentes hucusque fratribus de conventu ipforum familie ac alijs quibusdam perfonis qui prebendas feu redditus aliquos de confuetudine inibi optinent & hactenus optinebant panem vinum legumina & alia quedam efculenta & potulenta nomine victualium alias quoque prefta-

tiones

tiones diurnis menstruis seu annuis temporibus con-
sueverant ministrare & quam pluries evenerit.,
quod ob terre sterilitatem frugum defectum aut ca-
riftiam, hostium seu predonum incursus, colono-
rum negligentiam & alia diversa impedimenta in-
speratis casibus irruentia ipsis. . Abbatibus res hujusmodi, administrandos pre manibus ad votum
non habentibus, vel forsan administrare seu porrigere differentibus aut negligentibus fratres de conventu necessariorum penuria provocati a divinis·
officiis, ac cetere persone supradicte a debitis se
obsequis subtraxerunt, ex quibus inter Abbates &
conventum dissensiones & rixe sepius sunt exorte·,
Proinde ut omnia premissa inconveniencia cessent
& de cetero non inducant errorem Reverendi in
Christo patris ac Domini nostri Domini *Mathie* Dei
gratia sancte Mogunt. sedis Archiepiscopi monitis
salutaribus inducti, nec non prudentum virorum
familiarium & amicorum nostrorum consilijs informati maturo consilio ac diligenti deliberatione prehabitis pari & unanimi consensu, ac voluntate con-
cordi ita duximus ordinandum ac etiam statuendum
Ita statuimus quod tam pro prebendis quam pro
ceteris prestacionibus & universis juribus quocumque nomine censeantur in quibuscumque rebus con-
sistant, quas ut premittitur. . Abbas pro tempore
ekistens toti conventui aut singularibus personis de
conventu seu officiatis ipsius conventus aut alijs
quibuscumque personis intra vel extra Monasterium
ipsum existentibus administrare tenebatur & consuevit bona subscripta cum omnibus juribus & pertinentiis suis & cum omni integritate jure patronatus

tus feu prefentandi duntaxat excepto, quod penes
Abbatem remanere volumus ex nunc in antea pleno jure pertineant ad conventum, cum Abbas de
cetero fe intromittat aliqualiter de eisdem videlicet
vinea fita ex oppofito porte Abbatie Monafterii
noftri cum torculari infra fepta Monafterij apud
Cellariam contiguam domui Cellerarie ac cum
granario fupra jam dictum cellarium & refectorium
fratrum confiftente Jtem omnes decime majores &
minute, ac curtes villarum *Vndinheim Nordolvils-*
heim Geispesheim, Germersheim, Flanheim, Budins-
heim, Armisheim Munftere, Lehcim cum univerfis
bonis & redditibus in *Rudenehe* & in *Richufin* nec
non curtis in *Pinguia* cum cremento vini ibidem,
curtes torcularia, edificia, & quelibet alia dictis
bonis annexa & attinentia nec non juftitie jurisdi-
ctiones, emende conftitutiones & deftitutiones fcul-
tetorum officiatorum, fcabinorum aliorum quorumcumque cum omni jure modo & forma quibus nobis Syboldo Abbati predicto & noftris predecefforí-
bus hactenus competebant, quocumque titulo lucrativo five onerofe, quocumque tempore ad nos
pervenerint & a nobis funt poffeffa prefatis Priori
& Conventui dedimus & damus liberaliter per prefentes in ufus prebendarum fuarum ac preftaciones
& adminiftraciones fupradictas tam conventui quam
perfonis fingularibus pretactis per ipfos absque re-
quifitione & contradictione noftra & fuccefforum
noftrorum libere comittenda Jtaque mediantibus
dictis bonis & redditibus Nos . . Abbas prefatus
& noftri fucceffores ab omni impetitione & inquietatione predictorum Prioris & Conventus ac ceterarum

rarum perfonarum fupracactarum fuper antedictis
amminiftrationibus & preftationibus libere de cetero fimus totaliter & immunes Econtrario Nos . .
Abbas fepedictus pro nobis & noftris fucceſſoribus
conventum Monafterii noftri ab omni . preſtatione
& adminiftratione quorumcumque rerum five in
efculento vel poculento veftimentis ac alijs quibuscumque rebus confiftencium ad quarum preftacio-
nem nobis hactenus tenebantur literis prefentibus
penitus acquitamus ceteris itaque bonis redditibus
proventibus & obventionibus abbacie univerfis penes nos Abbatem & noftros fucceſſores integraliter
remanentibus. de eisdem bonis & reddidibus fubfidia & alia jura papalia & epifcopalia, exactiones
& procuraciones decimas equos currus vecturas,
Angarias perangarias munera & quelibet alia onera
nobis & dicto noftro Monafterio nunc & inpofterum
incumbentia Nos . . Abbas & noftri fucceſſores
absque impeticione conventus folvere tenebimus
& integraliter expedire Ita tamen quod fi nos Abbas predictus aut fucceſſores noftri fupra hijs requifiti fuerimus negligentes ex tunc nos & conventus nofter ad talia fupportanda erimus communiter obligati & Archiepifcopus qui pro tempore fuerit ad premiſſa adimplenda nos communiter com-
pellere poterit & artare.   Prefata fiquidem bona
omnia & fingula nos abbas predictus conventui noftro ante omnia libera trademus & abfoluta ab omni inftantia & impetitione creditorum, ceterum predicta bonorum reddituum & proventuum divifione
feparacione feu diftinctione non obftante Nos Abbas fepedictus & noftri fucceſſores tenebimur con-
                                            ventui

ventui & Monasterio nostro consilio & auxilio ac
manuali defensione per nos & amicos ac vasalles &
fideles nostros & monasterii nostri fideliter & efficaciter assistere quando & quociens opus fuerit & ipsi
nos duxerint requirendos. Nos igitur Abbas Prior
& conventus predicti ac singulares persone de conventu predictam ordinacionem bonorum & reddituum divisionem & separacionem in omni forma &
tenore prout superius continetur propter bonum
pacis & concordie factas approbamus ratificamus
ratas & firmas habemus & habere promittimus fide
per nos singulos prestita. & juramento corporali
per nos tactis sacrosanctis Dei Ewangelijs prestita
confirmata, pro nobis & nostris successoribus universis Renuntiantes sub ejusdem juramenti presta-
cione omnibus & singulis exceptionibus doli mali
& in factum actionibus beneficio in integrum resti-
tutionis privilegio ordinis ac omnibus alijs privilegiis exceptionibus defensionibus subterfugiis & au-
xilijs juris & facti quibuscumque nominibus censeantur, quorum pretextu vel ope contra premissa
seu aliquid eorum venire possemus seu ea infringere aliqualiter in futurum. In cujus rei testimonium sigillum Reverendi in Xsto patris & domini nostri domini *Mathie* Archi-Episcopi Mogunt. predicti hujusmodi ordinationem & omnia premissa
confirmantis ad supplicationem nostram una cum
sigillis nostris. Abbatis & conventus predictorum
literis presentibus est appensum, Et nos *Mathias*
Dei gratia sancte Maguntinens. sedis Archiepiscopus sacri Imperij per Germaniam Archicancellarius predictas ordinacionem bonorum reddituum &

pro-

proventuum feparacionem & diftinctionem prout fuperius feriatim continentur de mandato noftro factas ratas & firmas effe & perpetuum manere volumus & mandamus ipfasque ex certa fcientia auctoritate ordinaria confirmamus & pro majori evidentia figillum noftrum appendi fecimus huic carte, actum & datum Anno a nativitate Domini Millefimo trecentefimo vicefimo quinto, in die fancti *Silveftri* Pape.

XXXVI.
PROCESSVS ELECTIONIS ABBATIS S. ALBANI.

In nomine Domini Amen. Anno a nativitate ejusdem Millefimo quadringentefimo duodecimo Indictione quinta Pontificatus fanctiffimi in Chrifto patris & Domini Domini *Johannis* divina providentia Pape *vicefimi tercii* Anno fecundo, die Veneris decima octava menfis Martij hora vero ejusdem Diei fexta vel quafi in ftuba capitulari Monafterii fancti *Albani* extra muros Magunt. in noftrorum notariorum publicorum fubfcriptorum teftiumque infrafcriptorum ad hoc vocatorum & rogatorum prefentia conftituti Bone memorie quondam Domino *Wernhero* Abbati noviffimo Monafterij fancti *Albani* predicti, quarta die menfis Martij anni prefentis ut communiter dicebatur defuncto ejusque corpore cum reverencia ut decuit tradito fepulture. Honorabiles religiofi viri Domini *Eberhardus Hirte*

Hirte prior *Conradus Korpp* prepoſitus in *Hoeſte Burghardus de Wolffiskeler Bruno de Scharpinſtein* Cuſtos *Heffricus de Cleen* Camerarius *Hartmannus Geinheym* de *Guntirsblumen* hoſpitalarius *Conradus de Buches* operarius *Dietbardus* de *Graᵂenrade* cellarius *Conradus de prumheim* cenſuarius *Ebirhardus de Beldvisheim* Magiſter preſenciarum *Wernherus de Beldirsheim* plebanus eccleſie ſancti *Nicolai in Stega Johannes de Beldirsheim* pincerna *Jacobus de Engilſtad* ſuccentor, *Hartmannus Flemyng* de *Auſen Johannes de Dorfelden* & *Wilhelmus de Scharpinſtein* Cantor conventuales capitulares dicti Monaſterii Sancti *Albani* ac capitulum ejusdem Monaſterii protunc ut dicebatur repreſentantes & propter infraſcripta juxta prefixionem & aſſignationem termini ad eligendum futurum Alt.atem dicte Eccleſie ſancti *Albani* & paſtorem capitulariter congregati & habitis inter ſe tractatibus capitularibus per quam formam ad electionem eandem foret & eſſet procedendum placuit omnibus & ſingulis predictis per viam ſcrutinii negotio in hujusmodi fore procedendum unde omnes & ſinguli capitulares ſupra nominati nullo etiam penitus diſcrepante tres ſcrutatores videlicet honorabiles & religioſos Dominos *Ebirhardum Hirte* priorem *Conradum de Buches* operarium & *Johannem de Beldirsheim* pincernam ſupra tactos duxerunt eligendos & elegerunt dantes eisdem unanimiter poteſtatem ut in ſecreto vota ſua & cunctorum aliorum pretactorum diligenter inquirerent & eadem in ſcriptis redigerent. Ipſisque in ſcriptis redactis deinde mox in communi

publi-

publicarent collacione tamen numeri ad numerum
Zeli ad Zelum meriti ad meritum Reverendiſſimo
in Chriſto patri ac Domino noſtro Domino Archiepiſcopo Magunt. ad quem electionis confirmationem dicti Monaſterii dicebant ſpectare & pertinere etiam ex certa ſcientia & expreſſe reſervata, &
ut ſic prefati ſcrutatores ſecedentes in partem, primo prout moris & juris eſt, ad jurati vota ſua videlicet, quod duo ſcrutabantur tertium dixerunt
deinde ydem tres ſcrutatores ſimul omnia aliorum
vota adjuratione premiſſa ſolita & conſueta proce-
dente ſecrete & ſigillatum inquiſierunt coram nobis
notariis & teſtibus infraſcriptis ac per nos notarios
jamdictos in ſcriptis redigi fecerunt & deinde vota
hujusmodi de conſenſu & voluntate expreſſis
omnium & ſingulorum Dominorum ſupranomina-
torum & in eorum preſentia in communi publica-
runt prout hec & alia in decreto electionis de &
ſuper premiſſis facto & conſcripto plenius videntur
contineri Quà publicatione ut ſic facta ac votis dictorum eligentium diviſis repertis atque duabus
perſonis videlicet Dominis Hartmanno hoſpitalario
dicti Monaſterij ex una & Heffrico de cleen Came-
rario, ibidem parte ex altera in Abbatibus dicti
Monaſterij electis. Proteſtabantur dicti domini
capitulares expreſſe & placuit eis omnibus & ſingulis nullo etiam diſcrepante ſeu contradicente,
quod nullus prefatorum electorum ut Abbas electus ſupra altare prout moris eſt poni vel in poſſeſſionem ejusdem Abbacie induci, deberet niſi
prius confirmationem legitimam Domini noſtri
Archiepiſcopi antefati per eum deſuper habita &
obtenta

obtenta fuper quibus omnibus & fingulis premiffis
in dictum modum & effectum geftis & factis prefatus Dominus *Ebirbardus* pro fe & nomine aliorum
Dominorum pretactorum ut nos notarij fubfcripti
fibi nomine quo fupra unum vel plura conficere-
mus inftrumentum feu inftrumenta exquifivit. Acta
& gefta fuerunt hec premiffa anno Jndictione pontificatu die menfe hora & loco fupra de fignatis
prefentibus ibidem, honeftis & peritis viris Magiftris *Johanne Musbunt* Decano *Sancti Bartholomei*
Franckfordenfis dicte Magunt. diocef. *Gothardo*
Stummel cantore *Sancti Stephani* Magunt. Ecclefiarum nec non Domino *Johanne de Hunefelt* rectore
fcolarium Dicti Monafterii teftibus ad premiffa vocatis fpecialiter & rogatis. Et Ego *Conradus* quondam *Emmerici de Spanbeim* clericus Magunt. diocef.
publicus Imperiali auctoritate & Sancte Magunt.
fedis notarius juratus quia premiffis omnibus &
fingulis dum fic loco & tempore ficut fuprafcribi-
tur agerentur & fierent una cum honefto viro
tilmanno quondam *Johannis Coci* notario fubfcripto
& teftibus fupra nominatis prefens interfui, Eaque
fic fieri vidi & audivi Jdeo hoc prefens publicum
inftrumentum me alijs occupato negotijs per eundem *tilmannum* fcriptum in hanc publicam formam
una cum eodem *Tilmanno*-notario jam dicto redegi, meque hic manu mea propria fubfcripfi ac
figno & nomine meis folitis & confuetis unacum
fubfcriptione ac figno ejusdem *tilmanij* notarij
fignavi rogatus & defuper legitime requifitus Jn
fidem & teftimonium omnium premifforum Et Ego
Tielmannus quondam *Johannis Coci* Magunt. publi-
Tom. I. S cus

cus Jmperiali auctoritate & fancte Magunt. fedis notarius juratus Quia premiffis omnibus & fingulis dum fic ut·prefcribuntur agerentur & fierent una cum honorabili viro Domino Conrado quondam *Emmerici de Spanheim* notario fupradefcripto & teftibus fupra nominatis prefens interfui eaque fic fieri vidi & audivi Jdeo hoc prefens publicum inftrumentum manu mea propria fcriptum in hanc publicam formam unacum eodem Domino *Conrado* jam dicto redegi ac figno & nomine·meis folitis & confuetis unacum fubfcriptione & figno ejusdem Domini *Conradi* notarij fignavi rogatus & defuper legitime requifitus in fidem & teftimonium omnium premifforum.

XXXXVII.

GERLACVS ARCHIEP. MOG. COMMISSARIOS DENOMINAT, QVI ELECTIONEM ABBATIS S. ALBANI EXAMINENT ET PRO RE NATA CONFIRMENT.

In Nomine fancte & individue trinitatis Amen. Nos *Hermannus* prepofitus ecclefie fancte Marie in campis extra murps Magunt. & *Wilhelmus*, dicti de *Sawelnheim* canonici Magunt. Judices commiffarii ad infrafcripta a Reverendo in Chrifto patre & domino, domino *Gerlaco* fancte Mogunt. fedis Archiepifcopo, infolidum tamen fpecialiter deputati, univerfis Chrifti fidelibus ad quos prefentes litere

perve-

pervenerint. & specialiter honorabili viro domino...
Decano ecclesie Ste *Marie in campis* predicte salutem & finceram in domino caritatem. Noveritis
nos literas reverendi in Chrifto patris & Domini
noftri Domini *Gerlaci* Archiepifcopi predicti, vero
ejus figillo magno cereo pendenti, fano & integro
figillatas, non cancellatas non abolitas aut abrafas
nec in aliqua fui parte corruptas, fed omni prorfus vicio & fufpicione carentes, nobis directas &
prefentatas, cum ea qua decuit reverentia recepiffe, tenoris & continencie in hunc modum. *Ger-*
lacus Dei & apoftolice fedis gratia fancte Maguntin.
fedis Archiepifcopus, facri imperii per Germaniam Archicancellarius honorabilibus viris fibi in
Chrifto dilectis, *Hermanno de Sawelnheim* prepofito
ecclefie *S. Marie in campis* extra muros Magunt.
ac *Wilhelmo de Sawelnheim* Canonicis noftre Ecclefie Mogunt. falutem & finceram in domino caritatem. Cum vacante abbacia monafterii *S. Albani* extra muros predictos, ordinis fancti *Benedicti*, ex
morte quondam religiofi viri *Gyfelberti*, dicti monafterii dum vixit abbatis religiofus vir, frater *Ar-*
noldus cuftos ejusdem monafterii in abbatem ficut
dicitur, per fratres conventuales & capitulares,
ibidem concorditer & canonice fit electus, ac ijdem
Electores &.. Electus nobis humiliter fupplica-
runt ut electionem ipfam dignaremur auctoritate
ordinaria tanquam canonicam confirmare, decreto electionis ejusdem in forma publici inftrumenti
confcripto & figillo conventus predicti monafterii
figillato nobis exhibito & oftenfo nos juxta doctri-
nam apoftoli nemini volentes imponere cito manum

S 2

& noftris ac ecclefie noftre predicte negotiis arduis ad prefens multi formiter prepediti, negotio confirmacionis hujusmodi ad prefens intendere non valentes, difcretioni veftre de qua plenam in domino fiduciam obtinemus committimus in hiis fcriptis, quatenus vos aut alter veftrum proclamacione prius prehabita ut eft juris, fi predictam electionem fore repereritis canonicam ac dicto . . Electo canonicum nil obftare, in quo veftras confcientias oneramus, vos recepta prius ab ipfo . . electo obedientia noftro nomine, fecundum formam debitam & confuetam, ad confirmacionem dicte electionis auctoritate noftra provide procedatis. Jnducentes ipfum electum fi & poftquam confirmatus fuerit, in poffeffionem vel quafi dicte Abbacie, ac bonorum jurium & pertinenciarum ejusdem, ac facientes fibi tanquam vero Abbati dicti monafterij a fubditis ipfius in fpiritualibus & temporalibus obediri & exhiberi debitam reverentiam & honorem adhibitis in premiffis follempnitatibus etiam aliis debitis & confuetis Contradictores predicta auctoritate noftra per cenfuram ecclefiafticam & modis aliis convenientibus, ficut expedire videritis provide compefcendo. Datum in *Praga*, noftro magno fub figillo nonas Maii Anno dominice nativitatis Milleffimo CCC. quadragefimo octavo. Harum itaque literarum auctoritate, ad inftantiam predictorum . . eligentium & electi proclamacionis edictum emifimus in hunc modum. *Hermannus de Sawelnheim* prepofitus ecclefie *S. Marie in Campis* extra muros Magunt. nec non *Wilhelmus de Sawelnheim* canonici magunt. Judices commiffarii ad infra-

scripta

fcripta infolidum tamen a Reverendo in Chrifto patre & domino dòmino *Gerlaco* Sĉte Magunt. fedis Archiepifcopo fpecialiter deputati, difcretis viris Orthoni paftori ecclefie parrochialis in *Zornheim* mogunt. diocef. ac henrico capellano altaris *decem milium martyrum* fiti in monafterio fanĉti *Albani* extra muros prediĉtos facerdotibus falutem in domino. Literas reverendi in Chrifto patris & domini noftri domini Archiepifcopi prediĉti vero ejus figillo magno cereo pendenti fano & integro figillatas, non cancellatas, non abolitas aut abrafas, nec in aliqua fui parte corruptas, nobis direĉtas & prefentatas, cum ea qua decuit reverencia nos recepiffe noveritis tenoris & continencie in hec verba. *Gerlacus* Dei & apoftolice fedis gratia, fanĉte Magunt. fedis Archiepifcopus, facri Jmperij per Germaniam Archicancellarius, honorabilibus viris fibi in Chrifto dileĉtis, *Hermanno de Savelnheim.* prepofito ecclefie *S. Marie in Campis* extra muros magunt. ac *Wilhelmo de Savelnheim* canonicis noftre ecclefie Magunt. falutem & finceram in domino Caritatem. Cum vacante abbatis monafterij *S. Albani* extra muros prediĉtos ordinis *S. Benediĉti*, ex morte quondam religiofi viri Gyfelberti, diĉti monafterii dum vixit abbatis, religiofus vir frater arnoldus cuftos ejusdem monafterii in abbatem ficut dicitur, per fratres conventuales & capitulares ibidem concorditer & canonice fit eleĉtus ac ijdem.. Eleĉtores & Eleĉtus, nobis humiliter fupplicarint, ut eleĉtionem ipfam dignaremur auĉtoritate ordinaria, tanquam canonicam confirmare. &c. fub pena fufpenfionis à divi-

S 3   norum

norum officiis, late fententie in hiis fcriptis, canonica tamen monicione premiffa, diftricte precipiendo mandamus, quatenus dictum monafterium
S. *Albani* perfonaliter accedentes proponatis in ipfo
vice & auctoritate noftra fuper premiffis publice
proclamationis edictum, citantes peremptorie omnes & fingulos, qui fua in hâc parte crediderint
quomodolibet intereffe., quos & nos citamus peremptorie per prefentes, ut feria tercia proxima
poft dominicam cantate. fub pulfu prime compareant maguncie in Judicio coram nobis, in curia
habitacionis noftri Wilhelmi canonici fupradicti,
de jure ipforum fi quod eis, quoad dictam abba-
tiam vel in ea compecierit, legitime oftenfuri &
alias propofituri tam contra dictam electionem quam
contra ipfum electum fiquid proponere voluerunt
in hac parte. Cum intimacione quod fi nullus in
dictis loco & termino comparuerit oppofitor, feu
eciam contradictor, nos ad confirmandam electionem predictam, ac aliter in premiffis, ficut de jure faciendum fuerit, procedemus, cujusvis abfencia non obftante, nulloque ad hoc de cétero evo-
cato reddite literas figillatas, in fignum executio-
nis premifforum fideliter per vos facte, datis noftris fub figillis anno Domini Millefimo CCC. quadragefimo octavo. Jdus May. Adveniente autem
termino proclamationis hujusmodi videlicet ho-
dierno & facta nobis de executione proclamationis
ejusdem, ficut debuit plena fide, comparuit coram
nobis in judicio, in curia habitacionis noftri *Wilbel-
mi* canonici fupradicti, prefatus dominus *Arnoldus*
electus & quamplures de electoribus memoratis,

petentes

petentes per nos in dicto confirmacionis negocio
procedi juxta traditam in fupradictis domini noftri. .
Archiepifcopi literis nobis formam. Nullo penitus
ex adverfo comparente qui contra predictam electionem aut ipfum dominum. . electum quicquam
proponeret, feu dictam electionem in aliquo im-
pugnaret, feu de jure fuo in hac parte oftenderet,
quovismodo, quamquam fufficienter exfpectaveri-
mus, ficut decuit in premiffis, omnibus igitur &
fingulis in proclamacione predicta fic citatis, per
nos contumacibus reputatis, viam preclufimus, &
in hijs fcriptis exigente juftitia precludimus contradicendi de cetero & fe predicto Domino electo
impofterum opponendi. vifoque per nos predicti
domini *Arnoldi* electionis decreto, ac alijs per que
de electione predicta, plenius informari potuimus
diligenter examinatis quia electionem ipfam canonice celebratam invenimus, nihilque canonicum
reperimus, quod prefato domino electo obftaret
recepta per nos ab ipfo domino electo prius vice
& nomine predicti domini noftri Archiepifcopi obedientia, fecundum formam debitam & confuetam
electionem ipfam tanquam canonicam auctoritate
prefati domini noftri Archiepifcopi Mogunt. confirmavimus & prefentibus confirmamus. Inve-
ftientes ipfum dominum *Arnoldum* per librum quem
manibus tenuimus prefentialiter, de abbacia predicta, ac fuis honoribus juribus & pertinentiis
univerfis ipfumque de hijs prefentibus inveftimus.
Quocirca vobis domino . . Decano ecclefie S. *Ma-*
rie in Campis fupradicto tenore prefencium committimus & mandamus quatinus predictum dominun

S 4   *Arnoldum*

Arnoldum electum & confirmatum in corporalem possessionem predicte Abbatie ac jurium bonorum & pertinenciurn ejusdem presentialiter inducatis, facientes sibi a subditis ipsius abbacie tam clericis quam laicis, exhiberi tanquam vero dicti monasterij Abbati debitam reverentiam & honorem. In quorum omnium & singulorum testimonium ac debitam roboris firmitatem, hoc presens instrumentum publicum per notarium infrascriptum scribi fecimus & premissa omnia & singula in hanc publicam formam redigi mandavimus nostrorumque sigillorum appensionibus voluimus communiri. Acta & gesta sunt hec sub anno nativitatis dominice Millesimo CCC°. quadragesimo octavo. Inditione prima, pontificatus sanctissimi in Christo patris & Domini nostri domini *Clementis* digna dei gratia pape *VI.* anno sexto Mensis May die vicesima. hora diei ejusdem quasi sexta, continuata per nos ab hora eiusdem diei prima. In civitate Magunt. In curia habitacionis nostri *Wilhelmi* canonici supradicti presentibus honorabilibus & discretis viris dominis *Hermanno de Bibera* canonico Magunt. Magistro *Conrado de Augusta* clerico & secretario civitatis Magunt. iurato, *Otthone* pastore ecclesie parrochialis in *Zornheim* mogunt. diocef. & *Henrico* capellano Altaris *decem milium martyrum* siti in monasterio sancti *Albani* predicto ac pluribus aliis fide dignis testibus ad premissa vocatis specialiter & rogatis.

Et Ego *Henricus Henrici* de *Augusta* clericus Maguntin. publicus imperiali auctoritate notarius, premissis omnibus & singulis sicut de verbo ad verbum

bum fuperius enarrantur prefens interfui una cum
teftibus prenotatis eaque fic fieri vidi & audivi,
Jdcirco ad mandatum predictorum dominorum Judicum commiffariorum hoc prefens inftrumentum
publicum exinde confeci, manu propria fcripfi &
premiffa omnia & fingula in hanc publicam formam
redegi meoque figno folito & confueto fignavi in
teftimonium evidens omnium premifforum.

XXXVIII.

SYNDICVS CIVITATIS MO-
GVNT. OB DEPOSITIONEM DIETHERI
ARCHIEP. AD PONTIFICEM MELIVS
INFORMANDVM APPELLAT.

In Nomine Domini Amen. Anno a nativitate ejusdem millefimo quadringentefimo fexagefimo fecundo Indictione decima die vero dominica vicefima prima menfis Marcii pontificatus fanctiffimi in
Chrifto Patris & Domini *Pii* divina providentia pape fecundi anno quarto In mei Notarii publici &
teftium infrafcriptorum ad hoc fpecialiter vocatorum & rogatorum prefentia perfonaliter conftitutus providus vir Magifter *Hermannus Quaedbeyn*
Sindicus & procurator providorum & circumfpe-
ctorum virorum confulum proconfulum regentium atque civium civitatis Mogunt. prout de fuo
procurationis & findicatus mandato mihi Notario
publico infrafcripto legitime conftat hiis & in fuis
tenens manibus quandam appellationis & apoftolo-

rum

rum petitionis vel supplicationis & protestationis papiri cedulam quam ibidem animo & intentione ut asseruit provocandi appellandi apostolos petendi & protestandi in & ad manus mei Notarii infrascripti facto realiter & infrascriptis subscripti tenoris tradidit & assignavit ac provocavit appellavit apostolos petiit & protestatus fuit aliasque & alia fecit prout &. quemadmodum in eadem appellationis papiri cedula inferius De verbo ad verbum conscriptâ plenius continetur & habetur Ego tunc Notarius infrascriptus pretactam appellationis cedulam ad me recipiens dicto Magistro *Hermanno Quaedheyn* Syndico & procuratori quibus supra nominibus appellanti & apostolos petenti appellatos tales quales de jure & ex officio meo potui videlicet testimoniales tradidi & assignavi super quibus omnibus & singulis premissis predictus *Hermannus Quaedheyn* Sindicus & procurator sibi a me notario publico infrascripto unum vel plura publicum seu publica fieri & confici petiit instrumentum & instrumenta acta fuerunt hec *Maguntie* in stuba consulatus hora secunda post meridiem vel quasi sub Anno Indictione Die mense & pontificatu quibus supra presentibus ibidem honorabilibus viris Dominis *Gotfrido Flersheim* majoris Johann. Laici *Conrado Riedesel* Sancti *Victoris Johannes Nuwemeister* Sancti *Victoris Johannis nuwemeister* Sancti *Stephani* & *Nicolao Oleatoris* S. *Johannis* Magunt. ecclesiarum vicariis perpetuis testibus ad premissa vocatis specialiter & rogatis tenor vero appellationum & apostolorum petitionum papiri cedule unde fit supra mentio de verbo ad verbum sequitur & est talis. Cum appellationis

nis refugium à fanctis patribus tam legum quam
facrorum canonum conditoribus ad relevamen op-
prefforum feque opprimi formidantium falubriter
fit adinventum hinc eft, quod ego *Hermannus Quaed-*
beyn Sindicus & procurator providorum virorum
confulum proconfulum regentium atque civium civitatis Magunt. animo & intentione proteftandi atque appellandi verius fupplicandi caufamque &
caufas fubfcriptas ad aures atque exarnen domini
noftri fanctiffimi Domini *pii* Pape moderni fancte
que Romane ecclefie atque apoftolice fedis rite di-
rimendas deducendi dico & propono quod licet dudum ecclefia Magunt, per obitum recolende memorie Domini. *Theoderici* tunc Archiprefulis paftoris
folatio deftituta venerabiles Domini Decanus & Capitulum iam dicte ecclefie canonice atque concorditer nullo difcrepante Reverendum in Chrifto patrem & Dominum Dominum *Dietberum* Comitem
de *Jffenburg* tunc ecclefie ipfius Thefaurarium feu
cuftodem in archiepifcopum eligere ftuduerint,
atque elegerint Jllumque iuxta ritum morem atque
obfervantiam ecclefie Magunt. de ecclefia eadem
inveftire atque intronifare curaverint atque intro-
nifarint tradentes illi nihilominus realem atque corporalem poffeffionem terrarum caftrorum atque
opidorum omnium & fingulorum eiusdem ecclefie
licet infuper decreto electionis iam dicte fanctiffimo
Domino noftro pape *Pio* tum perdicti Domini electi tum etiam per Capituli prefati oratores & nun-
tios follempnes humiliter porrecto. Idem Dominus
nofter fanctiffimus electionem de perfona prefati
Domini *Dietheri* rite & canonice ut prefertur factam

&tam comperiens eundem Dominum *Dietberum* Juris ordine obfervato confirmaverit literasque defuper fieri decreverit tradendo nihilominus eidem
confirmato moribus Decoro pallium archiepifcopis
de corpore fan&i Petri in partem follicitudinis fan-
&titati fue immediate tradi confuetum di&usque
Dietherus nedum per fan&titat em fuam atque Venerabilem Cetum Dominorum fan&te Romane ecclefie Cardinalium verum etiam per Jlluftriffimum
atque invi&tiffimum principem Dominum *Fridericum*
Romanum Jmperatorem Nec non digniffimos facri
Romani Jmperii Ele&tores ceterosque urbis maxime
nationum inclite germanie principes Jlluftres & gentes pro ele&to & confirmato Magunt. tentus nominatus atque deputatus fuerit & fit Jdemque Dominus
Dietberus Ele&tus & confirmatus Magunt. tamquam
legittimus ecclefie Mogunt. poffeffor ipfam ecclefiam
Magunt. aliquamdiu laudabiliter tam in fpiritualibus
quam temporalibus rexerit prout & hodie quantum in
eo eft hanc bonos dirigendo malos diftringendo virtu-
tesque omnibus Inferendo Laudabiliter regere non
defint pro eoque di&ti domini & principales mei confules proconfules regentes & univerfi cives communiter & divifim tamquam veri & devoti ecclefie Magun.
filii eidem domino *Dietbéro* ele&to & confirmato honorem atque reverentiam debitum atque debitam
obfequiofe impenderint fefeque voluntati ejusdem
in omnibus & fingulis licitis & honeftis decenter &
inconcuffe conformare ftuduerint ob idque fe illi
fide data firmiter confederaverint veritasque fuerit
& fit quod idem Dominus Ele&tus & confirmatus a
nonnul-

nonnullis proceſſibus apoſtolicis nuper de menſe
octobris proxime tranſacto publicatis quibus dominus noſter ſanctiſſimus prefatus dicitur ipſum electum & confirmatum depoſuiſſe atque generoſum
virum Dominum *Adolfum* comitem de *Naſſawe* tunc
eccleſie Magunt. Canonicum in ejus locum ſurro-
gaſſe publice tum in preſentia Venerabilis Cleri tum
eciam populi Maguntin. tamquam contra conſtitu-
tiones ne dum divinas verum etiam humanas gra-
vatus ad eundem Dominum noſtrum ſanctiſſimum
verbo & in ſcriptis ſupplicaverit cauſasque inibi ex-
preſſerit terminusque proſequende finiendeque ſupplicationis à jure ſtatutus nondum exſpiraverit nihilominus idem dominus noſter ſanctiſſimus Papa
Pius decendio nondum effluxo ſua patenti bulla Magiſtris civium regentibus ac civibus univerſis civitatis Magunt. dominis & principalibus meis in virtute ſancte obedientie precepit ut ſepedictum dominum *Dietherum* Electum & confirmatum nec non
Jlluſtriſſimum animoſiſſimum atque potentiſſimum
principem dominum *Fridericum* Comitem palati-
num Reni ſacri Romani Jmperii Electorem Jllu-
ſtrisque Domus Bavarie Ducem fautorem dicti electi a ſua civitate Magunt. ſtatim recepta ſanctita-
tis ſue bulla repellant atque Dominum *Adolffum*
pretactum tamquam paſtorem ſuum admittant eiuſ-
que parti & apoſtolice proviſioni faveri ſicuti decet bonos & devotos eccleſie filios & fideles chri-
ſtianos ſtudeant, ſubjungens ſi ſecus fecerint quod
tunc opus erit pro conſervacione dignitatis huiusmodi ſedis pro defenſione iuſtitie & honeſtatis ad-
verſus vos ita cenſuris & penis procedere ut erro-
rum

rum fuorum ac exceduum eos tandem peniteat prout
hec & alia in dicta fanctitatis fue Bulla latius contineri cinofcitur animadvertens igitur Ego *Herman-*
nus findicus prefatus dictos dominos meos principales qui de obedientia dicti domini *Dietbert*
Electi & confirmati exiftunt non immerito per-
plexos cum hinc inde ob difcretionem atque ad-
verfitatem caufarum atque mandatorum periculum ejus non mediocre immineat quia fi mandatis
apoftolicis fupradictis acquiefcere ftuduerint notam
infamie vix evitabunt pro eo tum fidem domino
electo ut premittitur datam necdum non fervant
fed hanc precipitanter infringant cum ab eo fauto-
reque fuo friderico pretacto cui pari modo confe-
derati funt declinaverint Preterea cum terminus
fupplicationis interpofite prefatus nondum exfpira-
verit, fupplicatioque ipfa pretextu ad hoc indecifa
pendeat effectusque proceffuum à quibus extat fupplicatum juxta legitimas fanctiones fufpenfus fit non
fine maxima nota quin ymo injuria tranfire poffint
fi in preiudicium termini ut prefertur ftatuti fup-
plicatione ftante indecifaque manente mandatis apoftolicis hac in parte parendo ad id cooperari deberent quod electus & confirmatus predictus in iuri-
bus fuis & prefertim in poffeffione fua legitima prefata turbari aut illa deftitui deberet propter quod
attento potentia ipfius electi partisque fue periculum eis non modicum fi hanc viam amplecti contingeret immineret e contra fi mandatis apoftolicis
non parebunt juxta injunctum eis preceptum de
inobedientia fedis apoftolice debita notari utque tales tum cenfuris tum penis ut verbis bulle commi-

                                        natio-

nationem astruentis utar distringi possent sic quod
angustie sunt eis undique potissime tum terminus
deliberandi consultandi conscientiasque suas sere-
nandi atque purificandi eis sit datus qui tamen iuxta stilum curie tradi consuevit resque tam grandis
postulet ordoque rationis dictet ne saltem ipsos dominos meos hinc de obedientia sacre Romane ecclesie summoque Pontifici debita illinc de fidei date
ruptione atque statuti iuris termini spretione notari
quomodolibet contingat sentiens itaque premissorum
omnium & singulorum occasionem dictos dominos
principales meos meque ipsorum atque Sindicatorio
nomine supradictis mandato bifurcato atque commi-
nacionibus apostolicis multipliciter gravatos timens-
que illos inantea amplius comminatione stante gravari atque illaqueari posse inprimis sindicatorio nomine quo supra protestor de animorum suspensione in
hac re fienda non tamen animo seu intentione quovismodo a sedis apostolice sancteque matris Romane
ecclesie obedientia salutifera atque edificativa rece-
dendi quam & presentibus illorum ac meo nomine
quo supra donec & quousque ipsi mature ac recto
libramine quid eis in tanta perplexitate adversitate-
que facere expediat deliberare conscientiasque suas sane informare poterint efficio in finem saltem
ne precipites eos laqueum intrare sed juris precepta servando suum cuique tribuere queant in finem
etiam ut sedem apostolicam dominumque nostrum
sanctissimum prefatum desuper rescribendo humiliter consultare Jllam illumque de meritis cause
periculisque hinc inde imminentibus ad plenum per
me aut alium informare possent vel saltem donec

ter-

terminus a jure ftatutus prementionatus expiraverit aut fupplicatio ipfa judicialiter juxta traditam
juris normam difcuffa fuerit de hinc prefentibus
findicatorio nomine quo fupra omnibus melioribus
atque expedientioribus via modo ftilo & forma
quibus debeo & valeo a dictis mandato atque com-
minationibus apoftolicis nec non omnibus & fingulis cenfuris penis ac gravaminibus fecuturis ad dictum Dominum noftrum fanctiffimum Dominum
pium papam modernum fanius informandum fan-
ctamque fedem apoftolicam appellando fupplico
fupplicandoque in quantum fas eft appello apofto-
losque mihi dare peto primo fecundo & tertio inftanter inftantius & inftantiffime ac cum debita juris inftantia faltem a vobis domino Notario ac fcriba publico teftimoniales fubiciens dictos dominos
meos & me omnesque & fingulos nobis adherentes
adherereque deliberantes prefentique fupplicationi
confidentes atque confidere volentes protectioni tui-
tioni atque defenfioni dicti Domini noftri fanctiffimi
fedisque apoftolice proteftando nihilominus de infi-
nuatione atque profecutione ejusdem tempore &
loco congruis & oportunis fiendis nec non de jure
addendi minuendi corrigendi & emendandi prout
fuit & eft juris moris & ftili.

Et Ego *Eberhardus Rumolfels* de *Vorcheym* clericus Bambergenfis diocefis publicus Jmperiali auctoritate Notarius fancteque magunt. fedis caufarum fcriba juratus quia dictis appellationi & appel-
latorum petitioni fupplicationi & proteftationi omnibusque alijs & fingulis &c.

XXXIX.

XXXIX.

SEQUUNTUR TRES SENTEN-TIE DIFFINITIVE CONFORMITER IN ROMANA CURIA LATE DE ET SUPER ECCLESIA PAROCHIALI IN *UDEN-HEIM* PRO PARTE MAGISTRI *JO-HANNIS GOTSCHALCI* BACCALA-RII IN MEDICINIS.

Prima Sententia.

In nomine Domini Amen Pridem fanctiffimus in Chrifto pater & Dominus nofter Dominus *Bo-nifacius* divina providencia Papa *nonus* , omnes & fingulos caufam & caufas appellacionis & negocii principalis, quam & quas honorabilis vir *Johannes Godfchalci* Rector parrochialis ecclefie in *Vdenheim* Magunt. diocef. movebat feu movere intendebat contra & adverfus religiofos viros Dominos Abba-tem & conventum Monafterij *Sancti Albani* extra muros Magunt. & *Heylmannum Weydebecher* pro clerico dicte diocef. fe gerentem omnesque alios & fingulos quorum intererat , feu qui fua putaverint intereffe conjunctim & divifim de & fuper dicta parrochiali ecclefia & ejus occafione nobis *Bertran-do* Epifcopo *Eugubino* facri palacii Apoftolici Audi-tori commifit audiendas decidendas & fine debito terminandas cum omnibus & fingulis emergentibus, incidentibus dependentibus & connexis cujus qui-dem commiffionis vigore, in caufa & caufis hujus-modi rite & legitime procedentes, ad difcreti vir

Magiftri *Gerwici Muckewin de Spangenberg* in Romana Curia & dicti *Johannis Godefchalci* principalis in dicta commiffione five fupplicationis cedula principaliter nominati, procuratoris prout de fue procuracionis mandato in actis caufe & caufarum hujusmodi legitime conftabat atque conftat inftanciam prefatos Abbatem & Conventum Monafterij *fancti Albani* extra muros Magunt. & *Heilmannum Weydebecher* principales ex adverfo eciam in dicta commiffionis five fupplicationis cedula principaliter nominatos ad dicendum & opponendum quidquid dicere feu opponere volebant, contra commiffionem nobis factam & prefentatam, per audienciam publicam litterarum contradictarum domini noftri pape predicti citari mandavimus & fecimus, ad certum peremptorium terminum competentem. In quo Comparens in judicio coram nobis Magifter *Gerwicus Muckewin de Spangenberg* procurator predictus, procuratorio nomine quo fupra & quandam citationis pergameni cedulam ab auditorio noftro emanatam, ac de noftris voluntate & mandato in audiencia publica litterarum contradictarum Domini noftri pape pofitam & lectam ac figillatam aliasque debite executam reprefentans & citatorum in eadem non comparentium neque contra commiffionem nobis factam, quidquam verbo vel in fcriptis dicere feu opponere curantium contumaciam accufans Nos dictos citatos non comparentes nec hujusmodi termino fatisfacere curantes contumaces prout erant duximus merito reputandos & reputavimus Jn ipforumque contumaciam, inftante & petente dicto Magiftro *Gerwico de Spangenberg*

genberg procuratore eosdem citatos ad dandum &
recipiendum darique & recipi videndum libellum
five peticionem fummariam in caufa hujusmodi per
audientiam publicam litterarum contradictarum Domini noftri Pape predictam peremptorie citari mandavimus & fecimus ad certum peremptorium terminum competentem quem terminum ipfi Magiftro
Gerwico de Spangenberch procuratori petenti & parti
fue, ad idem duximus prefigendum adveniente quo
termino comparuit in judicio coram nobis Magifter
Gerwicus de Spangenberch procurator predictus procuratorio nomine quo fupra, & quandam citationis
pergameni cedulam ab auditorio noftro emanatam &
de noftris litteris licentia & mandato in audiencia
publica litterarum contradictarum Domini noftri
propter predictam pofitam lectam fignatam & figillatam aliasque debite executam exhibuit & reprefenta-
vit citatorumque in eadem contentorum non comparentium nec aliquem libellum five peticionem fummariam in caufa hujusmodi dare, aut dari videre cu-
rantiam contumaciam accufavit, & in eorum con-
tumacium quendam libellum five peticionem fummariam pro parte fua verbo duntaxat exhibuit atque dedit promittens ipfum dare facto & in fcriptis
fuis loco & tempore oportunis & tunc nos ad dicti
Magiftri *Gerwici de Spangenberch* procuratoris inftanciam fupradictos citatos non comparentes nec
hujusmodi termino fatisfacere curantes debite expectatos contumaces prout erant duximus merito reputandos & reputavimus Nos deinde Magiftro *Ger-*
wico de Spangenberch ex una, *Theoderico Buttingk*
per Magiftrum *Hartmannum Gonberch* in romana cu-

T 2   ria

ria & dicti *Heilmanni Weidebecher* principalis procuratorem procuratore fubftituto, prout de ipforum procuracionis & fubftitutionis mandatis, in
actis caufe & caufarum hujusmodi legitime conftabat atque conftat, hinc inde prefentibus audienti-
bus & id fieri poftulantibus ad jurandum & deliberandum jurarique videndum de calumpnia vitanda & veritate dicenda cum omnibus & fingulis capitulis in & fub calumpnie juramento contentis tam
fuper dicto oblato libello , quam tota caufa prefenti certum peremptorium terminum competentem
hinc inde duximus prefigendum & affignandum hujusmodi autem termino adveniente comparuit in
judicio coram nobis Magifter *Gerwicus de Spangenberch* procurator predictus procuratorio nomine
quo fupra & dicti magiftri *Guttingk* procuratoris
fubftituti ex adverfo non comparentis neque juramentum calumpnie in caufa hujusmodi preftare
neque preftari videre curantis contumaciam accufavit, & in ipfius contumaciam poft admiffionem
fibi per nos factam ad mandatum noftrum & in noftris manibus, tactis per ipfum fcripturis facrofanctis ad fancta Dei Ewangelia de calumpnia vitanda & veritate dicenda cum omnibus & fingulis Capitulis in & fub calumpnie juramento contentis,
tam fuper dicto fuperius oblato libello quam tota
caufa prefenti folitum preftitit juramentum Nos
Dictum Magiftrum *Theodericum Buttingh* procuratorem fubftitutum ex adverfo non comparentem
neque alias prefenti termino in aliquo fatisfacere
curantem, contumacem prout erat duximus merito reputandum & reputavimus & in ipfius contu-

maciam

maciam ad antedicti Magiftri *Gerwici de Spangen-*
bergh procuratoris inftanciam fupradictum magiftrum *Theodoricum Butting* procuratorem ex adverfo, adponendum & articulandum ponique & articulari videndum in caufa hujusmodi per quendam
Domini noftri Pape curforem citari mandavimus
& fecimus ad certum peremptorium terminum competentem quem terminum ipfi magiftro *Gerwico de*
Spangenbergh procuratori id petenti & parti fue ad
idem duximus prefigendum deinde vero coram nobis de abfencia dicti Magiftri *Theoderici Butting* procuratoris fubftituti fufficienter edocto, demum coram nobis in judicio comparens Magifter *Johannes*
Kempen in Romana curia & dicti Domini *Johannis*
Godefcalci principalis procurator prout etiam de fue
procurationis mandato in actis caufe & caufarum
hujusmodi legitime conftabat atque conftat & partis fibi ex adverfo non comparentis neque contra
aliquos poficiones & articulos, in caufa hujusmodi
producere neque produci videre curantis contumaciam accufavit & in ipforum contumaciam nonnullos poficiones & articulos primo verbo & deinde in quodam alio condecenti termino pro parte
fua facto, realiter & in fcriptis exhibuit atque
produxit Quorum quidem poficionem & articulo-
rum per Magiftrum *Johannem* procuratorem exhibitorum conclufio fequitur & eft talis. Quare petit
dictus procurator quo fupra nomine per vos Reverendum patrem Dominum auditorem prefatum veftramque diffinitivam fententiam pronunciari decerni & declarari literam acceptationem & provifionem predictas ac omnia inde fecuta fuiffe & effe

cano-

canonicas & canonica fuumque debitum debuiffe
& debere fortiri effectum dictamque Ecclefiam parrochialem in *Vdenheim* ad ipfum Dominum *Johan-*
nem Godefcalci fpectaffe & pertinuiffe ac fpectare &
pertinere de jure fibique eandem adjudicandam
fore & adjudicari prefatisque dominis Abbati &
conventui nec non *Heilmanno* in prefenti caufa ad-
verfarijs nullum jus in dicta parrochiali ecclefia
feu ad eam compecijffe neque competere Jpfumque
Heilmannum ab occupacione & detencione dicte parochialis ecclefie amovendum fore & amoveri predictumque dominum *Johannem Godfcalci* in & ad
corporalem poffeffionem hujusmodi parrochialis
ecclefie inducendum fore & induci nec non oppoficiones moleftaciones perturbaciones & intrufiones
ac impedimenta predictas & predicta fuiffe & effe
temerarias illicitas iniquas & injuftas, temeraria
illicita iniqua & injufta ac de facto prefumptas &
prefumpta prefatisque Abbati & conventui ac *Heyl-*
manno fuper oppofitionibus moleftacionibus perturbacionibus intrufionibus & impedimentis ac ecclefia
parrochiali predictis, perpetuum filencium imponendum fore & imponi Jpfumque *Heylmannum* in
fructibus a tempore dicte provifionis citra ex dicta
parrochiali Ecclefia perceptis & qui percipi poterant
nec non eandem & prefatum dominum Abbatem &
conventum & eorum quemlibet in expenfis in dicta
caufa factis condempnandum fore & condempnari
de expenfis faciendis poteftatem & premiffa omnia
& fingula petit dictus procurator nomine quo fupra eciam divifim, omni meliori modo via jure
caufa & forma quibus melius & efficacius poteft
&

& valet veftrum & fuper premiffis benignum officium implorando falvo jure addendi &c. & proteftatur &c.   Quibus quidem poficionibus & articulis fic ut premittitur exhibitis & predictis, nos inftante dicto Magiftro *Johanne Kempen* procuratore
dictam partem adverfam non comparentem nec
hujusmodi termino fatisfacere curantem, diutius
expectata reputavimus merito prout erat exigente
Juftitia contumaciam, & in ipfius contumaciam dictum *Heylmannum Weydebecher* principalem ex adverfo ejusque procuratores fi qui erant in Romana
curia pro eodem, ad dicendum & opponendum
quidquid dicere feu opponere volebant, contra proxime dictas poficiones & articulos in quantum articuli nec non ad refpondendum eisdem in quantum
poficiones exifterent per audientiam publicam litterarum contradictarum Domini noftri Pape predictam peremptorie citari mandavimus & fecimus ad
certum peremptorium terminum competentem   Jn
quo termino per predictum Magiftrum *Johannem*
Kempen procuratorem quo fupra nomine coram nobis in judicio comparentibus proxime Dictam citacionem audiendi in eadem audientia publica litterarum contradictarum Domini noftri pape antedicta more folito executa reprefentata & citatorum
in eadem contentorum non comparencium nec hujusmodi termino fatisfacere curantium contumaciam accufata Jpfosque contumaces reputari petito, Nos fupradictos citatos non comparentes
nec hujusmodi termino fatisfacere curantes, debite expectatos contumaces merito prout erant duximus reputandos & reputavimus, Et in eo-

T 4   rum

rum contumaciam eosdem ad producendum & produci videndum omnia & singula jura & munimenta quibus partes ipse in hujusmodi causa uti , & se juvare volebant hinc inde per audientiam publicam litterarum contradictarum Domini nostri Pape predictam citari mandavimus & fecimus ad terminum peremptorium terminum competentem eundem terminum ad consimilem actum , ipsi magistro *johanni Kempen* procuratori etiam hoc petenti & parti sue ad idem nihilominus assignando adveniente quo termino comparens judicialiter coram nobis Magister *Johannes Kempen* procurator predictus procuratorio nomine quo supra predictam citacionem audiendi in eadem audientia publica litterarum contradictarum Domini nostri Pape positam lectam signatam sigillatam ac alias executam representans & citatorum in eadem non comparencium nec aliqua jura & munimenta in causa hujusmodi producere , neque produci videre curantium contumaciam accusavit Jpsosque contumaces reputari petendo , ac in ipsorum contumaciam nonnulla jura & munimenta , primo verbo & deinde in quodam alio condecenti termino facto , realiter & in scriptis exhibuit , & produxit nos supradictos citatos non comparentes nec hujusmodi termino satisfacere curantes debite expectatos, contumaces prout erant duximus merito reputandos & reputavimus & in ipsorum contumaciam Magistrum *Hartmannum Gambecher* procuratorem dicti Domini *Heilmanni* principalis ex adverso ad predicti Magistri *Johannis Kempen* procuratoris instanciam ad dicendum & opponendum quidquid dicere seu opponere vale-

valebat cóntra proxime diƈta jura & munimenta, per quendam domini noſtri Pape Curſorem mandavimus & fecimus, ad certum peremptorium terminum competentem. Adveniente quo termino comparente in judicio coram nobis Magiſtro *Johanne Kempen* procuratore prediƈto procuratorio nomine quo ſupra & diƈti magiſtri *Hartmanni Gambecher* procuratoris ex adverſo non comparentis nec quidquam verbo vel in ſcriptis contra proxime diƈta jura dicere ſeu excipere curantis contumaciam accuſante Nos tunc inſtante ipſo Magiſtro *Johanne Kempen* procuratore diƈtum Magiſtrum *Hartmannum Gambecher* procuratorem ex adverſo non comparentem nec hujusmodi termino ſatisfacientem contumacem prout erat duximus merito reputandum & reputavimus, & contumacem eundem ad declarari videndum, quidquid in cauſa hujusmodi declarare volebat, per quendam Domini noſtri pape curſorem citari mandavimus & fecimus ad terminum peremptorium terminum competentem eundem terminum ad conſimilem aƈtum, ipſi Magiſtro *Johanni Kempen* procuratori id petenti & parti ſue, ad idem duximus prefigendum Quo termino adveniente comparuit in judicio coram nobis Magiſter *Johannes Kempen* procurator prediƈtus procuratorio nomine quo ſupra, & diƈti Magiſtri *Hartmanni Gambecher* procuratoris ex adverſo non comparentis neque in cauſa hujusmodi declarare neque declarari videre curantis, contumaciam accuſavit, ipſumque contumacem reputari petendo, & in ejus contumaciam, dixit ſe nihil in hujusmodi cauſa velle declarare, tandem nos ad ſupradiƈti

T 5   Magiſtri

Magiftri *Johannis Kempen* procuratoris inftantiam, Magiftrum *Theodericum Buttingh* procuratorem ex adverfo fubftitutum ad concludendum & concludi videndum, vel ad dicendum & caufam racionabilem fi quam habebat allegandum, quare in caufa hujusmodi concludi non debebat per quendam Domini noftri pape curforem citari mandavimus & fecimus ad certum peremptorium terminum congruentem, quem terminum ipfum magiftro *Johanni Kempen* procuratori petenti & parti fue ad idem duximus prefigendum & affignandum occurrente itaque termino hujusmodi & in judicio coram nobis comparente Magiftro *Johanne Kempen* procuratore predicto procuratorio nomine quo fupra & antedicti Magiftri *Theoderici Butting* procuratoris fubftituti non comparentis neque in hujusmodi caufa concludere neque concludi videre curantis, contumaciam accufante ipfum contumacem reputari & in hujusmodi caufa concludere & pro conclufo per nos haberi debita cum inftancia poftulante, Nos tunc dictum Magiftrum *Theodericum Butting* procuratorem fubftitutum non comparentem neque termino hujusmodi fatisfacere curantem, licet per nos fufficienter expectatum reputavimus juftitia mediante exigente merito prout erat contumacem & in ipfius contumaciam una cum prenominato Magiftro *Johanne Kempen* procuratore concludente & fecum concludi petente conclufimus & habuimus pro conclufo in eadem, & confequenter ad ejusdem Magiftri *Johannis Kempen* procuratoris inftanciam dictum magiftrum *Theodericum Butting* procuratorem fubftitutum ad audiendum

dum

dum diffinitivam in hujusmodi cauſa per nos ferri
& promulgari ſententiam juxta tenorem petitionis
ſue preinſerte, per unum ex predicti Domini noſtri Pape curſoribus citari mandavimus & fecimus,
ad certum peremptorium terminum competentem
videlicet ad diem & horam inferius annotatas Quas
etiam dicto Magiſtro *Johanni Kempen* procuratori
id petenti ad idem duximus prefigendum adveniente itaque die & hora hujusmodi & in judicio coram nobis comparente Magiſtro *Johanne Kempen*
procuratore predicto procuratorio nomine quo ſupra & predicti Magiſtri *Theoderici Butting* procuratoris ſubſtituti non comparentis neque diffinitivam in hujusmodi cauſa per nos ferri & promulgari ſententiam audire curantis contumaciam accuſante ipſumque contumacem reputari & in ejus
contumaciam diffinitivam in hujusmodi cauſa pro
ſe & parte ſua ac contra partem ſibi adverſam juxta tenorem peticionis ſue predicte per nos ferri &
promulgari ſententiam per nos debita cum inſtantia poſtulavit Nos tunc *Bertrandus* Epiſcopus & auditor prefatus, dictum magiſtrum *Theodericum Butting* procuratorem ſubſtitutum citatum non comparentem poſtquam ſufficienter expectavimus juſticia
mediante contumacem & in ipſius contumaciam viſis primitus per nos & diligenter inſpectis omnibus & ſingulis actis, actitatis litteris Jnſtrumentis
ſcripturis proceſſibus privilegiis & alijs munimentis in hujusmodi cauſa hinc inde habitis factis exhibitis & productis Jpſisque cum diligentia recenſitis, & de ipſis Dominis coauditoribus noſtris relacione plenaria & fideli factis & habitis inter nos
de

de hujusmodi caufe meritis matura deliberacione
& diligenti, de dictorum Dominorum Coauditorum
noftrorum confilio & affenfu ad noftram in hujusmodi caufa ferendam fententiam duximus procedendum & proceffimus eamque in fcriptis tulimus
& prefentibus fecimus in hunc modum Chrifti nomine invocato pro tribunali fedentes & habentes
pre oculis folum Deum, de dominorum coauditorum noftrorum confilio & affenfu, per hanc noftram diffinitivam fententiam, quam ferimus in hijs
fcriptis pronunciamus decernimus & declaramus,
gratiam acceptationem & provifionem predictas,
& omnia inde fecuta fuiffe & effe canonicas & canonica fuumque debitum debuiffe & debere fortiri
effectum dictamque parrochialem Ecclefiam in *Vdenheim* ad ipfum Dominum *Johannem Godfcalci* fpectaffe & pertinuiffe ac fpectare & pertinere de jure,
fibique eandem ad judicandum fore & adjudicamus
prefatoque *Heilmanno* in prefenti caufa adver-
fario nullum jus compeciiffe, neque competere
Ipfumque *Heilmannum* ab occupatione & detencione
dicte parrochialis ecclefie amovendum fore & amovemus predictumque Dominum *Johannem Gotfcalci*
in & ad corporalem poffeffionem ejusdem parrochialis Ecclefie, inducendum fore & inducimus
Nec non oppoficiones moleftaciones perturbaciones & intrufiones ac impedimenta predictas & predicta fuiffe & effe temerarias illicitas iniquas & injuftas, temeraria illicita iniqua & injufta, ac de
facto prefumptas & prefumpta, prefatoque *Heilmanno* fuper oppoficionibus perturbacionibus moleftacionibus intrufionibus & impedimentis de Ecclefia

clesia parrochiali predictis perpetuum silencium imponendum fore & imponimus Jpsumque *Heilmannum* in fructibus a tempore litis citra ex dicta Ecclesia parrochiali perceptis, Nec non eundem *Heylmannum* in expensis in hujusmodi causa coram nobis legitime factis condempnandum fore & condempnamus Quarum expensarum taxationem nobis inposterum reservamus lecta lata & in scriptis promulgata fuit hec presens nostra diffinktiva sententia per nos *Bertrandum* Episcopum & auditorem prefatum *Perusij* Jn palacio causarum Apostolico nobis inibi mane hora causarum ad jura reddendum in loco nostro solito pro tribunali sedentes sub anno a nativitate Domini millesimo trecentesimo nonagesimo secundo Jndictione quinta decima Mensis decembris die undecima pontificatus sanctissimi in Xsto patris & Domini nostri Domini *Bonifacii* divina providencia pape *noni* predicti Anno quarto presentibus ibidem discretis & honestis viris Magistro *Theoderico de monte* Notario publico scribaque nostro & *Michaele de weyden* clericis Trajectensis & Leodiensis dioces. testibus ad premissa vocatis specialiter & rogatis.

Postremo vero Romana curia de civitate Perusina ad almam urbem translata nos deinde ad dicti Magistri *Johannis Kempen* procuratoris instanciam prefatum Magistrum *Theodericum Butting* procuratorem substitutum ex adverso, ad videndum & audiendum per nos taxari expensas in hac instancia coram nobis pro parte dicti Magistri *Johannis Kempen* procuratoris legitime factas per quendam Domini

noſtri pape curſorem citari mandavimus & fecimus ad certum peremptorium terminum competentem videlicet ad diem & horam inferius annotatas, quas tunc predicto Magiſtro *Johanni Kempen*
procuratori id petenti & parti ſue, ad idem duximus prefigendum, quibus die & hora adveniente
comparens in judicio coram nobis magiſtro *Johan-*
nes Kempen procurator predictus procuratorio nomine quo ſupra & dicti Magiſtri *Theoderici Butting*
procuratoris ſubſtituti non comparentis neque expenſas predictas per nos taxari neque taxari videre curantis contumaciam accuſans ipſumque contumacem reputari & in ejus contumaciam hujusmodi
termino ſatisfaciendo expenſas ſupradictas per nos
taxari & moderari inſtanter poſtulavit. Nos igitur *Bertrandus* Epiſcopus & auditor prefatus dictum Magiſtrum *Theodericum* procuratorem ſubſtitutum non comparentem neque hujusmodi expenſas per nos taxari videre curantem nec aliquam cauſam rationabilem ſi quam habebat allegantem quare per nos minime taxari debebant ſufficienter tamen expectatum reputavimus merito prout erat
quoad actum & terminum predictos contumacem
& tunc in ipſius contumaciam expenſas ſupradictas
ad ſexaginta florenos auri de camera juſti ponderis
& boni auri, per dictum *Heilmannum* principalem
prefato Domino *Johanni Godeſcalci* principali vel
ejus ad hoc legitime procuratori racione & occaſione expenſarum predictarum ſolvendos atque realiter tradendos provida moderacione previa, taxavimus & taxamus per preſentes Recepto tamen ab
eodem magiſtro *Johanne Kempen* procuratore & per
ipſum

ipfum ad mandatum noftrum & in noftris manibus
tactis fcripturis facrofanctis, ad fancta Dei Ewangelia corporali preftito juramento fe & partem fuam predictam tantum & ultra expendiffe feu neceffario expendere habere, in & pro lite & caufa
antedictis In quorum omnium & fingulorum fidem
& teftimonium prefentes noftrarum fentencie diffinitive & expenfarum taxationis litteras feu prefens
publicum Jnftrumentum hujusmodi noftras diffinitIvam fententiam & expenfarum taxationem in fe
continentes feu continens exinde fieri & per *Martinum* Notarium publicum noftrumque & caufe hujusmodi fcribam infrafcriptum fubfcribi & publicari mandavimus noftrique figilli juffimus appenfione communiri Taxate fuerunt hujusmodi expenfe
per nos *Bertrandum* Epifcopum & Auditorem prefatum *Rome* in palacio caufarum apoftolico, in quo
jura reddi folent nobis inibi mane hora caufarum
ad jura reddenda pro tribunali fedentibus fub anno
a nativitate Domini Millefimo trecentefimo nonagefimo quarto Jndictione fecunda, die vero Mercurii prima Menfis Aprilis pontificatus prefati Domini noftri Domini *Bonifacii* anno quinto prefentibus ibidem difcretis & circumfpectis viris Magiftro *Theoderico de monte* notario publico fcribaque
noftro & *Michaele de Weyden* clericis teftibus fupradictis ad premiffa vocatis fpecialiter & rogatis.

Et Ego *Martinus Mutsker* de *Eyk.* clericus Leodienfis diocef. publicus Apoftolica & imperiali auctoritatibus notarius & Reverendi patris Domini
Bertrandi Epifcopi & auditoris & caufe hujusmodi
coram

coram eo scriba Quia predictarum diffinitive sententie prolationi & expensarum taxationi omnibusque alijs & singulis premissis, dum sic ut premittitur agerentur & fierent, una cum prenominatis testibus presens interfui eaque omnia & singula sic fieri vidi & audivi, Jdeo hoc presens publicum instrumentum per alium me alijs occupato negocijs, fideliter scriptum exinde confeci publicavi & in hanc publicam formam redegi signoque nomine meis solitis & consuetis una cum appensione sigilli prefati Domini Episcopi & auditoris signavi Rogatus & requisitus in testimonium omnium & singulorum premissorum.

XL.

SECUNDA SENTENTIA DIFFINITIVA DE ET SUPER ECCLESIA PARROCHIALI IN *UDENHEIM.*

In nomine Domini Amen. Pridem sanctissimus in Christo pater & Dominus noster Dominus Bonifacius papa nonus, causam cujusdam appellacionis pro parte *Heilmanni Wedebecker* pro clerico Magunt. diocef. se gerentis interposite a quadam diffinitiva sententia pro honorabili viro Domino *johanni Steinaw* Rectore parrochialis ecclesie in *Udenheim* dicte Magunt. diocef. contra dictum *Heilmannum* per Reverendum in Xsto patrem Dominum *Bertrandum* Episcopum Eugubinum sacrique palacii apostolici causarum auditorem lata in causa, que

coram

coram eo vertebatur inter partes predictas , & fuper prenominata Ecclesia parrochiali in *Udenheim*
& ipsius occasione, quondam Domino *Ricardo* Electo Traven. tunc dicti palacii causarum Auditori
audiendas commisit & fine debito terminandas cum
singulis suis emergentibus incidentibus dependentibus & connexis cujus quidem commissionis vigore
idem quondam Dominus *Ricardus* electus & auditor
in causa & causis hujusmodi, rite & legitime procedens ad discreti viri Magistri *Johannis Kempen* in
Romana curia & dicti Domini *Johannis Steynaw*
principalis procuratoris instanciam discretum virum magistrum *Theodericum Butting*, eciam in eadem curia & prelibati Domini *Heilmanni Weidebe-*
cker ex adverso principalem procuratorem prout
de ipsorum magistrorum *Johannis* & *Theoderici* pro-
curatorum mandatis in actis cause & causarum hujusmodi, ipsi Domino *Ricardo* Electo & auditori
legitimis constabat documentis, ad dicendum &
opponendum quidquid verbo aut in scriptis dicere
seu opponere volebat contra hujusmodi prefato
quondam Domino *Ricardo* Electo & auditori commissionis ut prefertur factam per certum Domini
nostri pape cursorem citari mandavit peremptorie
& fecit, ad certum peremptorium terminum competentem in quo coram prefato quondam Domino
electo & auditore comparente in judicio Magistro
Johanne Kempen procuratore predicto procuratorio
nomine quo supra, & magistri *Theoderici Butting*
ex adverso procuratoris predicti non comparentis
nec quidquam verbo aut in scriptis, contra predictam commissionem, dicere seu excipere curantis

Tom. I.   U   con-

contumaciam accufante Jpfumque contumacem reputari inftanter petente Jdem tunc quondam dominus electus & auditor dictum *Theodericum* procuratorem non comparentem nec hujusmodi termino fatisfacere curantem, quamvis diutius & usque ad horam debitam expectatum reputavit merito contumacem Jn ejus contumaciam dicto Magiftro *Johanne Kempen* procuratore inftante & petente, magiftrum *Theodericum Butting* procuratorem ex adverfo predictum, ad dandum & recipiendum darique & recipi videndum libellum five fummariam in hac caufa petitionem per certum Domini noftri Pape curforem peremptorie citari mandavit & fecit, ad certam peremptoriam diem condecentem quam tunc dicto magiftro *Johanni* id petenti ad idem affignaverat qua adveniente die & in eadem coram dicto quondam Electo comparens dictus magifter *Johannes Kempen* procuratorio nomine quo fupra & magiftri *Theoderici Butting* procuratoris ex adverfo predicti non comparentis neque libellum five fummariam in hujusmodi caufa peticionem dare aut dari videre curantis, contumaciam accufans Jpfumque contumacem reputari inftanter poftulans Et in ipfius contumaciam termino hujusmodi pro parte fua fatisfaciendo quendam libellum verbo exhibuit atque dedit de dando facto & in fcriptis loco & tempore oportunis proteftans.

Prefatus tunc quondam Dominus Electus & auditor dictum Magiftrum *Theodericum Butting* procuratorem non comparentem & hujusmodi termino minime fatisfacere curantem licet fufficienter expectatum reputavit merito prout erat fuadente jufticia ſticia contumacem in ipſiusque contumaciam ad prefati Magiſtri *Johannis Kempen* procuratoris inſtantém peticionem magiſtrum *Theodericum Butting* ex adverſo procuratorem prelibatum ad jurandum & deliberandum jurarique videndum de calumpnia vitanda & veritate dicenda cum ſingulis ſuis Capitulis in & ſub calumpnie juramento contentis tacitis & expreſſis tam ſuper dicto verbo oblato libello quam tota cauſa preſenti per certum domini noſtri pape curſorem citari peremptorie mandavit & fecit, ad certas diem & horam congruentes Quas eidem Magiſtro *Johanni Kempen* procuratori id petenti ſtatuerat tunc ad idem. Hijs itaque die & hora advenientibus & in eisdem per ſupraſcriptum magiſtrum *Johannem Kempen* procuratorem in judicio comparentem & prelibati Magiſtri *Theoderici Butting* ex adverſo procuratoris non comparentis neque aliquod calumpnie juramentum preſtare aut preſtari videre curantis contumacia accuſata ipſumque contumacem per eundem quondam dominum electum & auditorem inſtanter petito & in ejus contumaciam termino hujusmodi ſatisfaciendo ad ejusdem quondam Domini electi & auditoris mandatum & in ejus manibus tactis ſacroſanctis ſcripturis ad ſancta Dei Ewangelia de calumpnia vitanda & veritate dicenda cum ſingulis ſuis capitulis in & ſub calumpnie juramento contentis tacitis & expreſſis tam ſuper dicto verbo oblato libello, quam tota cauſa preſenti corporaliter preſtito juramento Jdem tunc quondam Dominus electus & auditor dictum magiſtrum *Theodericum* procuratorem non comparentem neque hujusmodi termino

ſatis-

fatisfacere curantem fufficienter expe&tatum, reputavit merito prout erat contumacem Jn ipfiusque
contumaciam ad fepedi&ti Magiftri *Johannis Kempen*
procuratoris inftantiam Magiftrum *Theodericum But-*
ting ex adverfo procuratorem predi&tum ad ponendum & articulandum ponique & articulari videndum per Domini noftri curforem citari fecit &
mandavit ad certum peremptorium terminum congruentem quem tunc ad idem prelibato Magiftro *Jo-*
hanni Kempen procuratori petenti duxit prefigendum
Quo occurrente termino & in eodem judici aliter
comparente Magiftro *Johanne* procuratore predi&to
& magiftri *Theoderici* procuratoris ex adverfo predi-
&ti non comparentis neque aliquos pofitiones & articulos in hujusmodi caufa dare aut dari videre curantis contumaciam accufante Jpfumque contumacem reputari inftanter poftulante Et in ipfius contumaciam termino hujusmodi fatisfaciente omnes
& fingulos poficiones & articulos in alia prefentis
caufe inftantia datos repetente eosque de novo re-
producente Prefatus tum quondam Dominus ele-
&tus & auditor di&tum magiftrum *Theodericum But-*
ting procuratorem non comparentem neque hujusmodi termino fatisfacere curantem licet diucius ex-
pe&tatum reputavit exigente jufticia contumacem
Jn ejusdemque contumaciam fupradi&to Magiftro
Johanni Kempen inftanter petente eundem magiftrum
Theodericum Butting ex adverfo procuratorem ad
dicendum & opponendum quidquid dicere feu opponere volebat, verbotenus aut in fcriptis contra
hujusmodi poficiones & articulos repetitos ut pre-
                                                    mittitur

mittitur & produ&os in quantum articuli nec non
respondendum eisdem in quantum posiciones existebant & esse censebantur per certum di&i domini
nostri Pape cursorem peremptorie citari mandavit
& fecit, ad certam peremptoriam diem congruentem in qua comparuit judicialiter magister *johan-
nes Kempen* procurator jam di&us nomine quo supra. Et Magistri *Theoderici Butting* ex adverso procuratoris predi&i non comparentis nec quidquam
verbo aut in scriptis contra di&os posiciones & articulos dicere seu excipere in quantum articuli nec
eisdem in quantum posiciones existebant & esse censebantur respondere curantis contumaciam accusans
ipsumque contumacem cum instantia reputari postulavit Memoratus tunc quondam ele&us & auditor, di&um Magistrum *Theodericum* non comparentem neque predi&o termino satisfacientem sufficienter expe&atum reputavit merito suadente justitia contumacem in ejusque contumaciam ad prelibati Magistri *Johannis Kempen* procuratoris peticionem eundem *Theodericum* ex adverso procuratorem ad producendum & produci videndum, omnia & singula jura a&a, a&itata litteras scripturas
instrumenta processus privilegia ceteraque munimenta quibus in hujusmodi causa uti & se juvare
volebat per certum Domini nostri Pape cursorem
peremptorie citari mandavit & fecit, ad certum
peremptorium terminum competentem quo adveniente termino & in eodem per supradi&um Magistrum *Johannem Kempen* procuratorem nomine quo
supra coram di&o quondam Domino ele&o & auditore in judicio comparentem & prenominati Ma-

U 3

gistri

giftri *Theoderici Butting* ex adverſo procuratoris
non comparentis neque aliqua jura & munimenta
in hujusmodi cauſa dare aut dari videre curantis
contumacia accuſata Jpſumque contumacem inſtanter petito & in ejus contumaciam termino hujusmodi pro parte ſua ſatisfacientem omnia & ſingula jura & munimenta in prima preſentis cauſe inſtancia data repetente, eaque de novo producente
memoratus quondam Dominus Eleftus & auditor
ſupradiftum magiſtrum *Theodericum* procuratorem
non comparentem nec termino hujusmodi in aliquo
ſatisfacere curantem, licet diucius & usque ad horam debitam expeftatum reputavit merito prout
erat exigente juſticia contumacem & in ipſius contumaciam ad ſupradifti Magiſtri *Johannis Kempen*
inſtanciam eundem magiſtrum *Theodericum Butting*
ex adverſo procuratorem ad dicendum & opponendum quidquid dicere ſeu opponere volebat verbo
aut in ſcriptis, contra hujusmodi jura & munimenta per certum domini noſtri pape curſorem citari
peremptorie fecit & mandavit Jn quo comparens
judicialiter Magiſter *Joannes Kempen* procurator
prediftus procuratorio nomine quo ſupra & prefati Magiſtri *Theoderici* ex adverſo procuratoris non
comparentis nec quidquam verbo aut in ſcriptis
contra hujusmodi jura & munimenta dicere ſeu excipere curantis contumaciam accuſans ipſumque
contumacem reputari per diftum quondam dominum eleftum & auditorem inſtanter poſtulavit ſu-
pradiftus tunc quondam Dominus eleftus & auditor ſepediftum magiſtrum *Theodericum* procuratorem non comparentem & termino predifto minime

ſatis-

fatisfacientem & fufficienter tamen expectatum reputavit prout erat merito contumacem & in ipfius
contumaciam inftante fupradicto magiftro *Johanne
Kempen* procuratore & petente fupradictum magiftrum Theodericum ex adverfo procuratorem ad
concludendum & concludi videndum, vel dicendum & caufam fi quam habebat rationabilem, quare minime concludi debebat allegandum per certum Domini noftri Pape Curforem citari mandavit
peremptorie & fecit, ad certum peremptorium terminum competentem, quem dicto magiftro *Johanni Kempen* procuratori tunc ad idem affignandum
duxerat & affignavit Quo itaque adveniente termino comparente in judicio magiftro *Johanne Kempen*
procuratore predicto, nomine quo fupra & dicti
magiftri *Theoderici Butting* procuratoris non comparentis neque in prefenti caufa concludere aut
concludi videre nec caufam fi quam habebat rationabilem quare concludi non debeat, allegare curantis contumaciam accufante Jpfumque contumacem
reputari & in ejus contumaciam in caufa & caufis
hujusmodi concludente & fecum concludi & pro
conclufo haberi per dictum quondam Dominum Electum & auditorem inftanter poftulante Jdem tunc
quondam Dominus electus & auditor dictum Magiftrum *Theodericum Butting* procuratorem non
comparentem nec termino hujusmodi in aliquo fatisfacere curantem licet fufficienter expectatum reputavit merito contumacem Jn ipfiusque contumaciam una cum jam dicto Magiftro *Johanne Kempen*
procuratore concludente & fecum concludi petente
in caufa & caufis conclufit & habuit & habere voluit

luit in eisdem pro concluſo Dataque deinde per
prelibatum magiſtrum *Johannem Kempen* procuratorem nomine quo ſupra quadam petitione ſummaria
ſub hijs verbis Petit procuratòr & procuratorio nomine honorabilis viri Domini *Joannis Gotſcalci* de
Steinnaw rectoris parrochialis ecclefie in *Udenheim*
Magunt. dioceſ. per vos reverendum patrem Dominum *Ricardum* Electum Trauen: ſacri palacii apoſtolici cauſarum auditorem, veſtramque diffinitivam ſententiam pronunciari decerni & declarari
per Reverendum patrem Dominum *Bertrandum*
Epiſcopum Eugubinum veſtrum auditorem in cauſa que coram eo vertebatur, & nunc vertitur coram vobis inter prefatum Dominum *Johannem* ex
parte una & *Heilmannum Wedehecher* in hac cauſa
adverſarium de & ſuper dicta parrochiali ecclefia
in *Udenheim* & ejus occaſione parte ex altera, bene
fuiſſe & eſſe proceſſum ſententiatum pronunciatum
& diffinitum Jpſiusque ſententiam confirmandam
fore & confirmari nec non Heilmannum in fructibus ex dicta parrochiali Ecclefia a tempore dicte
late ſententie & citra perceptis, & in expenſas in
hac cauſa coram vobis factis, condempnandum fore, & condempnari & de fructibus percipiendis &
expenſis faciendis proteſtatur & premiſſa omnia &
ſingula petit dictus procurator nomine quo ſupra
conjunctim & diviſim omni meliori modo via jure
cauſa & forma quibus melius & efficacius poteſt &
debet veſtrum in & ſuper premiſſis benignum officium humiliter implorando ſalvo jure &c. tandem
verò idem quondam Dominus *Ricardus* Electus &
Auditor ad prelibati magiſtri *Johannis Kempen* pro-

cura-

curatoris inftantem peticionem, Magiftrum *Theodericum Butting* procuratorem ex adverfo predictum ad videndum & audiendum diffinitivam in
prefenti caufa ferri & promulgari fententiam per
certum prelibati Domini noftri pape curforem citari peremptorie fecit & mandavit ad certum peremptorium terminum competentem, videlicet ad
diem & horam infrafcriptas quas ad idem prefato
Magiftro *Johanni Kempen* procuratori petenti &
parti fue tunc duxit prefigendas, hijs itaque die &
hora advenientibus comparens in judicio coram fupradicto quondam Domino electo & auditore Magifter *johannes Kempen* procurator nomine quo fupra & Magiftri *Theoderici Butting* procuratoris ex
adverfo non comparentis neque diffinitivam in
prefenti caufa ferri fententiam audire curantis contumaciam accufans Jpfumque contumacem reputari & in ejus contumaciam diffinitivam in hujusmodi caufa pro fe & parte Sua ac contra partem fibi
adverfam juxta & fecundum vim formam & tenorem peticionis fue fuprafcripte per dictum quondam Dominum Electum & auditorem inftanter poftulavit prefatus tunc quondam Dominus *Ricardus*
electus & auditor fupradictum magiftrum *Theodericum Butting* procuratorem non comparentem nec
termino hujusmodi in aliquo fatisfacere curantem licet diucius expectatum reputavit prout erat
merito exigente jufticia contumacem Jn ejusdemque contumaciam vifis primitus per eundem quondam Dominum Electum & auditorem & fingulis
actis actitatis litteris fcripturis proceffibus Jnftrumentis privilegiis ceterisque munimentis teftiumque

U 5   depo-

depoſicionibus in hujusmodi cauſa habitis faĉtis
atque produĉtis, eisque cum maturitate & diligentia recenſitis, de Dominorum Coauditorum ſuorum conſilio & aſſenſu quibus de hujusmodi cauſe
meritis relationem plenariam fecerat & fidelem ac
una cum eisdem inter ipſos maturis deliberacioni-
bus prehabitis ad ſuam diffinitivam in preſenti cauſa in ſcriptis ferendam ſententiam duxit procedendum & proceſſit eamque per eaque vidit & cogno-
vit, pro parte ſupradiĉti *Johannis Gotſcalci* de *Steinnaw* principalem & contra ſupradiĉtum *Heilmannum* ex adverſo principalem in ſcriptis tulit & pro-
mulgavit, in hunc qui ſequitur modum Chriſti nomine invocato pro tribunali ſedentes & habentes
pre oculis ſolum Deum de dominorum coauditorum noſtrorum conſilio & aſſenſu per hanc noſtram
diffinitivam ſententiam quam ferimus in hijs, pronunciamus decernimus & declaramus per reverendum patrem Dominum *Bertrandum* Epiſcopum Eugubinum coauditorem noſtrum in cauſa que coram
eo vertebatur & nunc vertitur coram nobis inter
honorabilem virum Dominum *Johannem Gotſcalci*
de *Steinaw* reĉtorem parochialis in *Vdenhelm* Magunt. dioceſis ex una & quendam *Heilmannum Wedebecher* de & ſuper diĉta parrochiali eccleſia &
ejus occaſione partibus ex alia bene & legitime
fuiſſe & eſſe proceſſum ſententiatum & diffinitum
Jpſiusque ſententiam confirmandam fore & confirmamus nec non pro parte diĉti *Heilmanni* ab eadem ſententia male fuiſſe & eſſe appellatum ipſumque *Heilmannum* in fruĉtibus per ipſum a diĉta
parrochiali Eccleſia a tempore diĉte late ſententie

&

& citra perceptis & in expenſis in hujusmodi cauſa coram nobis legitime faētis condempnandum fore & condempnamus Quarum expenſarum taxationem nobis inpoſterum reſervamus leēta lata & in
ſcriptis pronunciata fuit hujusmodi diffinitiva ſententia, per diētum quondam Dominum Ricardum
Eleētum & auditorem *Peruſij* apud majorem eccleſiam Peruſinam Jn palacio cauſarum apoſtolico Jn
quo jura reddi ſolent, ipſo inibi mane hora cauſarum ad jura reddenda in loco ſuo ſolito pro tribunali ſedente ſub anno a nativitate Domini Milleſimo trecenteſimo nonageſimo tercio Jndiētione
prima die veneris viceſima oētava Menſis Marcii
pontificatus ſanētiſſimi in Xſto patris & domini
noſtri Domini *Bonifacij* divina providentia pape
noni Anno quarto preſentibus ibidem diſcretis viris Magiſtris *Alberto Creinberg* & *Hugone Honſwig*
Notarijs publicis diētique domini Eleēti & auditoris ſcribis Clericis Hanewergenſis & Trajeētenſis
diocef. teſtibus ad premiſſa vocatis ſpecialiter &
rogatis ſubſequenter vero antequam per prefatum
quondam Dominum *Ricardum* eleētum & auditorem expenſe taxate fuiſſent idem quondam *Ricardus* eleētus & auditor extitit de medio ſublatus
prefatus Dominus noſter Papa nobis *Brande de
Caſtillion* utriusque juris doētori Archipresbitero
Eccleſie ſanēti *Martini de Lemato* veronenſis diocef. Cappellane ſuo, ſuique ſacri palacij apoſtolici cauſarum auditori, quondam commiſſionis ſive ſupplicationis cedulam, per certum
ſuum curſorem preſentari fecit quam nos cum ea
qua decuit reverencia recepiſſe noveritis tenorem
qui

qui fequitur continentem: dignetur D. V. omnes
& fingulos caufam & caufas beneficiales prophanas
civiles & terminales quas reverendus pater Dominus *Ricardus* olim electus Trawenfis facri palacii
apoftolici caufarum auditor audiebat & audire debebat eciam illa Domino auditore Baret feu alijs
auditoribus usque ad ipfius Domini *Ricardi* conva-
lefcentiam eciam commiffas propter ejusdem domini *Ricardi* obitum alicui alteri de dicti palacij caufarum auditorio refumendum committere in eo ftatu in quo ultro coram eodem domino *Ricardo* Electo & auditore remanferant & ulterius audiendas
decidendas & fine debito terminandas ; cum omnibus & fingulis emergentibus incidentibus dependentibus & connexis & cum poteftate taxandi expenfas in caufis in quibus per dictum Dominum Electum & auditorem jam fententie late funt fenten-
tiasque extrahendi ipfasque & quascunque alias litteras jam decretas feu in pofterum decernendi fi-
gillandi & quod notarii qui coram eodem Domino
Ricardo olim electo & auditore fcripferant ulterius
fcribant & continuent in eisdem quibuscumque in
contrarium editis feu faciendis non obftantibus Jn
fine vero dicte commiffionis five fupplicationis cedule fcripta erant de alterius manu & littera fuperiori littere ipfius cedule penitus & omnino diffimi-
li & diverfa hec verba: de mandato Domini noftri
pape audiat magifter *Branda*, refumat & jufticiam
faciat cujus nobis facte & prefentate commiffionis
vigore nos caufam & caufas hujusmodi in fuo debito ftatu refumpfimus ac habuimus pro refumptis
tandem nos ad difcreti viri Magiftri *Johannis Kem-*
pen

pen procuratoris predicti nomine quo supra instantem peticionem magistrum *Theodericum Butting* procuratorem ex adverso predictum ad videndum & audiendum supradictas expensas pro parte ejusdem magistri *Johannis* in hujusmodi causa legitime factis, taxari vel dicendum & causam si quam habebat racionabilem allegandum, quare minimo taxari debebant per certum Domini nostri pape cursorem citari peremptorie fecimus & mandavimus ad certas diem & horam inferius annotatas quas dicto Magistro *Johanni Kempen* procuratori id petenti & parti sue assignaremus tunc ad idem hujusmodi die & hora advenientibus & in eisdem coram nobis judicialiter comparens magister *Johannes Kempen* procurator predictus nomine procuratorio quo supra & magistro *Theoderico Butting* procuratore ex adverso predicto, tunc ibidem presente & coram nobis judicialiter comparente hujusmodi termino pro parte sua satisfaciendo expensas supradictas per nos taxari & moderari cum instantia postulavit Nos igitur *Branda* auditor prefatus expensas supradictas ad viginti quinque florenos de camera domini nostri pape boni auri & justi ponderis per prefatum *Heilmannum Wedebecher* principalem ipsi Domino *Johanni de Steinaw* principali vel ejus ad hoc legitime procuratori ratione & occasione expensarum predictarum solvendos realiter & tradendos in presentia Magistri *Theoderici Butting* procuratoris tunc ibidem presentis & judicialiter supervenientis inscriptis provida moderacione prehabita taxavimus & taxamus per presentes Recepto tamen per nos ab eodem Magistro *Johanne* procuratore & per ipsum

ad

ad mandatum noftrum & in noftris manibus tactis
facrofanctis fcripturis ad fancta Dei Ewangelia corporali preftito juramento fe & partem fuam predictam tantum & ultra expendiffe feu neceffario
expendere habere in & pro lite & caufa antedictis
Jn quorum omnium & fingulorum fidem & teftimonium premifforum prefentes diffinitive fententie ac
noftre expenfarum taxationis litteras feu prefens
publicum inftrumentum hujusmodi fententiam feu
noftram expenfarum taxationem in fe continentes
feu continens exinde fieri & per *Tilmannum* Notarium publicum noftrumque in hujusmodi caufa fcribam infrafcriptum fubfcribi & publicari mandavimus noftrique figilli juffimus appenfione communiri taxate fuerunt hujusmodi expenfe per nos *Bran-*
dam de Caftillion Auditorem prefatum *Rome* in palacio caufarum apoftolico nobis inibi mane hora
caufarum ad jura reddendum in loco noftro folito
pro tribunali fedentibus fub anno a nativitate Domini millefimo trecentefimo nonagefimo quarto Jndictione fecunda, die lune decima fexta menfis Marcii pontificatus prefati Domini noftri Domini *Boni-*
facij pape *noni* Anno Quinto prefentibus ibidem
difcretis viris Magiftris *Johanne de Nava* & *Herman-*
no prume Notarijs publicis fcribisque noftris Clericis Mediolanenfis & Leodienfis diocefis teftibus ad
premiffa vocatis fpecialiter & rogatis.

Et ego *Tilmannus Chriftiani* de *Endenich* clericus colonienfis diocef. publicus apoftolica & Jmperiali auctoritatibus Notarius ac venerabilis & cir-
cumfpecti viri Domini *Brande* Auditoris predicti
& hujusmodi caufe coram eo fcriba predictus fen-
                                                    tentie

tentie diffinitive prolacioni & expenfarum taxacio-
ni cum omnibus alijs & fingulis premiffis dum ficut
premittitur agerentur & fierent una cum prenominatis teftibus prefens interfui, Eaque omnia & fingula fic fieri vidi & audivi Jn notam recepi de qua
prefens publicum inftrumentum per alium me alijs
occupato negociis fideliter fcriptum extraxi publicavi & in hanc publicam formam redegi quod figno
& nomine meis folitis & confuetis una cum appenfione figilli prefati Domini Auditoris fignavi rogatis & requifitis in fidem & teftimonium omnium
fingulorum premifforum.

XLI.

TERTIA SENTENTIA DIFFINI-
TIVA SUPER ECCLESIA PARRO-
CHIALI IN *VDENHEIM.*

In Nomine Domini amen. Pridem fanctiffimus in
Chrifto pater & Dominus nofter Dominus *Bonifacius* divina providentia papa *nonus*, caufam &
caufas appellacionis & appellacionum pro parte
cujusdam *Heilmanni Weydebecher* presbiteri Magunt.
diocef. a quadam diffinitiva fententia, per quondam reverendum patrem Dominum *Ricardum* electum Trawenfem decretorum Doctorem tunc facri palacii apoftolici caufarum auditorem in caufa
& caufis que coram eo vertebantur feu verti & effe
fperabantur inter dictum *Heilmannum Weydebecher*
ex una parte & difcretum virum Magiftrum *Johannem*

nem Godefcalci, de & fuper parrochiali ecclefia in *Vdenheim* dicte diocefis & ejus occafione parte ex altera lata interpofite feu interpofitarum ac negocii principalis Venerabili ac circumfpecto viro Domino *Thome de Walkingteyn* decretorum Doctori Cappellano fuo, & dicti facri palacii apoftolici caufarum auditori commifit audiendam decidendam & fine debito terminandam cum fingulis fuis emergentibus incidentibus Dependentibus & connexis cujus quidem commiffionis vigore idem Dominus *Thomas* auditor prefatus, in caufa & caufis hujusmodi rite & legitime procedens ad providi & difcreti viri magiftri *Johannis Kempen* in Romana Curia, & magiftri *Johannis Godfcalci* principalis predicti in antedicta commiffione principaliter nominati procuratoris inftantiam difcretum virum Magiftrum *Tidericum Butting* in eadem curia ac dicti *Heilmanni Weidebecher* ex adverfo principalis eciam in eadem commiffione ex adverfo principaliter nominati procuratorem prout de ipforum procurationum mandatis in actis caufe & caufarum hujusmodi legitime conftabat atque conftat, ad dicendum & excipiendum quidquid verbo aut in fcriptis dicere feu excipere volebat contra dictam commiffionem ipfum Domino *Thome de Walkingteyn* auditori factam per certum Domini noftri pape curforem citari mandavit peremptorie & fecit ad tertium peremptorium terminum competentem in quo comparens judicialiter coram dicto Domino *Thoma* auditore Magiftro *Johannes Kempen* procurator predictus procuratorio quo fupra nomine & antedicti Magiftri *Tiderici Butting* procuratoris ex adverfo non com-

parentis

parentis nec quidquam verbo aut in fcriptis contra dictam commiffionem dicere feu excipere curantis contumaciam accufans ipfumque contumacem
reputari per eundem Dominum auditorem inftanter poftulavit Jdem Dominus Auditor dictum Magiftrum *Tidericum* procuratorem non comparentem
hujusmodi diei termino minime fatisfacere curantem fufficienter tamen & usque ad horam congruam expectatum reputavit merito prout erat,
quo ad actum & terminum hujusmodi predictos
juftitia exigente contumacem in ipfiusque contumaciam ad ejusdem Magiftri *Johannis Kempen* procuratoris inftantiam fibi ac magiftro *Tiderico* procuratori ex adverfo tunc eciam coram dicto Domino Auditore judicialiter comparenti & audienti ad
dandum & recipiendum darique & recipi videndum libellum feu peticionem fummariam in hujusmodi caufa certum peremptorium diem competentem hinc inde duxit affignandum quo adveniente &
in eodem coram dicto Domino Auditore judicialiter comparente magiftro *Johanne Kempen* procuratore predicto & antedicti magiftri *Tiderici* procuratoris non comparentis neque aliquem libellum
five peticionem fummariam in hujusmodi caufa dare aut dari videre curantis contumaciam accufante
Jpfumque contumacem reputari inftanter poftulante Jn ipfiusque contumaciam hujusmodi termino fatisfaciente quendam libellum feu peticionem fummariam partis fue in prefenti caufa, primo verbo
& deinde in quodam alio ad hoc condecenti termino, facta & in fcriptis dante & offerente cujus
tenor fequitur & eft talis Petit procurator & pro-

Tom. I.   **X**   cura-

curatorio nomine honorabilis viri Domini *Johannis Godfcalci* rectoris parrochialis ecclefie in *Vdenheim* Magunt. diocef. per vos Venerabilem virum Dominum *Johannem Treuor* utriusque juris Doctorem Domini noftri pape Cappellanum & ipfius facri palacij caufarum & caufe hujusmodi auditoris veftramque diffinitivam fententiam pronunciari decerni & declarari perbone memorie Dominum *Ricardum* electum Trawenfem tunc veftrum coauditorem in caufa que coram eo vertebatur & nunc vertitur coram vobis inter prefatum *Johannem Godfcalci* ex parte una, & quendam *Heilmannum Weidebecher* in prefenti caufa adverfarium de & fuper dicta parrochiali ecclefia in *Vdenheim* & ejus occafione ex altera, bene & legitime fuiffe & effe proceffum fententiatum & diffinitum ejusque fententiam confirmandam fore & per vos confirmari Nec non pro parte dicti *Heilmanni* ab eadem fententia male fuiffe & effe appellatum Jpfumque heylmannum, in fructibus ex dicta ecclefia parrochiali, a tempore dicte late fententie & citra perceptis, ac in expenfis coram vobis in hac caufa factis, condempnandum fore, & per vos condempnari de fructibus percipiendis & expenfis faciendis proteftatur & premiffa omnia & fingula petit dictus procurator nomine quo fupra conjunctim & divifim, omni meliori modo via jure caufa & forma, quibus melius & efficacius poteft & debet veftrum in & fuper premiffis benignum officium humiliter implorando prefatus Dominus auditor dictum magiftrum *Tidericum* procuratorem non comparentem neque aliquem libellum feu peticionem

fumma-

summariam in prefenti caufa dantem aut recipientem, darique aut recipi videre curantem debite
tamen expectatum reputavit merito prout erat quo
ad actum & terminum predictos justicia fuadente
contumacem Et in ejus contumaciam prelibato Magiftro *Johanni Kempen* procuratore inftanter petenti eundem magiftrum *Tidericum Butting* procuratorem ad jurandum & deliberandum jurarique &
deliberari videndum, de calumpnia vitanda & veritate dicenda cum fingulis fuis capitulis, in & fub juramento calumpnie contentis tam fuper dicto fuperius
oblato libello, quam tota caufa prefenti per certum
Domini noftri pape curforem citari mandavit peremptorie & fecit ad certum peremptorium terminum
condecentem quem tunc ad idem prefato magiftro
Johanni Kempen procuratori id petenti partique fue
duxit ftatuendum Jn quo per prefatum magiftrum
Johannem Kempen procuratorem coram dicto Domino Auditore judicialiter comparentem prelibati magiftri *Tiderici* procuratoris non comparentis neque
calumpnie juramentum in prefenti caufa preftare
aut ex adverfo preftari videre curantis contumacia accufata Jpfumque contumacem reputari per
eundem Dominum auditorem inftanter poftulato in
ipfiusque contumaciam per eundem magiftrum *Johannem Kempen* procuratorem hujusmodi termino
fatisfacientem ad mandatum dicti Domini Auditoris & in ipfius manibus tactis facrofanctis fcripturis ad fancta Dei Ewangelia de calumpnia vitanda
& veritate dicenda cum fingulis fuis capitulis in &
fub calumpnie juramento contentis tam fuper dicto
fuperius oblato libello, quam tota caufa hujusmo-

di

di corporaliter preſtito juramento & tunc Dominus
Auditor prefatus, dictum Magiſtrum *Tidericum*
procuratorem non comparentem neque calumpnie
juramentum in hac cauſa preſtare aut preſtari videre curantem ſufficienter tamen expectatum reputavit merito prout erat quo ad actum & terminum
hujusmodi predictos exigente juſtitia contumacem
in ipſiusque contumaciam eodem magiſtro *Johanne*
Kempen procuratore inſtanter petente magiſtrum
Tidericum procuratorem predictum ad ponendum
& articulandum, ponique & articulari videndum in
hujusmodi cauſa per certum Domini noſtri pape
curſorem citari mandavit peremptorie & fecit ad
certas diem & horam congruam quas tunc ad idem
eidem magiſtro *Johanni Kempen* procuratori id petenti partique ſue duxit aſſignandas Jn quibus comparens in judicio coram domino auditore prefato ,
Magiſtro *johannes Kempen* procurator predictus &
antedicti Magiſtri *Tiderici* procuratoris ex adverſo
non comparentis neque aliquos poſiciones & articulos in hujusmodi cauſa verbo aut in ſcriptis producere, aut produci videre curantis contumaciam
accuſans ipſumque contumacem reputari per dictum
dominum auditorem cum inſtancia debita poſtulavit & in ejus contumaciam hujusmodi termino ſatisfaciendo omnes & ſingulos poſiciones & articulos
in hujusmodi cauſe prima productos & ſecunda in-
ſtancijs repetitos , repecijt eosque de novo repro-
duxit & tunc Dominus auditor memoratus dictum
magiſtrum *Tidericum* procuratorem non comparentem neque aliquos poſiciones & articulos in hac
cauſa producere aut ex adverſo produci videre cu-

rantem ,

rantem, licet fufficienter & usque ad horam congruam expeƈtatum reputavit merito prout erat ad
aƈtum & terminum hujusmodi prediƈtos, jufticia
exigente contumacem Et in ipfius contumaciam ad
ejusdem Magiftri *Johannis Kempen* procuratoris inftantiam magiftrum *Tidericum* ex adverfo procuratorem prediƈtum ad dicendum & opponendum quidquid dicere feu opponere volebat, verbo aut in
fcriptis, contra diƈtos repetitos & reproduƈtos poficiones & articulos in quantum articuli & ad refpondendum eisdem in quantum poficiones exiftebant & effe cenfebantur per certum Dominum noftri pape curforum citari mandavit peremptorie &
fecit ad certam peremptoriam diem congruentem
Jn qua comparens in judicio coram domino Auditore prefato Magifter *Johannes Kempen* procurator
prediƈtus & diƈti magiftri *Tiderici* procuratoris ex
adverfo non comparentis nec quidquam verbo aut
in fcriptis contra diƈtos repetitos & reproduƈtos
poficiones & articulos in quantum articuli dicere,
feu excipere curantis nec refpondentis eisdem in
quantum poficiones exiftebant & effe cenfebantur
contumaciam accufans ipfumque contumacem reputari per eundem Dominum auditorem inftanter
poftulavit Et tunc dominus auditor prediƈtus prelibatum magiftrum *Tidericum* procuratorem non
comparentem neque hujusmodi termino fatisfacientem debite tamen expeƈtatum reputavit merito
prout erat, quo ad aƈtum & terminum hujusmodi prediƈtos exigente jufticia contumacem & in ejus
contumaciam inftante eodem magiftro *Johanne Kempen* procuratore quo fupra nomine, fibi nec non

X 3   magi-

magiftro *Tiderico* procuratori ex adverfo predicto
tunc coram dicto Dominó auditore judicialiter comparente & fuperveniente ad producendum & pro-
duci.videndum omnia & fingula jura acta litteras
fcripturas Jnftrumenta & alia munimenta quibus
in hujusmodi caufa uti & fe juvare volebant certum peremptorium terminum competentem hinc
inde duxit affignandum Jn quo per fupradictum
magiftrum *Johannem Kempen* procuratorem coram
ipfo Domino auditore judicialiter comparentem dicti Magiftri *Tiderici* procuratoris ex adverfo non
comparentis nec quidquam verbo aut in fcriptis in
prefenti caufa producere aut produci videre curantis, contumacia accufata ipfumque contumacem reputari per eundem dominum auditorem inftanter
poftulato Et in ejus contumaciam hujusmodi termino fatisfaciendo per ipfum omnibus & fingulis
actis actitatis litteris inftrumentis fcripturis & aliis
munimentis pro parte fua in hujusmodi caufa prima productis & in fecunda inftantia repetitis & de
novo reproductis Jdem dominus auditor dictum
Tidericum procuratorem non comparentem nec
quidquam verbo aut in fcriptis in hujusmodi caufa producere aut produci videre curantis debite tamen expectatum reputavit merito prout erat ad
actum & terminum hujusmodi predictos, exigente Juftitia contumacem in ipfiusque contumaciam
ad ejusdem magiftri *Johannis Kempen* procuratoris
inftantem.peticionem magiftrum *Tidericum* ex adverfo principalem procuratorem ad dicendum &
excipiendum quidquid verbo aut in fcriptis dicere
feu excipere volebat, contra dicta jura inftrumenta
acta

acta litteras fcripturas & alia munimenta repetita
& reproducta per certum domini noftri Pape curforem citari mandavit peremptorie & fecit, ad certum peremptorium terminum condecentem Jn quo
comparens in judicio coram domino auditore prefato Magifter *Johannes Kempen* procurator predictus & dicti magiftri *Tiderici* procuratoris non comparentis nec quidquam verbo aut in fcriptis contra dicta jura inftrumenta acta literas fcripturas &
alia munimenta repetita & reproducta dicere feu
excipere curantis, contumaciam accufans Jpfumque contumacem reputari per eundem dominum
auditorem inftanter poftulavit & tunc Dominus
auditor prefatus, dictum magiftrum *Tidericum* non
comparentem neque hujusmodi termino fatisfacientem debite tamen expectatum reputavit merito
prout erat, quo ad actum & terminum hujusmodi predictos exigente jufticia contumacem & in
ejus contumaciam ad prefati magiftri *Johannis Kempen* procuratoris inftantem petitionem magiftrum
Tidericum ex adverfo procuratorem predictum ad
declarandum & declarari videndum, quidquid verbo aut in fcriptis in hujusmodi caufa declarare volebat, per certum Domini noftri pape curforem
peremptorie citari mandavit & fecit, ad certum
peremptorium terminum competentem, quem tunc
ad idem prelibato magiftro *Johanni Kempen* procuratori id petenti & parti fue in hujusmodi caufa
duxit affignandum in quo per dictum Magiftrum
Johannem Kempen procuratorem coram dicto Domino auditore comparentem & dicti magiftri *Tiderici*
procuratoris non comparentis nec quidquam verbo

X 4   aut

aut in fcriptis in hujusmodi caufa declarare aut declarari videre curantis, contumaciam accufata Jpfumque contumacem reputari per eundem Dominium Auditorem inftanter poftulato Et in hujusmodi contumaciam hujusmodi termino fatisfaciendo fe nihil verbo aut in fcriptis in hujusmodi caufa velle declarare allegato, & tunc Dominus auditor prefatus dictum magiftrum *Tidericum* procuratorem non comparentem nec quidquam verbo aut in fcriptis in hujusmodi caufa declarare aut declarari videre curantem fufficienter tamen expectatum reputavit merito prout erat ad actum & terminum hujusmodi predictos juftitia exigente contumacem tandem vero dicto Domino *Thoma* auditore certis de caufis à Romana curia abfentato propter ejus abfenciam, prefatus Dominus nofter papa caufam & caufas hujusmodi in eo ftatu in quo ultimo coram fupradicto domino *Thoma* auditore remanferant, refumendas, nobis *Johanni Treuor* utriusque juris Doctori Canonico Affanen. Cappellano fuo ipfiusque facri palacij apoftolici caufarum auditori usque ad prefati domini *Thome* auditoris reditum ad Romanam curiam predictam commifit, ulteriusque audiendam decidendam & fine debito terminandam cum fingulis fuis emergentibus incidentibus dependentibus & connexis hujusmodi fiquidem commiffionis vigore, nos caufam & caufas hujusmodi in eo ftatu in quo ultimo coram prefato Domino *Thoma* auditore remanferant, debite ex officio noftro refumpfimus & pro refumptis habere voluimus fubfequenter vero nos ad fupradicti magiftri *Johannis Kempen* procuratoris coram nobis

judi-

judicialiter comparentis inftantem peticionem Magiftrum *Tidericum* procuratorem predictum ad concludendum & concludi videndum in hujusmodi caufa, vel dicendum & caufam rationabilem fiquam
habebat allegandum quare minime concludi debebat, per certum Domini noftri pape curforem citari mandavimus peremptorie & fecimus ad certum
peremptorium diem competentem quam tunc ad
diem prefato Magiftro *Johanni Kempen* procuratori
id petenti & parti fue duximus affignandam qua
adveniente & in eadem coram nobis judicialiter
comparente, magiftro *Johanne Kempen* procuratore
predicto & dicti magiftri *Tiderici* procuratoris non
comparentis nec in hujusmodi caufa concludere aut
concludi videre curantis neque aliquam caufam fi
quam habebat rationabilem allegantis quare minime concludi debebat contumaciam accufante Jpfumque contumacem reputari & in ejus contumaciam
in caufa & caufis hujusmodi quantum in eo erat
concludente & fecum concludi & habere pro conclufo inftanter poftulante Nos dictum magiftrum
Tidericum procuratorem non comparentem nec in
hujusmodi caufa concludere aut concludi videre
curantem debite tamen expectatum reputavimus
merito pro ut erat quo ad actum & terminum hujusmodi predictos exigente juftitia contumacem, in
ipfiusque contumaciam in caufa & in caufis hujusmodi una cum prefato magiftro *johanne Kempen* procuratore concludente & fecum concludi petente
conclufimus & habuimus ac habere voluimus in
eisdem pro conclufo Poftremo vero nos ad fupradicti magiftri *johannis Kempen* procuratoris coram

X 5   nobis

nobis judicialiter comparentis inftantem peticionem
magiftrum *Tidericum* procuratorem ex adverfo prediƈtum ad videndum & audiendum diffinitivam in
hujusmodi caufa ferri fententiam per certum Domini noftri pape curforem citari mandavimus peremptorie & fecimus ad diem & horam infrafcriptas quas tunc eidem magiftro *johanni* *Kempen* procuratori id petenti & parti fue ad idem duximus
prefigendas hiis itaque die & hora advenientibus
comparens judicialiter coram nobis magifter *johannes Kempen* procurator prediƈtus & antediƈti magiftri *Tiderici* procuratoris non comparentis neque
diffinitivam in hujusmodi caufa per nos ferri fententiam audire curantis contumaciam accufans
ipfumque contumacem reputari & in ejus contumaciam diffinitivam in hujusmodi caufa pro fe &
parte fua ac contra fupradiƈtam partem fibi adverfam juxta formam & tenorem diƈti libelli five
peticionis fue fummarie ferri & promulgari fententiam per nos inftanter poftulavit Nos igitur *Iohannes* auditor prefatus diƈtum magiftrum *Tidericum* procuratorem non comparentem neque diffinitivam in hac caufa per nos ferri fententiam audire
curantem debite tamen expeƈtatum reputavimus
merito pro ut erat quo ad aƈtum & terminum hujusmodi prediƈtos jufticia exigente contumacem &
in ejus contumaciam vifis primitus per nos & diligenter infpeƈtis omnibus & fingulis aƈtis aƈtitatis
literis fcripturis Jnftrumentis aliis munimentis Nec
non depoficionibus teftium in hujusmodi caufa habitis
faƈtis & produƈtis eisque cum maturitate & diligentia
debita recenfitis de dominorum coauditorum noftrorum

rum confilio & affenfu quibus de hujusmodi caufe
& caufarum meritis relacionem plenariam fecimus
& fidelem ac una cum eisdem inter nos maturis de-
liberacionibus prehabitis ad noftram in hujusmodi
caufa in fcriptis diffinitivam fententiam ferendam
duximus procedendum & proceffimus eamque per
ea que vidimus & cognovimus ac cognofcimus &
videmus prefentibus ferimus in hunc modum Chrifti nomine invocato : pro tribunali fedentes &
habentes pre oculis folum Deum de dominorum
Coauditorum noftrorum confilio & affenfu per hanc
noftram diffinitivam fententiam quam ferimus in
hijs fcriptis pronunciamus decernimus & declaramus per bone memorie Dominum *Ricardum* electum Trawenfem olim coauditorem noftrum in
caufa que tunc vertebatur coram eo & nunc vertitur coram nobis inter prefatum dominum *Johannem
Gotfcalci* ex una parte & quendam *Heilmannum Weydebecher* in prefenti caufa adverfarium de & fupra
dicta parrochiali ecclefia in *Udenheim* Magunt. diocef. & ejus occafione ex altera, bene & legitime
fuiffe & effe proceffum fententiatum & diffinitum
ejusque fententiam confirmandam fore & confirmamus nec non pro parte dicti *Heilmanni* ab eodem
Domino *Ricardo* tunc electo & auditore ejusque dicta fententia male fuiffe & effe appellatum Ipfumque *Heilmannum* in fructibus ex dicta parrochiali
ecclefia a tempore dicte late fententie citra perceptis nec non in expenfis, in hujusmodi caufa coram nobis legitime factis, condempnandum fore &
condempnamus Quarum expenfarum taxationem

nobis ·

nobis in posterum refervamus. lecta lata & in scriptis promulgata fuit hec presens nostra diffinitiva sententia per nos *Johannem* auditorem prefatum *Rome* in palacio caufarum apostolico in quo jura reddi folent nobis inibi mane hora caufarum ad jura reddenda in loco nostro folito pro tribunali fedentes. Sub anno à nativitate Domini millefimo trecentefimo nonagefimo Quarto Jndictione fecunda die lune decima nona menfis januarii pontificatus fanctiffimi in Xfto patris & Domini nostri. Domini *Bonifacij* divina providentia Pape *noni* Anno quinto prefentibus ibidem difcretis viris magiftris *Johanne Heldenuelt, Johanne Bone* & *Gofwinokot* clericis colon. Monafterienfis & Trajectenfis diocef. notariis publicis fcribifque noftris teftibus ad premiffa vocatis fpecialiter & rogatis fubfequenter vero nos ad fupradicti magiftri *Johannis Kempen* procuratoris coram nobis comparentis judicialiter inftantem peticionem magiftrum *Tidericum* procuratorem ex adverfo predictum ad videndum & audiendum expenfas fupradictas pro parte dicti Domini *Johannis Godfcalci* principalis in hujusmodi caufa legitime factas , per nos taxari & moderari vel dicendum & caufam fi quam habebat rationabilem allegandum quare minime taxari debebant , per certum Domini noftri Pape curforem citari mandavimus peremptorie & fecimus ad diem & horam inferius annotatas, quas tunc ad idem prelibato Magiftro *Johanni Kempen* procuratori petenti & parti fue duximus prefigendas hiis itaque die & hora advenientibus & in eisdem coram nobis judicialiter comparens magifter *Johannes Kempen* procurator

pre-

predictus, & dicti Magistri *Tiderici* procuratoris
non comparentis, neque supradictas expensas per
nos taxari & moderari videre curantis nec aliquam
causam si quam habebat rationabilem allegantis quare minime taxari debebant, contumaciam accusans
ipsumque contumacem reputari & in ejus contumaciam hujusmodi termino satisfaciendo expensas
predictas per nos taxari & moderari instanter postulavit, Nos igitur *Iohannes* auditor prefatus dictum magistrum *Tidericum* procuratorem non comparentem neque dictas expensas per nos taxari videre curantem sufficienter tamen expectatum reputavimus merito pro ut erat quo ad actum &
terminum hujusmodi predictos justitia exigente
contumacem & in ejus contumaciam supra dictas
expensas ad triginta quatuor florenos de camera
Domini nostri pape boni auri & justi ponderis per
prefatum *heilmannum Weydebecher* principalem ipsi
Iohanni Godscalci principali predicto vel ejus ad hoc
legitimo procuratori, racione & occasione expensarum predictarum solvendos realiter & tradendos
provida moderacione prehabita in scriptis taxavimus & taxamus per presentes recepto tamen per
nos ab eodem magistro *Johanne Kempen* procuratore & per ipsum ad mandatum nostrum & in nostris
manibus tactis sacrosanctis scripturis ad sancta Dei
Ewangelia corporali prestito juramento se & partem suam predictam tantum & ultra expendisse seu
necessario expendere habere in & pro lite & causa
antedicta Jn quorum omnium & singulorum fidem.
& testimonium presentes nostrarum diffinitive sententie & expensarum taxationis litteras, seu pre-
·····fens

fens publicum Jnstrumentum hujusmodi nostras diffinitivam sententiam & expensarum taxacionem in
se continentem seu continens exinde fieri & per
bermannum notarium publicum in hujusmodi causa
coram nobis scribam infrascriptum subscribi & publicari mandavimus nostrique sigilli jussimus appensione communiri. Taxate fuerunt hujusmodi ex-
pense per nos *Iohannem Trevor* auditorem prefatum
Rome in palacio causarum apostolico predicto nobis inibi mane hora causarum ad jura reddenda in
loco nostro solito pro tribunali sedentibus sub anno indictione & pontificatu quibus supra Die veneris tricesima mensis januarii supradicti Presentibus
ibidem supradictis magistris *Iohanne holdenvelt &
Iohanne Bone & Goswino Kot* Notariis clericis quibus
supra testibus ad premissa vocatis specialiter & rogatis Et Ego *Hermannus Bons* clericus Paderbur-
nensis dioces. publicus apostolica auctoritate notarius ac coram venerabili & circumspecto viro Domino *Johanne Trevor* auditore prefato in hujusmodi causa scriba predictis sententie diffinitive prolacioni expensarum taxationi omnibusque aliis & singulis premissis , dum sic ut premittitur fierent &
agerentur una cum prenominatis testibus presens
interfui eoque omnia & singula sic fieri vidi & audivi Jdeoque hoc presens publicum instrumentum
per alium me aliis occupato negociis fideliter scriptum exinde confeci publicavi & in hanc publicam
formam redegi signoque & nomine meis solitis &
consuetis unacum dicti Domini *Johannis* Auditoris
sigilli appensione signavi rogatus & requisitus in
fidem & testimonium omnium & singulorum premissorum.   XLII.

XLII.

EXECVTORIA SVPER PRESCRIPTAS TRES SENTENTIAS DIFFINITIVAS DE ET SVPER ECCLESIA PARROCHIALI IN *UDENHEIM*.

Bonifacius epifcopus fervus fervorum Dei, venerabili fratri Epifcopi Tuden. & dilectis filiis prepofito *fancti Andree* wormacienfis ac Scolaftico *fancti Iohannis* Magunt. ecclefiarum falutem & apoftolicam benedictionem. Peticio dilecti filii *Iohannis Godfcalci* rectoris parrochialis ecclefie in *Vdenheim* Magunt. diocef. nobis exhibita continebat, quod licet olim ipfe dictam ecclefiam tunc per obitum quendam *Petri Hufnagil* ipfius ecclefie rectoris vacantem, vigore quarundam literarum apoftolicarum graciofe fibi conceffarum prout ex ipfarum forma pateat infra tempus legitimum acceptaffet & de illa fibi provifum fuiffet canonice tamen *Heilmannus Weidebecher* qui fe gerit pro clerico dicte diocef. falfo afferens prefatam ecclefiam ad fe fpectare, ac gracie acceptacioni. & provifioni hujusmodi contra iufticiam fe opponens impedivit, prout impedit ac fecit & facit quominus gracia acceptatio & provifio predicte debitum fortite fuerint & forciantur effectum feque in dicta ecclefia intrufit illamque occupavit ac detinuit, prout detinet inde bite occupatam fructus percipiens ex eadem & alias eundem Johannem fuper dicta ecclefia & ejus occafione multipliciter moleftavit ac eciam perturbavit propter que prefatus Johannes ad fedem apoftoli-

cam

cam appellavit, Nosque caufam appellacionis huiusmodi & negocii principalis venerabili fratri
noſtro *Bertrando* Epiſcopo Eugubin. tunc cappellano noſtro , & caufarum palacii apoſtolici auditori, ad inſtantiam dicti Johannis audiendam
commiſimus & fine debito terminandam, qui ad
inſtanciam magiſtri *Gerwici Mugwin* procuratoris dicti *Johannis* coram eo in Judicio comparentis
contra prefatum *Heilmannum* ad nonnullos citacio-
nis actus in audiencia publica ut eſt moris procef-
ſit & deinde per dictum *Gerwicum* ad probandum
caufam hujusmodi ad romanam curiam fore legitime devolutam nonnullis inſtrumentis publicis coram eodem Epiſcopo tunc auditore per in judicio
productis prefatus Epiſcopus tunc auditor quia per
producta hujusmodi fibi conſtitit, caufam huiusmodi fore ad eandem curiam legitime devolutam
& apud eam tractari & finiri debere ad predicti
Gerwici inſtantiam dictum *Heilmannum* ad dandum
& recipiendum libellum in caufa hujusmodi in dicta audientia citari fecit ad certum peremptorium
terminum competentem Jn quo prefatus *Gerwicus*
coram eodem Epiſcopo tunc auditore in judicio comparens predicti *Heilmanni* non comparentis contumaciam accuſavit & in eius contumaciam quendam
pro parte fua in huiusmodi caufa dedit libellum
Jdemque Epiſcopus tunc auditor dicto Gerwico &
magiſtro *Theoderico Butting* ſubſtituto , per quendam *Hartmannum Gainbecher* procuratorem dicti
Heilmanni prout ad hoc ipfe *Hartmannus* ab eodem
Heilmanno ſufficiens mandatum habebat, & eidem
Epiſcopo tunc auditori apud acta caufa huiusmodi
legit-

legittime conftabat, coram eo in judicio conftitutis ad preftandum & per alteram partem preftari
videndum juramentum de calumpnia & de veritate dicenda, in caufa hujusmodi affignavit certum
peremptorium terminum competentem Jn quo di-
Ĉtus *Gerwicus* coram eodem Epifcopo tunc auditore
in judicio comparens prediĈti *Theoderici* non comparentis contumaciam accufavit & in ejus contumaciam prediĈtum in ipfius Epifcopi tunc auditoris prefencia preftitit juramentum diĈtusque Epifcopus tunc auditor ad ejusdem *Gerwici* inftanciam
per diĈtum *Theodericum* ad dandum & per alteram
partem dari videndum poficiones & articulos fi
quos dare vellent in caufa hujusmodi per quendam
curforem noftrum citari fecit, ad certum peremptorium terminum competentem Jn quo Magifter
Johannes Kempen procurator diĈti *Johannis* una cum
prediĈto *Gerwico* in folidum conftitutus Jta quod non
effet melior condicio occupantis, coram eodem Epifcopo tunc auditore in judicio comparens prediĈti
Theoderici non comparentis contumaciam accufavit, Et in ejus contumaciam nonnullos pofitiones
& articulos pro parte fua in hujusmodi caufa dedit
Jdemque Epifcopus tunc auditor ad diĈti *Johannis*
Kempen inftanciam prediĈtum Heilmannum cum prefatus *Theodericus* fe tunc a curia prediĈta abfentaffet ad refpondendum diĈtis poficionibus & ad dicendum contra eosdem articulos quidquid vellet
Nec non ad producendum & per alteram partem
produci videndum, omnia jura & munimenta quibus partes ipfe in hujusmodi caufa uti vellent in
prefata audiencia fucceffive citari fecit, ad certos

Tom. I.　　　　　　**Y**　　　　　　perem-

peremptorios terminos competentes in quibus predictus *Johannes Kempen* coram eodem Episcopo tunc
auditore in judicio comparens prefati *Heilmanni*
non comparentis contumaciam accusavit & in ejus
contumaciam nonnulla litteras apostolicas instrumenta publica aliaque jura & munimenta quibus
pro parte sua in hujusmodi causa uti voluit produxit in dicto termino ad hoc dato, prefatusque Episcopus tunc auditor ad ejusdem *Johannis Kempen*
instanciam, predictum Hartmannum ad dicendum
contra hujusmodi producta quidquid vellet per
quendam cursorem nostrum citari fecit, ad certum
peremptorium terminum competentem Jn quo dictus *Johannes Kempen* coram eodem Episcopo tunc
auditore in judicio comparens predicti *Hartmanni*
non comparentis contumaciam accusavit Jdemque
Episcopus tunc auditor ad dicti *Johannis Kempen* instanciam, prefatum *Theodericum* ad concludendum
& concludi videndum in causa hujusmodi vel dicendum causam racionabilem quare in ea concludi
non deberet per quendam cursorem nostrum citari
fecit ad certum peremptorium terminum competentem Jn quo dicto *Johanne Kempen* coram Episcopo tunc Auditore in judicio comparente & predicti
Theoderici non comparentis contumaciam accusante
& in ejus contumaciam in hujusmodi causam concludi petente, memoratus Episcopus tunc auditor
reputans eundem *Theodericum* quo ad actum hujusmodi prout erat merito contumacem in eius contumaciam cum eodem *Iohanne Kempen* in huiusmodi
causa concludente conclusit & habuit pro concluso
& ad ipsius *Iohannis Kempen* instantiam dictum *Theo-*
dericum

dericum ad fuam in caufa huiusmodi diffinitivam fententiam audiendam per quendam curforem noftrum citari fecit ad certam diem peremptoriam competentem Jn qua dicto *Iohanne Kempen* coram eodem Epifcopo tunc auditore in iudicio comparente & predicti *Theoderici* non comparentis contumaciam accufante, & in eius contumaciam huiusmodi fententiam ferri petente fepedictus Epifcopus tunc auditor reputans eundem *Theodericum* quo ad actum huiusmodi prout erat merito contumacem in ipfius contumaciam vifis & diligenter infpectis omnibus & fingulis actis actitatis habitis & productis in caufa huiusmodi Jpfisque cum diligentia recenfitis & examinatis ac facta fuper hiis omnibus coauditoribus fuis dicti palacii relacione plenaria & fideli de ipforum coauditorum confilio & affenfu, per fuam diffinitivam fententiam pronuntiavit decrevit & declaravit prout hec omnia in dicto libello petita fuerant gratiam acceptationem & provifionem predictas & omnia inde fecuta fuiffe & effe canonica fuumque debitum debuiffe & debere fortiri effectum dictamque ecclefiam ad ipfum Johannem principalem fpectaffe & pertinuiffe ac fpectare & pertinere de iure, eamque fibi adiudicandam fore & adiudicavit prefato *Heilmanno* nullum ius compeciiffe feu competere in dicta ecclefia ipfumque *Heilmannum* ab occupacione & detencione ipfius ecclefie, amovendum fore & quantum potuit amovit prefatumque *Johannem* principalem in & ad corporalem poffeffionem ejusdem ecclefie inducendum fore & quantum potuit induxit oppofitionesque moleftaciones perturbaciones intrufiones

&

& impedimenta predi&a fuiffe & effe temeraria illicita iniqua & injufta, & de fa&o prefumpta Jpfique *Heilmanno* fuper oppoficionibus moleftacionibus perturbacionibus intruffone & impedimentis ac
ecclefiam predi&is perpetuum filentium imponendum fore & impofuit Jpfumque *Heilmannum* in fru-
&ibus a tempore mote litis ex di&a ecclefia citra
perceptis & in expenfis coram eo in hujusmodi caufa legitime fa&is condempnandum fore & condempnari ipfarum expenfarum taxacione fibi in pofterum refervata a qua quidem fententia prefatus *Theodericus* coram eodem Epifcopo tunc auditore in judicio comparens ad fedem appellavit predi&am.
Nosque caufam appellationis hujusmodi ab eodem
fententia interje&e quondam *Richardo* Ele&o Trawen: tunc cappellano noftro & caufarum palacii
predi&i auditori audiendam commifimus & fine debito terminandam Qui ad inftantiam prefati *Johannis Kempen* coram eo in Judicio comparentis di&um
Theodericum ad dandum & recipiendum libellum in
caufa hujusmodi per quendam curforem noftrum
citari fecit ad certum terminum peremptorium competentem Interim vero cum prefatus ele&us tum
auditor fe a predi&a curia abfentaffet, nos caufam
hujusmodi dile&o filio Magiftro *Brande de Caftellio-
ne* cappellano noftro & caufarum di&i palacii auditori usque ad redditum ipfius ele&i tunc auditoris
ad eandem curiam audiendam commifimus & fine
debito terminandam coram quo di&us *Johannes
Kempen* in judicio comparens predi&i *Theoderici* non
comparentis contumaciam accufavit & in ejus contumaciam quendam pro parte in hujusmodi caufa
                                                    libel-

libellum dedit Jdemque *Branda* auditor ad dicti
Johannis Kempen inftanciam prefatum *Theodericum*
ad preftandum & per alteram partem preftari videndum juramentum de calumpnia & de veritate
dicenda in caufa hujusmodi per quendam curforem
noftrum citari fecit ad certum terminum peremptorium competentem Jn quo dictus *Johannes Kempen*
coram eodem electo tunc auditore tunc ad curiam
ipfam reverfo in judicio comparens predicti *Theoderici* non comparentis contumaciam accufavit &
in ejus contumaciam predictum in ipfius electi tunc
auditoris prefencia preftitit juramentum Jdemque
electus tunc auditor ad dicti *Johannis Kempen* inftanciam prefatum *Theodericum* ad dandum & per alteram partem dari videndum poficiones & articulos,
fi quos dare vellent in caufa hujusmodi per quendam curforem noftrum citari fecit ad certum peremptorium terminum competentem in quo prefatus *Iohannes Kempen* coram eodem electo tunc auditore in judicio comparens predicti *Theoderici* non
comparentis contumaciam accufavit Et in ejus contumaciam quosdam poficiones & articulos pro parte fua in hujusmodi caufa dedit prefatusque electus
tunc auditor ad ejusdem *Iohannis Kempen* inftantiam predictum Theodericum ad refpondendum dictis poficionibus & dicendum contra eosdem articulos quid quid vellet nec non ad producendum &
per alteram partem produci videndum omnia jura
& munimenta quibus partes ipfe in hujusmodi caufa uti vellent per quosdam curfores noftros fucceffive citari fecit ad certos peremptorios terminos
competentes Jn quibus predictus *Iohannes Kempen*

Y 3　　　　coram

coram eodem electo tunc auditore in judicio comparens, prefati *Theoderici* non comparentis contumaciam accusavit, & in eius contumaciam nonnulla litteras apostolicas Jnstrumenta publica, aliaque jura & munimenta quibus pro parte sua in hujusmodi causa uti voluit produxit in dicto termino ad hoc dato Jdemque electus tunc auditor ad predicti *Kempeu* instantiam dictum *Theodericum* ad dicendum contra huiusmodi predicta quidquid vellet nec non ad concludendum & concludi videndum in causa huiusmodi vel dicendum causam rationabilem, quare in ea concludi non deberet, per quosdam cursores nostros successive citari fecit, ad certos peremptorios terminos competentes Jn quibus dicto *Iohanne Kempen* coram eodem electo tunc auditore in judicio comparente & dicti *Theoderici* non comparentis contumaciam accusante & in eius contumaciam in huiusmodi causa concludi petente Memoratus electus tunc auditor reputans eundem *Theodericum* quo ad actum huiusmodi prout erat merito contumacem Jn eius contumaciam cum predicto *Iohanne Kempen* in huiusmodi causa concludente conclusit, & habuit pro concluso in dicto termino ad hoc prefixa Et ad eiusdem *Iohannis Kempen* instantiam prefatum *Theodericum* ad suam in causa huiusmodi diffinitivam sententiam audiendam, per quendam cursorem nostrum citari fecit ad certam Diem peremptoriam competentem in qua dicto *Iohanne Kempen* coram eodem Electo auditore in iudicio comparente ac predicti *Theoderici* non comparentis contumaciam accusante Et in eius contumaciam huiusmodi sententiam ferri petente sepedictus
electus

electus tunc auditor reputans eundem *Theodericum*
quo ad actum huiusmodi prout erat merito contumacem Jn eius contumaciam vifis & diligenter infpectis omnibus & fingulis actis actitatis habitis &
productis in caufa huiusmodi ipfisque cum diligencia recenfitis & examinatis, ac facta fuper hiis
omnibus coauditoribus fuis dicti palacii relacione
plenaria & fideli, de ipforum coauditorum confilio
& affenfu per fuam diffinitivam fententiam pronunciavit decrevit & declaravit per prefatum Epifcopum tunc auditorem in huiusmodi caufa bene
& legitime fuiffe & effe proceffum, fententiatum
& diffinitum, eiusque fententiam confirmandam
fore & confirmavit Nec non pro parte prefati *Heil-*
manni ab eadem fententia ipfius Epifcopi tunc auditoris male fuiffe & effe appellatum, ipfumque
Heilmannum in fructibus per eum ex dicta ecclefia
a tempore predicte late fententie citra perceptis,
& in expenfis coram eo in huiusmodi caufa legittime factis condempnandum fore & condempnavit
ipfarum expenfarum taxatione fibi in pofterum refervata cumque pro parte dicti *Heilmanni* ab eadem
fententia ipfius electi tunc auditoris fuiffet ad fedem
appellatum predictam Nos caufam ultime appellacionis hujusmodi dilecto filio magiftro *Thome de*
Walckingten cappellano noftro & auditori caufarum
dicti palacii, audiendam commifimus & fine debito terminandum Qui ad inftanciam prefati *Johan-*
nis Kempen coram eo in judicio comparentis, dictum *Theodericum* ad dandum & recipiendum libellum ac ad preftandum & per alteram partem preftari videndum juramentum de calumpnia & de ve-

Y 4 ritate

ritate dicenda nec non ad dandum & per eandem
alteram partem dari videndum poficiones & articulos fi quos dare vellet in caufa hujusmodi per
quosdam curfores noftros fucceffive citari fecit, ad
certos peremptorios competentes Jn quibus dictus
Johannes Kempen coram eodem *Thoma* auditore in
judicio comparens, predicti *Theoderici* non comparentis contumaciam accufavit, Et ejus contumaciam quendam dedit libellum & predictum, in
ipfius *Thome* auditoris prefencia, preftitit juramentum Nec non ejusdem peticiones & articulos pro
parte fua in hujusmodi caufa dedit in dictis terminis ad hec ftatutis Jdemque *Thomas* auditor, ad prefati *Johannis Kempen* inftantiam predictum *Theode-*
ricum ad refpondendum dictis poficionibus & dicendum contra eosdem articulos, quidquid vellet
nec non ad producendum & per alteram partem
produci videndum omnia. jura & munimenta quibus partes ipfe in hujusmodi caufa uti vellent per
quosdam curfores noftros fucceffive citari fecit, ad
certos peremptorios terminos competentes Jn quibus dictus *Johannes Kempen* coram eodem *Thoma*
auditore in judicio comparens predicti *Theoderici*
non comparentis contumaciam accufavit Et in ejus
contumaciam nonnullas litteras apoftolicas Jnftan-
tia publica aliaque jura & munimenta, quibus pro
parte fua in hujusmodi caufa uti voluit produxerit
in dicto termino ad hoc dicto Jdemque *Thomas* auditor ad prefati *Johannis Kempen* inftanciam per
dictum *Theodericum* ad dicendum contra hujusmodi
producta quidquid vellet, per quendam curforem
noftrum citari fecit, ad certum peremptorium terminum

minum competentem in quo dictus *Johannes Kempen*
coram eodem *Thoma* auditore in judicio comparens
predicti *Theoderici* non comparentis contumaciam
accusavit Et deinde nos causam hujusmodi dilecto
filio *Johanni* Electo Assanen-tunc Cappellano nostro & causarum dicti palacii auditori, ex certis
causis audiendam commisimus & fine debito terminandam Qui ad dicti *Johannis Kempen* instanciam
coram eo in judicio comparentis prefatum Theodericum ad concludendum & concludi videndum
in causa hujusmodi vel dicendum causam rationabilem quare in ea concludi non deberet per quendam cursorem nostrum citari fecit, ad certum peremptorium terminum competentem Jn quo dicto
Johanne Kempen coram eodem *Johanne* electo tunc
auditore in judicio comparente & dicti *Theoderici*
non comparentis contumaciam accusante, & in ejus
contumaciam in hujusmodi causa concludi petente
prefatus *Johannes* tunc auditor reputans eundem
Theodericum quo ad actum hujusmodi prout erat
merito contumacem in ejus contumaciam cum eodem *Johanne Kempen* in hujusmodi causa concludente conclusit & habuit pro concluso Et ad ipsius
Johannis Kempen instanciam dictum *Theodericum* ad
suam in causa hujusmodi diffinitivam sententiam
audiendam per quendam cursorem nostrum citari
fecit ad certam diem peremptoriam competentem
Jn qua dicto *Johanne Kempen* coram eodem *Johanne*
electo tunc auditore in judicio comparente & dicti
Theoderici non comparentis contumaciam accusante
& in ejus contumaciam sententiam hujusmodi ferri
petente sepedictus Johannes electus tunc auditor
Y 5 reputans

reputans eundem *Theodericum* quo ad actum hujusmodi prout erat merito contumacem Jn ipsius contumaciam visis & diligenter inspectis omnibus &
singulis actis actitatis habitis & productis in causa
hujusmodi ipsisque cum diligencia recensitis & examinatis ac facta super hiis omnibus coauditoribus
suis dicti palacii relatione plenaria & fideli de ipsorum coauditorum consilio & assensu per suam diffinitivam sententiam pronunciavit decrevit & declaravit, per prefatum *Richardum* electum tunc auditorem in hujusmodi causa bene & legittime fuisse
& esse processum sententiatum & diffinitum ejusque
sententiam confirmandam fore & confirmavit ac
pro parte dicti Heilmanni ab eodem *Richardo*
electo tunc auditore ejusque sententia, male
fuisse & esse appellatum Jpsumque *Heilmannum*
in fructibus ex dicta ecclesia a tempore dicte late
sententie citra perceptis & in expensis in huiusmodi causa coram eo legitime factis condempnandum
fore & condemnavit ipsarum expensarum taxatione sibi inposterum reservata, Et subsequenter
Episcopus tunc coram se in Quadraginta ac *Branda*
cui ex certis causis commissimus ut huiusmodi expensas coram eodem *Richardo* Electo tunc auditore
fructus taxaret & instrumentum publicum super
dicta sententia ipsius *Richardi* electi tunc auditoris
confectum sigillaret coram eodem *Richardo* electo
tunc auditore in viginti quinque nec non Johannes
electus tunc auditores prefati coram eo factas expensas huiusmodi in triginta quatuor florenos auri
de camera boni & iusti ponderis in contumaciam
prefati *Theoderici* de mandatis Episcopi tunc & *Bran-*
de

de nec non Johannis electi tunc auditoris prefatorum ad inftantiam dicti *johannis Kempen* ad videndum taxari expenfas huiusmodi per quosdam curfores noftros ad certos peremptorios terminos competentes fucceffive citari & non curantis comparere, dicto *Iohanne Kempen* in eisdem terminis coram
epifcopo tunc & *Branda* nec non *Iohanne* electo tunc
auditoribus predictis in iudicio comparente & prefati *Theoderici* non comparentis contumaciam accufante, & in eius contumaciam expenfas huiusmodi taxari petente fucceffive, providis modera-
cionibus taxaverunt predicti *Iohannis Kempen* fuper
expenfis ipfis juramentum fecutis, prout in dicto
& aliis inftrumentis publicis inde confectis, eorundem Epifcopi tunc & *Brande* nec non electi tunc au-
ditorum figillis munitis dicitur plenius contineri
Nos itaque predicti *Johannis* principalis fupplicationibus inclinati que fuper hiis ab eisdem Epifcopo & *Richardo* ac Johanne electis tunc & Branda
auditoribus provide facta funt, rata habentes &
grata, dictasque fententias auctoritate apoftolica
confirmantes, difcretiori veftre per apoftolica fcripta mandamus, quatenus vos vel duo aut unus veftrum, per vos vel alium feu alios premiffa executioni debite demandantes, prefatum *Johannem*
principalem vel procuratorem fuum ejus nomine
• in corporalem poffeffionem ecclefie juriumque &
pertinenciarum predictarum amoto exinde dicto
Heilmanno inducatis auctoritate noftra & defendatis inductum, facientes fibi de ipfius ecclefie fructibus redditibus proventibus juribus & obvencionibus univerfis integre refponderi & de predictis

per-

perceptis fructibus & florenorum summis pro dictis expensis juxta prefatorum. instrumentorum eorundem condempnacionum & taxacionum tenores,
plenam & debitam satisfactionem impendi contradictores per censuram ecclesiasticam appellatione
postposita compescendo, Datum *Rome* apud sanctum Petrum ꝓjjj Kal. Aprilis pontificatus nostri
anno sexto.

XLIII.
PROCESSVS SVPER EXECVTO-
RIA DE ET SVPER ECCLESIA PARRO-
CHIALI IN *UDENHEIM.*

Reverendo in Christo Patri ac Domino Domino
Dei gratia Archiepiscopo Magunt. ac venerabilibus & religiosis viris Dominis Abbati & Conventui Monasterii *Sti Albani* ordinis *Sancti Benedicti*
extra muros Magunt. ac *Heilmanno Weydebecher* qui
se gerit pro presbitero Magunt. diocesf. Necnon illi
vel illis ad quem vel ad quos ecclesie parrochialis
in *Udenheim* dicte Magunt. diocesf. collacio presen-
tacio seu quevis alia disposicio pertinet ac universis & singulis parrochianis ipsius Ecclesie ac incolis
& habitatoribus ipsius ville in *Udenheim* nec non
reddituariis pensionariis decimatoribus agriculto-
ribus & laboratoribus terrarum possessionum &
bonorum dicte ecclesie, cujuscunque condicionis
existant ac ceteris omnibus & singulis quorum interest vel intererit & quos infrascriptum tangit negocium,

gocium, feu tangere poterit quomodolibet in futurum communiter vel divifim quocumque feu quibuscumque nominibus cenfeantur *Turibius* Dei gratia Epifcopus Tudenfis executor ad infrafcripta una
cum infrafcriptis collegis noftris, cum illa claufula
quatenus vos vel duo aut unus veftrum &c. a fede
apoftolica fpecialiter deputatus falutem in Domino
& mandatis noftris ymo verius apoftolicis firmiter
obedire. Noveritis nos litteras executoriale fanctiffimi in Chrifto patris & Domini noftri Domini
Bonifacii divina providentia pape *noni* ejus vera bulla plumbea cordula canapis more Romane curie
impendente bullatas fanas & integras non vitiatas
non cancellatas nec in aliqua fui parte fufpectas fed
omni prorfus vicio & fufpicione carentes una cum
tribus Jnftrumentis trium fententiarum diffinitiva-
rum ac condempnacionum & taxacionum expenfarum de quibus in eisdem litteris apoftolicis fit men-
cio, nobis per difcretum virum Dominum *Johannem Godefcbalci* de *Steinnando* clericum dicte diecef.
Coram notario & teftibus infrafcriptis prefentatas
nos cum ea qua decuit reverencia recepiffe Quorum quidem litterarum apoftolicarum & Jnftrumentorum principia & fines inferius defcribuntur &
primo tenor dictarum litterarum executoriarum fic
incipit *Bonifacius* epifcopus fervus fervorum Dei
Venerabili fratri Epifcopo Tudenfi & dilectis filiis
prepofito *fancti Andree* wormacienfis ac fcolaftico
fancti Johannis Magunt. ecclefiarum falutem & apoftolicam benedictionem. Peticio dilecti filii *Johannis Gotfchalci* rectoris parrochialis ecclefie in *Uden-*
heim

beim Magunt. diocef. nobis exhibita continebat quod licet olim ipfe dictam ecclefiam tunc per obitum quondam *Petri* dicti *Hufnagil* ipfius ecclefie rectoris vacantem vigore quarundam litterarum apoftolicarum graciofe fibi conceffarum prout ex ipfarum forma poterat infra tempus legitimum acceptaffet & de illa fibi provifum fuiffet canonice tamen *Heilmannus* Weidebecher qui fe gerit pro clerico dicte diocef. falfo afferens prefatam ecclefiam ad fe fpectare ac gracie acceptacioni & provifioni hujusmodi contra Juftitiam fe opponens impedivit pro ut impedit ac fecit & facit quo minus gratia acceptatio & provifio predicte debitum fortite fuerint & forciantur effectum &c. Et fic finit nos itaque predicti *Iohannis* principalis fupplicationibus inclinati que fuper hiis, ab eisdem Epifcopo & *Richardo* ac *Iohanne* electis tunc & Branda auditoribus provide facta funt, rata habentes & grata dictasque fententias auctoritate apoftolica confirmantes, difcretioni veftre per apoftolica fcripta mandamus quatenus vos vel duo aut unus veftrum per vos vel alium feu alios premiffa executioni debite demandantes prefatum *Iohannem* principalem vel procuratorem fuum ejus nomine in corporalem poffeffionem Ecclefie juriumque & pertinenciarum predictarum amoto exinde dicto *Heilmanno* inducatis auctoritate noftra & defendatis inductum facientes fibi de ipfius Ecclefie fructibus redditibus proventibus juribus & obvencionibus univerfis integre refponderi Et de predictis perceptis fructibus & florenorum fummis pro dictis expenfis juxta prefatorum Jnftrumentorum eorundem condempnacionum

num & taxacionum tenores plenam & debitam fa-
tisfactionem impendi contradictores per censuram
ecclesiasticam appellacione postposita compescendo
Datum *Rome* apud *sanctum Petrum* ɤjjj Kal. April.
pontificatus nostri anno sexto. Tenor vero primi
instrumenti sic incipit Jn nomine Domini amen.
Pridem sanctissimus in Christo pater & Dominus
noster Dominus *Bonifacius* divina providencia Papa
nonus, omnes & singulos causam & causas appellacionis & negocii principalis quam & quas honorabilis vir *Iohannes Godeschalci* rector parrochialis ecclesie in *Udenheim* Magunt. diocef. monebat seu
monere intendebat contra & adversus religiosos viros Dominos Abbatem & conventum Monasterii *Sancti Albani* extra muros Magunt. & *Heil-*
mannum Weidebecher pro clerico dicte diocef. se
gerentem omnesque alios & singulos quorum
intererat, seu qui sua putaverant interesse conjunctim & divisim de & super dicta parrochiali
ecclesia & ejus occasione nobis *Bertrando* Episcopo
Eugubino sacri palacii causarum apostolici auditori commisit audiendam decidendam & fine debito
terminandam cum omnibus & singulis emergentibus incidentibus dependentibus & connexis cujus
quidem commissionis vigore &c. Et sic finit ante
subscriptionem notarii sub anno a nativitate Domini Millesimo trecentesimo nonagesimo Quarto Jndictione secunda, die vero Mercurii prima Mensis
Aprilis pontificatus prefati Domini nostri Domini
Bonifacii Anno. quinto presentibus ibidem discretis
& circumspectis viris magistro *Theoderico de monte*
Notario publico scribaque nostro & *Michahele de*
Weyden

Weyden clericis teſtibus ſupradiƈtis ad premiſſa vocatis ſpecialiter & rogatis ſubſcriptio vero Notarii
ſic incipit, Et ego *Martinus Mutski* de *Eyke* clericus Leodienſis diocéſ. publicus apoſtolica & imperiali auƈtoritatibus &c. Et ſic finit rogatus & re-
quiſitús, in fidem & teſtimonium omnium & ſingulorum premiſſorum. Tenor vero ſecundi Jnſtru-
menti ſic incipit. Jn Nomine Domini amen pridem ſanƈtiſſimús in Chriſto pater & Dominus noſter Dominus *Bonifacius* papa *nonus* cauſam cujusdam appellationis pro parte *Heylmanni* weydebecher pro clerico Mogunt. dioceſ. ſe gerente inter-
poſite a quadam diffinitiva ſententia pro honorabili
viro Domino *Iohanne Steinnaw* reƈtore parrochialis
eccleſie in *Udenheim* diƈte magunt. dioceſ. contra
dominum *Heilmannum* per Reverendum in Chriſto
patrem Dominum *Bertrandum* Epiſcopum Eugubinum ſacrique palacii apoſtolici cauſarum auditorem lata in cauſa que coram eo vertebatur inter
partes prediƈtas de & ſuper prenominata eccleſia
parrochiali in *Udenheim* & ipſius occaſione, quondam Domino *Ricardo* eleƈto Trawen: tunc diƈti
palacii cauſarum auditore audiendum commiſit &
fine debito terminandum cum ſingulis ſuis emergentibus incidentibus dependentibus & connexis
cujus quidem commiſſionis vigore &c. & ſic finit
ſub anno a nativitate Domini Milleſimo trecenteſimo nonageſimo quarto Jndiƈtione ſecunda, die lune, decima ſexta menſis Martii Pontificatus prefati domini noſtri Domini *Bonifacii* pape *noni* anno
quinto preſentibus ibidem diſcretis viris Magiſtris
lobanne de Nava & *Hermanno Prume* notariis publicis

cis scribisque nostris clericis Mediolanensis & Leodiensis diocef. testibus ad premissa vocatis specialiter & rogatis subscriptio vero notarii sic incipit Et ego *Tilmannus Xstiani* de *Endenich* clericus colonief. diocef. publicus apostolica & imperiali auctoritatibus, ac venerabiles & circumspecti viri. Domini *Brande* Auditoris &c. & finitur sic rogatus & requisitus in fidem & testimonium omnium & singulorum premissorum Tenor vero tercii Jnstrumenti sic incipit. Jn Nomine domini amen Pridem sanctissimus in Christo pater & Dominus noster Dominus *Bonifacius* divina providentia papa *nonus* causam & causas appellacionis & appellacionum pro parte cujusdam *heylmanni weidebecher* presbiteri Magunt. diocef. a quadam diffinitiva sententia per quendam Reverendum patrem Dominum *Ricardum* electum Trauen. decretorum doctorem, tunc sacri palacii apostolici causarum auditorem, in causa & causis que coram eo vertebantur seu verti & esse sperabantur inter dictum *heilmannum weidebecher* ex una parte & discretum virum magistrum *Johannem Gotschalci* de & super parrochiali ecclesia in *Udenheim* dicte diocef. & ejus occasione parte ex altera, lata & interposite seu interpositarum ac negocii principalis venerabili & circumspecto viro domino *Thome de Walkingden* decretorum Doctori cappellano suo & dicti sacri palacii apostolici causarum auditori commisit audiendam & fine debito terminandam cum singulis ejus emergentibus incidentibus dependentibus & connexis cujusquidem commissionis vigore &c. Et ante subscriptionem notarii sic fmit sub anno Jndictione & pontificatu

Tom. I.   Z   quibus

quibus supra die veneris tricesima mensis januarii
supradicti presentibus ibidem supradictis magistris
Johanne Holdenuelt Johanne Bone & *Goswino Ket* notariis clericis quibus supra. testibus ad premissa vocatis specialiter & rogatis subscriptio vero notarii
sic incipit Et ego *hermannus Baus* clericus pade-
burns. diocef. publicus apostolica auctoritate notarius, ac coram Venerabili & circumspecto viro
Domino *Johanne Treuer* auditore &c. Et sic finit
signavi rogatus & requisitus in fidem & testimonium
omnium & singulorum premissorum post quarum
quidem litterarum apostolicarum & Instrumentorum presentacionem & receptionem sumus per dictum dominum *Johannem Gotscalci*, cum debita instantia requisiti ut ad executionem hujusmodi mandati apostolici nobis in hac parte directi juxta tenorem & formam in ipsis litteris apostolicis conten-
tam procedere dignaremur Nos igitur *Turibius* Episcopus & executor prefatus volentes ut obediencie
filius hujusmodi mandatum apostolicum nobis in
hac parte directum reverenter exequi, ut tenemur, auctoritate apostolica quâ fungimur in hac
parte Vobis reverendo patri Domino Archiepiscopo
Magunt. ac Venerabilibus & religiosis viris Dominis viris Dominis abbati & conventui Monasterii
sancti Albani ordinis *sancti Benedicti* extra muros
Magunt. supradictis ac tibi *Heylmanno Weydebecher*
nec non omnibus aliis & singulis supranominatis
prefatas litteras apostolicas & instrumenta sententiarum condempnacionem & taxationem expensarum, ac universa & singula in eis contenta intima-
mus insinuamus & notificamus & ad vestrum &

tui

tui heylmanni & cujuslibet veſtrum noticiam, deducimus & deduci volumus per preſentes Nosque
univerſos & ſingulos ſupradictos requirimus & monemus communiter & diviſim primo ſecundo tertio
& peremptorio, vobisque nihilominus & cuilibet
veſtrum in virtute ſancte obediencie & ſub infraſcriptis penis, diſtricte precipiendo mandamus
quatenus prefatum Dominum *Johannem* vel procuratorem ſuum ejus nomine, infra ſex dies poſt
preſentacionem ſeu notificationem preſentis noſtri
proceſſus quorum dierum duos pro primo duos pro
ſecundo & reliquos duos dies pro tertio & peremptorio termino & monicione canonica prefigimus
& aſſignamus, in realem & corporalem poſſeſſionem dicti parrochialis ecclefie in *Udenheim* ac jurium & pertinenciarum ipſius inducatis quantum
in vobis fuerit & eſt, ac defendatis inductum facientes ipſum ipſius parochialis Ecclefie in *Uden-*
heim cum juribus & pertinentiis ſuis univerſis pacifica poſſeſſione gaudere ſibique vel procuratori
ſuo ejus nomine, de ipſius ecclefie fructibus redditibus proventibus juribus & obventionibus univerſis integre reſpondeatis & faciatis ab aliis prout
ad vos & ſingulos veſtrum pertinet communiter
vel diviſim integre reſponderi Nec non ipſum Dominum *Johannem* ſuper dicta parrochiali ecclefia
ejusque juribus & pertinentiis univerſis nullatenus
moleſtetis, hec permittatis quantum in vobis ſeu
in aliquo veſtrum fuerit & eſt, ullatenus ab aliquo
ſeu aliquibus moleſtari vel eciam quomodolibet impediri, quominus poſſeſſionem dicte parrochialis
ecclefie in *Udenheim* juriumque & pertinenciarum

ipſius

ipfius pacificam & quietam apprehendere, aſſequi
& habere & tenere valeat atque poſſit & ipſius
poſſeſſione pacifica uti & gaudere Nos vero prefatum Dominum *Johannem Gotſchalci* vel procuratorem ſuum ejus nomine auctoritate apoſtolica qua
fungimus in hac parte in poſſeſſionem dicte parrochialis eccleſie in *Udenheim* ac jurium & pertinenciarum ejusdem, per annuli noſtri tradicio-
nem ponimus & in quantum poſſumus inducimus
Amoto ab inde te *Heylmanno* predicto & quolibet
alio illicito detentore penitus ab eadem quem & nos
& quoscumque alios quantum in nobis eſt & poſſumus amovemus & tenore preſencium denunciamus
amotum ſeu amotos Jnſuper modo & forma premiſſis, monemus primo ſecundo tercio & peremptorio te *Heylmannum Weydebecher* predictum ac omnes alios & ſingulos hujusmodi parrochialis eccleſie in *Udenheim* ac jurium & pertinenciarum ejusdem detentores & occupatores ut infra ſex dierum
ſpacium poſt preſentationem ſeu notificationem preſentis noſtri proceſſus immediate ſequentium, tibi
Heylmanno & ipſis predictis factam Quorum ſex dierum duos pro primo duos pro ſecundo, & reliquos
duos dies, tibi & ipſis univerſis & ſingulis predictis pro tercio & peremptorio termino , ac monicione canonica prefigimus & aſſignamus, prefatam
parrochialem eccleſiam in *Udenheim* dicto Domino
Johanni Gotſchalci per dictos dominos *Bertrandum*
Epiſcopum *Eugubinum* ricardum electum Trauen-
ſem & *Johannem Trevor* Epiſcopum Aſſanen: ſacri
palacii cauſarum auditores ſibi adjudicatam va-
cuam

cuam & expeditam libere & pacifice dimittatis
Jpfumque vel procuratorem fuum ejus nomine permittatis ipfius ecclefie parrochialis cum juribus &
pertinenciis univerfis, pacifica poffeffione gaudere
ac eidem Domino *Johanni* vel procuratori fuo ejus
nomine ut vero rectori parrochialis ecclefie in *Udenheim* fupradicte in omnibus licitis & honeftis pareatis & intendatis, ac reverenciam & obedienciam
debitas & confuetas prout ad vos & quemlibet veftrum communiter vel divifim fpectat & pertinet
exhibeatis preftetis & faciatis ac exhiberi & preftari faciatis.

Monemus eciam modo & forma premiffis te
Heylmannum Weydebecher predictum, ut infra fexa-
ginta dierum fpacium poft monicionem feu notificationem prefentium tibi factam, quorum duorum
menfium viginti dies pro primo viginti pro fecundo & reliquos viginti dies, pro tercio & peremptorio termino ac omni dilacione poftpofita affignamus prefato Domino *Johanni* principali vel ipfius
procuratori pro eo, de fructibus a tempore mote
litis hujusmodi, per te *heylmannum weydebecher*
predictum de dicta parrochiali ecclefia & ejus juribus & pertinentiis perceptis Et de nonaginta novem florenis auri de camera boni & jufti ponderis
pro expenfis juxta dictorum Dominorum Jnftrumenta fententiarum condempnacionum & taxatio-
num de quibus premittitur nec non de quatuordecim florenis auri de camera ejusdem, ponderis &
bonitatis racione taxationis expenfarum predictarum litterarum executoriarum ac prefentis noftri
proceffus quas eciam ad tantam fummam prima mo-

Z 3   dera-

deracione taxavimus &.prefentibus taxamus, eidem
-Domino *Johanni Gotfchalci* vel ipfiuș procuratori
pro eo debitam & plenam fatisfaƐionem impendatis Quod fi forfan premiffa omnia & fingula vel aliquod premiffurum vos omnes & finguli fupra fcripti & tu *Heylmanne* prediƐte quibus prefens nofter
-proceffus dirigitur, communiter vel divifim non feceritis feu feceris vel eontempferitis vel contemp-
feris, aut neglexeritis feu neglexeris contumaciter
adimplerę vel impedimentum preftiteritis feu pre-
ftiteris per vos vel alium feu alios, publice vel
occulte, direƐte vel indireƐte feu tu *Heylmanne*
Weyàebecher prediƐte prefato domino *Johanni* vel
ejus procuratori pro eo, de prediƐtis fruƐtibus &
expenfis non fatis feceris realiter cum effeƐtu ac
prefatam Ecclefiam parrochialem in *Udenheim* non
dimiferitis feu dimiferis ut eft diƐtum infra terminum fupradiƐtum Jn vos omnes & fingulos fupra-
diƐtos, & in te *Heylmannum* prediƐtum ac in con-
tradiƐtores quoslibet & rebelles prediƐta canonica
monicione premiffa, qui diƐto Domino *Johanni* feu
ejus procurator fuper premiffis vel aliquo premifforum fe oppofuerint vel impedimentum preftiterint per fe vel alium feu alios feu impedientibus
ipfum Dominum *Johannem* fuper premiffis dederint
auxilium confilium vel favorem quominus prediƐta
omnia & fingula fuum debitum forciantur effeƐtum,
vel qui plene in hac parte, noftris ymmo verius
apoftolicis non paruerint effeƐtu mandatis. Cujuscumque ftatus gradus ordinis autoritatis condicionis vel preeminencie fuerint vel exiftunt, in hiis
fcriptis fungulariter in fingulos excommunicationis
in

in conventus fufpenfionis & in ipfam ecclefiam in
Udenheim & alias ecclefias & Monafteria veftra prefatas interdicti fententias canonica monicione premiffa dicta auctoritate apoftolica in hiis fcriptis ferimus & etiam promulgamus vobis vero Domino
Archiepifcopo Magunt: cui ob reverenciam veftre
pontificalis dignitatis deferre volumus in hac parte
fi contra premiffa vel aliquod premifforum per vos
vel alium feu alios feceritis publice vel occulte aut
prefentibus monitionibus & mandatis noftris ymmo
verius apoftolicis infra dicte monicionis terminum
non parueritis realiter & cum effectu, predicta canonica monitione premiffa, ingreffum Ecclefie interdicimus in hiis fcriptis fi vero predictum Jnter-
dictum per alios fex dies, prefatos fex immediate
fequentes fuftinueritis vos dominum Archi-Epif-
copum in eisdem fcriptis canonica monicione premiffa, fufpendimus a divinis Verum fi prefatas interdicti & fufpenfionis fentencias per alios fex dies
prefatos duodecim immediate fequentes fuftinueritis quod abfit, animo indurato, vos ex nunc prout ex tunc, in hiis fcriptis dicta excommunicationis fententia innodamus Et alias contra vos, & te
Heylmannum Weydebecher & quemlibet veftrum fi
expedierit nihilominus gravius procedemus prout
jufticia fuadebit & nobis videbitur expedire Ceterum cum ad executionem hujusmodi mandati ulterius exequendam non poffumus quo ad prefens perfonaliter intereffe, aliis arduis negociis in Romana
curia prepediti Venerabilibus & religiofis viris e
Dominis Abbatibus Prioribus prepofitis Decanis
Archidyaconis Scolafticis Cantoribus Thefaurariis

Z 4

cano-

Canonicis tam Cathedralium quam Collegiatarum
ac parrochialium Ecclefiarum Rectoribus Vicariis
perpetuis Cappellanis curatis & non curatis presbiteris Clericis & tabellionibus publicis per provinciam civitatis & diocef. Mogunt. & alias ubilibet
conftitutis quibus & eorum cuilibet in folidum fuper executione hujusmodi mandati apoftolici atque
noftri, tenore prefencium committimus vices noftras donec eas ad nos duxerimus revocandas quos
& eorum quemlibet etiam requirimus &c. & monemus communiter & divifim primo fecundo & tertio fub excommunicationis pena quam dicta canonica monicione premiffa ex nunc prout ex tunc, in
vos & veftrum quemlibet ferimus in hiis fcriptis
quam ipfos & eorum quemlibet incurrere volumus
ipfo facto fi mandata noftra hujusmodi ymo verius
apoftolica neglexerint feu neglexerit ut prefertur
contumaciter adimplere, & in virtute fancte obediencie diftricte precipimus & mandamus ut ipfi
vel alter eorum qui fuper hec per predictum dominum *Johannem* feu pro parte fua requifiti fuerint, feu fuerit requifitus ad vos Dominum Archiepifcopum Magunt. & omnes & fingulos fupra nominatos, & ad te *Heylmannum Weidebecher* & ad ecclefiam in *Udenheim* predictam & quafcumque alias
Ecclefias tum cathedrales quam collegiatas & parrochiales & ad alia loca & Monafteria provincie
civitatis & diocef. Magunt. infra fex dierum fpatium poft requifitionem hujusmodi immediate fe-
quencium, quorum duos pro primo duos pro fecundo & reliquos duos dies pro tercio & peremptorio termino ac monicione canonica premiffa, eis &
eorum

eorum cuilibet affignamus perfonaliter accedant
feu accedat & fupradictas literas apoftolicas & inftrumenta fententiarum condempnationum & taxa-
tiouum expenfarum & hunc noftrum proceffum vobis communiter & divifim ac omnibus & fingulis
fupradictis & tibi *Heylmanno Weidebecher* & aliis
quorum intereft feu intereffe poterit in futurum
in dicta ecclefia in *Udenheim* & aliis ecclefiis & locis fupra nominatis, ubi quando & quociens expedierit denunciant legant intiment infinuent ac legat
denunciet intimet infinuet & publice legi infinuari
& denunciari procurent feu procuret & dictum dominum *Johannem* vel procuratorem fuum ejus nomine in corporalem poffeffionem dicte parrochialis
ecclefie in *Udenheim* ac Jurium & pertinentiarum
ejusdem inducant feu inducat Inductum defendant
feu defendat, amoto te dicto *Heylmanno* & quolibet alio detentore penitus ab eadem ac dictum Dominum *Johannem* vel procuratorem fuum pro eo,
ad dictam parrochialem ecclefiam in *Udenheim* ut
eft moris admitti fibique de ipfius parrochialis ecclefie fructibus redditibus proventibus juribus &
obvencionibus univerfis faciant & faciat integre
refponderi nec non de predictis perceptis fructibus, a tempore mote litis, & nonaginta novem
florenis auri de camera pro expenfis Jn quibus per
predictos dominos auditores extitit fententialiter
condempnatus & de quatuordecim florenis auri de
camera racione taxacionis expenfarum litterarum
executoriarum & prefentis noftri proceffus per nos
ut premittitur facte juxta predictorum Jnftrumentorum fententiarum & condempnacionum taxatio-

Z 5   nuni

num expensarum tenorem, plenam & debitam satisfactionem impendi, prout superius est expressum
Et alias in omnibus & singulis premissis ad executionem hujusmodi procedant seu procedat, libere
vice nostra mandatum nostrum ymmo verius apostolicum super hiis & aliis exequendo juxta traditam seu directam a sede apostolica nobis formam
Jta tamen quod ipsi subdelegati nostri quibus negotium hujusmodi committimns & quicumque alius
nihil in dicti Domini *Johannis Gotscalci* & juris sui
prejudicium innovare valeat vel immutare & presenti nostro processui per nos facto & sententiis
per nos ut prefertur latis in aliquo denegare, Volumus autem quid per unum eorum inceptum fuerit per alium seu alios terminari possit & finiri Jn
ceteris vero que dicto domino *Johanni* & procuratori suo nocere possent eisdem subdelegatis nostris
& cuilibet eorum potestatem omnimodam denega-
mus Et si contingat nos super premissis in aliquo
procedere de quo nobis potestatem reservamus non
intendimus propterea Commissionem nostram hujusmodi in aliquo revocare, nisi de revocatione ipsa,
specialem & expressam in nostris litteris fecerimus
mentionem Prefatas quoque literas apostolicas &
instrumenta sententiarum condempnacionum & taxacionum expensarum & hunc nostrum processum
& omnia alia & singula instrumenta hujusmodi negotium tangentia penes dictum dominum Johannem vel procuratorem suum ejus nomine volumus remanere, & non per vos vel aliquem vestrum seu quemvis alium contra ipsius Domini
Johannis vel procuratoris sui voluntatem quo-
modo-

modolibet detineri contrarium vero facientem
prefatis noftris fententiis per nos latis ipfo facto canonica monicione premiffa volumus fubjacere Mandamus tamen eidem domino *johanni* vel procuratori fuo vobis fi pecierit copiam faciant de premiffis veftris petentium tamen fumptibus & expenfis
per proceffum autem noftrum hujusmodi nolumus
nec intendimus noftris in aliquo prejudicare collegis quominus ipfi vel eorum alter, fervato tamen
hoc noftro proceffu poffit in hujusmodi negocio per
fe vel alium feu alios procedere, prout eis vel eorum alteri videbitur expedire abfolucionem vero
omnium & fingulorum qui prefatas noftras videlicet
excommunicationis fententias incurrerint quoquomodo nobis vel fuperiori nofto tantummodo refervamus falvo quod predicti College & fubdelegati
noftri & eorum quilibet interdicti & fufpenfionis
fententias per nos latas ut prefertur de confenfu &
voluntate expreffis prefati Domini Johannis vel procuratoris fui ad id legittime conftituti poffint, quociens expediens fuerit auctoritate predicta libere
tollere fufpendere & relaxare Jn quorum omnium
& fingulorum premifforum evidens teftimonium
prefentes litteras feu prefens publicum inftrumentum hujusmodi noftrum proceffum in fe continens
per *folpertum Sckickenrat* notarium publicum infrafcriptum, fubfcribi & publicari mandavimus, noftrique figilli fecimus appenfione muniri Datum &
actum *Rome* Jn domo habitacionis noftre fita in re-
gione *Pantis* fub anno à nativitate Domini Millefimo trecentefimo nonagefimo quinto Jndictione tertia pontificatus fanctiffimi in Chrifto patris & Domini

mini noſtri Domini *Bonifacii* divina providencia
pape *noni* Anno ſexto die tertia menſis Aprilis hora meridiei vel quaſi preſentibus venerabilibus &
diſcretis viris Dominis *Heinrico Wanghelm* Archidiacono Stalpen in eccleſia Caminenſi *Bertoldo Bran-
denburg* vicario perpetuo in ecclèſia parrochiali
Sancti Heymerani Magunt. & *Hermanno Düren* clerico colonienſ. dioceſ. teſtibus ad premiſſa vocatis
pariter & rogatis Et ego *folpertus Sckickenrat* clericus Magunt. dioceſ. pụblicus Jmperiali auctoritate notarius quia litterarum apoſtolicarum & in-
ſtrumentorum predictarum & predictorum preſen-
tacioni receptioni requiſitioni monicionibus inve-
ſtiture Jnductioni ſententiarum fulminationibus ſub-
delegacioni & mandatis ceterisque omnibus & ſingulis premiſſis dum ſic coram prefato Domino executore agerentur & fierent una cum prenominatis
teſtibus preſens interfui eaque ſic fieri vidi & audivi Jdeo hoc preſens publicum inſtrumentum preſentem proceſſum in ſe continens me aliis occupato negociis per alium fidelem ſcribi feci hic me manu propria ſubſcripſi Jpſumque de mandato dicti
domini Epiſcopi & executoris prefati publicavi &
in hanc publicam formam redegi ſignoque & nomine meis ſolitis & conſuetis una cum prefati Domini executoris ſigilli appenſione ſignavi rogatus
& requiſitus in teſtimonium premiſſorum.

XLIV.

LITTERA VIDIMUS, SUPER EXECUTORIA PRO PARTE MAGISTRI *JOHANNIS* SUPRADICTI DE ET SUPRA ECCLESIA PARROCHIALI IN *UDENHEIM*.

Conradus Dei gratia sancte Maguntin. sedis Archiepiscopus sacri imperii per Germaniam Archicancellarius recognoscimus per presentes literas sanctissimi in Christo patris & Domini nostri Domini *Bonifacii* divina providentia Pape *noni* ejus vera bulla plumbea in cordula canapis pendente more Romane curie bullatas non rasas non cancellatas non vitiatas, nec in aliqua sui parte suspectas sanas & integras omni quoquo prorsus vicio & suspicione carentes nos cum ea qua decuit reverencia recepisse vidisse legisse, ac earundem principium & finem transcribi fecisse, que sic incipiunt: *Bonifacius* Episcopus servus servorum Dei, Venerabili fratri Episcopo Tuden: & dilectis filiis prepossito *Sti Andree* wormatiensis ac scolastico *sancti johannis* Mag. ecclesiarum salutem & apostolicam benedictionem. Peticio dilecti filii *Johannis Gotschalci* rectoris parrochialis ecclesie in *Udenheim* Magunt. diocef. nobis exhibita continebat quod licet olim ipse dictam ecclesiam tunc per obitum quondam *Petri* dicti *Huffnagel*, ipsius ecclesie rectoris vacantem, vigore quarundam litterarum apostolicarum gratiose sibi concessarum prout ex ipsarum forma poterat infra tempus legittimum acceptasset, &

de

de illa fibi provifum fuiffet, canonice tamen *Hei-lemannus Weydebecher* qui fe gerit pro clerico dicte diocef. falfo afferens prefatam ecclefiam ad fe fpe-ctare ac gratie acceptationi & provifioni hujusmodi contra Jufticiam fe opponens impedivit prout impedit ac fecit & facit, quominus gratia & acceptatio & provifio predicte, debitum fortite fuerint & forciantur effectum feque in dictam ecclefiam intrufit Jllamque occupavit & detinuit prout detinet indebite occupatam fructus percipiens ex eadem & alias eundem Johannem fuper dicta ecclefia & ejus occafione multipliciter moleftavit & eciam perturbavit, propter que prefatus Johannes ad fedem apoftolicam appellavit &c. Et fic finiunt: Datum *Rome* apud fanctum Petrum riij Kal. April. Pontificatus noftri Anno fexto. Jn quarum quidem litterarum apoftolicarum receptionis vifionis lecture & tranfcriptionis teftimonium figillum noftrum prefentibus eft appenfum Datum: *Erenfels* Dominica die qua cantatur *Vocem Jocunditatis*. Anno Domini Millefimo trecentefimo nonagefimo quinto.

XLV.

XLV.

QUALITER FRIDERICUS JMP. FACULTATEM TESTANDI A CLERO MOG. OBSERVATAM CONFIRMAVERIT.

C. Jn nomine fancte & individue Trinitatis *Fri-dericus* Divina favente clemencia Imperator Romanorum femper Auguftus : : Imperatoria Majeftas que Regis Regum & domini dominanciunt vicem gerit in terris in gubernacione univerfitatis hominum fue jurisdictioni attinentium illis qui funt de forte Domini & de fanctuario Dei motu pietatis & falutis fue intuitu fpecialem defenfionis & protectionis gratiam debet impendere & jura fua inviolata eis confervare ut ab omni perturbatione liberi & fecuri fervicio Dei poffint vacare ita ut in monte contemplacionis Deo mente excedant & pro his que in hac valle ploracionis naufragofa tempeftate fluctuant orationibus fuis intercedant. Noverit igitur fidelium Chrifti & imperii noftri prefens etas & fecutura pofteritas qualiter Venerabilis clerus videlicet Prelati & fubditi Maguntine civitatis ad noftram venientes prefenciam querimoniam coram nobis depofuerunt quod quidam burgenfes de civitate fua gravem eis irrogaffent injuriam & jura eorum tam fcripta quam confuetudinaria temeraria prefumpcione violaffent, afferebant enim quendam canonicum fancti victoris infirmitatis moleftia gravatum juxta confuetudinem longo & communi ufu totius cleri approbatam de mobilibus fuis que ha-

bebat

bebat infra emunitatem donationem in ultima voluntate feciffe & quosdam fratres fuos fide conmiffarios conftituiffe qui eo decedente uti ipfe ordinaverat res illas diftribuerent Cum autem canonicus ille diem claufiffet extremum fratres fui ea que fidei eorum commiferat exfecutioni mandare volebant fed cognati fratris defuncti effectum rei impediebant afferentes fe exheredatos effe per inofficiofum quod factum effet teftamentum, idcirco donationem in irritum effe revocandam. Honorabilis vero clerus Maguntinus cum inftrumentis fuis aftabat probationem fuam nobis offerens quod donatione anteceflorum noftrorum divorum Auguftorum & epifcoporum fuorum auctorabili conceffione per quadraginta annos & amplius fine interruptione talem in emunitatibus fuis libertatem optinuiffent, quod omnia mobilia fua quolibet tempore cui vellent poffent donare & hoc idem ex fcripto jure affeverabant, Laici autem pro parte fua multa in contrarium allegabant & ita hinc inde lis diu eft agita. Ut ergo hanc litem poffemus dirimere & eam debito modo diffinire placuit nobis a Wormacienfe Epifcopo Cunrado & aliis epifcopis prefentibus Cancellario quoque noftro Godefredo nec non Abbatibus & aliis perfonis ecclefiafticis in jure ecclefiaftico peritis veritatem cognofcere. Jlli vero cum omnibus ecclefiafticis perfonis que aderant in prefentia noftra teftati funt illam emunitatis libertatem quam Maguntinus Clerus fibi vendicabat in multis imperii noftri fervari ecclefiis & item jus fcriptum fuper prefenti negotio nobis diftinxerunt afferentes quod Clericus qui tempore ordinadinationis fue nichil habens aliqua de rebus ecclefie conquififfet nullum teftamentum poffet facere fed poft deceffum fuum omnia ecclefie deberet relinquere. Affeverabant etiam quod clericus mobilia fua que vel de proprio vel ex mera alicujus liberalitate vel fucceffione cognationis vel aliquo lucrativo titulo ad eum deveniffent, cui vellet, poffet donare five inter vivos five in ultima voluntate, fi vero inteftatus moreretur omnia ad ufum ecclefie redirent cui ipfe vivens miniftrabat. Patrimonium autem quod hereditariò jure ad clericos deveniffet illis qui in linea agnationis feu cognationis eis effent proximi poft mortem fuam relinquere deberent. Taliter itaque inftructi ab Epifcopis & ecclefiaftici juris peritis Antecefforum noftrorum Divorum Auguftorum facta & orthodoxorum Patrum ftatuta dignum duximus venerari & idcirco univerfum Maguntine civitatis clerum & canonicos in tribus municipiis degentes videlicet *Afchaffenburg, Franckenfurt & Pingia* in libertate emunitatis quam longa confuetudine optinuerunt & in fcripto jure quod auctoritate Romane ecclefie & fanctorum Patrum traditione acceperunt, ob amorem dilectiffimi noftri *Criftiani* Archiepifcopi eorum qui in fervicio noftro & imperii diutino & multo labore magnam beneficii gratiam meruiffe dinofcitur, auctoritate noftra confirmantes imperiali lege fancimus ut mobilia fua que infra emunitatem habuerint, ecclefiis feu perfonis pro arbitrio fuo inter vivos feu in ultima voluntate donandi liberam habeant facultatem. Pro majore autem hujus noftre confirmationis & fanctionis auctoritate hanc

Tom. I.   A a   paginum

paginam confcribi & aurea bulla noftra juffimus in-
figuiri pena centum librarum auri & banni noftri
hujus facre legis violatores condempnantes adhibitis idoneis teftibus quorum nomina funt hec. *Cunradus* Wormacienfis electus, *Rudolfus* Argentinenfis
epifcopus *Ludewicus* Bafilienfis epifcopus *Sigehardus*
Abbas *Laurisheimenfis Arnoldus* major Prepofitus
Maguntinus *Wernherus* prepofitus fancte *Marie in
campis Heinricus* majoris ecclefie Decanus *Hermannus* Cantor *Udalricus* Magifter Scolarum in ecclefia
fancti *Petri Gernotus* Magifter Scolarum in ecclefia
fancti *Stephani Arnoldus* Spirenfis ecclefie Decanus
Andreas Magifter fcolarum *Johannes* Prepofitus fancti *Germani*, *Cunradus* Palatinus Comes Rheni, *Hugo*
comes de *Dagesburg*, *Embricho* comes de *Liningen*,
Rupertus comes de *Naffowa*, *Otto* comes de *Huneburc*,
Godefridus comes de *Spanheim Ulricus de Horningen*,
Waltherus de Hufen, *Wernherus de bonlanden Waltherus* dapifer *Cunradus* pincerna, *Wolfram*, *Heinricus*
marfcalcus, *Ludewicus Colbo Hunfridus* & *Heinricus*
frater ejus de *Valkenftein*, *Sifridus de lapide*, *Burcar-
dus* vice dominus Wormacienfis, *Wernherus* & *Gi-
felbertus* frater ejus & plures alij.

Acta

Aĉta funt hec Anno Dominice Jncarnationis M°C°LXX°jjj°. Indiĉtione VI. regnante Domino *Frederico* Romanorum Jmperatore gloriofiſſimo anno regni ejus XXII° Jmperij vero XX. Datum *ſpire* VI. nonas julij feliciter Amen.

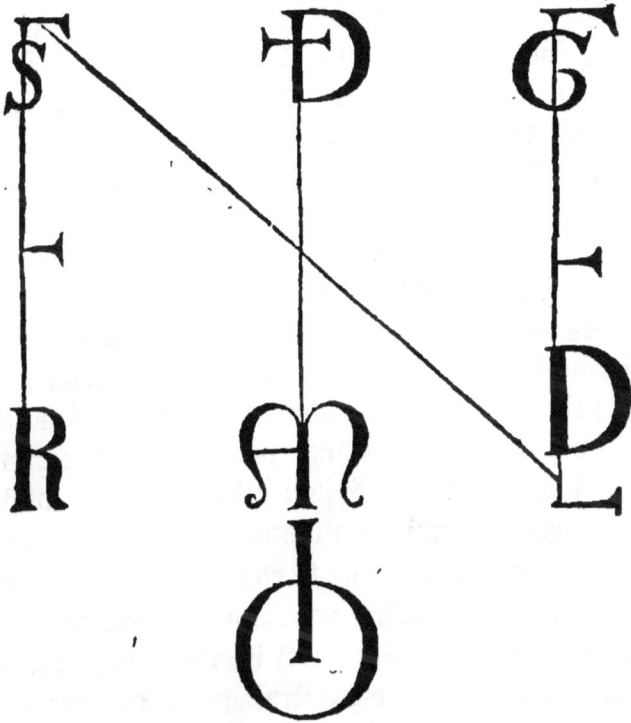

Signum Domini *Frederici* Romanorum Jmperatoris inviĉtiſſimi. Ego *Godefredus* Cancellarius Vice Domini Criſtiani Magunt. Archiepiſcopi & Archicancellarij recognovi.

XLVI.

STATUTUM ECCLESIÆ S. PE-TRI QUOAD MANUFIDELES ELIGEN-DOS EORUMQUE OBLIGATIONEM.

In nomine Domini Amen. Decanus Scolaſticus Cantor totumque capitulum ecclefie ſanctí *Petri* in Maguntia de voluntate communi & confenſu unanimi inopinatis caſibus & animarum noſtrarum ſaluti propter libertatem eccleſiaſticam providere volentes taliter ordinavimus atque ſtatuimus quod quilibet tam prelatorum quam canonicorum eccleſie noſtre manufideles eligat qui teſtamenti feu ordinationis rerum ſuarum ſi quam fecerit tam mobilium quam inmobilium executores exiſtant. ſi autem de rebus ſuis inter vivos vel mortuos nichil diſpoſuerit & ita deceſſerit, iidem manufideles de rebus ſuis diſponant ſecundum quod ſaluti anime ſue ſub periculo animarum ſuarum viderint expedire. Volumus etiam & jam jubemus ut manufideles de bonis mortui nichil inter ſe emant vel in uſus ſuos quantumcunque vile ſit convertant. ſet univerſa ſive fuerint mobilia vel inmobilia vel utenſilia domus ſi de illis nichil certi in vita vel in ultima voluntate ut dictum eſt diſtrahant & pro remedio anime ſue in pios uſus convertant. niſi eſſet tale quid vel tam vile quod cum honore vendi non poſſet, hoc pauperibus vel aliis dent ſicut credant mortuo & honori ſuo expedire. ſi autem aliquid relinquit mortuus quod manufidelium aliquis habere deſiderat, hoc non inter ſe vendant manufideles ei ſet

Decanus

Decanus & capitulum cum eis illi vel plus offeren-
ti vendant & ipfi manufideles precium illius cum
aliis rebus mortui diftribuant ficut eft premiſſum.
Omnia autem que de anno gracie & aliis rebus ſuis
habere potuerint, ſi nichil adhuc inde emerint, finito anno in pecuniam convertant & infra menſem
in erario noſtro fub cuſtodia illorum qui ad hoc fuerint deputati deponant ut quando ſe locus obtule-
rit ſicut videbitur expedire convertant. Hec autem ordinatio quolibet anno in quadrageſima infra
Dominicam *invocavit* & feſtum Palmarum in capitulo publicetur ita quod ſi quis teſtamentum ſi quod
fecerit vel manufideles quos elegerat mutare voluerit fuper hoc liberam habeat facultatem, alioquin manufideles ab ipſo electi remaneant juxta formam fuperius prenotatam. Cum non intelligatur
decedere inteſtatus qui teſtamentum vel ordinationem fuarum rerum alterius poteſtati committit. hoc
nichilominus adjicientes quod ſi canonicus non condito fpecialiter teſtamento decedens obligatus debitis non fuerit vel ſaltem talibus debitis teneatur ad
quorum folutionem res fue mobiles fufficiant manufideles ipſi annum gracie quem habet in prebenda
in alios uſus convertere non poſſint niſi eccleſie
fecundum antiquam confuetudinem hactenus approbatam. Hac igitur ordinatione feu ſtatuto prehabito memorato termino à fummo usque ad ultimum
quilibet manufideles publice per Decanum noſtrum
in capitulo noſtro ut moris eſt elegit & omnia que
premiſſa funt data fide loco juramenti fervare pro-
miſit. Acta funt hec Anno Dni M° CC° LXjjjj°.

A a 3   XLVII.

XLVII.

STATUTUM PRIORI VIX NON SIMILE A CAPITULO B. M. V. AD GRADUS ERECTUM.

Anno Dni Millesimo. ducentesimo. sexagesimo septimo. in vigilia beati Thome apostoli, in nomine patris & filii & spiritus sancti amen. *Conradus* Decanus. *Erenfridus* Scolasticus. *Symon* Cantor totumque capitulum ecclesie sancte *Marie ad gradus* Magunt. de voluntate communi & consensu unanimi inopinatis casibus & animarum nostrarum saluti propter libertatem ecclesiasticam providere volentes taliter ordinamus atque statuimus quod quilibet tam prelatorum quam canonicorum & sociorum ecclesie nostre manufideles eligat, qui testamenti seu ordinationem rerum suarum siquam fecit, tam mobilium quam immobilium executores exiftant, si autem de rebus suis inter vivos vel mortuos nichil disposuerit & ita decesserit, iidem manufideles de rebus suis disponant secundum quod saluti anime sue sub periculo animarum suarum viderint expedire. Hec autem ordinatio quolibet anno in vigilia beati *Thome* Apostoli in nostro capitulo publicetur. Jta quod siquis testamentum si quod fecerit ut manufideles quos elegerat, mutare voluerit, super hoc liberam habeat facultatem alioquin manufideles ab ipso electi remaneant. juxta formam superius prenotatam cum non intelligatur decedere intestatus qui testamentum vel ordinationem suarum rerum alterius potestati committit,

tit, hoc nichilominus adiicientes quod fi canonicus
non condito fpecialiter teftamento decedens obligatus debitis non fuerit, vel faltem talibus debitis
teneatur ad quorum folucionem res fue mobiles
fufficiant, manufideles ipfius annum gratie quem
habet in prebenda in alios ufus convertere non
poffint nifi ecclefie fecundum antiquam confuetudinem hactenus approbatam. Hac igitur ordinatione feu ftatuto prehabito memorato die videlicet
vigilia beati *Thome* Apoftoli à fummo usque ad
ultimum quilibet manufideles publice per manum
dicti *Conradi* Decani in Capitulo noftro ut moris
eft, elegit.

XLVIII.

FERTO ARCHIEPISCOPO MOG.
A CLERICO TESTAMENTUM FACI-
ENTE DARI SOLITUS.

Anno Domini Millefimo quadringentefimo indictione octava menfis Decembris die vicefima que fuit vigilia fancti *jacobi* * Apoftoli
diei ejusdem hora terciarum vel quafi Pontificatus
fanctiffimi in Chrifto Patris ac Domini noftri Domini *Bonifacii* divina providentia Pape *noni* anno
duodecimo in ftuba capitulari ecclefie beate *Marie
ad Gradus* Maguntinenfis in mei *Hartmani Glymme*
notarii publici conftituti Venerabiles Domini fubfcripti omnibus melioribus via jure caufa & forma
quibus potuerunt & debuerunt fecerunt conftitue-

A a 4　　　　runt

* Thomæ.

runt & folempniter ordinaverunt & quilibet eorum
conftituit & ordinavit ut fubfcribitur fuos manufideles feu ultime voluntatis fue executores & quilibet eorum ante omia legavit & deputavit Domino
noftro Archi Epifcopo Maguntino fertonem * pro
defenfione & tuitione fui teftamenti & cum claufulis aliis neceffariis & oportunis &c. *ita liber Manufidelium Ecclefiæ Collegiatæ B. M. V. ad gradus anno
MCCCLXXIX. cœptus & usque ad annum MDCVI. con-
tinatus.*

In conftitutione manufidelium annis fubfequentibus facta dicitur: *Fertonem unum argenti feu ipfius verum & communem valorem pro defenfione feu tuitione teftamenti fui &c.*

* Dicitur autem Ferto, quarta pars marcæ, & idem eft
ac Ferting, fierding. marcam autem Germanicam
viginti folidorum habuiffe pretium, *è fpeculo fa-
xonico lib. 3. art. 45. §. 3.* eruimus.

XLIX.
CHARTÆ RESIDUÆ
AD GESTA
SUB PETRO ARCHIEP. MOG. *

* Petrus cognomine Aichspalter, fubin Raichspalt,
Achzpalt, ab Asphelt five Aspelt dictus Treviris
oriundus à Browero, in *Bafilea facra* vero Tyro-
lenfis patriâ notatur *pag. 253.* is antequam ad Ca-
thedram Moguntinam eveheretur factus eft Præpofitus Ecclefiæ Trevirenfis & Bafilenfium Epifcopus &c. ab anno MCCCV — MCCCXX. Archi-
Epifcopatum tenuit.

L.

L.

BULLA RETENTIONIS BENE-FICIORUM PETRO PRÆP. TREVIR. CONCESSA.

Nicolaus Epifcopus fervus fervorum Dei. dilecto filio Magiftro *Petro* dicto *de Aspelt* prepofito ecclefie Treverenf. Phifico & familiari cariffimi in Chrifto filii noftri *R.* *. Regis Romanorum falutem & apoftolicam benedictionem. Apoftolice fedis benignitas provide penfans merita fingulorum, non nunquam eos favoris gratia confuevit profequi amplioris, & majoribus beneficiis honorare, qui potioribus donis adjuti, moribus ornant fcientiam & converfationem muniunt honeftate. Ad faciendam igitur tibi gratiam fpecialem dono fcientie & honeftate morum quibus fic diceris adjuvari, ut dignus ea merito habearis, & confideratione dilecti filii noftri *Jacobi* fancte *Marie* in Vialata Diaconi Cardinalis nobis fuper hoc pro te humiliter fupplicantis inducti ut Treverenf. de qua tunc vacante tibi nuper providimus de gratia fpeciali ac Pinguenf. Magunt. diocef. ecclefiarum prepofituras, ac ipfius Treverenf. ac Magunt. & Spirenf. ecclefiarum, quarum etiam exiftis canonicus canonicatus & prebendas quos te alias canonice obtinere proponis, conftitutione generalis concilii fuper hoc edita non obftante, poffis licite retinere, tecum auctoritate prefentium difpenfamus. Ceterum quia ex predicta prepofitura pinguenfi & fcolaftria ecclefie fancti *Symeonis* Treverenf. & *de Birthing* & *de Riolo*

A a ʃ Tre-

* Rudolfi.

Treverenſ. dioceſ. ecclefiis curam animarum habentibus, quam quidem ecclefiam *de Riole* poftmodum dimififti nec non & prebendis ac canonicatibus nominatis, quasque cum prepofitura pinguenfi
& aliis prebendis & canonicatibus prediƈtis aliquamdiu absque difpenfatione apoftolica retines
fruƈtus per quam plures annos te afferis percepiffe
Nos tibi harum auƈtoritate concedimus ut ad reftitutionem diƈtorum fruƈtuum ex eis taliter perce-
ptorum quos tibi donamus de gratia fpeciali minime tenearis, nec tibi poffit obici, quod contraƈtan-
do rem alienam fruƈtus ipfos videlicet medio tempore taliter percipiendo & etiam retinendo, furtum commiferis vel rapinam omnem maculam om-
nemque notam adverfus te ex premiffis & pro eo
etiam quod tibi tunc inhabili, quia prepofituram
pinguenſ. fcolaftriam parrochiales ecclefias & alia
beneficia prediƈta absque difpenfatione apoftolica
retinere per annos plurimos prefumpfifti diƈtam
prepofituram Treverenſ. Contulimus ut fuperius
eft expreffum obortam totaliter abolentes. De apoftolice plenitudine poteftatis Provifo quod prepofiture, canonicatus & prebende prediƈti debitis non
fraudentur obfequiis & in illis ex hujusmodi beneficiis quibus illa iminet animarum cura nullatenus
negligatur Nulli ergo omnino hominum liceat hanc
paginam noftre difpenfationis, conceffionis & obla-
tionis infringere vel ei aufu temerario contraire.
Siquis autem hoc attemptare prefumpferit indignationem omnipotentis Dei & beatorum Petri & Pauli
Apoftolorum ejus fe noverit incurfurum. Datum
Rome apud fanƈtam *Mariam* Majorem jj Nonas Aprilis. Pontificatus noftri anno fecundo.   LI.

LI.

BULLA RETENTIONIS A PE-TRO EPISCOPO BASILEENSI OB-TENTA.

Bonifacius Epifcopus fervus fervorum Dei Venerabili Fratri *Petro* Epifcopo Bafilienfi falutem & Apoftolicam benedictionem. Perfonam tuam fpeciali benivolentia profequentes illa favorabiliter & gratiofe concedimus, que ad tui ftatus cedant comodum & honorem. Cum igitur Treverenfis de qua cum dudum fuper ea inter te & quendam alium in curia noftra litigium verteretur, diffinitiva fuit pro te per dilectum filium noftrum *Petrum* fancti *Euftachii* Diaconum Cardinalem auditorem fuper hoc deputatum à nobis fententia promulgata, nec non Wifegranden. & Pinguen. Pragen. & Maguntin. Dioc. Prepofiture quas ex difpenfatione apoftolica ac etiam Pragen. ac infuper Tracten. Leodien. Dioc. canonicatus & prebende ecclefiarum, quos tu olim ipfarum Treveren. Wifegranden. & Pinguen. Prepofitus ac Pragen. & Trajecten. ecclefiarum Canonicus promotionis tue tempore obtinebas per promotionem hujusmodi poft confecrationis munus à te fufceptum apud fedem Apoftolicam nuper vacaviffe nofcantur, ac nullus preter nos hujusmodi Prepofituras canonicatus atque prebendas conferre potuerit, conftitutione felicis recordationis *Clementis* PP. IIII[ti] predeceffbris noftri fuper perfonatibus & dignitatibus Canonicatibus & prebendis feu beneficiis apud fedem ipfam

vacan-

vacantibus per Romanum duntaxat Pontificem conferendis edita obſiſtente ac nondum tempus effluxe-
rit ſtatutum per moderationem pie memorie *Grego-*
rii PP. X^{mi} predeceſſoris noſtri ſuper hoc adhibi-
tam in Generali Concilio Lugdunenſi nos Prepoſituras Canonicatus & prebendas predictos diſpoſitioni noſtre ac ſedis apoſtolice hac vice plenarie reſer-
vemus , diſtrictius inhibendo illis ad quos alias hujusmodi Prepoſiturarum Canonicatuum & Prebendarum collatio, electio, preſentatio vel diſpoſitio
pertinet, ne de illis vel eorum aliquo diſponere
quoquomodo preſumant, ac decernendo irritum &
inane ſi ſecus à quoquam ſcienter vel ignoranter
attemptatum eſt hactenus vel contigerit impoſterum attemptari. Et volentes tibi gratiam facere
ſpecialem, ut Prepoſituras, Canonicatus, & prebendas predictos usque ad quinque annos retinere , ac eorum fructus redditus & proventus recipere licite ac libere valeas, fraternitati tue liberam concedimus auctoritate preſentium facultatem.
Non obſtantibus aliquibus contrariis eccleſiarum
conſuetudinibus vel ſtatutis juramento, confirmatione apoſtolica vel quacumque alia firmitate vallatis, aut ſi eſt aliquibus ab eadem ſede indultum,
quod de dignitatibus perſonatibus , canonicatibus
& prebendis ſeu beneficiis ſuis vel eorum fructibus,
redditibus & proventibus nulli valeat provideri,
quodque ad id compelli non poſſint per litteras apoſtolicas non facientes plenam & expreſſam ac de verbo ad verbum de indulto hujusmodi mentionem &
qualibet alia dicte ſedis indulgentia Generali vel
ſpeciali cujuscunque tenoris exiſtat, per quam pre-
ſen-

fentibus non expreffam vel totaliter non infertam
effectus hujusmodi gratie impediri valeat vel dif-
ferri & de qua in noftris litteris habenda fit mentio
fpecialis. Provifo attentius quod interim Prepofiture canonicatus & prebende predicti debitis obfequiis non fraudentur & animarum cura in eis quibus illa imminet nullatenus negligatur. Nulli ergo omnino hominum liceat hanc paginam noftre refervationis conftitutionis & conceffionis infringere
vel ei aufu temerario contraire, fi quis autem hoc
attemptare prefumpferit indignationem omnipotentis Dei & beatorum Petri & Pauli Apoftolorum
ejus fe noverit incurfurum. Datum Rome apud
fanctum *Petrum.* Kal. Apr. Pontificatus noftri anno
tertio.

LII.

DISPENSATIO PETRO BASIL.
EP. SUPER PLURALITATE BENEFI-
CIORUM SUB CERTO MODO CON-
CESSA.

Bonifacius Epifcopus fervus fervorum Dei Venerabili fratri *Petro* Epifcopo Bafilienfi falutem
& Apoftolicam benedictionem. Dudum confiderantes attentius, quod Bafilienfis Ecclefia non modico premebatur onere debitorum & volentes propterea perfonam tuam gratia profequi oportuna,
tibi per noftras litteras duximus concedendum, ut
omnia beneficia ecclefiaftica etiamfi perfonatus vel

digni-

dignitates exifterent & curam animarum haberent, que tue promotionis tempore obtinebas, usque ad quinquennium poffes una cum predicta ecclefia licite retinere ac percipere libere fructus redditus & proventus eorum in exonerationem debitorum hujusmodi convertendos. Provifo quod beneficia ipfa debitis interim non fraudarentur obfequiis & animarum cura non negligeretur in eis, quibus eadem imineret. Cum autem ficut afferitur predicta ecclefia nondum fit ab hujusmodi debitorum onere liberata, nosque propter hoc tibi tue devotionis obtentu ampliorem gratiam facere intendamus fraternitati tue, ut omnia beneficia fupradicta usque ad triennium à fine dicti quinquennii, quod ad huc durare dinofcitur inchoandum, licite cum eadem ecclefia retinere ac eorum fructus, redditus, & proventus percipere libere valeas, convertendos in exonerationem debitorum ipforum auctoritate prefentium indulgemus. Provifo quod interim beneficia ipfa, ficut premittitur, debitis obfequiis non fraudentur, & animarum cura in eis, quibus illa imminet, nullatenus negligatur. Nulli ergo hominum liceat hanc paginam noftre conceffionis infringere vel ei in aufu temerario contraire. Si quis autem hoc attemptare prefumpferit, indignationem omnipotentis Dei & beatorum *Petri & Pauli* Apoftolorum ejus fe noverit incurfurum. Datum *Laterani* Jd. Martij Pontificatus noftri anno quinto.

LIII.

LIII.

EXCOMMUNICATIO LATA IN DETENTOREM PROVENTUUM PRÆ-POSITURÆ BINGENSIS PETRO PRÆ-POSITO BASILEENSIUM EPISCOPO DEBITORUM.

In Dei nomine Amen. Ut ea que aguntur in tempore non labantur cum tempore decent scripto stabiliri & testimonio roborari, hinc est quod Anno Domini Millesimo trecentesimo indictione quarta decima quinta decima die mensis Octobris pontificatus sanctissimi in Christo Patris ac Domini Domini *Bonifacii* Pape octavi anno sexto post celebracionem summe Misse in ecclesia Maguntinensi juxta hostium consistorii in presencia mei notarii infrascripti & testium subscriptorum *Henricus* clericus Venerabilis in Christo patris ac Domini Domini *P.* Episcopi Basiliensis legit publicavit atque recitavit contra *Ottonem de Rudinsheim* Decanum Magunt. litteras infrascriptas. *Henricus* Dei gratia constantiensis Episcopus executor una cum Reverendis in Christo patribus, Treverensi Archi Episcopo & Episcopo Tullensi super Reservatione beneficiorum facta venerabili in Christo patri domino *Petro* Dei gratia basiliensi Episcopo que ante suam promocionem in Episcopum obtinebat a sede apostolica deputatus honorabilibus viris *Gotfrido de Eppinstein* custodi. *Emerico* Scolastico *Eberardo* cantori. *Heinrico de Leisberg Henrico de Rodinsteyn Emerico de Rudinsheym Jacobo* dicto *Jude de lapide. Eberhardo de lapide*

- *pide*

pide Syfrido de Solmfe Hugoni dicto *Wildegreue Ulrico de Bickinbach* & *Wernero* de *Bolanden* canonicis
Magunt. ac aliis ipfius Ecclefie Magunt. *Eberzoni
Eberhardo* pincerne *Rudegero* de *Colonia Petro* de
Lorche & *Thilmanno* dicto *Feſt* vicariis Maguntin.
& aliis ipfius ecclefie Magunt. tam canonicis quam
vicariis quibuscumque fpiritu confilii Sanioris cum
jam dudum *Otto de Rudinsheim* Decanus ut dicitur
Magunt. excommunicationum & aggravationum
fententias quas in ipfum Tulerimus pro eo quod
fructus redditus & proventus ac alia noftræ prepofiture pinguenfis Magunt. dyoc. in prejudicium venerabilis patris & Domini Petri Bafilienſ. Epifcopi
cui fructus predicti per fedem apoftolicam funt re-
fervati violenter occupavit & adhuc detinet occu-
patos fuftinuerit & fuftineat animo indurato in gra-
ve fue falutis difpendium & notam irregularitatis
fe divinis officiis ingerendo vobis univerfis & fingulis canonicis & vicariis fupradictis ac aliis Ecclefie Magunt. in virtute fancte obediencie precipiendo mandamus quatinus a communione predicti
Ottonis infra octo dies à notificatione prefencium
feu publicatione penitus defiftatis nullo fibi genere
communionis participantes alioquin in vos fingulos canonicos ac vicarios excommunicationis in capitulum vero veftrum Magunt. interdicti fententias ex nunc prout ex tunc proferimus in hiis fcriptis datum Maguntie Anno Domini Milefimo
CCC° jjjj jdus Octobris Jtem alia fic incipit. Venerabilibus in Chrifto patribus dominis epifcopis Abbatibus & honorabilibus in Xfto Prepofitis Priori-
ɔus. Decanis plebanis Ecclefiarum rectoribus univerfis

verfis per Maguntin. & Treverenf. provincias conftitutis & fpecialiter honorabilibus Magunt. & fanĉte *Marie* ad *Gradus* ibidem fcolafticis ac difcretis
viris plebanis in *Bacharaco* & in *Wefalia* Treverenf.
dyocef. & fic terminatur. Datum Maguntie jjjj°.
Ydus Octobris Indictione Xjjjj decima anno Domini
Millefimo trecentefimo, cum autem predicte litere fic effent publicate feu lecte per Henricum prefatum pofita fuit copia prime littere que fic incipit.
Henricus Dei gratia Epifcopus conftantienfis & fic
terminatur Datum *Maguntie* anno Domini millefimo CCC jjjj ydus octobris per Magiftrum *Bartholo-*
meum canonicum S. *Johannis* Erbipolenfis fuper fummum altare Ecclefie Magunt. acta funt hec feu publicate fuerunt litere predicte per Henricum memoratum prefentibus viris & honeftis Magiftro
Bartholomeo canonico Erbipolenfi *Bertholdo Johanne*
Conemanno de Frankenfordia clericis Magunt. &
Heffone clerico de *Herrincheim* Bafilienf. dyocef. teftibus ad premiffa audienda Vocatis & rogatis anno
indictione die hora loco pontificatuque fupradictis.

Et Ego *Lodowicus* clericus natus quondam *Al-*
berti civis Trevirenfis facro fancta Jmperiali auctoritate publicus notarius omnibus & fingulis premiffis una cum teftibus prelibatis prefens interfui ac
ea manu propria confcripfi & in hanc publicam
formam redegi meoque folito figno fignavi rogatus ab *Henrico* prenotato.

LIV.

EXECUTORIALES BULLÆ
ANTEDICTÆ nro. LII.

*C*unradus *de Nerſtein* canonicus Ecclesie sanƈti
Stephani Maguntinenſis Executor ab honorabili viro Domino . . Abbate beate *Marie ad Mar-*
tyres extra muros Treverenſes, executore ſuper
gratia faƈta Venerabili patri Domino *Petro* Baſilienſi Epiſcopo a ſede apoſtolica conſtituto ſubde-
legatus honorabilibus viris dominis . . prepoſito . .
Decano . . Scolaſtico. Cantori & capitulo Ecclesie
pinguenſis ſalutem in domino, & mandatis apoſtolicis firmiter obedire Noveritis nos ab honorabili
patre domino . . Abbate beate *Marie ad Martyres*
extra muros Treverenſes prediƈto, recepiſſe proceſſus & literas, per ipſum habitos ſuper prediƈta
gratia faƈta prefato domino *Petro* Epiſcopo Baſilienſi
in hec verba Reverendis in Chriſto patribus . .
Archiepiſcopis ac . . Epiſcopis, ac venerabilibus
ac diſcretis viris . . prepoſitis . . Decanis . .
archidyaconis & eorum vices gerentibus capitulis
ſingulisque canonicis Magunt. Treverenſ. Pinwenſ.
Pragenſ. & Wiſſegradenſ. Magunt. & pragenſ. dyoceſ. Ecclesiarum quocumque cenſeantur nomine,
ubicunque conſtitutis & eorum vices gerentibus . .
Abbas beate *Marie ad Martyres*, extra muros Treverens executor ad infraſcripta una cum religioſo
viro . . abbate Ecclesie beate Marie in Luzeln-
burg Treverenſ. dyoceſ. ac Venerabili viro Magiſtro *Hugucienſ. de vercellis* Canonico Ecclesie Bru-
genſis

genſis Tornacens dyoceſ. & domini . . prepoſiti
Capellano a ſede apoſtolica ſpecialiter deputatus ſalutem in domino & mandatis apoſtolicis firmiter
obedire, noveritis nos a ſanctiſſimo patre & domino domino *Bonifacio* pape Vjjj. duas literas recepiſſe quarum una erat cum filis ſericeis ruber &
crocei coloris reliqua vero cum filo canapis, &
veris bullis plumbeis bullatas non abolitas non cancellatas nec in aliqua ſui parte corruptas, vel viciatas, quas ſicut decuit recepimus reverenter,
ipſasque in publico coram nobis legi fecimus quarum tenores de verbo ad verbum tales ſunt: *Bonifacius* Epiſcopus ſervus ſervorum Dei Venerabili
fratri *Petro* Epiſcopo Baſilienſi ſalutem & apoſtolicam benedictionem, dudum conſiderantes attencius quod Baſilienſis Eccleſia non modico premebatur onere debitorum & volentes propterea perſonam tuam proſequi gratia oportuna, tibi per noſtras literas duximus concedendum, ut omnia beneficia Eccleſiaſtica etiam ſi perſonatus vel dignitates exiſterent, & curam animarum haberent, que
tue promotionis tempore obtinebas usque ad quinquennium poſſes una cum prefata eccleſia licite retinere, ac percipere libere fructus redditus & proventus eorum in exoneracionem debitorum hujusmodi convertendos, proviſo quod beneficia ipſa
debitis interim non fraudentur obſequiis & animarum cura non negligatur in eis, quibus eadem immineret, Cum autem ſicut aſſeritur, predicta Eccleſia nondum ſit ab hujusmodi debitorum onere
liberata, Nos propter hoc tibi tue devocionis obtentu, ampliorem gratiam facere intendamus, fra-

terni-

ternitati tue, ut omnia beneficia fupradicta usque
ad triennium a fine dicti quinquennii quod ad huc
durare dinofcitur inchoandum licite cum eadem
Ecclefia retinere ac eorum fructus redditus & proventus percipere libere valeas convertendos in exoneracionem ipforum debitorum auctoritate prefencium indulgemus provifo quod interim beneficia ipfa ficut premittitur debitis obfequiis non fraudentur & animarum cura in eis quibus illa imminet nullatenus negligatur, Nulli ergo omnino hominum liceat hanc paginam noftre conceffionis
infringere vel ei aufu temerario contraire fiquis
autem hoc attemptare prefumpferit indignationem Omnipotentis Dei & beatorum *Petri* & *Pauli*
apoftolorum ejus fe noverit incurfurum. Datum
Lateran. Jdus Marcii pontificatus noftri anno quinto Jtem *Bonifacius* Epifcopus fervus fervorum Dei
dilectis filiis beate *marie* ad *Martyres* extra muros
treverens. & beate *Marie in Lutzelnburg* Treverenf.
diocef. monafteriorum abbatibus ac Magiftro Hu-
gucioni de vercellis canonico Ecclefie Brugenfis
Tornacenf. dyocef. cappellano noftro , falutem &
apoftolicam benedictionem Dudum confidèrantes
attencius quod Bafilienfis Ecclefia, non modico premebatur onere debitorum , ac volentes propterea
perfonam Venerabilis fratris noftri *Petri* Epifcopi
Bafilienfis gratia profequi oportuna, fibi per noftras litteras duximus concedendum, ut omnia beneficia Ecclefiaftica etiam fi perfonatus vel dignitates exifterent , & curam animarum haberent que
fue promotionis tempore obtinebat usque ad quinquennium poffet , una cum predicta Ecclefia licite

te retinere ac percipere libere fructus redditus &
proventus eorum in exoneracionem debitorum hujusmodi convertendos proviso quod beneficia ipsa
debitis non fraudentur obsequiis & animarum cura
non negligeretur in eis quibus eadem immineret
cum autem ficut afferitur predicta ecclefia nondum
fit ab hujusmodi debitorum onere liberata nosque
propter hoc eidem Epifcopo fue devocionis obtentu ampliorem gratiam facere intendamus , fibi ut
omnia beneficia fupradicta , usque ad Triennium
a fine dicti quinquennii, quod ad huc durare dinofcitur inchoandum licite cum eadem ecclefia retinere ac eorum fructus redditus , & proventus libere percipere valeat convertendos in exoneracionem debitorum . ipforum per alias noftras literas
duximus indulgendum provifo quod interim beneficia ipfa ficut premittitur debitis obfequiis non fraudentur & animarum cura in eis quibus illa imminet nullatenus negligatur , quo circa difcretioni
veftre per apoftolica fcripta mandamus, quatenus
vos vel duo aut unus veftrum per vos vel per alium feu alios fructus, redditus, proventus predictos faciatis eidem. . Epifcopo ut procuratori fuo
pro ipfo per idem triennium integre miniftrari contradictores per cenfuram Ecclefiafticam , appellatione poftpofita compefcendo non obftante fi aliquibus a fede apoftolica fit indultum , quod interdici
fufpendi vel excommunicari non poffint per literas
dicte fedis non facientes plenam & expreffam de
indulto hujusmodi mencionem Datum *Lateran.* Jdus
Marcii Pontificatus noftri anno quinto. Nos igitur..
Abbas executor predictus volentes ut tenemur man-
• **B b 3** · datis

datis apoftolicis humiliter obedire auctoritate apoftolica nobis in hac parte commifla vobis univerfis
& fingulis literas ipfas apoftolicas, ac univerfa & fingula in eis contenta infinuamus notificamus & ad noticiam veftram deducimus ac vos omnes & fingulos
communiter & divifim requirimus & monemus pro
primo fecundo & tercio & peremptorio monicionis
edicto dantes vobis communiter & divifim unam monicionem pro tribus vobis nihilominus communiter
& divifim in virtute fancte obediencie qua tenemini
fancte Romane ecclefie diftricte precipimus & mandamus, quatenus quinquennio predicto finito, usque ad triennium a fine dicti quinquennii & ipfo triennio durante eidem domino Petro Epifcopo Bafilienfi ut procuratori fuo pro ipfo ad hoc fufficienter conftituto omnes & fingulos fructus redditus
& proventus omnium beneficiorum ecclefiafticorum
eciam fi perfonatus vel dignitates exiftant & curam
animarum habeant que fue promocionis tempore
obtinebat in predictis veftris ecclefiis juxta indulgentie & conceffionis predicte tenorem per idem
triennium integre miniftretis & faciatis ab aliis prout ad vos & fingulos veftrum communiter vel divifim pertinet integre miniftrari fi vero vos vel aliquis veftrum vel quivis alius predicto domino faciatis ab aliis prout ad vos & fingulos veftrum co-
muniter vel divifim. . Epifcopo ut procuratori fuo
in adminiftracione affignatione perceptione & receptione fructuum reddituum & proventuum predictorum, quominus eos idem dominus Epifcopus
vel ejus procurator pro ipfo percipere vel habere
valeat juxta indulgentie & conceffionis predicte tenorem impedimentum vel contradictionem feu mo-
leftiam

leftiam aliquod vel aliquam feceritis intuleritis feu
preftiteritis per vos, vel per alium feu alios publice vel occulte, vel impedientibus ipfum dominum
Epifcopum vel ejus procuratorem in aliquo dede-
ritis auxilium confilium vel favorem quam ut di-
&tum eft prediɛtos fruɛtus redditus & proventus.
percipere & habere valeat, fi infra fex dies non
deftiteritis a prediɛtis & noftris immo verius apoftolicis non parueritis mandatis a tempore fententie
proceffus hujusmodi continue computandos quorum
duos pro primo duos pro fecundo & reliquos duos
pro tertio termino & peremptorio monicionis edi-
&to vobis univerfis & fingulis affignamus a moleftacionibus & impedimentis ipfis vel de ipfis fruɛtibus redditibus & proventibus per vos vel per
alium feu alios refpondere vel refponderi non cu-
raveritis fecundum indulgencie & conceffionis fu-
pradiɛte tenorem, ipfi domino *Petro* Epifcopo vel
ejus procuratori pro ipfo ex nunc prout ex tunc
in vos excommunicationis, & in Ecclefias veftras
fupradiɛtas interdiɛti & in capitula ecclefiarum
ipfarum fufpenfionis fententias ferimus in hiis fcriptis vobis vero domini Archiepifcopi & Epifcopi
quos propter honorem perfonarum veftrarum &
pontificalis dignitatis reverenciam nolumus prediɛta noftra fententia fic ligari fi contra premiffa
vel aliquid premifforum feceritis, ingreffum Ecclefie interdicimus in hiis fcriptis, fi vero hujusmodi interdiɛti fententiam per tres dies prefatos
fex immediate fequentes fuftinueritis vos in hiis
fcriptis fufpendimus a divinis fi autem quod abfit
hujusmodi interdiɛti & fufpenfionis fententias per

Bb 4   alios

alios tres dies predictos novem immediate sequentes sustinueritis, animo indurato vos nominatim in hiis scriptis excommunicationis sententia innodamus & si contingat vos vel quamcumque aliam personam supradictas nostras sententias incurrere quoquo modo per manifestam resistenciam vel ocultam nolumus per alium quam per nos seu superiorem nostrum eas relaxari vel quomodolibet removeri Et in summa hec est nostre voluntatis studium ut secundum mandatum apostolicum supradictum idem dominus *Petrus* Episcopus vel procurator suus pro eo fructus redditus & proventus hujusmodi habeat & percipiat & sibi vel ejus procuratori pro eo integre ministrentur ad exoneracionem debitorum ipsorum convertendos presentes Venerabilibus & discretis viris . . Abbati monasterii montis Syon Premonstratensis ordinis extra muros Pragenses . . Decano . . Custodi . . Cantori sancti Symeonis Treverens. sancti *Petri* & sancte *Marie ad Gradus* Scolasticis & *Cunrado de Nerstein* canonico sancti Stephani Mogunt. ac plebano S. Marie Pragensis quibus & eorum cuilibet in solidum super executione predicti mandati apostolici & nostri tenore presentis instrumenti committimus vices nostras donec eas ad nos duximus revocandas sub pena excommunicationis monitione canonica premissa, quam ex nunc prout ex tunc in eos & ipsorum quemlibet ferimus in hiis scriptis & ipsos & ipsorum quemlibet incurrere volumus ipso facto si mandata nostra immo verius apostolica neglexerint adimplere & in virtute sancte obedientie districte precipimus & mandamus ut ipsi vel alter eorum qui ad hec ab

eodem

eodem domino Epiſcopo vel ejus procuratoré ſeu
nuntio fuerit requiſitus ita quod alter alterum non
exſpectet ad vos & veſtras eccleſias ſicut commodius poterunt perſonaliter accedant & ſupradictas,
noſtras moniciones precepta ſentencias & proceſſus,
ac omnia &, ſingula ſupradicta . . & alia que eis
ut eorum alteri pro hujusmodi expeditione negocii
expedire videbuntur communiter & diviſim vobis
denuncient legant & publicari procurent & eidem
domino *Petro* Epiſcopo ut procuratori ſuo ejus nomine fructus redditus & proventus predictorum
beneficiorum ſuorum eccleſiaſticorum ad exoneracionem debitorum hujusmodi convertendos juxta
predictarum literarum apoſtolicarum tenorem faciant plene & integre miniſtrent nec permittant
ipſum *Petrum* dominum Epiſcopum ſuper predictis
a quoquam indebite moleſtari mandatum noſtrum
immo verius apoſtolicum ſuper hiis & aliis exequendo juxta traditam ſeu directam a ſede apoſtolica
nobis formam ita tamen, quod ipſi vel eorum alteri aut quicunque alius vel in ejusdem domini
Epiſcopi prejudicium innovare valeant aut mutare
in proceſſibus per nos habitis & ſententiis per nos
latis volumus autem ut quod per alterum eorum
inceptum fuerit poſſit per alium terminari Jn ceteris autem quod predicto domino Epiſcopo ſuper
premiſſis nocere poſſent eisdem ſubdelegatis noſtris
& cuilibet alteri poteſtatem omnimodam denega-
mus & ſi forte contingat nos ſuper premiſſis in aliquo procedere non intendimus commiſſionem predictam in aliquo revocare niſi de revocatione hujusmodi ſpecialis & expreſſa mentio habeatur, in

Bb 5 quorum

quorum omnium teftimonium & evidenciam pleniorem prefentem literam proceffum noftrum moniciones precepta & fententias hujusmodi continentur fieri mandavimus & figilli noftri appenfione muniri. Datum a nativitate Domini MCCC. fecundo
feria fexta poft feftum beati valentini martiris. Hujus
igitur auctoritate mandati a prefato domino domino abbate nobis directi ad veftram noticiam per
prefentes. volumus pervenire prefati domini abbatis moniciones omnes & precepta fententias & proceffus per ipfum dominum abbatem factos & habitos fuper gratia facta a fede apoftolica domino Epifcopo Bafilienfi prefato, ita quod hujusmodi proceffus legatis, intelligatis, ac fciatis eosdem, ad
veftram noticiam peveniffe, quemadmodum per
ipfum abbatem eft pretactum mandantes nihilominus vobis fub pena & penis in fuo proceffu contentis per prefentes quatinus prefato domino. . Epifcopo vel ejus procuratori ejus nomine omnes fructus redditus & proventus predicte prepofiture fue
in veftra Ecclefia habite ad exoneracionem debitorum ecclefie Bafilienfis juxta predictarum literarum apoftolicarum tenorem faciatis per vos feu alios integre miniftrari, nec permittatis ipfum dominum Petrum Epifcopum Bafilienfem fuper predictis a quoquam indebite moleftari facientes taliter
in premiffis, ne predictus dominus. . abbas & nos
contra vos cogamur procedere ad penas & proceffus ulteriores jufticia exigente In quorum omnium geftorum noticiam nec non predicti domini Epifcopi Bafilienfis cautelam prefens inftrumentum per

                                                    manum

manum publicam *Cunradi* diſti de ſanſto *Georgio* Canonico ſanſti *Gingolfi* Maguntin. & exinde per manum ipſius Cunradi duo inſtrumenta publica fieri fecimus quorum unum penes Vos volumus remanere, ne in aliquo poſſitis vos excuſare, ac aliud remittere intendimus, in ſignum noticie ſcientie ac excuſacionis faſtarum per nos proceſſuum prediſtorum.

· Et Ego *Cunradus* diſtus de ſanſto *Georgio* canonicus Eccleſie ſanſti *Gyngolfi* Magunt. publicus Jmperiali auſtoritate notarius per me metipſum in conſiſtorio Eccleſie Maguntin. infra veſperas anno Jncarnacionis dominice MCCC. ſecundo Jndiſtione quinta decima pontificatus domini *Bonifacij* pape Vjjj. anno Vjjj. regnante ſereniſſimo principe domino *Alberto* Romanorum rege ·regni vero ejus anno quinto die ultima menſis februarii ex mandato & juſſu prediſti Conradi prediſti domini. Abbatis proceſſum ſuo ſigillo communitum prout in Literis in circumferentia ipſius ſigilli contentis apparebat legi publicavi & notificavi premiſſa volentis ad noticiam quorumcunque ab excuſacione aliqua pervenire ac eundem proceſſum in formam publicam redegi nihil addendo vel minuendo meoque ſigno & nomine ſignavi rogatus una cum appenſione ſigilli domini *Cunradi* executoris prenotati, aſtum anno domini Jndiſtione menſe & die ac hora ſuperius annotatis, preſentibus honorabilibus viris dominis *Emichone* Scolaſtico diſto de *Schonecken*, *Vlrico* diſto de *Bickenbach*, Cantore, *Philippo* diſto de *Schonecke* prepoſito in *Munſtermeinvelt Jacobo* diſto *Zume Steine* prepoſito ſanſte *Marie in Campis*

extra

extra muros Magunt. *Heinrico* dicto *de Rodenstein*
prepofito Ecclefie *S. Gingolfi* Magunt. . . dicto de
Battemburg majoris & *Thilmanno* prebendarie ibidem capellano domini Bafiliénf. & *Antonio* fancti
Stephani Ecclefiarum Magunt. canonicis, ac Magiftro *Heinrico Lumbardo* advocato civium Magunt.
Voelmaro Judice *Jacobo de Pomiro*, *Tirilone de Dorim*
Petro Magiftro civium *Anzelmo de Rana*, *Petro Zinns*
Langenhove civibus Magunt. ac aliis pluribus fide
dignis ad hec vocatis teftibus & rogatis fubfcriptio-
nem & fub fecunda fubfcriptionis mee linea, videlicet die ultima menfis febr. recognofco de fcitu
meo proceffiffe, actum ut fupra.

LV.

PETRO BASIL. EP. A WILHEL-
MITIS OFFERUNTUR LITTERÆ
AFFILIATIONIS.

Reverendo in Chrifto patri ac domino viro difcre-
to virtutum moribus fcientieque floribus re-
dimito. *P.* Dei gratia Bafilienfis ecclefie epifcopo.
frater *jacobus* prior provincialis fratrum Heremita-
rum ordinis fancti *Wilhelmi* per alamanniam licet
in dignus orationes devotas in domino fempiternas.
Pie devocioni veftre qua Deum & ordinem noftrum
diligitis plurimum congaudentes ad omnes orationes & beneficia fratrum noftrorum vos de fpeciali gratia duximus admittendum. Plenam vobis par-
ticipationem bonorum omnium videlicet Miffarum
oratio-

orationum predicationum vigiliarum ferviciorum abftinentiarum ceterorumque bonorum tam in vita quam in morte concedentesque per fratres veftros ubique terrarum operari dignabitur clementia falvatoris. Adijcientes ad hec ut cum obitus vefter noftro fuerit capitulo intimatus Pro vobis fiet quicquid pro noftris fratribus defunctis fecundum ordinis conftitutiones fuerit faciendum. Datum in *Porta Sancte Marie* domo ordinis noftri Anno Domini M. CCC. fecundo Jn nativitate beate Marie virginis capitulo noftro provinciali ibidem follempniter celebrato.

LVI.

PETRUS EPISC. BASIL. AD SEDEM ARCHIEPISCOPALEM MOGUNT. EVEHITUR.

Clemens epifcopus fervus fervorum Dei. Venerabili fratri *Petro* Archiepifcopo Magunt. falutem & apoftolicam benedictionem. Romana Ecclefia que fuper univerfas alias orbis Ecclefias obtinet divina inftitutione primatum, circa fingulas materne diligentie cura, fedulo vigilans, earum profectibus, velut follicita mater ardenter intendit ftudens ecclefiarum ipfarum prefertim Cathedralium Comoda, interdum per fimplicis provifionis officium, quandoque per minifterium translationis accomode prout locorum & temporum qualitas exigit, efficaciter procurare. Olim fiquidem felicis

felicis recordationis *Bonifacius* Papa Vjjj. preceſſor
noſter bone memorie *Gerardo* Archiepiſcopo Magunt. tunc Eccleſie Magunt. regimini preſidente,
intendens eidem eccleſie Magunt. cum vacaret de
perſona ydonea providere proviſionem faciendam
ea vice dicte eccleſie de Prelato quam cito eam contingeret paſtore carere, diſpoſitioni ſue, & ſedis
apoſtolice, certis de cauſis ſpecialiter reſervavit.
decernens extunc irritum & inane, ſi ſecus ſuper
hiis a quoquam ſcienter vel ignoranter contingeret
attemptari Poſtmodum autem dicto Archiepiſcopo,
viam univerſe carnis ingreſſo canonicis Magunt.
in diverſis dividentibus vota ſua, non nulli eorum
Emichonem Scolaſticum, reliqui vero ex ipſis
Emichonem de Spancym canonicum dicte eccleſie Magunt. elegerunt in diſcordia in Archiepiſcopum
Magunt. Nos igitur electiones hujusmodi, utpote
contra reſervationis & decreti premiſſorum tenorem, de facto preſumptas, auctoritate apoſtolica
irritas decrevimus, & inanes ac demum de ipſius
Eccleſie Magunt. ordinatione ſollicite cogitantes ne
prolixioris vacationis expoſita incomodis remaneret,
& attendentes quod Baſileenſis eccleſia que tempore a te ejusdem ſuſcepti regiminis in ſuis juribus &
facultatibus erat non modicum diminuta, per tue
circumſpectionis induſtriam, ad ſtatum debitum
& proſperum eſt redacta, ex quo preſumimus vehementer quod dicta Magunt. Eccleſia, que repa-
ratione & provida gubernatione plurimum dicitur
indigere, per te divino tibi aſſiſtente ſuffragio, debeat ſalubriter proſperari, poſt vigilem quam ad
perficiendum eidem Eccleſie Magunt. ydoneam ac
appro-

approbatam perſonam adhibuimus diligentiam ad
te tunc Baſilienſ. Epiſcopum quem ſcientia littera-
li preditum virum quoque vite Laudabilis tonver-
ſationis placide, morum honeſtate decorum, diſcre-
tionis, & conſilii maturitate conſpicuum in ſpiritualibus providum, & in temporalibus circumſpe-
ctum novimus direximus oculos noſtre mentis Intendentes, itaque tam gregi dominico, quam dicte
Eccleſie Magunt. ſalubriter providere de fratrum
noſtrorum conſilio, & apoſtolice plenitudine pote-
ſtatis, te a vinculo quo tenebaris dicte Baſilienſis
eccleſie cui preeras abſolventes, te ad predictam
Magunt. eccleſiam tranſtulimus & conceſſimus ipſi
Magunt. Eccleſie in archiepiſcopum & paſtorem
liberam tibi dantes licentiam, ad eandem Magunt.
eccleſiam transeundi, curam & adminiſtrationem
ipſius Magunt. eccleſie tibi in ſpiritualibus & temporalibus committendo. tibique ſubſequenter pal-
leum plenitudinem videlicet pontificalis officii de
corpore beati *Petri* ſumptum a te cum ea qua decuit inſtantia poſtulatum ad nomen & uſum ejusdem Magunt. eccleſie per dilectum filium noſtrum
Landulphum ſancti *Angeli* diaconum Cardinalem fecimus aſſignari. Quocirca fraternitati tue per apoſtolica ſcripta mandamus, quatenus impoſitum a
domino tibi onus reverenter ſupportans curam &
adminiſtrationem predictas, ſic diligenter geras &
ſollicite proſequaris, quod ipſam gubernatori cir-
cumſpecto ac fructuoſo adminiſtratori gaudeat, ſe
commiſſam & bone fame tue odor, ex laudabilibus
tuis actibus latius diffundatur & preter beatitudinis

eterne

eterne premium, benivolentie noftre gratiam exinde plenius confequaris. Datum *Burdegalis* jñj Jdus Novembr. Pontificatus noftri Anno Primo.

LVII.

FACULTAS RECONCILIANDI
ECCLESIAS PER ALIOS PETRO ARCHIEP. MOG. CONCESSA.

Clemens Epifcopus fervus fervorum Dei. Venerabili fratri *Petro* Archiepifcopo Magunt. falutem & apoftolicam benedictionem. Attendentes benignius magne devocionis affectum, quo erga nos & apoftolicam fedem pollere dinofeeris perfonam tuam libenter apoftolico favore profequimur & in gratiis quantum cum Deo poffumus honoramus. Expofuifti fiquidem nobis, quod frequenter contingit ecclefias tuarum civitatis & diocefis cum earum cimiteriis per effufionem fanguinis & feminis violari, ad quas reconciliandas non potes absque gravi incommodo accedere juxta morem propter quod tam clerici quam laici predictarum civitatis & diocefis in fpiritualibus nonnunquam fubftinent detrimentum unde nobis humiliter fupplicafti ut providere fuper hoc tibi de benignitate fedis apoftolice dignaremur. Nos itaque tuis fupplicationibus inclinati ut per presbiteros in dignitate pofitos ejusdem civitatis & diocefis ad hoc ydoneos ecclefias & cimiteria poffis reconciliare prefata quociens ea taliter contigerit violari, aqua

per

per te vel per alium Antiſtitem Catholicum gratiam & communionem apoſtolice ſedis habentem prout moris eſt ſolemniter benedicta conſtitutione aliqua contraria non obſtante auctoritate tibi preſencium indulgemus preſentibus poſt triennium minime valituris. Datum apud *Vignandraldum* Vjjjj Kl. Januarij Pontificatus noſtri Anno ſecundo.

LVIII.

INDVLTVM VISITATIONIS PETRO ARCHIEP. MOG. CONCESSVM.

Clemens Epiſcopus ſervus ſervorum Dei Venerabili fratri *Petro* Archiepiſcopo Maguntinenſi ſalutem & Apoſtolicam benedictionem. Grate Devotionis ſtudia, quibus erga nos & Romanam viges eccleſiam & alia tua merita promerentur ut perſonam tuam oportunis favoribus & gratiis proſequentes votis tuis favorabiliter in hiis que tuum commodum tuamque quietem reſpiciant, annuamus. Tuis itaque ſupplicationibus inclinati auctoritate tibi preſencium indulgemus ut eccleſias monaſteria ceteraque loca & perſonas eccleſiaſtica tuarum civitatis & Dioceſis & provincie in quibus per te fuerit de conſuetudine vel de jure viſitationis officium impendendum poſſis libere per aliquam ſeu aliquas perſonas ydoneas, quam vel quas ad hec duxeris aſſumendas, quotiens tempus viſitationis ingruent usque ad triennium facere viſitari & procurationes ratione viſitationis hujusmodi tibi

Tom. I.   C c   debitas

debitas ab ecclefiis monafteriis locis & perfonis eisdem taliter vifitatis petere exigere ac recipere mo-
deratas etiam in pecunia numerata qualibet conftitutione contraria fuper hoc' edita non obftante.
Nulli ergo omnino hominum liceat hanc paginam
noftre conceffionis infringere vel ei aufu temerario
contraire. — Siquis autem hoc attemptare prefumpferit, indignationem omnipotentis Dei & beatorum Petri & Pauli Apoftolorum ejus fe noverit incurfurum.   Datum apud *Vignandraldum* Vjjjj. Kal.
januar. Pontificatus noftri anno fecundo.

LIX.

F. IMPERATOR ADVOCATIAM
IN BISCHOFFSHEIM PETRO ARCHIEP.
MOG. RESIGNAT.

Fridericus Dei gracia Romanorum Imperator femper Auguftus *jerufalem* & *ficilie* Rex per prefens fcriptum notum fieri volumus Univerfis Jmperii
fidelibus tam prefentibus quam futuris, quod Nos
attendentes grata & accepta fervicia, que dilectus
Princeps nofter Venerabilis Maguntinus Archi Epifcopus Nobis & Imperio exhibuit laudabiliter &
devote & inceffanter exhibet ac in antea exhibere
poterit gratiora, Advocaciam in *Bifchofsheim* &
bona circumadjacentia villam ipfam quam ab Ecclefia Maguntina in jure feudali tenuimus, eidem
Archi Epifcopo & Ecclefie fue duximus refignanda.
Ad cujus rei memoriam prefens fcriptum fibi fieri

&

& ſigillo noſtre Majeſtatis juſſimus communiri. Datum apud *Ratisponam* Anno Dominice incarnacio-
nis Milleſimo Ducenteſimo triceſimo ſeptimo, menſe Aprilis, decime Jndictionis.

LX.

JURA CAMERÆ APOSTOLICÆ
OB PROMOTIONEM PETRI A. M. POST
TERMINUM SOLUTA.

Clemens Epiſcopus ſervus ſervorum Dei Venerabili fratri *Petro* Archiepiſcopo Moguntin.
ſalutem & Apoſtolicam benedictionem. Licet olim
mille marchas argenti, quinque florenis auri pro
marcha qualibet computatis, camere noſtre & collegio venerabilium fratrum noſtrorum ſancte Romane Eccleſie Cardinalium, & quadringentos quinquaginta quatuor florenos auri octo ſolidos & ſex
denarios parvorum Turonenſium pro conſueto ſer-
vitio familiarium noſtrorum & Cardinalium eorundem ratione promotionis tue in Romana curia, certo ad hoc tibi ſtatuto termino, noſtro & collegii ſu-
pradicti camerariis pro camera noſtra & eodem collegio recipientibus, ſacroſanctis Evangeliis coram
te poſitis, juramento preſtito ſolvere promiſiſſes, in
te ſi in ſolutione dicte pecunie in præfato termino
deficeres, excommunicationis & ſuſpenſionis ab ad-
miniſtratione ſpiritualium & temporalium Archi
Epiſcopatus Moguntini ſententiis per dictos Came-
rarios auctoritate Apoſtolica promulgatis; Quia ta-

men

men di&am pecunie fummam in eodem termino
non folvifti predi&as fententias ac reatum perjurii
dinofceris incurriffe. Demum vero eandem pecunie fummam per .Magiftrum *Jldebrandum* pro-
thonotarium & *Fredericum* di&um *Bueto* nepotem
tuos eisdem camerariis fecifti cum integritate per-
folvi ; Quare pro parte tua fuit nobis humiliter
fupplicatum, ut providere tibi fuper hoc de opor-
tuno abfolutionis beneficio dignaremur ; Nos igitur tue faluti in hac parte providere volentes te de
di&a pecunie fumma plene quitamus & nichilominus à predi&is excommunicationis & fufpenfionis
fententiis ac eodem reatu perjurii au&oritate predi-
&a duximus abfolvendum, tecum fuper irregularitate , fi quam forfitan contraxifti di&is ligatus
fententiis celebrando divina vel alias immifcendo
te illis mifericorditer difpenfantes. Nulli ergo omnino hominum liceat hanc paginam noftre quita-
tionis abfolutionis & difpenfationis infringere vel
ei aufu temerario contraire. fi quis autem hec attemptare prefumpferit, indignationem omnipotentis Dei & beatorum *Petri & Pauli* Apoftolorum ejus
fe noverit incurfurum. Datum *Avinione* Vjjj. Kal.
junii Pontificatus noftri anno quarto.

LXI.
PETRO A. M. AVGVSTINIANI
OFFERVNT AFFILIATIONEM.

R everendo in Chrifto patri ac Domino Domino.
. *Petro* Dei gratia ſſacrofan&e fedis Mogunt.
Archi-

Archiepiſcopo nec non ſacri imperii per Germaniam Archicancellario. frater Jacobus fratrum here-
mitarum prior generalis eleĉtus ordinis Sanĉti *Au-*
guſtini licet immeritus ſalutem in ea qui eſt omnium vera ſalus. Exigente pio veſtre paternalis devotionis affeĉtu quem ad noſtrum gerit ordinem
veſtre paternitatis benignitas ſingularem prout ſepius caritativi exhibitione operis comprobaſtis ut
veridica fratrum noſtrorum precipue de alamania
relatione percepi. Volens vobis in quibus poſſum
grata viciſſitudine Reſpondere. Omnium miſſarum
orationum predicationum jejuniorum abſtinentia-
rum vigiliarum laborum. Ceterorumque bono-
rumque per fratres noſtri ordinis per univerſum
mundum operari dignabitur Clementia Salvatoris
tenore preſentium participes vos facio & conſortes
in vita pariter & in morte. Addens inſuper de
gratia ſpeciali ut cum obitus veſter in noſtro generali capitulo fuerit nuntiatus in miſſis & orationibus & aliis beneficiis id pro vobis devote fiat, quod
pro fratribus noſtris defunĉtis in communi fieri
conſuevit. Jn cujus rei teſtimonium ſigillum noſtri
officii duxi preſentibus apponendum. Datum *Ja-*
nue in noſtro capitulo generali. Anno Domini
M CCC. vjjj iij. Kal. Septembris.

LXII.

PETRUS ARCH. EP. MOG. AB-SOLVITUR AB IRREGULARITATE OB RETARDATAM QUANDAM SOLU-TIONEM.

Nos *Johannes* miseracione divina sanctorum *Marcellini* & *Petri* presbiter Cardinalis Collegii reverendorum patrum dominorum Cardinalium sancte Romane ecclesie Camerarius, Notum facimus universis, quod nos Venerabilem in Christo patrem dominum *Petrum* Archiepiscopum Magunt. ab excommunicationis & suspensionis sententiis, ac reatu perjurii quas quodve incurrisse noscitur occasione retardate solutionis communis servicii collegii cardinalium memorati & consueti servitii familiarium eorundem non solutorum tempore dicto Archiepiscopo sub eisdem penis & Sententiis constituto auctoritate apostolica nobis in hac parte tradita absolvimus, & secum super irregularitate siquam contraxit sic ligatus se immiscendo divinis vel alias quomodolibet hac de causa, non tamen in contenptum clavium misericorditer dispensamus injuncta sibi super hoc certa penitentia salutari. has sibi litteras sigillo nostro munitas in testimonium concedentes. Datum *Avinione* die V. Junii Anno Domini Millesimo trecentesimo nono, pontificatus domini Clementis Pape V. anno quarto.

LXIII.

BRACHIUM-SÆCULARE CON-
TRA EXCOMMUNICATUM IMPLO-
RATUR.

Sereniſſimo Domino ſuo Domino *Heinrico* Romanorum Regi ſemper Auguſto, judices ſancte
Mogunt. ſedis, obſequioſam voluntatem ad omnia
ſua beneplacita & mandata veſtre ſerenitatis ex-
cellentie & excellenti ſerenitati veſtre preſentibus
cogimur intimare, quod licet nos *Jacobum* dictum
Ruhe militem de *Oppenheim* per annum & amplius
excommunicaverimus ad inſtantiam procuratoris
reverendi in Chriſto patris ac domini noſtri Domini *Petri* Archiepiſcopi Moguntin. multis ac diverſis
aggravationum ſententiis ſubſecutis in hujusmodi
tamen excommunicationum & aggravationum ſententiis ſordeſcere non veretur in ſue ſalutis diſpen-
dium & noſtre jurisdictionis contumaciam & con-
temptum, Quapropter regie Majeſtatis veſtre ex-
cellentiam precibus quantum poſſumus inpulſamus
quatenus in ſubſidium Eccleſiaſtice juſticie, prefatum *Jacobum* ſententia regie preſcriptionis dignemini innodare, ut quem rigor nequivit eccleſiaſtice
ſeveritatis permollire, ſaltem veſtre celſitudinis potentia ejusdem malitia evincatur, pro quo veſtre
regali magnificentie gratiarum actiones humiliter
referimus Datum Anno Domini. M. CCC. jr. jjj.
Kal. Decemb.

LXIV.

PETRVS A. M. PROCVRATORES AD CONCILIVM VIENNENSE IN CAVSA TEMPLARIORVM VT ABLEGET JVBETVR.

*C*lemens Epifcopus fervus fervorum Dei Venerabili Fratri. . Archi-Epifcopo Maguntinenfi
falutem & Apoftolicam benedictionem. Cariffimi
in Chrifto filii noftri *Henrici* Regis Romanorum il-
luftris precibus inclinati te fuper adventu tuo ad
inftans Concilium per nos auctore Domino celebrandum excufatum habemus de gratia fpeciali, fraternitati tue per Apoftolica fcripta mandantes,
quatinus aliquos difcretos viros procuratores tuos
cum pleno & fufficienti mandato, qui etiam in negotio Templariorum tibi Apoftolica auctoritate
commiffo, fint plene & fufficienter inftructi, ad
dictum Concilium ftudeas deftinare, cum in provinciali concilio per te fuper ipfo negotio, in tua
provincia celebrato, multa per te minus benè habita predicentur. Datum in Prioratu de *Graufello*
prope *Malaufanam* Vafionen. Dioc. XVIII. Kal.
feptembris Pontificatus noftri anno fexto.

LXV.

LXV.

MANDATVM CVM LIBERA PE-TRO A. M. AB H. R. R. CONCESSVM IN NEGOTIO CVM BOHEMIS TRACTANDO.

Nos *Heinricus* Dei Gratia Romanorum Rex femper Auguftus Ad univerforum facri Romani
Jmperii fidelium notitiam volumus pervenire.
Quod de puritate fidei, legalitatis maturitatis ac di-
fcretionis preftantia Venerabilis *Petri* fancte Magunt. Sedis Archiepifcopi principis & fecretarii noftri Kariffimi ac fpectabilis viri *Berch.* Comitis de
Hennenberg dilecti fidelis noftri inconcuffam & fin-
gularem obtinentes fiduciam damus & concedimus
eisdem plenam generalem & liberam poteftatem
tractandi ac terminandi, noftro nomine & pro nobis cum nobilibus civibus & Jncolis regni Bohemie
ac omnia & fingula faciendi, que facere poffemus,
fi perfonaliter adeffemus, etiam fi mandatum exigant fpeciale promittentes tenore prefencium nos
ratum & gratum habere, & inviolabiliter obfervare, quicquid per dictos Archiepifcopum & comitem tractatum promiffum terminatum extiterit five
factum. Jn cujus rei teftimonium has literas noftre Majeftatis figillo juffimus communiri. Datum
apud *Columbariam* xvj. Kal. Oct. Anno Domini M.
trecentefimo decimo regni vero noftri anno fecundo.

LXVI.

ALIVD MANDATVM INTVITV
SERVITII MILITARIS A W. DE R. PRÆSTANDI.

Henricus Dei gratia Romanorum Rex semper Augustus Venerabili *Petro* Archiepiscopo Mogunt. Principi & secretario suo Karissimo, gratiam suam & omne bonum. Placet nobis tibique plenam tradimus potestatem *Wernherum de Randecke* nostre gratie reformandi, Jta quod idem wernherus spectabili viro, *Walramo de Lucelnburg*, fratri nostro Karissimo, cum sex dextrariis magnis serviat ultra montes presentium testimonio litterarum Datum *Columbarij.* Kal. Octob. regni nostri anno secundo.

LXVII.

H. ROM. REX. OPPIDVM GRE-
DINGEN EPISCOPO EYSTETTENSI RE- STITVIT.

Heinricus Dei gratia Romanorum Rex Semper Augustus Venerabili *Petro* Magunt. Archiepiscopo Principi suo dilecto gratiam suam & omne bonum Litteras tuas nobis missas cum infrascripto tenore privilegii Venerabili *Philippo* Eystetensi Episcop. super opido *Gredingen* quod ecclesie Eystetensf. prout ibidem expresse contineri vidimus, ab antiquo pertinere dinoscitur audivimus de verbo ad verbum legi & disponentes ipsam ecclesiam obtentu tu divine retributionis in suis juribus & honoribus quomodolibet sibi pertinentibus regalis auxilii gratia confovere favorabiliter & augere , dictum opidum *Gredingen* eidem ecclesie restituimus & donavimus & sine quorumlibet inquietatione sibi volumus perpetuo cum omnibus juribus & pertinentiis quiete & pacifice remanere. Unde literas Illustris Johannis Regis Bohemie principis & primogeniti nostri Karissimi , dum requisierit eidem Episcopo & Ecclesie sue liberaliter exhibere poteris, & concedere super eo Datum *Mediolani*. iij. Kal. Febr. regni nostri anno tercio. 1311

LXVIII.

F. DVX AVSTRIÆ PETRO A. M.

APPROMITTIT OB INIVRIAS EIDEM ILLATAS SATISFACTIONEM.

Nos *Fridericus* Dei gratia. Dux Austrie & Styrie Dominus Carinth. Marchio &c. Recognoscimus & publice profitemur. Quod sincere dilectionis affectum quem ad personam Reverendi in Christo patris domini *Petri*. Archiepiscopi Magunt. Sacri Imperii per Germaniam Archicancellarii incessanter gerimus, menti nostre tenaciter imprimentes. memoriter recolentes. & nostre considerationis oculis proponentes. pro nobis & fratribus nostris promittimus bona fide quod pernobilem virum *Rudolphum* comitem de *Werdemberg*. ad hoc perducere volumus cum effectu. quod emendatis excessibus

ceffibus & retractatis injuriis nec non dampnis re-
farcitis, dicto domino Archiepifcopo illatis & ir-
rogatis per ipfum in colloquio inter dominum Johannem. Regem Bohemie & Polonie & nos in fefto
Afcenfionis Domini proximo celebrando ejusdem
domini Archiepifcopi, favori & gratie reformetur
Sed fi hoc efficere non poffemus. Volumus & fpon-
demus firmiter per prefentes quod ex tunc prefatum Archiepifcopum, contra eundem Rudolphum
& fuos complices. Vna cum dictis fratribus noftris
juvabimus fideliter & conftanter quousque ab eisdem de predictis exceffibus injuriis. & dampnis ju-
ficiam affequetur. In cujus rei teftimonium noftrum figillum prefentibus eft appenfum. Datum
Patavie Anno Domini. Millefimo Trecentefimo undecimo jjj. Kal. Aprilis &c.

LXVIII.

H. REX ROM. PETRO ARCHIEP.
MOG. FILII SUI NEGOTIA COMMENDAT.

Heinricus Dei gratia Romanorum Rex femper
Auguftus, Venerabili *Petro* Moguntin. Archiepifcopo Principi, & Secretario fuo Kariffimo
gratiam fuam & omne bonum. Noveris, quod Jlluftris Fridericus Ducis Auftrie Nuntii videlicet
Eberhard. de Walffe & *Dieth.* de *Pilbdorff* tractatus
habitos inter Kariffimum filium noftrum *Johannem*
Regem Bohemiæ & eundem ducem De triginta
milibus marcarum quas idem dux de Marchionatu
Moravie

Moravie requirit, libenter revocaffent Sed intentio
noſtra fuit, quod hujusmodi traƐtatus ſtabiles per-
ſeverent, ex quo tandem hoc fine receſſerunt a nobis, quod ſecundum promiſſum in ſuo robore permanebit. Unde litteras quas *Henricus* ſuper eodem
negotio a duce prediƐto tibi per exhibitorem preſencium deſtinamus quas, expeditis negociis reſti-
tues cum oportunum videris reſumptis Litteris quas
idem Dux ſuper faƐtis eisdem a nobis, vel ab aliis
quibuscunque dinoſcitur obtinere. Scias enim quod
per prefatos nuncios, traƐtatus nobiſcum ſunt ha-
biti de parentela inter diƐtum Ducem, & Sororem
noſtram Kariſſimam contrahenda. quorum traƐta-
tuum continentiam, tibi ſimiliter transmittimus in
ſcriptura, que parentela diƐtis placet nuntiis, eſti-
mantes eandem parentelam non modicum duci competere, & ad conſummationem ipſius intendunt, &
promiſſerunt fideliter laborare. placet etiam hujusmodi matrimonium Votis noſtris, unde ad ipſius per-
feƐtionem intendere ſtudeas cum effeƐtu Rogamus
itaque dileƐtionem tuam preſentibus ſtudioſe, quatinus ab eodem filio noſtro nullatenus te ſepares ſed
absque tedio ſibi commanere ſtudeas quia melius
& commendabilius obſequium nobis impendere non
valeres quo eciam tibi, ac tuis, & Eccleſie Mogunt. acceptabilem honorem & commodum vendi-
cabis Jndubitanter enim credimus quod per ſum-
mum Pontificem ad inſtanciam Nunciorum noſtrorum quos dudum ad Sedem apoſtolicam transmiſi-
mus a viſitacione Concilii releveris in inſtanti poſtquam diƐti Nuncii noſtri reverſi fuerint tibi cura-

bimus

bimus intimare. Datum in caſtris ante *Brixiam*
XV. Kal. julii, regni noſtri anno tertio.

Inſcript. Vener. P. Archi-Epiſcopo Magunt. Principi
& Secretario ſuo Kariſſimo.

LXX.

PETRUS A. M. OB DAMNA PER-
PESSA INDEMNISARI JUBETUR.

Wir *johans* Von Gottes gnaden Kunig zu Be-
heim und zu poln ein gemein pfleger des
Romiſchen Riches in dutſchen landen hie diſſit des
gebirges, unde ein Graue zu *lutzzelburg*, enbieten
dem Amman Von *Rauensburg* unſerm gruz wir ge-
bieten dir Von Kuniglicher gewalt. daz du den Er-
bern fürſten und herrn den Ertzbiſchoff *Peter* Von
Mentze anleiteſt nach rechtn ſwa er dich wiſet uf
grauen *Rudolfus* gut Von *Werdenberg* den man nen-
net Von *Hangans* unde uf Gravn *Wilhelms* gut Von
Montfort umbe acht tuſent marck ſilbers darumbn
ſi in mit unrechtn geſchadiget, tuſt du des niht
man rihtet dir nach rehtn, der Brief wart gebn an
dem fritage nach ſant *Ambroſientage* do man zalte
Von Gottesgeburte druzehen hundert jar unde in
dem zwölfften jar in dem andern jar unſer Kunig-
riche.

LXXI.

WIGANDUS CASTRENSIS SUP-
PLICAT PETRO A. M. PRO CONCEDEN-
DIS BONIS FEUDALIBUS.

Reverendo suo Domino *Petro* Dei gratia Sancte
Mogunt. Sedis Archiepiscopo sacrique imperii
per Germaniam Archicancellario, *Wi.* suus castrensis, residens in Cymerin servicium tam paratum
quam debitum tenore presencium vestre excellen-
tie significo domine Reverende quedam bona pheo-
dalia, vestre porrectioni subjecta loco relicte *Ru-*
degeri felicis recordacionis quondam vestri castrensis sita in villa *Schonenuelt*, videlicet Xjjj. maldra
siliginis cum dimidio & XXjjj. sol. & jjjj. hal. nec
non quartam partem prefecture congruis serviciis
prout multis patet, possedisse, ceterum nunc igitur filium ejusdem. R. vestre transmitto reverencie rogans cum ipso & pro ipso, precibus quibus
possum, quatenus eidem talis modi bona cum sit
ex consensu sue matris dignetur mancipare & hoc
sub forma castrensis feodi insuper si fieret instantia
forte quod esset minor annis quod absit ego una
cum meis amicis pro tempore & loco suas vices
utiliter adimplebo Datum in *Cymerin* anno Domini
MCCC. rjj rj. Kal. Maij.

LXXII.

LXXII.

PETRI A. M. MONITIO AD VISITATORES ECCLESIARVM VT OFFICIO SVO FACIANT SATIS.

Petrus Dei gratia Sancte Magunt. fedis Archiepifcopus Sacri imperii per Germaniam Archicancellarius. Dilectis fibi *Philippo de Sconcke* Canonic. & Camer. Mogunt. Sancti *Petri* & *S. Stephani* Ecclefiarum Mogunt. Decanis & ejusdem Ecclefie *S. Stephani* Scolaftico falutem in Domino. Confiderantesquod ad correctionem delictorum & exceffuum repertorum in fanctis vifitationibus, vice veftra factis per civitatem & diocefin Mogunt. adhuc minus plene fit procelfum, verum quia propter hoc fancte vifitationis exercetur officium ut ftatus Ecclefiarum reformentur moresque & vita perfonarum Ecclefiafticarum in quantum eft poffibile corrigantur. vobis tenore prefencium committimus & mandamus quatenus vocatis ad veftri prefentiam omnibus evocandis ad correctionem & reformationem omnium accufatorum, in fanctis vifitacionibus ut premittitur vice noftra, Deum habentes pre oculis & jufticiam, legittime procedatis, reformantes, reformanda. Corrigentes corrigenda in Ecclefiis Monafteriis, aliisque piis locis ac etiam in perfonis dictarum civitatis & diocef. tam in capitibus quam in membris, plantando diffipando evellendo, & omnia alia faciendo, que oportuna fuerint in premiffis facientes quod decreveritis per cenfuram ecclefiafticam firmiter obfervari teftes autem qui Nominati fuerunt fi fe gratia odio vel timore fub-

traxe-

traxerint cenfura fimili cogatis veritati teftimonium perhibere. hiis exequendis vos omnes tres duo aut unus veftrum interfitis vel interfit, nolentes quod in premifforum executione alterius veftrum preoccupato alium vel alios quo minus in hujusmodi negotio non inchoata, inchoet inchoataque determinet valeat impedire Datum Mogunt. Anno Domini M. CCC. xjj. jjj. non. julij.

LXXIII.

ALIVD MANDATVM A PETRO
A. M. DATVM PRO PERFICIENDO VISITATIONIS NEGOTIO.

*P*etrus Dei gratia Sancte Maguntinenfis fedis Archiepifcopus facri imperii per Germaniam archicancellarius. dilectis fibi prepofito, fancte *Marie in Campis* extra muros. Decano *S. Stephani* & Scolaftico Sancte *Marie ad Gradus* Ecclefiarum Mogunt. falutem in domino. Meminimus nos *Philippo de Sconeke* Canonico & Camer. Mogunt. *S. Petri*, & *S. Stephani* ecclefiarum Mogunt. Decanis, & ejusdem ecclefie *S. Stephani* fcolaftico noftris litteris feriofis, dediffe in mandatis, ut ad correctionem delictorum & exceffuum, repertorum in fanctis vifitationibus vice noftra peractis circa ecclefias & perfonas earundem noftrarum civitatis & diocef. Mogunt. procederent Deum & jufticiam oculis proponendo, & reformanda, reformarent, ac corrigenda corrigerent in Ecclefiis monafteriis & aliis

Tom. I.   D d   locis

locis piis ac etiam in perſonis civitat. & diocef. earundem tam in capitibus quam in membris. Verum quia iidem *Ph.* Decani & ſcolaſtici noſtra mandata hujusmodi, & noſtris ordinem prorſus transgredientes, in eo, quod ipſi a perſonis Eccleſiaſticis quibusdam accuſatis in viſitacionibus eisdem, nullis faĉtis vel prehabitis inquiſitionibus exceſſuum perſonarum earundem expurgaciones recipere preſumpſerint prediĉtos correĉtiones deliĉtorum, ac reformationem locorum ab ipſis *ph.* decanis & Scolaſtico ad nos preſentibus revocamus, a vobis easdem fine debito expediendas ac terminandas, committimus per preſentes. diſcretioni veſtre mandantes quatinus in correĉtionibus inquiſitionibus ac reformationibus hujusmodi faciendis ratione previa procedatis. facientes quod decreveritis per cenſuram eccleſiaſticam firmiter obſervari juxta formam priorum litterarum ipſis *ph.* decanis & ſcolaſticis a nobis direĉtarum quibus preſens cedula transfixa exiſtit. Datum Mogunt. anno Domini M. CCC. Xij. XI. Kal. Auguſti.

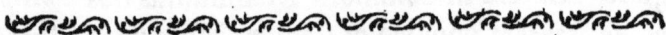

LXXIV.

VISITATORES A P. A. M. NOMINATI DELINQUENTES CITANT.

Prepoſitus ſanĉte *Marie in Campis* extra muros & Decanus *S. Stephani* eccleſiarum Mogunt. correĉtores ſeu inquiſitores exceſſuum perſonarum accuſatarum ſacre viſitationis peraĉte a Reverendo

in

in Chrifto patre & domino. *P.* Archiepifcopo Magunt. deputati, dilectis fibi plebano altaris fancte *Crucis* in Ecclefia Magunt. & *Nicolao* de *Sardenia* vicario ibidem falutem in domino cum nos receptis literis domini noftri predicti ad correctionem perfonarum accufatarum & reformationem locorum & ftatus eorundem & juftum fuerit procedere intendamus vobis & cuilibet veftrum fub pena fufpenfionis officii veftri diftricte precipiendo mandamus quatinus *Petrum de Lapide Conradum Lunelbys Helfericum Eckebardum de Attendue, Wallramum, Jobannem* Cappellanum, *Erneftum, Symonem* dictum *Sneppen Conradum de floribus Chilianum feft. Petrum* de *Loriche Jobannem* pincernam *Conradum Mandelbue, Henricum* Capellanum domini Decani *Humbertum* & *Rudegerum Jobannem Ruskolbe Zynemannum* & *Emelmannum* vicarios ecclefie Magunt. fcolafticum *S. Mauricii* Magunt. decanum *Eftanum Symonem* & *Ligelonem* canonicum ibidem, ac *Conradum de lewenftein* & *Heinricum Mulichen* vicarios Magunt. citatis publice & peremptorie in locis oportunis, ut feria fecunda proxima poft diem beati Jacobi apoftoli hora prime compareant, in ambitu ecclefie fancti *Jobannis* Magunt. coram nobis facturi ibidem & recepturi in correctionibus inquificionibus & reformacionibus ratione dicte vifitacionis faciendis, ficut Jus & ratio perfuadebunt, Reddendi litteras deferenti. Datum anno domini M. CCC Xjj. IX. Kal. Aug. & Nos decanus fancti *Stephani* predicti figillo predicti domini prepofiti utimur in hac parte & fumus eodem contenti.

LXXV.

P. VISITATORES ECCLESIA-
RVM OFFICII SVI ADMONET.

Petrus Dei gratia Sancte Moguntinenf. fedis Archiepifcopus facri Imperii per Germaniam Archicancellarius dilectis fibi *jacobo* prepofito S. *Marie in Campis* extra muros & , . Scolaftico Ecclefie
Sancte *Marie ad Gradus* Ecclefiarum Mogunt. Salutem in Domino. Meminimus nos , correctiones
delictorum & excefluum in fanctis vifitationibus repertorum, vobis alias commififfe in quibus adhuc
nullos & debebatis ficut intelleximus feciftis proceffus, quod valde inconveniens arbitrantes. vobis
fub pena fufpenfionis ab ingreffu Ecclefie quam in
eos trium dierum monitione premiffa ferimus fi
non feceritis quod mandamus diftricte precipiendo
mandamus, quatinus in dictis Correctionibus factam traditam vobis formam procedatis & procedere nullatenus obmittatis, Decani fancti *Stephani*
veftre College abfentia non obftante vel fub eadem
pena feria fexta proxima, ante affumptionem beate
Virginis in *Ameneburg* compareatis quare ad executionem hujusmodi mandatorum noftrorum non
teneamini, oftenfuri legittime coram nobis. Datum
in *Afchaffinburg*. Anno Domini MCCC. Xjj. jjjj. Non.
Augufti.

LXXVI.

PETRUS A. M. WETZELINO DE R. ET H. DICTO RYME CASTRUM HOR-BURG TRADIT SUB CERTO MODO.

Nos *Petrus* Dei gratia fanᶜᵗe Mogunt. fedis Archiepiſcopus facri Jmperii per Germaniam Archicancellarius. recognoſcimus in hiis ſcriptis, quod caſtrum noſtrum *Horburg Wetzzelem* de *Rengoderode* & *Hermanno* diᶜᵗo *Ryme*, militibus tamquam officiatis noſtris a feſto fanᶜᵗe *Walpurgis* proxime affuturo per triennium poſſidendum noſtro nomine ab eisdem commiſimus in hunc modum, quod ante elapſum prefatum triennium ab eis caſtrum non requiremus, quo elapſo ipſum caſtrum a prediᶜᵗis militibus recipere poterimus, reſtituta, ipſis peᴄunia quam pro redemptione ipſius erogaverint videlicet quadringentis & viginti marcis puri argenti, pro quibus diᶜᵗum caſtrum, a *Theoderico* de *Bola* armigero redement ex tunc ipſi quiscunque eos requiſiverimus nobis reddere ſicut premittitur, tenebuntur, prout de hoc fidem dederunt & corporale juramentum preſtiterunt, aᶜᵗum eſt etiam quod diᶜᵗum caſtrum medio tempore, quo ipſum prediᶜᵗi milites obtinebunt, nobis in omnibus noſtris neceſſitatibus debet eſſe apertum, tamquam proprium noſtrum caſtrum ceterum eſt adjeᶜᵗum quod cum prefatum caſtrum redimere nos contigerit, caſtrenſe feodum quod vulgariter *Burglen* dicitur, quod *Syffridus* de *Bozcingesleyben* & ſui filii ibidem obtinebant, apud prediᶜᵗum *Her-*

D d 3 *mannum,*

mannum, dictum *Ryme*, remanebit, sibi & suis heredibus jure castrensis feodi obtinendum predicti etiam *Wezzelo* & *hermannus*, nobis de predicto nostro Castro & in ipso in omnibus nostris necessitatibus deservire pro posse eorum. dolo & fraude exclusis, quando & quocienscunque per nos aut officiatos nostros de hoc requisiti fuerint tenebuntur, & Nos eosdem *Wezzelonem* & *Hermannum* in omnibus justis causis eorum defendemus & promovebimus ad justitiam consequendam. Datum in *Ameneburg*. Anno Domini. M. CCC. Xjj. Xj. Kal. Septemb.

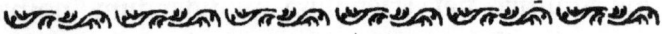

LXXVII.

FRATRES DE ULNER ACQUIRUNTUR CASTRENSES HÆREDITARII IN BECKELNHEIM.

Nos *Petrus* Dei gratia sancte Maguntine sedis Archiepiscopus sacri imperii per Germaniam archicancellarius recognoscimus in hiis scriptis quod nos Strenuum militem *Johannem* dictum *Ulner*, & *Wilhelmum* fratrem ejus, consideratis fidelibus servitiis, que nobis & Ecclesie nostre Magunt. impenderunt & impendere poterunt in futurum in nostros & Ecclesie nostre predicte castrenses hereditarios, in castro nostro *Beckelnheim* acquisivimus promittentes nos ipsis daturos, sexaginta marcas denarior. colonienf. tribus hallenf. pro denario quolibet computatis. infra unum annum, a data

presen-

prefentium computandum, dummodo quilibet eorum pro parte fua de bonis fuis propriis trium marcarum redditus in recompenfam pecunie fupradi-
&te, ficut ambo hoc promiferunt, refignaverit nobis & Ecclefie Magunt. Quos redditus ipfi, & quilibet ipforum partem fuam a nobis & Ecclefia noftra Magunt. in feodum Caftrenfe recipere tenebitur, & in caftro noftro Beckelnheim predi&to, ut caftrenfes continue & fideliter;defervire, Promittimus infuper eisdem *Johanni* & *Wilhelmo* Decem marcas denariorum eolonienf. in fubfidium edificiorum, que in di&to caftro facient nos daturos . . fupradi&tum. Datum *Beckelnheim* anno Domini M. CCC. duodecimo. jj. non. Novemb.

LXXVIII.

LUDOVICUS ROMANORUM REX IN SUAM PROTECTIONEM RECIPIT MONASTERIUM S. CLARÆ ORD. S. FRANCISCI, EJUSQUE CONFIRMAT PRIVILEGIA.

L *udovicus* Dei Gratia Romanorum Rex femper Auguftus Univerfis facri Romani Jmperii fidelibus præfentes litteras infpe&turis feu audituris gratiam fuam & omne bomum. Quia Deo fervientibus beneficium negari non convenit, fed devotionis ipforum fervorem largiflua Principum benevolentia decens eft uberius confoveri, quatenus fru-
&tum bonorum operum perfonarum earundem, maxime,

ximè, quæ fe fub regularis vitæ obfervantia æterni Principis familiaritati & obfequiis devoverunt, terreni Principis culmen pro foelici fui regiminis gubernatione vigorofius floreat & ad falutaria divinitus dirigatur; Hinc eft quod nos Dei Contemplatione & Religionis fervore dilectas in Chrifto Abbatiffam & fanctimoniales Cœnobii Sanctæ *Claræ* in *Moguntia* affectione benigna regalis clementiæ profequi cupientes ut quietius & liberius conditoris infiftant fervitiis, quibus nobis optata fuffragia fperamus apud Dominum elargiri, ipfas in noftram & imperii protectionem fpecialem recipimus, volentes ut nullus easdem gravaminibus, moleftiis feu difpendiis recommendet fub obtentu no-ftræ gratiæ & favoris: omnes etiam libertates, privilegia, jura & gratias eis per recolendæ memoriæ Dominos Imperatores & Reges Romanos prædeceffores noftros eis conceffas & traditas ac litteras, quibus defuper funt munitæ, prout provide funt & rationabiles de benignitate Regia approbamus, confirmamus & præfentis fcripti patrocinio communimus. Nulli ergo omnino hominum liceat hanc paginam noftræ liberalitatis infringere vel ei aufu temerario contraire: fi quis autem hoc attentare præfumpferit, gravem noftræ Majeftatis indignationem fe noverit incurfurum. Jn quorum evidentiam & firmitatem præfentes litteras figillo noftræ Regiæ Majeftatis tradimus communitas. Datum *Oppenheim* X. Kalen. januarii Anno Dñi M° CCC° Xjjjj. Regni verò noftri anno primo.

LXXIX.

LXXIX.

AD PETRUM A. M. CONSULES
ET CIVES ERFORDIENSES DEFERUNT QUERELAS.

Reverendo in Chrifto Patri ac Domino fuo Domino *Petro* diête Magunt. fedis Archiepifcopo, facri Jmperii per Germaniam archicancellario. Magiftri confules & . . Conf. Erfordenfes fui fideles & devoti cum debita reverentia fe expofitos & paratos ad quevis fua beneplacita & mandata, Ad veftre paternitatis notitiam deferimus per querelam, quod nobiles . . prepofitus *de Erenfels* & *Gerlacus* frater fuus domini *de Jfenburg* & *Johannis de Brunsberg* noftris concivibus infra fcriptis pannos coloratos ad taxationem & eftimationem que inferius eft fubfcripta, occafione Ecclefie Magunt. ut dicebant notorie abftulerunt, videlicet dominus *Johannes de Brunsberg Engilbertus* frater fuus & *Winnemarus* pincerna, de *Ludinsdorf*, abftulerunt Abbati *Lutolfo* & *Henrico* fratribus de *Jlmene* noftris concivibus pannos ad Centum marcas argenti taxatos, Jtem *Ulrico Sweno* & *Theoderico* de *wandisleybin*, noftris concivibus abftulerunt pannos ad centum & viginti quatuor marcas ejusdem argenti eftimatos, Jtem *Conrado Hoterman* bone memorie & fuis fratribus noftris concivibus abftulerunt pannos ad oêtoginta marcas ejusdem argenti computatos, Jtem . . prepofitus *de Orenfels* & frater fuus predieti abftulerunt *Gunthero de Cheleybin Theoderico de Blankenhayn Hartungo de Vanre Conrado*

D d 5 *de*

de Mulhufen Gifelbero de *novo foro*, & *friderico de Sawelt* noftris concivibus pannos eftimatos ad ducentas & quinquaginta marcas puri argenti, ponderis Erfordenfis de quibus univerfis & fingulis dicti noftri concives nos reddiderunt prout juftum fuerit certiores quod fub fine debito quo tenemus vobis & Ecclefie Magunt. fubfcripta omnia dicimus ita effe attencius fupplicantes quatenus ad reftitutionem aut folutionem ablatorum predictis noftris concivibus faciendam interponere dignemini diligentie veftre preces, pro eo per nos nos offerimus ad quevis veftre defideria voluntatis Datum anno Domini M. CCC. Xjjjj. prid. Kal. Maij Jtem *Wilbelmus de Bazenbeym* abftulit predicto *Theoderico de Wandisleybin* quinquaginta & feptem marcas puri argenti in parata pecunia, Jtem Comes *Dithericus de Katzenellebogen* abftulit eidem *Theoderico* pannos pro quibus quadringentas libras hallenf. promifit folvere fed non fecerit. Datum ut fupra.

LXXX.

MANDATVM PETRI A. M. PRO
ASSIGNANDA PRÆPOSITO FRANCOF.
PRÆBENDA.

Petrus Dei gratia Sancte Magunt. fedis Archiepifcopus facri imperii per Germaniam Archicancellarius devoto in Chrifto -- Prepofito in *Hoefte* ordinis fancti *Benedicti*, falutem in Domino Jn virtute fancte obedientie & fub pena fufpenfionis

late

late fententie, tibi committimus & mandamus, quatinus. . Decanum & Capitulum Ecclefie franken-
fordenfis accedas perfonaliter, & ipfos moneas,
quos & nos prefentibus ammonemus ut infra fex dies, quorum duos pro primo, duos pro fecundo reliquos dies pro tercio & peremptorio termino eis
& eorum cuilibet affignamus, *Wilhelmum* de *Afpelt*
prepofito frankenford. ecclefie predicte Canonico
Mogunt. vel procuratori fuo ejus nomine prebendam fibi de jure debitam & vacantem ex morte
quondam Magiftri *Petri de Gerlingis* frankenford.
prepofiti affignare non obmittant. Jn cujus prebende poffeffione duo prepofiti ante predictum *Wilhel-*
mum extiterunt, alioquin tu ipfos ex tunc fi moni-
cioni noftre & tue hujusmodi non paruerint cum
effectu; ipfos. . Decanum & Capitulum univerfaliter & quemlibet eorum fingulariter fufpendas ab
officiis divinorum, quos & nos ab eisdem ex tunc
fufpendimus in hiis fcriptis, ulterius contra eos
prout eorum protervitas exegerit proceffuri Datum
Moguntie Anno Domini M. CCC. quarto decimo Vij.
Jdus Augufti. Redde litteras figillo tuo figillatas
in fignum.executionis facte.

LXXXI.

LXXXI.

L. COMES PALATINVS RHENI POTESTATEM ELARGITVR PLENISSIMAM PETRO A. M. PRO CONQVIRENDO SERVITIO MILITARI &c.

Nos *Ludovicus* Dei gratia Comes palatinus Reni Dux Bawarie recognofcimus quod commifimus & in hiis fcriptis committimus Venerabili Patri & domino domino *Petro* Archiepifcopo Mogunt. dando eidem plenam poteftatem conquirendi nobis ad fervicium noftrum fuper adipifcendo regno Romanorum·fi ad hoc electi fuerimus. . Epifcopos, principes. . abbates, Comites, nobiles, milites & alios armigeros nobilis & militaris conditionis quoscumque qui fibi ad ferviendum nobis expedire videbuntur, nec non tractandi fuper hujusmodi eorum ferviciis nobis impendendis & pacifcendi cum eisdem promittentes per fidem noftram· preftitam defuper loco juramenti quod ratum & gratum habebimus quidquid in premiffis tractaverit, & integraliter adimplebimus quidquid pro nobis promiferit dominus *Petrus* archiepifcopus antedictus, & exfolvemus fummam pecunie quam pro nobis eisdem promiferit in divinis quos ad hoc duxerit deputandos, & has literas fi in regem Romanorum electi fuerimus innovabimus figillo regie majeftatis, Jn cujus rei teftimonium figillum noftrum apponi fecimus huic fcripto Datum *Mogunt.* anno domini MCCCXjjjj. IX. Kal. Octob.

LXXXII.

LXXXII.

VARIA CASTRA ET OPPIDA
PETRO A. M. OPPIGNORANTUR.

Nos fculteti . . Caftrenfes . . Confules . . cives ac Jncole in *Oppenheim Odernheim, Swa-*
besberg, utroque *Jngelheim* & in *Nerftein,* univerfi
recognofcimus nos mandatum feu literas fereniffimi
domini noftri Domini *Ludovici* Romanorum Regis
recepiffe tenoris & continentie in hec verba. Ludovicus Dei gratia Romanorum Rex femper Auguftus . . Scultetis . . Caftrenfibus . . Confuli-
bus . . Civibus ac Jncolis univerfis in *Oppenheim*
Odernheim, Swabesberg, utroque *Jngelnheim,* & in
Nerftein, fidelibus fuis dilectis gratiam fuam & omne
bonum. Cum propter noftras & Jmperii utilitates. evidentes & neceffitates urgentes predicta caftra opida & villas cum fuis diftrictibus & pertinentiis univerfis pro certis pecuniarum quantitatibus
in noftras & imperii utilitates converfis evidenter
Venerabili *Petro* Archiepifcopo Moguntino Principi & fecretario noftro Kariffimo tytulo pignoris
feu ypothece obligaverimus fecundum quod in inftrumentis fuper hoc confectis plenius continetur,
hoc adjecto fpecialiter quod vos omnes & finguli
eidem principi noftro huldam & obedientiam faciatis tamquam nobis & defuper preftetis corporale
juramentum. Volentes igitur juxta premiffa eidem
per vos in omnibus obediri, fidelitati veftre diftricte percipiendo mandamus quatenus eidem hulda
& obedientia fibi factis, per omnia & in omnibus
dicta obligatione durante tamquam nobis fideliter
inten-

intendatis Datum *Wormacie* sub sigillo nostro a
tergo. anno Domini Millesimo, trecentesimo quinto decimo, Xjjjj Kalend. februar. regni vero nostri
anno primo. Nos itaque . . Sculteti . . Castrenses . . Consules . . Cives ac jncole predicti juxta
mandatum ipsius Domini Regis, Venerabili in
Christo Patri & domino nostro Domino *Petro* Archiepiscopo Mogunt. huldam & obedientiam ac super intendendo eidem in omnibus ut tenemur corporale prestitimus juramentum. Jn cujus rei testimonium presentes litteras sigillo civitatis Oppen-
heimens. fecimus communi Datum *Oppenheim* anno
domini Millesimo trecentesimo quinto decimo. jX°.
Kal. februarii.

LXXXIII.

BONA QUÆDAM ECCLESIÆ
MOG. RESIGNANTUR ET IN FEUDUM
REASSUMUNTUR.

Ego *Albertus de Lichtenberg* recognosco publice in
hiis scriptis, quod bona videlicet curiam in
Rwental sub Lychtenberg & curiam dictam des *Pu-
mans* in *Potbor* extimata ad annuos redditus decem
marcarum argenti, Venerabili in Christo patri &
domino meo, domino *Petro* Archiepiscopo & sue
Ecclesie Magunt. libere & voluntarie resignavi, &
iterato bona eadem seu decem marcarum argenti
redditus predictos ab eodem Domino meo & Ecclesia Magunt. recepi in feodum per me & heredes
meos

meos deſervienda fideliter & poſſidenda perpetuo
titulo feodali. Jn cujus rei teſtimonium prefato domino Archiepiſcopo preſentes meas literas trado,
ſigilli mei robore conſignatas Datum prope *Spiram.*
Anno Domini M. CCC. quinto decimo iij Jdus
Marcii.

LXXXIV.

CONFOEDERATIO INTER AR-
CHI - EPISCOPOS TREVIRENSEM ET MO-
GUNTINUM.

Nos *Balduinus* Dei gratia ſanĉte Treverenſis Eccleſie archiepiſcopus ſacri imperii per Galli-
am Archicancellarius recognoſcimus publice & con-
ſtare volumus univerſis quod proſpicientes commune bonum terrarum & ſpecialiter Jmperii ac Eccleſiarum noſtre Treverenſ. & Maguntine cum Venerabili domino *Petro* Maguntine ſedis Archiepiſcopo infraſcriptam unionem ſeu confederationem
quam diu nos ambo ſimul vixerimus duraturam fecimus & inivimus ac eam firmiter obſervare pro-
miſimus & preſentibus bona fide promittimus videlicet quod nos predicĉto domino *Petro* Archiepiſcopo Moguntino in omnibus ſuis & eccleſie ſue neceſſitatibus contra omnem hominem excluſis curia Romana & ſacro Jmperio & ſpecialiter in Caſu Eleĉtionis Jmperii quám de ſereniſſimo domino *Ludo-
uico* Romanorum Rege ſimul fecimus & omnibus an-
cietatibus ſeu perturbationibus que eidem occaſione diĉte eleĉtionis imminebunt nos aſtabimus eum
quoque

quoque juvabimus cum per eum requifiti fuerimus per nos vel homines noftros toto poffe noftre omni dolo & fraude exclufis que argelift vulgariter appellantur hoc adjecto quandocunque ad vocationem predicti Domini regis Romanorum fimul convenerimus neuter noftrum ab altero expenfas petere poterit aut debebit quando vero nos predictum dominum archiepifcopum Mogunt. pro adjutorio nobis impendendo vocaverimus fibi & fuis poftquam ultra nemus quod vocatur der *yder* vel ad *Mufellam* vel ex alia parte Reni ultra aquam *Loene* ad nos pervenerint excepto pabulo in neceffariis expenfarum providebimus fi vero ipfum vel homines fuos ad cotidianam guerram in aliqua Munitione in cujus diftrictibus pabulum haberi non poffet teneremus , ex tunc feu in pabulo & in aliis expenfis tenebimur providere , fi aut nos ambo fimul de communi voluntate aliquem vellemus invadere in eo Cafu neuter noftrum alteri in expenfis providebit Jn prefata quoque unione fpectabilem virum *Johannem* Comitem de *Spanheim* dominum de *Starkemberch* fidelem noftrum & confanguineum fimpliciter & absque condicione duximus eximendum Jtem nobiles viros *Georgium de Valdentia joffridum de Lingneges* juniorem *Guillelmum de Kacheneleboue.* comites ac nobilem virum *Theodoricum* de *yfenburch* dominum de *Aruels* excipimus quos ad reddendam juftitiam domino Maguntino vel fuis & recipiendum ab eisdem fi forte inter eos orietur diffenfio modis & viis quibus poterimus, inducemus alioquin ipfis nullam contra predictum dominum Magunt. & fuos affiftentiam faciemus & generaliter excipimus

omnes

omnes noſtros vaſallos caſtrenſes & ſubjectos cujuscumque condicionis exiſtant hoc modo. Si inter
predictum dominum Magunt. vel ſuos & aliquem
de predictis noſtris vaſallis caſtrenſibus & ſubjectis
orta fuerit diſſenſionis materia quod de illa *Har-
duinnus de Binlgbeym* ſcul|tetas in confluentia, *Bcnqus*
officiatus noſter in *Bobardia* Ricardus de Schónen-
burg & fridericus nepos ſuus Burgravius in Loyn-
ſtene milites per nos Communiter ad hoc electi co-
gnoſcere debebunt, infra menſem & quemcumque
jus habere: dixerint illi ad conſequendam juſtitiam
aſtare debebimus ceterum ab unione predicta omnes conſanguineos noſtros infra *Muſellam* ex utraque parte Reni absque omni condicione eſſe volumus excluſos alios autem noſtros conſanguineos citra Muſellam ita demum volumus eſſe exemptos ſi
juxta diffinitionem noſtram a predicto domino. Magunt. juſtitiam recipere voluerint aut eam ſic exhibere alioquin nos eidem domino Maguntino contra eos aſtare tenebimur pro juſtitia conſequenda
harum teſtimonio litterarum ſigilli noſtri munimine
ſignatarum. Datum *Bopardie* viceſima ſexta die menſis aprilis anno Domini Milleſimo trecenteſimo quin-
decimo Jtem Georgium Comitem yrſutum fidelem
noſtrum ſicut alios ſuperius nominatim exceptos excipimus duximus eximendum adicientes quod ſi aliquem de predictis quatuor diffinitoribus ſuperius
expreſſis excommunicant aut impediri contigerit in
locum decedentis vel impediti alium infra menſem
eligemus predictos autem conſanguineos noſtros citra Mouſellam exceptos intelligi volumus illos qui

Tom. I.　　　　　Ee　　　　nobis

434

nobis infra quartam confanguinitatis lineam funt
affecti. Datum ut fupra.

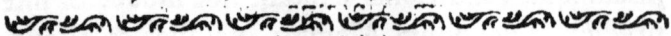

LXXXV.

PETRUS A. M. RECOGNOSCIT
W. DE RENGELDERODE &c. EXPENSAS IN CASTRO HORBURG &c. ESSE REFUN-DENDAS.

Nos *Petrus* Dei gratia fancte Mogunt. Sedis Archiepifcopus facri imperii per Germaniam Archicancellarius recognofcimus quod fi *Weytzelo de
rengelderode* & *Hermannus* dictus *Ryme* milites, officiati noftri in *Horburg* aliquas expenfas in edificiis
neceffariis & inevitabilibus in caftro noftro *Horburg*, ex turri ejusdem fecerint de confilio & fcitu
aliquorum de noftris amicis, quos ante edificatio-
nem affumi volumus & eorum Confilium requiri
fuper eo, fi qua etiam bona, ipfi caftro *Horburg*
adjacentia comparaverint, aliquasve pifcinas ibidem fecerint illas expenfas juxta difcretorum virorum arbitrium refundemus eisdem, & bona que
comparaverint redimemus ab eisdem pro ea pecunia pro qua, ad ipfos pervenerint quando prefatum Caftrum noftrum *Horburg*. ab ipfis redimere
nos continget. Jn cujus rei teftimonium figillum
noftrum prefentibus litteris eft appenfum. Datum
Mildenberg. anno Domini Millefimo CCC. quinto
decimo. Jdus Novembris.

LXXXVI.

LXXXVI.

IN CAUSA REFORMATIONIS
MONASTERII IN MONTE S. JACOBI. VISITATIO MONASTERII FACTA PER D. PETRUM ARCHIEPISCOPUM MAGUNTINUM ET EJUS CARTA.

Nos *Petrus* D. G. Archiepiscopus Moguntinus, Honorabilibus & Religiosis Abbati, Priori & Conventui Monasterii *S. jacobi* salutem in Domino. Jnter praesentis saeculi molimina hoc praecipue inter charitatis opus bene agitur ut vita hominum corrigatur, cnm itaque nuper in monasterio vestro praedicto sanctae Visitationis officium Deo cooperante ageremus... correctione & reformatione indigent invenimus in eodem, ad quorum reformationem considerationis nostrae oculum vertentes, *Primò* ordinamus, disponimus & mandamus firmiter observari, ut abhinc in antea fratres silentium & alias consuetas & honestas in choro, conventu, dormitorio & refectorio & aliis locis consuetis & debitis ab omnibus praecipimus observari.

Jtem praecipimus vobis Abbati & Priori, ut correctionibus fratrum & subditorum vestrorum, quod circa divinum officium, frequentationem chori, observationem jejuniorum & alias observantias regulares cum diligentia se teneant & informent, sollicite intendatis. Jtem substantialia regulae vestrae in abstinendo à carnibus, lineis vestimentis & lectisterniis de plumis factis à vobis omnibus praecipimus cum diligentia observari: & si hoc anno

E e 2   propter

propter ejus sterilitatem & decrescentiam omnes
simul in Refectorio comedere non possitis, quod
hac vice propter tempora carissima patienter tole-
ramus, aliis tamen temporibus in antea praecipimus ut omnes monachi monasterii vestri simul in
refectorio ad comedendum debeant convenire &
specialia cubicula evitare. Praecipimus insuper ut
Camerarius Censuarius, Cellerarius & alii officiati
de officiis suis & specialiter Camerarius de redditibus camerae rationem sive computationem faciat ad
minus semel in anno in praesentia Abbatis, distri-
butionem autem eorum, quae ad sua officia pertinent, secundum consilium ipsius Abbatis facere
teneantur. Jtem mandamus ut si ex aliqua causa
licita & honesta aliquis monachorum dicti monasterii de Abbatis tamen vel Prioris licentia, sine qua
licentia nullus monachorum monasterium ipsum
exeat seu egrediatur sine socio sui ordinis praecipuè
in civitate Moguntina extra monasterium incedere
non praesumat, qui ambo monachi extra monasterium praecipuè in civitate Moguntina incedentes
unum ad minus habeant famulum se sequentem.

Jtem vobis Abbati & Priori firmiter injungimus, ut diligenter perspiciatis ne aliquibus personis suspectis ad septa monasterii vestri vel claustri
introitus sive aditus pateat aliqualis. Jtem vobis
Abbati, Priori, caeterisque Praelatis & Officiatis
districtè praecipimus & injungimus, ut ea quae prae-
laturarum & officiorum vestrorum requiruntur officia tam diligenter & providè expleatis, ut nullam
de vobis in antea negligentiam audiamus, sed vestram potius habeamus diligentiam commendare,

salvis

salvis quibusdam aliis in praedicta visitatione ad nostram notitiam deductis, quam meliori deliberatione praehabita suo tempore, modis quibus convenit, adhibito Discretorum consilio corrigemus.

Et licet in praefatis correctionibus animadverterimus, quod exemplo SS. Patrum in subditorum delictis corrigendis, non semper sit rigori verum etiam aliquoties lenitati & salubribus monitis innitendum, dictasque correctiones ea occasione sine poenarum adjectione fecerimus ista vice, eas tamen in registris nostris poni fecimus, ut si in antea absit nostris super praefatis articulis in praefata correctione contentis, non pareretis monitis & praeceptis, quae tam benigne & leniter fecimus in monasterio memorato ad correctionem eorum severitate qua convenit Canonice procedamus, ut sic quos timor Dei & salubria paternaque monita a maio non revocant, coerceat rigor & severitas disciplinae. Datum *Moguntiae* anno Domini MCCCXVI. 3 nonas februarij.

LXXXVII.

ANNATÆ A DIOECESI ET PROVINCIA EXIGUNTUR PRO CAMERA APOSTOLICA.

Johannes episcopus servus servorum Dei, Venerabilibus fratribus. Archiepiscopo Magunt. ejusque suffraganeis salutem & apostolicam benedictionem. Ad hoc vos Deus in partem apostolice

solli-

folicitudinis advocavit, ut obfequentes, apoftolice
fedi velut membra capiti reverenter de illius foli-
cite cogitetis honoribus, ei grate fubventionis cum
expedit nedum procuretis fed porrigatis auxilia &
ad fuarum neceffitatum incomoda relevanda cir-
cumfpectionis, veftre minifterium exponatis. Cum
illa vos gerat fincerius in vifceribus caritatis ac pro
veftrarum ecclefiarum ftatu profpero & tranquillo
cogitare non definat, ac fubire non ceffet, follici-
tudines & labores dudum fiquidem poft fufceptum
a nobis Deo volente jugum apoftolice fervitutis confiderantes attencius quod ad gravia fupportanda,
quibus premebamur ficut affidue premimur, onera expenfarum, Romana ecclefia mater veftra, utpote in redditibus non habundans fufficere non poterat per fe ipfam, fructus redditus & proventus
primi anni omnium & fingulorum beneficiorum ecclefiafticorum cum cura vel fine cura, etiam dignitatum perfonatuum & officiorum, quorumlibet
que in veftris civitatibus & diocef. tunc vacabant,
& quousque ad triennium inclufive vacare contingeret, pro ipfius ecclefie oneribus facilius toleran-
dis, & in ipfius agendorum fubfidium expenden-
dos autoritate apoftolica de fratrum noftrorum confilio per noftras fub certa forma litteras duximus
deputandos, ficut in eisdem litteris quas dilecti filii Magiftri *Petrus Durandi*, Capellanus Canonicus
Ebredunenf. & *Bernardus de Montevalrens.* rector
ecclefie beate *Marie de Verdan.* Tholofan. diocef.
nuntii noftri exhibitores prefentium Collectores ad
hujusmodi colligendos fructus redditus & proventus una vobifcum per alias noftras certi tenoris litteras

teras deputati , quos propter hoc ad partes ipsas
destinandos duximus secum deferunt, plenius po-
teritis intueri. Quare fraternitatem vestram rogamus & hortamur attentius, & per Dei misericordiam obsecramus vobisque nihilominus per apostolica scripta mandamus quatinus nostris & ipsius ecclesie necessitatibus devoto compatientes affectu,
circa collectionem fructuum reddituum & proventuum eorundem, operam sollicitam impendatis. &
quod iidem fructus redditus & proventus, vobis
ac nuntiis supradictis juxta hujusmodi deputationis
nostre tenorem nostro & ejusdem ecclesie Romane
nomine sine diminutione fideliter assignentur efficacis diligencie studiis laboretis. ut illius vere devotionis integritas quam ad sedem prefatam Vos habere confidimus, claris operum fructibus compro-
betur ipsaque Romana ecclesia, quantum in vobis
fuerit, a dicte necessitatis incommodis, vestri mi-
nisterii relevata virtute, liberaliter vobis temporibus oportunis aperiat suarum januam gratiarum.
Datum *Avinione* Vii. Idus Junii Pontificatus nostri
anno Primo.

LXXXVIII.

OTTO DE BOLANDIA EXIMIT
BONA MONASTERII S. JACOBI IN EBERS-
HEIM CUM CONSENSU ABBATIS ET
CONVENTUS S. ALBANI.

Nos *Otho* Dominus de Bolandia &c. recognoscimus &c. quod propter gratuita ac fidelia

obfequiorum merita, quibus honorandi viri Dominus Abbas, & conventus S. *Jacobi* Mogun. fe nobis gratos exhibuerunt, & in futurum reddere poterunt gratiores, eisdem ac ipforum meritis refpondere reciproce cupientes, univerfa bona quocunque cenfeantur nomine. quæ in villa Et terminis villæ *Ebersheim* habere dignofcuntur venerabilis patris & Domini noftri Abbatis montis S, *Al-*
banij à quo dicta bona in feodo dependent accedente confenfu voluntario, ab omni præcuriarum,
Stürarum, Herbergarum, ac aliorum fervitiorum
genere, quæ nobis &c. libera facimus, nunc & in
perpetuum, harum noftrarum litterarum teftimo-
nio &c.

Nos quoque *Syboldus* D. gratia Abbas & *Her-*
mannus Prior, totusque conventus Monafterii S.
Albani &c. Ad petitionem præfati nobilis Domini
Otthonis De Rolandia præmiffis noftrum confenfum
& affenfum voluntarium adhibentes noftrum figillum præfentibus appendendum duximus in robur
& teftimonium præmifforum &c. Et nos *Hartman-*
nus Prior totusque conventus Monafterii S. *Albani*
extra Mogunt. confenfum & affenfum voluntatis
Reverendi Domini noftri D. *Syboldi* dicti monafterii noftri Abbatis in litteris quibus præfens fche-
dula Eft transfixa pofitos & expreffos ob amorem
honorabilium Dominorum Abbatis & Conventus
Monafterii S. *Jacobi* extra muros &c. quem circa
eos gerimus initium, & in Juris eorum Subfidium
per hanc Schedulam Laudamus, ratificamus & approbamus &c. Jn cujus rei evidentiam, figillum
noftri conventus prædicti, fchedulæ huic prædictis

litteris

litteris affixæ & certa noftra fcientia duximus appendendum. actum anno Domini M. CCC. XVI. in die *Kiliani.*

LXXXIX.

OPPIDUM ET CASTRUM ALTZEY JUBETUR HOMAGIUM PRÆ-STARE ARCHIEPISCOPO MOG.

Ludowicus Dei gratia Romanorum Rex, femper Auguftus Burgravio, & univerfis caftrenfibus caftri *Altzeij,* nec non Sculthetö . Magiftris civium consulibus, & univerfis civibus Opidi ibidem fidelibus fuis dilectis, graciam fuam & omne bonum. Vobis univerfis & fingulis fub obtentu gratie noftre, & in virtute juramenti per vos nobis preftiti injungimus & mandamus. quatinus caftrum & ppidum, (*Altzey*) predicta, cum omnibus juribus jurisdictionibus, redditibus, utilitatibus, obventionibus, & pertinentiis eorundem affignetis, & prefentetis, ftatim vifis prefentibus, Venerabili *Petro* Archiepifcopo Mogunt. Principi, & Secretarlo noftro Kariffimo vel ejus nuntio, quem ad hoc cum fuis litteris ad vos deftinaverit, preftantes eidem Archiepifcopo, vel fuo nuntio ejus nomine, Huldam Homagium, & fidelitatis juramentum, quod fibi in omnibus & per omnia, ficut nobis paruiftis hucusque, tamquam veftro Domino pareatis. Vos enim de Hulda, Homagio, & fidelitatis juramento, in quibus nobis tenemini abfolvimus,

E e 5 &

& abfolutos dicimus in hiis fcriptis. Caftrum enim
& opidum predicta obligavimus predicto Archiepifcopo fub certis modis & condicionibus, prout
in Litteris defuper confectis plenius continetur.
fructus etiam quos de eis perceperit fibi & ecclefie
fue donamus, nolentes quod in fortem computen-
tur. & fi eo tempore quo ipfe habebit caftrum &
opidum predicta, aliquos redditus ad ea pertinentes, vel jura alia redemerit, pecuniam quam pro
eis erogaverit fibi ante omnia reftituemus, quando
dicta caftrum & opidum duxerimus redimenda.
Jn cujus rei teftimonium figillum noftre Majeftatis
Regie, prefentibus litteris eft appenfum. — Datum
Moguntie V^{to} Kal. Julij anno Domini Millefimo trecentefimo, decimo feptimo, Regni vero anno tertio.

XC.

L. REX ROM. PETRO A. M. EX-
PENSAS IN CASTRUM ET OPPIDUM ALT-
ZEY FACIENDAS SE REFUSURUM
SPONDET.

Ludowicus Dei gratia Romanorum Rex Semper
Auguftus recognofcimus & conftare volumus,
univerfis, fi Venerabilis *Petrus* Archiepifcopus Magunt. Princeps & Secretarius nofter Kariffimus ultra redditus pertinentes ad caftrum & opidum Alt-
zei que fibi obligavimus, aliquas expenfas fuper
cuftodia & obfervatione dictarum municionum fecerit illas fibi fingulis annis in fefto beati *Martini*
fine

fine dilatione qualibet refundemus. & ut de refuſione expenſarum hujusmodi certior ſit idem Archiepiſcopus de hoc ſibi conſtituimus fideiuſſores in ſolidum., honorabilem virum *Hermannum de Lychtemberg* Scolaſticum Eccleſie Spyrenſ. Cancellarium noſtrum ſpeЄtabilem virum *fridericum* Comitem de *Thruendingen* & nobilem virum *Humblonem* de *Lychtemberg*, fideles noſtros, in hunc modum, ſi diЄtas expenſas in aſſignato ad hoc termino non ſolveremus nec refunderemus eidem quod diЄti fidejuſſores ex tunc infra quindenam anni per eundem Archiepiſcopum pro ſe vel quibuslibet eorum per unum famulum nobilem, vel militarem cum duobus equis, intrabunt civitatem Maguntinam & ibidem in communi hoſpitio quod eis deputaverit diЄtus Archiepiſcopus tam diu preſtabunt fidejuſſionis debitum quousque nos prediЄtas expenſas prediЄto Archiepiſcopo integraliter refundamus & hoc tociens facient, quociens in refuſione earum in aſſignatis terminis fuerimus negligentes Jn cujus rei teſtimonium ſigillum Majeſtatis noſtre preſentibus eſt appenſum. Datum *Magunt.* Anno Domini M. CCC. XVij. iij. Kal. Julii regni vero noſtri anno tertio. Nos quoque *Hermannus de Lychtemberg* Cancellarius *fridericus* Comes de *Thruendingen* & *Humble* de *Lychtemberg* prediЄti recognoſcimus & fatemur quod prediЄtam fidejuſſionem apud prediЄtum dominum Archiepiſcopum pro prefato Domino noſtro domino *Ludovico* Romanorum Rege Semper Auguſto. Sub prediЄtis modis in ſolidum fecimus, promittentes fide preſtita quod tociens preſtabimus fidejuſſionis debitum ſicut preſcribitur, quociens

propter

propter defectum solutionis sibi faciende requisiti
fuerimus per Dominum Archiepiscopum memoratum. Et quia sigilla nostra apud nos non habuimus, premissa omnia sub sigillo prefati Domini nostri Regis, confitemur. Datum Loco, anno & die
ut supra.

XCI.

PETRVS A. M. DE ADMINISTRATIONE MONASTERII S. ALBANI OB CONTRACTUM AES ALIENUM SOLLICITUS.

Nos *Arnoldus de Lorche* miles & *Hermannus* frater ejus armiger recognoscimus publice in
hiis scriptis, quod nos amministrationem & gubernationem in temporalibus monasterii S. *Albani* prope *Moguntiam* ordinis S. *Benedicti* commissam nobis à Reverendo in Christo Patre & Domino nostro
Domino *P.* Archiepiscopo Mogunt. sicut in literis
ejusdem Domini Archiepiscopi desuper confectis &
nobis traditis plenius continetur, recepimus & de
ea nos intromisimus promittentes bonâ fide, quod
eidem amministrationi nobis commisse sicut premittitur, preesse studebimus, sicut pro utilitate dicti
monasterii videbitur expedire, & specialiter promittimus nos de debitis prefati monasterii hoc anno
mille & ducentas libras hallensium de ipsius monasterii redditibus per nos percipiendis, soluturos.
De residuis verò debitis ejusdem monasterii, que
per nos persolvi non possunt, cavebimus cum diligen-

ligentia, ne aliqua dampna occafione eorum in ob-
ftagiis vel commeffationibus que Leiftungen vulgariter dicuntur , predicto monafterio accrefcant
quoquo modo. Jtem de redditibus predicti monafterii quos perceperimus Honorabilibus Viris Dominis *Wilhelmo* Abbati monafterii S. *jacobi* prope
Moguntiam & *Ebirhardo* Cantori Ecclefie Moguntine rationem reddemus , quibus fi videbitur rationabiliter quod de debitis predicti monafterii fancti
Albani ultra predictam fummam mille ducentarum
librarum folvere aliquid valeamus, hoc etiam prout poterimus, faciemus, & ad hec adimplenda per
nos fideliter fub pena excommunicationis in nos fe-
rende per prefatum Dominum noftrum Archiepifcopum fine omni ftrepitu judiciario, fi in premiffis negligentes fuerimus vel remiffi, nos prefentibus obligamus. Jn cujus rei teftimonium & evidentiam pleniorem, Ego *Arnoldus* miles predictus
figillum meum duxi prefentibus appendendum, Ego
vero *Hermannus* armiger fupradictus cum figillum
proprium non habeam, prefens fcriptum figillo honorabilium virorum Dominorum judicum fancte
Maguntinenfis fedis procuravi communiri , quod
nos judices fancte Moguntin. fedis predicti ad rogatum memorati Hermanni prefentibus literis duximus apponendum. Datum *Erenvels* vij al. fept.
Anno Dni M° trecent. Decimo feptimo.

XCII.

XCII.

A. ET C. FRATRES DE HIRSCH-
HORN A PETRO A. M. IN SERVITO-
RES CONQUIRUNTUR.

Nos *Albertus* miles, & *Conradus* dictus *Emich*,
armiger, fratres, de *Hyrzesborn* recognoscimus publica in hiis scriptis, quod venerabilis in
Christo pater & dominus noster dominus *Petrus*
Archiepiscopus Mogunt. nos in suos servitores con-
quisivit, ita videlicet, quod nos cum quatuor aliis
armatis decenter expeditis gwerra inter sereniffi-
mum dominum nostrum dominum *Ludovicum* Romanorum Regem semper Augustum, & dominum
fridericum ducem Austrie, & postea per unum
annum continuum contra quoscunque suos & ecclesie sue adversarios & etiam cum castro nostro
Hyrzesborn ipsum & Ecclesiam suam Magunt. juvare tenebimur fideliter toto posse, exceptis solum-
modo hiis qui nobis consanguinitatis linea sunt astri-
cti, contra quos ipsum dominum nostrum Archi-
episcopum predictum & Ecclesiam non juvabimus
nec juvare tenebimur, quam diu voluerint justitia
contentari. Si autem nollent justitia contentari, tunc
contra ipsos sicut contra alios, juvare tenebimur
fideliter ipsum & suam ecclesiam supradictam. Nos
eciam medio tempore tanquam alios suos castrenses pro jure nostro manutenebit & pro nostro servitio sibi & ecclesie sue impendendo ducentas &
quinquaginta libras Hallenses nobis dabit, Quarum centum & quinquaginta libras jam nobis per-
solvit

solvit & in cenfum nobis remanet obligatus. Jn
cujus rei teſtimonium & evidenciam ampliorem
figilla noſtra préſentibus litteris ſynt appenſa. Datum XVj. Kal. januarij anno domini Milleſimo trecenteſimo decimo octavo.

XCIII.

INSTRVMENTVM CONFIRMA-
TIONIS MONASTERII DALHEIM.

In Nomine Domini amen. per hoc præſens publicum Jnſtrumentum pateat univerſis tam præ-
ſentibus quam futuris dictum. inſtrumentum viſu-
ris & audituris quod hoc eſt exemplum ſive trans-
ſcriptum cujusdam litteræ ſeu gratiæ datæ ſeu con-
ceſſæ â ſede Apoſtolica venerabilibus & relligioſis
Dominabus Abbatiſſæ & conventui Monaſterii ſancti monialium in *Dalem* prope *Moguntiam* ordinis
cyſtercienſis verâ bulla plumbeâ & filis ſeriis more
Romanæ Curiæ bullatæ, ac ſigno Conſueto & ſub-
ſcriptione Sanctiſſimi in Chriſto Patris ac DD. *Jobannis* divinâ providentia Papæ *XXII.* manu ſuâ,
nec non decem Cardinalium infra ſcriptorum ſignis,
manibus eorundem cardinalium ſignatis, prout
prima facie apparebat non abraſæ, non abolitæ
non cancellatæ nec in aliqua ſui parte vitiatæ,
quam ego Notarius publicus infra ſcriptus in manibus meis habui & renui, & cum magnâ diligen-
tiâ perlegi & examinavi, & manu mea propria
conſcripſi de verbo ad verbum ad rogatum & di-
ligen-

ligentem requifitionem Religiofæ Matronæ D. *Ely-zabeth* Abbatiffæ monafterii in *Dalen* prædicti fub anno Jncarnationis D. Milleſimo, Treeentefimo vicefimo Primo, Jndictione quarta, die quinta menfis Februarii horâ quaſi Nonâ in domo hoſpitum monafterii prædicti Pontificatus fupra fcripti D. *Johannis* anno quinto Cujus litteræ feu Gratiæ tenor talis eft.

Johannes Epifcopus fervus fervorum Dei, Dilectis in Chrifto Filiabus Abbatiffæ Monafterii in *Dalen*, ejusque Sororibus, tam præfentibus quam futuris regularem vitam profeffis in perpetuum.

Religiofam vitam eligentibus Apoftolicum convenit adeffe præfidium, forte cujuslibet temeritatis in curfus, vel eas a propofito revocet, aut robur, quod abfit, facræ religionis infringat Ea propter Dilectæ in Chrifto Filiæ, veftris juftis poftulationibus clementer annuimus, & Monafterium fanctæ Dei Genitricis & virginis *Mariæ* in *Dalen* Maguntinenfis Dioecefis, in quo divino eftis obfequio mancipatæ, fub beati Petri & Pauli, & noftra protectione fufcipimus, & præfentis Scripti privilegio Communimus: inprimis fiquidem ftatuentes, ut ordo monafticus, qui fecundum Deum, & beati *Benedicti* regulam, atque inftitutionem Ciftercienfium Fratrum a vobis ante concilium generale fufceptam, in eodem monafterio inftitutus effe dinofcitur, perpetuis ibidem temporibus inviolabiliter obfervetur.

Præterea quafcunque poffeffiones, quæcunque bona idem Monafterium, in præfentiarum Jufte ac canonice poffidet, aut in futurum conceffione Pontificum,

tificum, Largitione Regum vel Principum, obla-
tione fidelium, feu aliis juftis modis, præftante
Domino poterit ad ipfa, firma vobis & eis, quæ
vobis fuccefferint, & illibata permaneant: in quibus hæc propriis duximus exprimenda vocabulis.
locum ipfum, in quo præfatum monafterium fitum
eft, cum domibus, officinis, ac omnibus juribus
& pertinentiis fuis: curiam five Grangiam ad fanctum *Hilarium*. Jtem Grangiam cum villâ *Brizzen-*
heim: Jtem villam *Zalbach*: Jtem Grangiam in *Bo-*
denheim: & Grangiam in villâ *Funtune*, dictæ Maguntinenfis, dioecefis, Cum omnibus pertinentiis
fuis, Cum terris, pratis, vineis, nemoribus, ufu-
agiis, pifcinis, in bofco & plano, in aquis Et mo-
lendinis, in viis & femitis, ac omnibus aliis liber-
tatibus & immunitatibus fuis.

Sanè Laborum veftrorum, De poffeffionibus
habitis ante Concilium Generale, ac etiam nova-
lium, quæ propriis fumptibus colitis de quibus no-
valibus aliquis hactenus non percepit, five de ortis virgultis, & pifcationibus veftris, feu de veftrorum animalium nutrimentis, nullus à vobis decimas exigere vel extorquere præfumat.

Liceat quoque vobis perfonas liberas & abfo-
lutas à feculo fugientes ad Converfionem recipere,
& eas absque Contradictione aliqua retinere. Prohibemus infuper nonnulli Sororum veftrarum poft
factam in monafterio veftro profeffionem fas fit,
fine Abbatiffæ fuæ lieentia de eodem loco difcede-
re: difcedentem verò absque communium litterarum veftrarum Cautione audiat retinere. illud di-
ftrictius inhibentes, ne terras feu quodlibet Bene-

ficium Ecclefiæ veftræ Collatum, liceat alicui perfonaliter dari, feu alio modo alienare absque confenfu totius Capituli vel majoris feu fanioris partis ipfius fiquæ verò donationes. . aut alienationes
aliter, quam dictum eft, factæ fuerint, irritas effe
cenfemus.

Infuper inhibemus, ne ullus Epifcopus vel
quælibet alia perfona ad Synodos vel Conventus fo-
renfes vos vix vel judicio fæculari de veftrâ propria fubftantia, vel poffeffionibus veftris fubjacere
Compellat, nec ad domos veftros caufâ ordines Ce-
lebrandi, caufas tractandi, vel aliquos Conventus
publicos Convocandi venire præfumat: nec regularem electionem Abbatiffæ veftræ impediat, ac de
inftituenda vel removenda ea, quæ pro tempore
fuerit, contra ftatuta ordinis Ciftercienfis fi aliquatenus intromittat.

Pro confecrationibus vero altarium vel Ecclefiarum, five pro oleo fancto, vel quolibet ecclefiaftico facramento, nullus â vobis fub obtentu Con-
fuetudinis, vel alio modo quicquam audeat extorquere, fed hoc omnia gratis vobis Epifcopus dio-
cefanus impendat: alioquin liceat vobis quemcun-
que malueritis Chatolicum adire Antiftitem, gratiam & communionem Apoftolicæ fedis habentem;
qui noftra fretus auctoritate, vobis, quod poftu-
latur, impendat. quod fi fedes Diocefani Epifcopi
forte vacaverit, interim omnia Ecclefiaftica facramenta a vicinis Epifcopis accipere libere & absque
Contradictione poffitis: fic tamen, ut ex hoc impofterum proprio Epifcopo nullum præjudicium generetur. quia vero interdum proprii Epifcopi Copiam

non

non habetis, fi quem Epifcopum, Romanæ fedis,
ut diximus gratiam & communionem habentem,
de quo plenam notitiam habeatis, per vos tránfim
contigerit, ab eo benedictiones monialium, vafo-
rum & veftium ac confecrationes altarium auctoritate fedis Apoftolicæ recipere valeâtis.

Porro fi Epifcopi vel alii Ecclefiarum Rectores
in monafterium veftrum perfonas inibi conftitutus
Sufpenfionis Excommunicationis, vel interdicti fententias promulgaverint, five etiam mercenarios
veftros pro eo, quod decimas, ficut dictum eft,
non perfolvitis, five aliqua occafione eorum, quæ
Apoftolicâ benignitate vobis funt indulta, feu be-
nefactores veftros pro eo, quod aliqua vobis beneficia vel obfequia ex caritate præftiterint, vel ad
Laborandum adjuverint in illis diebus, in quibus
vos Laboratis, & alii feriantur, eandem fententiam protulerint, ipfam tanquam contra Apoftolicam fedem indulta prolatam, decernimus irritan-
dam: nec Litteræ illæ firmitatem habeant, quas
tacito Nomine Ciftercienfis ordinis, & contra indulta Apoftolicorum privilegiorum conftiterit im-
petrari.

Præterea cum commune interdictum terræ fuerit, liceat vobis nihilominus in veftro monafterio
exclufis excommunicatis & interdictis. divina officia celebrare, Paci quoque & tranquillitati veftræ
paternâ pofterum folicitudine providere volentes
auctoritate Apoftolicâ prohibemus, ut infra clau-
furas Locorum, vel Grangiarum veftrarum nullus
rapinam feu furtum facere, ignem apponere, fan-

guinem

guinem fundere, hominem tenere capere, vel interficere, feu violentiam audeat exercere.

Præterea omnes libertates & immunitates a prædeceſſoribus noftris Romanis Pontificibus ordini veftro conceſſas, nec non libertates & exemptiones fæcularium exactionum à Regibus & Principibus vel aliis Chriſti fidelibus rationabiliter vobis indultas auctoritate Apoftolica Confirmamus & præfentis Scripti privilegio Communimus Decernimus ergo ut nulli omnino hominum liceat præfatum monafterium temere perturbare; aut ejus poſſeſſiones auferre, feu ablatas retinere, minuere vel quibuslibet vexationibus fatigare, fed ea omnia intergre conferventur, earum, pro quarum gubernatione ac fuftentatione conceſſa funt ufibus omnimodis profutura, falvâ fedis Apoftolicæ auctoritate, ſi qua igitur in futurum Ecclefiaftica fæcularisve perfona hanc noftræ conftitutionis paginam fciens, contra eam temere venire temptaverit, fecundo tertiove commonita, nifi reatum fuum congruâ fatisfactione correxerit poteftatis fuæ, honorisque dignitate careat, namque fe divino Judicio exiftere, De per petratâ iniquitate cognofcat, & a facratiſſimo corpore ac fanguine Dei & Domini Redemptoris noftri Jhefu Chrifti aliena fiat, atque in extremo examine diftrictæ fubjaceat ultioni. Cunctis autem eidem loco fua jura fervantibus ſit pax Domini noftri Jhefu Chrifti, quatenus & fructum bonæ actionis percipiant & apud diftrictum Judicem præmia æternæ pacis inveniant, Amen, Amen, Amen.

*

Ego

Ego *Johannes* Catholicæ Ecclefiæ Eps.

Ego Fr. Nico-
laus tt. S. *Eufebii*
pbr. Cardinalis SS.

Ego Fr. *vitalis*
tt. S. *Marci* in mon-
tibus pbr. Cardina-
lis SS.

Ego *Guillelmus*
tt. S. *Cyriaci* in
thermis pbr. Car-
dinalis SS.

Ego Fr. *Nico-
lqus* oftienfis &
velletrenfis Eps.
SS.

Ego *Berenga-
rius* Eps. Tufcu-
lanus SS.

Ego *Guitts*
Eps. Preneftri-
nenfis. SS.

Ego *Neapoleo* S.
Adriani Diaconus
Cardinalis SS.

Ego *Guitts* SS.
Nicolai in Carcere
Tulliano Diaconus
Card. SS.

Ego *Petrus* S.
Angeli Diaconus
Cardinalis SS.

Datum *Avinione* per manum *Bertrandi* tt S. *Marcelli* presbyteri Cardinalis XVI. Junij indi&ione prima, incarnationis Dominicæ anno millefimo, trecentefimo, decimo octavo, Pontificatus vero Dni *Johannis* pp *XXII* anno fecundo.

Et Ego *Hartradus de Medobecke*, Clericus Colonienfis Diocefis publicus Imperiali auctoritate Notarius prædictam five præfcriptam litteram exemplavi & manu mea una cum nominibus fupra-fcriptis per Copiam, in hanc publicam formam redegi, & hoc præfens publicum inftrumentum inde confeci requifitus per præfatam Dominam Abbatiffam anno Indi&ione, Menfe, die, horâ, Loco & Pontificatu prædictis præfentibus difcretis viris *Hermanno Monegoldo*, & *Jacobo* presbyteris vicariis in dicto Monafterio *Alheide* Prioriffa, & *Margareta* de Moguntia Monialibus, nec non *Conrado* & *Tylemanno* Converfis Fratribus dicti Monafterii pro teftibus ad præmiffa vocatis fpecialiter, & rogatis.

XCIV.

XCIV.

P. DE B. BURGGRAVIUS IN
STARCKENBERG OFFICIO SUO FIDELITER FUNCTURUM ESSE APPROMITTIT.

Ego *Petrus de Bertolsheim* miles recognosco publice in hiis scriptis & promitto fideliter quod super officio Burggraviatus in *Starckenberg* quod à Reverendo in Christo Patre & domino meo domino *Petro* Archiepiscopo Mogunt. recepi, sub modis condicionibus & articulis quibuscunque sicut strenui milites domini *Johannes de Ryderen* officiatus in *Byschoffesheim* & *Wigandus* de *Dynenheim* meus consanguineus mihi dixerint tractatum & ordinatum esse super dicto officio inter predictum dominum meum Archiepiscopum & me Literas meas sub meo sigillo dabo & tradam domino meo Archiepiscopo supradicto in cujus rei testimonium & certitudinem cum sigillum meum ad presens apud me non habeam litteram presentem sigillo predicti Wigandi militis mei consanguinei, trado sigillatam. Et Ego *Wigandus* de *Dynenheim* miles predictus ad rogatum predicti *Petri* de *Bertolsheim* militis mei consanguinei sigillum meum duxi presentibus literis appendendum in testimonium premissorum datum in castris ante *Wisebaden* Anno domini Millesimo trecentesimo decimo octavo vj. Jd. Octob.

XCV.

XCV.

L. ROM. REX REFUSIONEM EX-
PENSARUM IN CASTRUM ET OPPIDUM
ALTZEY FACIENDARUM DENUO AP-
PROMITTIT.

Nos *Ludovicus* Dei gratia Romanorum Rex Semper Auguftus, recognofcimus in hiis fcriptis,
quod ad omnes expenfas & impenfas quas venerabilis *Petrus* Archiepifcopus Mog. vel fucceffor ipfius, circa caftrum & opidum *Alzey* que ficut in
aliis noftris regalibus litteris quas fuper eo fibi dedimus continetur, eidem Archiepifcopo & fue ecclefie titulo pignoris obligavimus, in confervando
& tenendo eadem caftrum & opidum ultra redditus
ad ipfam pertinentes, fecerit prefato Archiepifcopo, & ecclefie fue, teneri volumus obligati. & pro
illis expenfis & impenfis eadem caftrum & opidum
fibi & fue ecclefie obligamus, Volentes fuper ipfarum taxatione five quantitate ftare & credere fidei. Archiepifcopi fupradicti. Et quia non am-
bigimus quin in Cuftodiendo, dicta caftrum & opidum ipfe. . Archiepifcopus, adhibeat diligentiam
oportunam volumus ut fi aliquo cafu fortuito, videlicet expugnationis incendii traditionis vel quocumque cafu alio, perderentur quod talis perditio, non
ipfi Archiepifcopo debeat aliqualiter imputari. Sed
quod ad omnia pro quibus fibi & ecclefie fue, predicta caftrum & opidum obligata exiftunt ficut prius nichilominus teneamur. Dantes has litteras noftri figilli appenfione munitas, in teftimonium fu-

Ff 4   per

per eo. Datum in Cáftris ante *Wifenbaden* vj. Kalend. Novembris. Anno Domini M° trecentefimo
decimo oƈtavo regni vero noftri anno quarto.

XCVI.

QUALITER PETRUS A. M. PE-
TRO DE B. BURGGRAVIATUM IN
STARCKENBERG CONTULERIT.

Ego *Wygandus* de `Dynheim` miles meo & ftrenui
militis *johannis de Rydern* nomine recognofco
in hiis fcriptis & dico publice proteftando, quod
Reverendus in Chrifto Pater Dominus *Petrus* fan-
ƈte Mogunt. fedis Archiepifcopus ftrenuo militi
Petro de Beychtolfesheim officium Burggraviatus in
Starckenberg eidem Domino Archiepifcopo vacans,
contulit fub modis & conditionibus fubnotatis, quod
videlicet idem miles diƈtum officium ad manus
ejusdem Domini Archiepifcopi & pro honore fuo
& pro utilitate fua & Ecclefie Mogunt. tenere debeat fideliter, ficut ipfi Domino Archiepifcopo
promifit corporaliter préftito defuper juramento.
Jpfe quoque Dóminus Archiepifcopus diƈto militi
dabit hoc anno qningenta maldra filiginis, quingen-
ta maldra avene & viginti Karratas viri ad tenen-
dum officium fupradiƈtum, hoc condiƈto, quod fi
ipfe miles fuccedente tempore hoc tempore anni
fortaffis dimitteret officium prediƈtum, tantum in
annona & vino, quantum hoc anno fibi datur, ut
preinittitur, dimittere tenebitur in caftro *Starcke-*
berg

berg antedi&to. fi vero alio anni tempore dictum officium dimitteret, plus vel minus tunc in annona & vino ibi relinquere pro rata temporis teneretur. Jtem prefatus miles aliis annis, quibus dictum officium tenebit, contentabitur redditibus ejusdem officii, à quibus nichilominus, preter redditus ipfius Domini Archiepifcopi in *Gernfhein* & in *Wattenheim* qui ad ipfum Dominum Archiepifcopum pertinere fpecialiter dinofcuntur, centum-maldra filiginis, ducenta maldra avene nec non decem Karratas vini fi quadraginta Karratas vini vel amplius de cremento ad dictum officium pertinente habuerit, aut fex Karratas vini, fi minus quam quadraginta Karratas habuerit, ipfi Domino Archiepifcopo miniftrabit. Jtem nullas petet vel recipiet fturas à civibus vel judeis dicti Domini Archiepifcopi fub dicto officio, nec homines fuos ibidem exactionabit aliqualiter, fed contentari debebit redditibus ordinariis qui Burggraviis in *ftarckenberg* miniftrari hactenus regulariter confueverunt. Jtem emendas non recipiet aliquas nifi trium librarum hallen. vel minores, omnes enim majores ad ipfum Dominum Archiepifcopum pertinebunt. Jtem dictus miles ftabit continue cum tringinta militibus & armigeris decenter expeditis in armis, dextrariis & equis ad ferviendum predicto Domino Archiepifcopo, durante difcordia inter ipfum & Duces Auftrie fub expenfis fuis propriis periculis atque dampnis, & fi idem miles vel aliquis feu aliqui eorum, qui cum eo ftabunt, litem aliquam movere habuerint vel movebunt alicui vel aliqui-

F f 5

bus

bus & fi ex hoc di&o Domino Archiepifcopo vel
fuis dampna aliqua vel incommoda inferrentur, hoc
idem miles disbrigare tenebitur fuis fumptibus,
'laboribus & expenfis.   Jtem omnia que di&us miles in Baliftis & aliis quibufcunque invenerit in ca-
ftris *ftarekenberg, Winheim, & Fürftenolve*, in fcriptis predi&o Domino Archiepifcopo dabit, & ea
ibi relinquere tenebitur totaliter, fi & quando fortaffis officium dimiferit fupradi&um.   Jtem promifit fpecialiter idem miles & tenebitur caftra *ftarckenberg, Winheim & Fürftenolve* tenere fideliter decenter & utiliter, de redditibus quos percipiet,
fibi ut premittitur demonftratis. Jn cujus rei teftimonium has dedi literas mei figilli appenfione
munitas. Datum Vjj° Jdus Novembris anno Dni
Millefimo Trecentefimo decimo o&avo.

XCVII.

H. DE DUNA ELECTUS WOR-
MATIENSIS PETIT A PETRO A. M. CON-
FIRMATIONEM ET CONSECRA-
TIONEM &c.

Reverendiffimo in Chrifto Patri ac domino fuo
Domino *Petro* facrofan&e Mogunt. fedis Archiepifcopo facri imperii per Germaniam Archicancellario *Henricus de Duna* Worma: ele&us in
omnibus reverenciam & honorem Paternitati veftre reverende prefentibus lique fiat quod ego facio conftituo & ordino in hiis fcriptis Magiftrum
Henricum

Henricum de Erpach canonicum Ecclefie wormacienſis meum procuratorem & nuncium ſpecialem cùm propter viarum diſcrimina & malum ſtatum terre perſonaliter coram vobis comparere non poſſim, & do eidem plenam & liberam poteſtatem petendi a veſtra paternitate reverenda in negotio electionis ſeu proviſionis de me per honorabiles viros. . Decanum & capitulum Ecclefie Wormat; canonice celebrate confirmacionem ac munus confecrationis veſtrarum ſacrarum manuum juxta veſtre paternitatis debitum michi gracioſe impertiri nec ɲon petendi proclamationem proteſtandi ac omnia alia & ſingula faciendi, quam circa premiſſa etiamſi mandatum ſpeciale exigant neceſſaria ſeu oportuna dans nihilominus eidem plenam & liberam poteſtatem nomine quo ſupra ſi neceſſe fuerit alium vel alios procuratorem vel procuratores ſubſtituendi & eundem ſeu eosdem revocandi ac onus procurationis in ſe reſumendi quanto & quociens viſum fuerit expedire. Et hec paternitati veſtre & omnibus quorum intereſſe poterit ſignificamus per preſentes ſigillo honorabilium virorum judicum civitatis Wormatiens. ſigillatas in teſtimonium omnium premiſſorum & nos judices civit. Wormat. ad preſentes Reverendi viri Domini *Henrici de Duna* Wormat. electi ſigillum curie noſtre duximus preſentibus appendendum in teſtimonium omnium premiſſorum Datum anno Domini. M. CCC. XVjjj. in vigilia beati *Ambroſſj* Epiſcopi.

XCVIII.

XCVIII.

LITTERÆ PETRI ARCHI - EPISCOPI MOGUNTINI , ACCEPTANTIS BULLAM JOANNIS PAPÆ XXII. QUA PONTIFEX ARCHI-EPISCOPUM MOGUNTINUM, ET EPISCOPOS HERBIPOLENSEM , ET ARGENTINENSEM CONSTITUIT IN CONSERVATORES PRIVILEGIORUM FRATRUM ORDINIS B. V. MARIÆ DE MONTE CARMELO , EXTRA REGNUM FRANCIÆ EXISTENTIUM. ˙

P.... Dei Gratiâ Ecclefiæ Sanctæ Moguntinennenfis Sedis Archiepifcopus Sacri Imperii per Germaniam Archicancellarius in Chrifto fibi devotis fuis Judicibus Sanctæ Moguntinenfis Sedis , ac Scholaftico Ecclefiæ fancti *Mauritii* Moguntiæ falutem in domino. Litteras Sanctiffimi in Chrifto Patris ac domini noftri Domini *Johannis* Papæ *XXII.* non Cancellatas , non abolitas, non rafas, nec in aliqua fui parte corruptas fub vera bulla plumbea filo canapi integro appendente recepimus in hæc Verba. *Johannes* Epifcopus fervus fervorum Dei & cætera. quarum copiam unà cum præfentibus vobis fieri mandamus, & ejus tenorem fubfequentem de Verbo ad Verbum inferi fecimus ad cautelam. *Joannes* Epifcopus fervus fervorum dei Venerabilibus Fratribus. . Archi- Epifcopo Moguntinenfi &. . Herbipolenfi, ac. . Argentinenfi Epifcopis falutem & Apoftolicam benedictionem.

Dilectos Filios. . Priorem Generalem, Cæterosque Priores & Fratres ordinis Beatæ *Mariæ* de monte *Carmeli*, qui in decore fanctæ religionis Virtutum domino militantes ac crucifigentes cum vitiis , & concupifcentiis carnem fuam ad divinæ majeftatis obfequia trahunt alios per exemplum, infra pietatis Apoftolicæ ubera complectentes dignum
esse

esse conspicimus, eos congruis præsidiis communiri, ut eò devotiùs quò quietiùs pacis famulentur
authori. Cum itáque, sicut ex parte dictorum Prioris & fratrum fuit propositum coram nobis, ipsi à
nonnullis, qui nomen domini in vacuum recipere
non formidant, diversis & gravibus jacturis, injuriis, violentiis, & molestiis in diversis mundi partibus extra regnum Franciæ affligantur. Nos eorundem Prioris & fratrum providere quieti, & ma-
lignorum conatibus obviare volentes: Fraternitati
vestræ per Apostolica scripta mandamus, quatenus
extra dictum regnum vòs vel duo, aut unus Vestrum
per vos, vel per alium, seu alios, etiamsi sint extra loca, in quibus deputati estis Conservatores, &
judices, præfatis Priori & fratribus efficacis defensionis præsidio assistentes, non permittatis eosdem
ab aliquibus indebitè molestari, vel eisdem dampna,
violentias, injurias, vel molestias irrogari facturi
eisdem Priori & fratribus, cum ab eis, vel eorum
procuratoribus, aut ipsorum aliquo fueritis requisiti de prædictis & aliis personis quibuslibet, de quibuscunque molestiis, violentiis, injuriis, atque dampn-
nis præsentibus & futuris, in illis videlicet, quæ judicialem requirunt indaginem, de plano summariè
sine strepitu, & figura judicii, in aliis vero, prout
qualitas ipsorum exegerit, justitiæ complementum;
molestatores, præsumptores, & injuriatores hujusmodi, nec non contradictores quoslibet & rebelles,
cujuscunque dignitatis, status, ordinis, & conditionis extiterint, etiamsi pontificali præfulgeant dignitate, quandocunque vel quotiescunque expedierit,
per censuram Ecclesiasticam appellatione postposita
compescendo, invocato ad hoc, si opus fuerit, auxilio bráchii sæcularis, non obstantibus felicis recordationis *Bonifacii Papæ VIII.* prædecessoris nostri,
in quibus cavetur, ne aliquis extra suam civitatem,
& diocesin, nisi in certis exceptis casibus, & in illis
ultra unam dietam à fine suæ diocesis ad judicium
evoce-

evocetur. Seu ne judices, & Confervatores â fede deputati prædicta extra diocefin & Civitatem, in quibus deputati fuerint, contra quoscunque procedere, five Alii, vel aliis vices fuas committere, aut aliquos ultra unam dietam â fine diocefis eorundem trahere præfumant, feu quod de aliis, quam de manifeftis injuriis & violentiis, & aliis, quæ judicialem requirunt indaginem, poenis in eos, fi fecus egerint, & in id procurantes adjectis, confervatores fe nullatenus intromittant, & tam de duabus dietis in Concilio Generali, dummodò ultra tertiam vel quartam dietam aliquis extra fuam Civitatem & Diocefin authoritate præfentiû ad judicium non trahatur, quàm aliis quibuscúnque conftitutionibus â Prædeceffiribus noftris romanis pontificibus, tam de Judicibus delegatis, & Confervatoribus, quàm perfonis, ultra certum numerum ad judicium non vocandis, aut aliis editis, quæ veftræ poffent in hac parte Jurisdictioni aut poteftati, ejusque libero exercitio, quomodolibet obviare. Seu fi aliquibus communiter vel divifim â prædicta fit fede indultum, quod excommunicari, fufpendi, vel interdici, feu extra vel ultra certa loca ad judicium evocari non poffunt, per litteras Apoftolicas non facientes plenam & expreffam, ac de Verbo ad Verbum de indulto hujusmodi, & eorum perfonis, locis, ordinibus, & nominibus propriis mentionem, & qualibet alia indulgentia dictæ fedis generali vel fpeciali, cujufcunque tenoris exiftat, per quam præfentibus non expreffam, vel totaliter non infertam veftræ jurisdictionis explicatio in hac parte valeat, quomodolibet impediri; & de qua, cujusque toto tenore de verbo ad verbum in noftris litteris habenda fit mentio fpecialis. Cæterùm volumus, & apoftolica authoritate decernimus, quod quilibet veftrum profequi valeat articulum, etiam per alium inchoatum, quamvis idem inchoans nullo fuerit impedimento canonico impeditus, quodque

que â data præsentium sit vobis, & unicuique vestrum in præmissis omnibus, & eorum singulis cæptis, & non cæptis præsentibus & futuris perpetua-
ta potestas, & Jurisdictio attributa, ut eo vigore,
eaque firmitate possitis in præmissis omnibus cæptis, & non cæptis præsentibus & futuris, & pro
prædictis procedere, ac si prædicta omnia & singula coram nobis cæpta fuissent, & Jurisdictio vestra, & cujuslibet vestrum in prædictis omnibus &
singulis per citationem, vel modum alium perpe-
tuata legitimum extitisset, constitutione prædicta,
super Conservatoribus, & alia qualibet in contrarium edita non obstante, datum *Avinione* VI Kal.
maj. Pontificatus nostri anno tertio. Jn cujus visio-
nis & Lecturæ testimonium & certitudinem pleniorem præsens transcriptum per præscriptum tenorem transcribi mandavimus, nostrique sigilli appensione muniri. Harum itaque authoritate litterarum, quia nostræ ecclesiæ arduis præpediti negotiis commisso nobis officio commissionis prædictæ
ad præsens intendere non possumus, Vobis vices nostras per præsentes committimus, donec ad nos ipsas duxerimus revocandas. Ita quod omnes simul
vel alter vestrûm prout requisiti fueritis, in negotio hujusmodi procedatis juxta traditam nobis formam aliorum absentia , vel impotentia non obstante.

Datum *Moguntiæ* anno domini millesimo trecentesimo decimo nono undecimo Kalend. Januarii.

XCIX.

XCIX.

JURAMENTUM FRIDERICI ELE-
CTI ET CONFIRMATI AUGUSTENSIS EC-
CLESIÆ MOGUNTINÆ PRÆSTITUM.

Ego *Fridericus* electus & confirmatus Ecclesie Augustensis provincie Magunt. ab hac hora in antea fidelis ero sancto *Martino* ecclesie Magunt. ac Venerabili Patri Domino *Petro* sancte Magunt. sedis Archiepiscopo sacri imperii per Germaniam Archicancellario ejusque successoribus canonice intrantibus, non ero in Consilio vel facto, ut vitam perdat aut membrum vel capiatur mala captione, consilium quod mihi aut per se aut per literas aut per nuncium manifestaverit, ad ejus dampnum nulli pandam adjutor ero ad defendendum & retinendum archiepiscopatum Magunt. & regulas sanctorum & provincialia statuta, salvo ordine meo contra omnes homines vocatus ad synodum veniam nisi prepeditus fuero canonica prepedicione, Nuncium Ecclesie Magunt. vel Archiepiscopi Magunt. quem certum esse cognovero in eundo & redeundo honorifice tractabo & in suis necessitatibus adjuvabo sic. me Deus adjuvet & hec sancta Evangelia. Actum & Datum in *Werde.* Anno Domini Millesimo trecentesimo nono decimo. Kal. julij.

Errata typographica, quæ ob MSpti absentiam annotari non poterant, Lector benevolus emendare non dediguabitur.

www.ingramcontent.com/pod-product-compliance
Lightning Source LLC
Chambersburg PA
CBHW031814270326
41932CB00008B/416